编校实务指导丛书

现代汉语病句与标点详解（增订版）

任金璧 / 编 著

中国书籍出版社
China Book Press

图书在版编目（CIP）数据

现代汉语病句与标点详解 / 任金璧编著. —北京：中国书籍出版社，2020.10
（编校实务指导丛书）
ISBN 978-7-5068-7840-1

Ⅰ.①现… Ⅱ.①任… Ⅲ.①汉语—病句—分析②汉语—标点符号—使用方法 Ⅳ.①H146.3②H155

中国版本图书馆CIP数据核字(2020)第071448号

现代汉语病句与标点详解

任金璧　编　著

责任编辑	杨铠瑞
责任印制	孙马飞　马　芝
封面设计	闽江文化
出版发行	中国书籍出版社
地　　址	北京市丰台区三路居路97号（邮编：100073）
电　　话	（010）52257143（总编室）　（010）52257140（发行部）
电子邮箱	eo@chinabp.com.cn
经　　销	全国新华书店
印　　刷	北京九州迅驰传媒文化有限公司
开　　本	710毫米×1000毫米　1/16
字　　数	365千字
印　　张	27.5
版　　次	2020年10月第1版　2024年9月第4次印刷
书　　号	ISBN 978-7-5068-7840-1
定　　价	68.00元

版权所有　翻印必究

序

　　本书的内容，一是汉语病句详解，二是标点用法详解。

　　书名冠以"现代汉语"，是因为这里讨论的病句都是在现代汉语的范畴以内；至于标点符号的用法，更是现代汉语里才有，故名《现代汉语病句与标点详解》。

　　为什么要编撰这样一本书？

　　原因很简单，社会大众有这个需求。数十年来，向我询问最多的，不是病句，就是标点。可见，病句和标点一直是汉语的两大痛点。正是这两大痛点，严重威胁并侵蚀着汉语健康的肌体，让汉语污迹斑斑、伤痕累累。

　　目前，汉语受到的挑战，相当严峻，几乎是全方位的。比如字形，有人主张恢复繁体字，废除简化字；语法，遭遇前所未有的普遍漠视，曾经在中小学里进行的语法教学已经全面退出，似乎语言无须有什么"规矩"；网络语言大行其道，各种误读、误用随处可见，以致于病句不是越来越少，而是越来越多。至于标点符号的使用，更是随心所欲，各行其是。

　　面对各种挑战，汉语的各个方面，包括语音、书写、用词造句、标点等，诚然都需要规范，然而当前尤其需要规范的，则是用词造句和标点符号的使用。

　　守望汉语的纯粹和美丽，让我们从认真对待病句和标点开始。

　　详解，是这本书的显著特点。无论是对病句的解析，还是对标点用法的解析，都是突出一个"详"：思路和方略，指导详尽；分类详尽，应有尽有；高考病句收集详尽，历年高考病句题尽在其中；解析详尽，务必使读者通透明白。

全书首先瞄准病句，多方布局用力，对病句构成合围之势。

一是"病句辨析修改导引"，从思路、方法方面进行指导引领，具有可操作性。

二是"实用病句分类详解"，将汉语实际运用中出现的病句分作10大类，详加解析，让所有病句都能对号入座。

三是将历年高考病句搜罗以尽，按年编排，逐题进行详解。这是一个最好的病句题库，高考题一般比较严谨，具有示范性；且题型丰富多样，亦具有包容性。所以，将所有高考病句题汇编一册，加以详解，无论对于应考的学生、指导的教师，还是有志于此的研究者，都是一份不可多得的资料库。此举之前无人做过，颇具开创意义。

提升语言运用的品质，关注病句极为重要，但这也只是一个方面；标点的使用，同样是一个重要方面。所以，本书的另一大内容是标点符号的规范使用。

标点属于符号系统，其实，文字本质上也是一种符号系统。它们共同构建语言表达的大厦。标点作为文字的辅助工具，某些时候甚至比文字更为重要。用错标点，对语言表达的伤害有时并不亚于用错词语。

所以，正确而恰当地使用标点，同样是我们对汉语纯粹而美丽的一种守护。

2011年12月30日发布了新国标《标点符号用法》（以下简称新国标《用法》），随后由教育部语言文字信息管理司组编，语文出版社出版了《〈标点符号用法〉解读》（以下简称《解读》）。

新国标《用法》的发布，《解读》的出版，为标点符号的规范使用奠定了基础，迈出了关键的一步，但是，实际上标点符号使用的规范任重而道远，远不是一部新国标《用法》，一本《解读》能够毕其功于一役，一了百了的。

首先，新国标《用法》，只着眼于"基本用法"，而标点符号的实际用法，要远比"基本用法"复杂得多，丰富得多。

其次，新国标《用法》和《解读》，也都程度不同地存在着不易为读者理解，甚至于疏漏之处。

再说，即使新国标《用法》和《解读》，本身没有瑕疵，也还存在着一个问题：新国标《用法》，除了正文，还有两个篇幅不短的附录；《解读》一书亦多达五章。同一标点，其用法分散在几处，给读者使用带来诸多不便，饱受四处翻检之苦，也是不争的事实。因此很需要融会贯通，整合为一，以方便大众。

本书"标点符号用法详解"最大的特色，就是一本贯通。所谓一本贯通，直观地说，就是将新国标《用法》的正文和附录，以及《解读》的相关内容，融会整合，一本贯通，让读者一册在手，免去翻检之劳。具体地说，就是本着科学、理性、求真的态度，不迷信，不盲从，既严守国标，维护其基本原则，又充分吸收《解读》的合理部分，并博采众长，补正救失，力求持论更稳妥，举例更精当，解说更容易理解，做成一本既管用又好用的标点符号用法的工具书，为标点符号使用的规范化作出自己应有的努力。

目前，已经出版的标点符号用法类个人著述，据笔者所见，大都是按照1995年发布的旧国家标准撰写的。

新国标《用法》从2012年6月开始实施，已经过去七年了，可是标点符号的使用至今仍然各行其是，乱象丛生。在这个意义上，笔者所作的标点符号用法一本贯通的详解，也许来得还不算太晚。但愿本书能为新国标《用法》助阵加力，为读者释疑解惑，有所裨益。

本书在编撰过程中，对各类病句和标点用法的著述时有借鉴，在此一并表示诚挚的感谢。

本书的读者对象不限于高考师生，所有中等文化程度以上的人都可以使用，包括大中小学校师生、编辑、记者、文秘以及所有使用汉语、关注汉语的人们。有鉴于此，本书的病句与标点解析，都尽可能具体、明确、详尽，既体现工具理性又兼具包容性。

着力于病句和标点详解，为语文的规范化加力使力，力求营造一个风清气正的汉语生态环境，这就是本书的初心。

将一杯清水注入一池浊水，一下子不会有明显改观，但只要坚持不懈，不断地注入清水，浊水终会逐渐变清。

一本书，不过是一杯清水。如果大家都来使用，涓涓细流就会汇成一泓巨大的清流。

母语，是每一个民族的根。汉语是华夏民族的精神之母。

无论遣词造句，还是使用标点，都事关汉语的尊严。

汉语有了尊严，汉语人才会享有尊严。

解病句之疑，释标点之惑，守望汉语的纯粹和美丽，永远在路上。

2019 年 12 月

目　录

上　编

导　语 ·· 3
病句辨析修改导引 ································ 11
 一、病句的辨析与修改 ······················ 12
 二、易混词语辨析举隅 ······················ 26
 三、歧义说略 ···································· 36
 四、汉语表达如何"强调" ················ 44

实用病句分类详解 ································ 49
 一、用错了词 ···································· 50
  （一）用错了实词 ························ 50
  （二）用错了虚词 ························ 56
 二、成分残缺和赘余 ························ 59
  （一）成分残缺 ···························· 59
  （二）成分赘余 ···························· 67
 三、搭配不当 ···································· 71
 四、结构混乱 ···································· 78
 五、语序不当 ···································· 81
 六、语意不明 ···································· 87
 七、关联不当 ···································· 94
 八、不合逻辑 ··································101

九、修辞不当 …………………………………………… 107
　　十、标点不当 …………………………………………… 109

历年高考病句详解 ……………………………………… 111
　　一、1952—1965年全国高考病句题详解（30题）……… 112
　　二、1977年6省、市卷高考病句题详解（19题）……… 119
　　三、1978—2003年全国卷、"三南"卷、上海卷、
　　　　北京卷高考病句题详解（85题）…………………… 123
　　四、2004—2016年全国卷、分省卷高考病句题详解
　　　　（187题）……………………………………………… 173
　　五、2017—2020年全国卷、分省卷高考病句题详解
　　　　（46题）……………………………………………… 283

下　编

标点符号用法详解 ……………………………………… 323
　　导　语 …………………………………………………… 324
　　点　号 …………………………………………………… 332
　　　　一、句　号 ………………………………………… 333
　　　　二、问　号 ………………………………………… 339
　　　　三、叹　号 ………………………………………… 346
　　　　四、逗　号 ………………………………………… 350
　　　　五、顿　号 ………………………………………… 357
　　　　六、分　号 ………………………………………… 361
　　　　七、冒　号 ………………………………………… 366
　　标　号 …………………………………………………… 376
　　　　一、引　号 ………………………………………… 376
　　　　二、括　号 ………………………………………… 382

三、破折号 …………………………………… 387
四、省略号 …………………………………… 394
五、着重号 …………………………………… 399
六、连接号 …………………………………… 400
七、间隔号 …………………………………… 403
八、书名号 …………………………………… 405
九、专名号 …………………………………… 411
十、分隔号 …………………………………… 412

附录1 ………………………………………… 415
　标点符号用法（GB/T 15834—2011） ………415

附录2 ………………………………………… 451
　出版物上数字用法的规定（GB/T 15835—2011） ………451

参考书目 …………………………………… 461
后　记 ……………………………………… 463

上 编

导 语

汉语的历史源远流长。可以说，有汉人就有了汉语。灿烂的中华文明延续至今，汉语居功至伟，功不可没。今天这个时代，使用汉语的人越来越多，汉语受到的冲击也越来越大。随着网络时代的到来，社会生活节奏加快，语言信息传输量剧增，再加上变异的、不合规范的"网语"的冲击，社会语病呈现高发态势，报刊、广播、电视里，病句俯拾即是，就是在政府文件、学校教材、论文专著里，也不难找到病句。据《中国教育报》报道，仅2006年7月14日一天，4种中央级报纸和24种省市级报纸1至8版正文被挑出语言逻辑差错1289处，平均每种报纸46个，每版5.8个，其中有一种报纸差错达到每版平均23个。但人们却习以为常，见怪不怪。毫不夸张地说，汉语已经污迹斑斑、伤痕累累。汉语的纯粹和美丽，正在受到越来越多的挑战。

威廉姆·冯·洪堡认为，语言是人类最重要的特征，唯语言才能使人成为人。诗人舒婷则说："我表达了自己，我获得了生命。"（《馈赠》）语言运用的水平，是人类进步与文明程度的一个重要标尺。汉语和每一个汉语人息息相关，血脉相连。守望汉语的纯粹和美丽，是我作为一个汉语人的内心期盼。期盼纯粹，首先是希望汉语保有自己的特质，守护属于自己的美丽。汉语就是汉语，英语就是英语，保持独特，才能永恒。其次，期盼纯粹，是希望汉语剔除杂质，减少病痛，干净健康。期盼纯粹，并非是要汉语自尊自大、固步自封。纯粹不是为了限制自己，而是为了守住自己。唯其纯粹，所以美丽。纯粹并非拒绝吸收，排斥丰富。所有语言，都是开放的。汉语也是一样。它将成长，它将丰富，它将以其纯粹和美丽演绎自己的优雅与博大。

目前，汉语的生态环境，令人忧心；汉语受到的挑战，相当严峻。面对各种挑战，汉语的各个方面，包括语音、书写、用词造句、标点使用等，都需要规范，而当前尤其需要首先规范的就是用词造句，即最大限度地减少病句。

　　从语言运用的角度看，汉语的五级单位，即语素、词、短语、句子和句群，其中词和句子最为重要；就词和句子比较而言，显然句子更为重要。因为人们表达思想通常最低限度要用一个句子，也就是说，表达思想的最基本单位不是词，而是句子。所以，句子使用的正确与否，直接关系到语言使用的正确与否，关系到语言的整体质量。

　　这，就是笔者将关注的焦点首先瞄准病句的主要缘由。

　　为什么现在病句越来越多而不是越来越少？原因当然很多。既有大的人文社会环境的影响，也有人自身的问题。这里，我侧重于后者做一些探究。

　　病句的出现，并且越来越多，首先是和人们既具有纠错能力又具有容错能力大有关系。

　　每个正常人都有相当的纠错能力。比如见到"一条人"的说法，就觉得不妥当，并且把"条"改为"个"，而不会因为有"一条好汉"的说法而认可"一条人"。这就是纠错能力。人之具有纠错能力，是由于早已掌握了正确的说法，并且十分牢固，见到不正确的说法，就拿来同正确的说法对照，于是就发现了错误。如果人们只有纠错能力，那么使用语言就不会出现错误了。可是，每个正常人还有一种容错能力，使人们能够容忍某些错误。容错能力哪里来的？因为人的头脑有很强的推理能力，能透过错误说法的表面现象，根据话语环境及其上下文推知正确的说法是什么。报刊上曾经出现过"集体结婚"的说法，人们并未表示多么惊讶，而是根据当时的语言环境、时代背景，立刻推知所谓"集体结婚"其实就是"集体婚礼"。于是，容错能力使纠错能力大打折扣，让人不去纠正错误，只是暗中把错误说法转换成正确说法存储在头脑中，对错误说法不去计较，而是给以宽容，久而久之错误说法就有了某种合法性。诸如"养病""救火""打扫卫生""恢复疲劳"等都是,最为突出的例子就是把名词"诞辰"当成动词"诞生"使用,而且大行其道。诸如此类,虽然都不合逻辑事理,经不起推敲,但大家都能正确理解,见怪不怪,甚至还以"尊重语言习惯"为由使其在语言中获得了一席之地。

正是容错能力的存在,才会使人对错误说法作出了正确的理解。

在某种意义上,人有容错能力,未必不是一件好事。语言错误到处都有,假如人们没有一点容错能力,眼睛里进不得一点沙子,那就会经常不理解别人的话,很难与人相处得下去。但是,有一利必有一弊。有了容错能力,就会为语言错误大开绿灯,致使人们常犯语言错误而不自觉,导致病句泛滥成灾。

所谓"尊重语言习惯",是对公众使用语言违背语法和逻辑的一定程度的迁就。称其"一定程度",就是以不发生误解为原则。

尊重语言习惯,虽不乏面对既成事实的某些无奈,但因其符合语言约定俗成的原则,也无可厚非。

问题是,在语言规范的过程中,应该如何看待语法、逻辑与语言习惯的作用?毫无疑问,大家会说,应该三者兼顾。但如何兼顾呢?这里还应不应该有主次之分?

笔者以为语法、逻辑属于理性的东西,而语言习惯则是感性的东西。显然理性的语法和逻辑更为可靠,三者孰轻孰重,由谁主导更有利于语言的纯洁和健康,应该不言自明。

所以,在规范语言的过程中,应以语法和逻辑为主导,适当兼顾语言习惯。

例如,现在"没有开会之前"一类的句子满天飞,如何对待?从语法、逻辑角度看,显然说不通。因为"没有开会"就是"开会之前",意思相同,叠加在一起就成了"开会之前之前",这是一个什么样的"时间"啊!同一个意思,可以有不同的表达方式,比如该句要么说成"没有开会的时候",要么说成"开会之前",两种格式只能取其一,而不能杂糅在一起。当然,因为人都具有容错能力,人们对该句并未发生误解，那么是不是就应该将它作为"语言习惯"加以尊重，使其合法化呢？这是一种最容易做的选择，但这种选择的代价，将会使不合语法逻辑的"语言习惯"越来越多，等到我们的语言里到处都是"违章建筑"的时候，还奢谈什么语言的纯洁和健康呢？

可能有人会说，鲁迅有一篇杂文题目就是《未有天才之前》，以此来为"没有……之前"张目。但是，我想说，伟人自有伟大之处，然而也不可能"句句是真理"。伟人偶尔有过语病无损其伟大，但错误总归还是错误，不能为尊者讳，更不能将伟人偶尔犯的过失奉为定例，当成经典，加以"发扬光大"，使其谬种流传。鲁迅曾将"纪念"写成"记念"（见《记念刘和珍君》），但我们今天并没有谁跟着鲁迅去把"纪念"写成"记念"。因此，鲁迅的"未有天才之前"也不值得效仿，更不能成为"没有开会之前"一类病句"合法"存在的"理由"。

凡是不合语法、不合逻辑的句子，原则上都应该在可规范的范围以内；而能够以"尊重语言习惯"为由予以保留的，则应慎之又慎，不宜随意扩大。

造成病句的另一原因是汉语的基本规则十分简单，而非基本规则却相当复杂。

使用语言就是遣词造句，遣词造句就要讲规则。而规则有两类，一种是基本规则，另一种是非基本规则。汉语的基本语法规则是很简单的。名词不变格，动词不变位，形容词没有级别变化，无须背什么变格变位表。汉语只有五级单位，而且除语素外，其余四级语言单位都有联合、偏正、动宾、主谓、附加这五种组合方式，只要掌握了词这一级的组合方式，其余三级的组合方式不言自明。汉语组词成句主要依靠语序和虚词，而语序相对简单：主语在前，谓语在后；动词在前，宾语在后；定语和状语在前，中心语在后，等等。以汉语为母语的人，无须人教就会说话，说得还大体不错，就是因为汉语的基本规则简单。但是，懂得基本规则可以说话，却不能保证不说错话。很多时候，人们说错了话，出现了病句，并不是基本规则出了问题，而是非基本规则出了问题。可见，仅仅掌握基本语法规则是远远不够的。

所谓非基本规则，是建立在基本规则基础之上的使用规则，往往是十分复杂、难以掌握的。看下面的例子。

（1）1940年春，凯德洛夫萌发了一个使他激动不已的念头：能否找到一种恰当的途径或方法把这部未完成的著作（指《自然辩证法》）按恩格斯留下来的两个计划草案加以完成，使该书成为一本完整而系统的著作呢？

（2）财务室每日收付美元、港币、日元等外汇和人民币近1000万元，全室数十人，只要有一个人不小心都会造成差错。

例（1）句子里，"把这部未完成的著作"和"按恩格斯留下来的两个计划草案"这两个短语完全符合汉语的语法基本规则，然而这两个短语的顺序应该如何安排，就不属于基本规则的范围了。这两个短语在该句里的位置最好颠倒过来，才妥当。因为"按恩格斯……"是"完成"的方式状语，理应置前，而"把这部……著作"则是"完成"的对象状语，应放其后，这样也才跟下面的"加以完成"连接更紧密。例（2）句子有歧义。是"美元、港币、日元"和"人民币"一共有近1000万元呢，还是单单"人民币"就有近1000万元呢？这是"和"使用不当造成的歧义。避免这种歧义也是有规则可循的。在"人民币"前面加上"一共"，可表示前一种意思；把句子改成"……等外汇，此外还有人民币近1000万元"，则表示后一种意思。显然，这种消除歧义的规则也肯定不属于基本规则的范围。

上面的例子说明，病句之"病"，多数情况下并非"病"在基本规则上，而是"病"在非基本规则上。使用汉语的人，要想把汉语运用得好，就不能仅仅满足于对基本规则的掌握，更要注意在非基本规则即使用规则的掌握上多下功夫。

造成病句的原因是多种多样的，语法、逻辑、修辞方面的问题显然是主要的，但毕竟不是全部的原因。有时候写错了字，用错了标点也会造成病句。例如：

（1）但是，由于：香港的物价是很复杂的，既有比中国内地昂贵十倍八倍的东西，也有比内地便宜的东西（如一般衣服和某些日用品），或者和内地物价接近的东西（如我们出口的若干罐头和水果，以至于当地出产的低级海鱼，低级海鱼也有换算起来只值人民币七八角钱一斤的），而且，并不是所有的人都得住高价房子，原本住在较低廉房子的（每年增租率不能超过百分之二十），或者住进香港政府徙置区廉价屋宇的，每月也有仅花一两百元房租就住了一房一厅的。因此，整个劳动者的生活水平较之几十年前是有所提高了。（秦牧《重访香港印象录》，见《作品》1981年第1期）

"由于"后面为何要用冒号？近来冒号用得越来越滥，比如"参加会议的有：工人、农民、机关干部、大中学校学生"，这里的冒号就不必用，但用了也还说得过去，因为它要提醒读者注意"参加会议的"不止一个方面的人。如果不是这样，那就一定不能用冒号。"参加会议的有一百人"就绝不能写成"参加会议的有：一百人"。例（1）句里的"由于"如果管了很多项，还可以说得过去，但是它实际上所管的只有一项，就是"香港的物价是很复杂的，而且并不是所有的人都得住高价房子"，其余的都是举例证实这一点，所以这个冒号用得并无必要。

（2）泰国看守政府总理英拉日前说，军方不会发生政变。（电视新闻字幕）

例（2），通常都是说某某国家或某某政府发生政变，没有说军方发生政变的，发动政变的倒经常是军方。该句是把"发动"误写成"发生"，肯定是误写或误排而未校对出来，但是它会妨碍意思的正确表达，尤其会对青少年读者造成不良影响。

像这样由于用错标点、写错字造成的病句，比比皆是，不胜枚举。这些都属于语言使用的问题，虽然它们不是我们讨论病句的重点，但是却能提醒我们：正确使用语言牵涉到许多方面，语法、逻辑、修辞知识可以解决大部分病句问题，却不能解决病句的全部问题。

缘于此，本书解说的病句，将用错词、标点不当等也纳入其中。

讨论病句，必然绕不开病句的分类问题。

目前，高考考查六种病句：语序不当、搭配不当、成分残缺或赘余、结构混乱、表意不明、不合逻辑。高考考六种病句，并非病句只有六种。再说，命题实践中，全国卷和分省卷的病句命题突破"六种"划定范围，已经成为新常态。

病句的类型，通常从三个角度划分：（1）句法形态类，包括语序错乱、搭配不当、成分残缺、结构杂糅等。（2）修辞意义类，又分为两小类：消极修辞类和积极修辞类。前者包括生造词语、误用词义、混淆词类、苟简赘余和一义两歧等；后者主要指对偶、排比、夸张、顶真等各类辞格的误用。（3）逻辑思维类，主要包括偷换概念、转移论题、自相矛盾、模棱两可、限制不当、关系失合等。

按照这种划分，很长一段时间里人们很自然地将病句分为语法病句、逻辑病句、修辞病句三大类。也有论者将病句划分为两大类：结构病句和语义病句。

所谓语法病句、逻辑病句和修辞病句的划分，显然是着眼于病句的来源，即成因；而结构病句和语义病句的划分，实质上也是着眼于成因。看来，以成因为标准划分病句，已成共识。本书根据病句的来源不同，则将其分为十类：（1）用错了词（2）成分残缺和赘余（3）搭配不当（4）结构混乱（5）语序不当（6）语意不明（7）不合逻辑（8）关联不当（9）修辞不当（10）标点不当。

病句的分类和定义，都会见仁见智。

我倾向于认为，病句就是不合乎语音规范，不合乎用词习惯，不合乎逻辑事理，不合乎语法规则，不合乎修辞要求，又不能正确表意、令人费解的句子。只要符合其中的一项即为病句。

当前，关注病句，既是人们提高语言生活品质的需要，即社会需要；也是高考师生应对语言运用考查的需要，即高考需要。其实，高考对病句的考查，也是国家运用公权力矫正语言乱象的一项举措，同时也折射出社会对提升语言质量的某种诉求。

辨别和修改病句，既要重视理性分析，也要重视实践，重视经验的积累。

为此，本编首先选取四篇文章，为病句的辨析和修改提供指导。导之以道，授之以法，即讲规律，教方法。因为例子举得再多，也举不尽天下的例子。授之以鱼，不如授之以渔也。

本编将现代汉语病句分为 10 类详解，是一大尝试和突破。为什么分为 10 类？语言现象错综复杂，病句也远非高考框定的"六类"。再说，命题实践时有突破"六类"之举，亦是不争的事实。因此，分作 10 类详解，一册在手，所有病句尽在其中。既可满足应对高考之需，又力求适应社会对病句研究的广泛关注。

本编还特意收集了 1952 年—2020 年全国及分省命题全部高考病句题，并加以详解。此前无人做过。这又是一大尝试与突破。众所周知，每年的高考题就是下一年最好的模拟题。本编将 69 年高考 367 道病句题，一网打尽，逐一详解，这对于应考师生，是最大最好的模拟题库；对于有志于研究病句的人，则是一份不可多得的资料。

书中既有理论指导、路径方法指引，又有详尽的分类举例分析，再加上巨量的高考病句题解析，分进合击，就是希望能为攻克病句这一难题找出一条路子。

本编旨在帮助读者辨别并修改病句，将病句变为规范句，解决一般的阅读理解以及实用文体写作中的语言运用问题，做的是语言运用的"基础工程"。至于再将规范句变为艺术佳句，则是另外一个范畴的问题，而且也不是人人都需要的。

曾有一位诗人这样说：我们现在的汉语，就像用旧了的人民币，我想把它洗一洗。

守望汉语的纯粹和美丽，让我们从认真对待病句开始。

病句辨析修改导引

一、病句的辨析与修改

语言是人类最重要的信息载体和交际工具，人类在传递信息、进行交际时都要遵循一定的规律和规则，违反了这些规律和规则，就不能准确、清晰地表达自己的思想，就会出现语病。因此，病句既影响人们的语言生活质量，又会对语言的健康肌体造成侵蚀。

缘于此，病句的辨析与修改，历来是语文高考关注的重点之一。其实，不只是应考，所有的写作人，举凡作家、编辑、记者、秘书、撰稿人，只要你动笔为文，就会遇到病句的辨析与修改问题。所以，掌握病句的辨析与修改，并非只是为了应考。它是规范汉语运用、提升汉语表达能力之必需，既有利于提升人们的语言生活质量，又是汉语人对于汉语纯粹与美丽的一种守护。

一、病句的辨析

辨析病句，重在理性分析，重在语感积累。关键在于摸清规律，熟悉路径，掌握方法。下面介绍辨析病句常用的五种方法。

(一) 语感审读法

这是一种调动语感检查语病的方法。人人都有语感。一个句子有了毛病，读起来就会感到别扭，因为同我们的语感不一致，使我们感到意外。也就是说，拿病句跟语感一对照，就有可能发现毛病出在哪里。

每个汉语人，都有对汉语的感性认知，即在学习和使用汉语的实践中，积累而形成的包括汉语用词规则、造句规则、调整词语以增强表达效果的规则、标点使用的规则等在内的感性知识。学习越努力，阅读量越大，语感就越强，发现语病也就越快越容易。

语感审读法，就是从感性上察觉语句的毛病，即按习惯的说法看是否别扭。如别扭则再做分析比较，辨明原因，以加修改。例如：

①据科学工作者的研究，雏鸟的消化能力比成鸟更强烈。

②现在，手机市场上出现了十分繁荣的一派景象。

读了①，我们会感到"能力"和"强烈"不能搭配，只能同"强"配合，这就发现了搭配不当的语病。②的"一派"似乎放错了位置，因为在我们的印象中，常常说的是"一派……景象"而不是"……一派景象"。这就发现了毛病，"一派"应该挪到"十分"的前头。

语感审读法是检查病句最为常见的方法。但这种方法有个弱点，就是某些比较隐蔽的语病，某些似是而非的语病，用这种方法发现不了，因而还需要其他的方法检查语病。

(二) 主干紧缩法

一棵树有主干，有枝叶。枝叶繁茂，就不容易看清主干。句子也有"主干"，有"枝叶"。"主干"是句子的基本成分，"枝叶"是修饰成分。修饰成分多了，句子基本结构就不容易看清楚。所谓紧缩就是把修饰成分去掉，抽出主干成分，使句子的基本结构显示出来，便于发现语病。

通常先是划分句子成分，再抽出主谓宾主干成分，把主谓宾连起来一读，往往可以看出一些较长句子的毛病来，比如主谓宾是否有残缺，相互能否搭配等；如果主干没问题，再检查局部，看修饰语和中心词之间、修饰语内部是否有毛病。

这实际上是一种先主干后枝叶的分层检查法。例如：

①过去几万名地质队员经过数十年才能做到的事情，资源卫星几天内即可完成。

②从中西医结合到完成新药学的过程，必须是中医、西医、中西医结合三种力量同时发展，在发展中不断扩大中西医结合的力量，使它的研究向深度和广度发展。

用紧缩法，①的主干是"事情……卫星……完成"，"事情"不能说"完成"，只能说"做完"，这里犯了搭配不当的错误。②的主干是"过程是……"，主谓宾不能都抽出来，可见该句缺少宾语，句末应加上"的过程"。

使用主干紧缩法时，必须保持原句的基本格式不变，遇到有否定词的句子，提取主干成分时要连同否定词一起提取，否则，提取后的意思会与原句相反。

（三）造句类比法

有的句子是否有毛病，一时拿不准，这时仿照原句的结构造一个经常使用的句子，加以比较，问题就清楚了。这就是造句类比法。

例如：这个经验值得文教工作者特别是中小学教师的重视。

原句结构复杂，先压缩简化为"这值得他们的重视"。再比照它的结构造句："这值得他们的学习"，"这值得我们的参观"。这三个句子和日常说法相比多了一个"的"字，原句要将"教师的重视"中的"的"删去。

这种方法，最好是按照原句结构仿造一组句子进行比较。如果仿造的一组句子都成立，那么原句就是对的，反之，就是病句。运用类比法，要注意：一是仿造的句子格式跟原句相当；二是仿造的句子最好是日常生活里常说的话，因为我们对这些话最熟悉最敏感，对不对，一听就知道。

例如："由于思想水平不高以及文字表达能力差的限制，缺点和错误是难免的。"该句后一部分没有错，前一部分里是联合短语作"限制"的定语，等于说"由于思想水平不高的限制"以及"由于文字表达能力差的限制"，这两个短语格式一样，仿造其中一个就可以了：

由于时间不够的限制

由于气候不好的限制

由于篇幅太短的限制

这些说法都站不住脚。我们知道要表达这样的意思，习惯上有两种说法：

由于时间不够　　由于时间的限制

由于气候不好　　由于气候的限制

由于篇幅太短　　由于篇幅的限制

由于思想水平不高　由于思想水平的限制

同样，"由于文字表达能力差的限制"也站不住，应该说"由于文字表达能力差"，或者说"由于文字表达能力的限制"。

（四）逻辑分析法

有的语病从语法上不好找毛病，就得从事理上进行分析，这就是逻辑分析法。逻辑分析法立足于事物的客观规律，要从概念使用、判断、推理方面考虑是否得当，从而调整语句的前后顺序，以使表达符合逻辑关系。例如：

①该市有人不择手段仿造伪劣产品……

②凡是有杰出成就的人，都是在艰苦环境中磨炼成才的。

①句"仿造伪劣产品"是不合事理的，应改为"制造伪劣产品"或"仿造名牌产品"。②句用了"凡是……都"这个全称肯定判断，言过其实了，应将"凡是"改为"大多"，后边删去"都"字。

（五）致病语言标志法

一个句子，什么地方容易出现语病，不仅有规律，而且往往也会有语言标志。如果我们掌握一些规律，记住一些标志，便能很快地发现语病。抓住致病的语言标志类似于"望闻问切"中的"望"，敏锐感知这些致病部位，即语病多发点，可以明显提高辨别病句的效率。

（1）如果句中使用的有包含词，要提防造成重复累赘。

包含词就是某个词已经包含了别的词的意思，如果前后再使用其他词语，就会造成语义重复。包含词与其他词连用造成语义重复，十分常见。像"当前"和"当务之急"连用，"十分"和"酷爱"连用，

"十分"和"悬殊"连用,"非常"和"奇缺"连用,"防止"和"不"连用,"避免"和"不"连用,"令人"和"堪忧"连用,"过分"和"溢美"连用,等等。

例如:由于战云笼罩,伊拉克各大医院药品非常奇缺,很多伤员只能硬撑,形势十分严峻。(句中"奇缺"的意思是非常缺乏,前面再用"非常"修饰,造成语义重复,应删去"非常"。)

(2)如果句中出现并列短语,要注意以下4点:

①短语自身顺序是否有错。并列短语内部各个成分语法上虽是并列的,但逻辑上仍存在前后顺序。

例如:制作精良、选料上乘的"葵花牌"动物粉含有强化人体机能的多种营养成分。(1989年高考题)(这个句子中的"制作精良、选料上乘"是个并列短语,按产品的制作程序,应该是先"选料",后"制作"。因此说成"选料上乘、制作精良"才符合逻辑。)

再如:我国根据平等、互利、互相尊重主权和领土完整的原则同其他国家建立和发展外交关系。(此句中"平等、互利、互相尊重主权和领土完整"以及"建立和发展"都是并列短语,它们的内部语序都不能随意改变。)

②短语内部成分之间是否存在种属关系或交叉关系。如果存在就不能并列。

例如:我们的报刊、杂志、电视和一切出版物,更有责任作出表率,杜绝用字不规范的现象,增强使用语言文字的规范意识。(2000年高考题)(句子中的"报刊"是指"报纸杂志",自然不能与"杂志"并列;另外,"报刊"也好,"杂志"也好,都是出版物,自然又不能同"一切出版物"并列在一起。如果删去"杂志",并将"一切"改为"其他",就可以避免并列不当的毛病了。)

再如:参加这次活动的,不但有中老年人,还有许多中学生和共青团员。(句中"中学生"和"共青团员"是交叉概念,也不能并列。)

③并列短语中各个词语的词性是否相同。

例如：讨论是一种亲切、智慧、民主的作法。（该句中"亲切"是形容词，而"智慧"和"民主"都是名词，所以不能并列。）

④并列短语中的每一个词语同相关成分是否都能搭配，有无顾此失彼的情形。这种病句主要有三种：一是并列短语作主语，与谓语搭配不当；二是并列短语作谓语，与主语或者宾语搭配不当；三是并列短语作修饰成分（定语、状语、补语），与被修饰成分（主语、宾语、谓语）搭配不当。

例如：今年春节期间，这个市的210辆消防车、300多名消防官兵，放弃休假，始终坚守在各自值勤的岗位上。（1999年高考题）（该句主语"210辆消防车、300多名消防官兵"是并列短语，其中的"210辆消防车"与谓语"放弃休假，始终坚守在各自值勤的岗位上"就不能搭配。）

再如：在今年全市语文教学研讨会上，各级领导要求我们，一定要改进和提高教学质量，确保学科成绩稳步上升。（该句并列短语"改进和提高"作谓语，与宾语"教学质量"不能完全搭配。）

⑤多个并列短语前后是否照应得当。

例如：周总理对他们的关怀、教诲和期望是多么深刻和殷切。（该句中两个并列短语"关怀、教诲和期望"和"深刻和殷切"，就不能完全搭配。）

再如：文件对经济领域中的一些问题，从理论上和政策上作了详细的规定和深刻的说明。（1994年高考题）（该句有两个并列短语，即"理论上和政策上"和"详细的规定和深刻的说明"，这两个并列短语前后不能照应。"理论上"应该与"深刻的说明"照应，"政策上"应该与"详细的规定"照应。因此，应该将"详细的规定和深刻的说明"改为"深刻的说明和详细的规定"，也可将"理论上和政策上"改为"政策上和理论上"。）

⑥并列短语是否造成歧义。并列的多个人或物同时出现，可能

导致涉及的对象不明确，就使句子有多种理解，产生歧义。

例如：里根、舒尔茨分别同费萨尔、哈达姆会谈。（该句中，究竟谁同谁举行了会谈，有以下四种可能：里根和舒尔茨一起分别同费萨尔和哈达姆会谈；里根同费萨尔、哈达姆会谈，舒尔萨又同费萨尔、哈达姆会谈；里根同费萨尔会谈，舒尔萨同哈达姆会谈；里根分别同费萨尔、哈达姆会谈，舒尔茨也分别同费萨尔、哈达姆会谈。这是分合联系不同，内部的语义关系发生了多种交叉现象从而产生了歧义。）

（3）如果句中出现"是否、能否、成败、优劣、好坏"等肯定与否定、正面与反面叠加的词语时，要注意前后是否对应承接、一面与两面是否搭配得当。

例如：一条广告语的好坏，不仅在于文字的精致、构思的巧妙，还要考虑群众的文化背景、历史传统。（该句中"好坏"是两面意思，可是后文都是一面意思，可将第一个逗号前的文字改为"一条好的广告语"。）

再如：加快西部地区发展的步伐，除了要尽力争取国内外投资，建设好基础设施，努力发展高新科技产业之外，搞好节水农业，办好乡镇企业，也是能否发展西部经济的一条重要途径。（该句后面"能否"是两面意思，与前面的一面意思不能承接。）

（4）如果句中有否定词出现，就要注意以下4点：

①如果使用了否定词，就不要再使用拒绝类动词，如"阻止、防止、否认、怀疑、避免、幸免、难免、切忌"等，因为这些词本身就含有否定义。忽视这一点，就会多次否定造成语病。

例如：为了防止不再发生这类交通事故，交警人员加强了交通监管。（此句应把其中的"不"去掉。）

②多次否定容易引起混乱，注意不要误用三重否定。

例如：几年来，他无时无刻不忘搜集整理民歌，积累了大量的资料。（句中的"无时无刻不"意为"时时刻刻都"，现在句子的表述刚好与想要表达的意思相反，可将"忘"改为"在"。）

③记住反问句本身也是一次否定，小心多次否定导致表意适得其反。

例如：难道能否认改革开放以来没有取得巨大的成就吗？（反问句加上否定词"否认"和"没有"，构成三次否定，表达的意思正好相反，应去掉一个）

④被动句、把字句中，如有否定词，否定词应放在"被"或"把"之前。

例如：我们把老虎没打死。（应把否定词"没"放到"把"之前。）

（5）如果句中出现数量词语，要注意以下6点：

①倍数不能用于数量的减少。

例如：电视机的价格一降再降，有的甚至下降了一倍。（应将"一倍"改为50％。）

②概数不能连用。概数的表达方式有三种：A.由相邻的两个数字组成。如：三四个，五六个。B.在数词前加"成，上，约，近"等。如：成百，上千，近一万。C.数词后加"多，来，左右，上下"。以上三种概数的表达方式，一次只能用一种，不能杂糅使用。

例如：那里有两三个左右的人。（应把"左右的"去掉）

③"提高了"与"提高到"，"增加了"与"增加到"的区别。"提高了""增加了"表示净增加数，而"提高到""增加到"表示在原数基础上的增加。

④"最多""至少"的后面只能跟具体数字。

例如：这间屋子最多可容纳100人左右。（"最多"后不能再跟不确定的数字，因此应把"左右"去掉。）

⑤量词的感情色彩。

例如：a.一位二十多岁的青年被处决。（"位"应改为"个"。）

　　　b.街上有一队流氓在闹事。（"队"应改为"伙"。）

⑥集合名词不受个体量词修饰，也不与动作动词搭配。

例如：几十棵花卉，一千多册书籍；牵着马匹，信件一写完，跳着舞蹈。这些说法都是错误的。

（6）如果句中有敬词或谦词，要注意是否用错了对象。

尊称只能用于称对方，如果用来称自己，就抬高了自己；谦称只能用于称自己，如果用来称对方，就贬低了对方。有人将谦敬词语总结为"家大舍小令外人"一句话，即对别人称自己的长辈和年长的平辈时冠以"家"，如家父（家严）、家母（家慈）、家叔、家兄等；对别人称比自己小的家人时则冠以"舍"，如舍弟、舍妹、舍侄等；称别人家中的人则冠以"令"以表示敬重，如令堂、令尊、令郎、令爱等。

除"家""舍""令"外，谦词还有"小"（如称自己的女儿为"小女"）、"拙"（如称自己的作品为"拙作"）、"鄙"（如称自己的见解为"鄙见"）、"寒"（如称自己的家为"寒舍"）、"愚"（称自己的意见为"愚见"），等等。

常见的敬词有"贵"（如称别人的年龄为"贵庚"）、"大"（如称对方的作品为"大作"）、"高"（如称对方的见解为"高见"）、"贤"（如称比自己小的男子为"贤弟"）、"尊"（如问对方的姓为"尊姓"）、"光"（如称别人的到来为"光临"）、"拜"（如称托人办事为"拜托"）、"赐"（如称请求别人给予指教为"赐教"）、"雅"（如称请对方指正为"雅正"）、"惠"（如称对方到自己这里来为"惠顾"）、"鼎"（如称对方对自己的帮助为"鼎力"），等等。

例如：如果您喜欢，我们一定会把这件物品惠赠给您的。["惠赠"，敬辞，应用来指对方赠予（财物）。说"我们"有抬高自己之嫌，不合适，可改为"赠送"。]

（7）如果句中有关联词出现，要注意以下3点：

①关联词位置。当复句的前后分句主语相同时，主语在前，关联词在后；主语不同时，关联词在前，主语在后。

例如：小王不但会唱歌，而且小李也会唱歌。（由于前后分句主语不同,"不但"应移至句首。)

②搭配使用的关联词必须配套。

例如:只有好好学习,学习成绩就能大幅度提高。("只有"和"就"不搭配,应改为"才"。)

③关联词与分句的逻辑关系应该相互一致。

例如:这个村不但向国家交了大量的粮食,而且不要国家的救济粮了。("不但……而且"表示递进关系,分句的意义应由轻到重,因此这两个分句要调换位置。)

再如:不管气候条件和地理环境都极不利,登山队员仍然克服了困难,胜利攀登到了顶峰。(两个分句间是转折关系,不是条件关系,应将"不管"改为"尽管"。)

(8)如果句中有多义词,容易发生歧义,要注意区分,例如"和、前、近、等、的、了"等。

①和 "和"作介词用,表示相关、比较等,如:他和大家有相似的经历;柜台和我一样高。作连词用,表示联合,如:工人和农民都是国家的主人;小王和小李是好朋友,平时相互帮助,共同进步。

这两种情况具体使用时容易混淆,经常出错,要注意区别对待。否则就会表意不明,引起歧义。例如:

a. 他瞒着老师和同学悄悄地把教室打扫得干干净净。(句中的"和"有两种理解:一是作介词,"他瞒着老师一人,跟同学一起打扫";一是做连词,"他瞒着老师和同学,自己把教室打扫干净"。)

b. 他背着总经理和副总经理偷偷地把这笔钱分别存入了两家银行。(句中"和"理解为连词时,意思是"他"背着总经理和副总经理两个人自己去做某事;理解为介词时,意思是"他"只背着总经理,而跟副总经理一起做某事。另外,"分别"在上述前一意义中,指"分别"的两家银行,在上述后一意义中,就既可能指"分别"的两家银行,又可能指"他"与"副总经理"两人"分别"做某事了。)

c.今年我校夏季运动会的入场式,各队都要站成6人×6人的方阵队形,每班有比赛项目的男生和女生的一半要保证参加。("男生和女生的一半"表意不明,有歧义,令人费解,就是因为"和"有连词和介词两种用法造成的。)

②前 "前"可以理解为"前去""前往",又可理解为"以前""之前",两种意义明显不同,如果不加区分,就会引起歧义。例如:

a.县里通知说,让赵乡长本月15日前去汇报。("前"如果理解为"前往",即是说让赵乡长15日这天去汇报,其他时间不接待;如果理解为"之前""以前",那么赵乡长只要15日以前去都可以。)

b.记忆力惊人的马哈·戴蒙能够背出圆周率前的31811位数。("前的"应改为"的前")

③近 "近"有"将近""接近"的意思,也有"最近""近来"之意。使用时容易混淆,造成语病。例如:

a.我国约近60%左右的青年认为"诚实守信""助人为乐"是优秀的传统美德,是做人的基本准绳。("近"这里只能理解为"接近""将近",表示概数,而前面的"约"和后面的"左右"也都表示概数,明显重复了。)

b.由于国家队至少在近半年之内不会有大赛的任务,所以这半年的时间足以让足协慎重地考察主教练的人选。("近"如果理解为"将近",表概数,那么前面说"至少"后面接"半年之内"就不合事理。故只能理解为"最近",表意明确,没有歧义。)

④等 "等"用在列举词后,有两种含义:一是表示列举未尽(可以叠用),如"北京、天津等地""纸张文具等等";二是表示列举后煞尾,如"长江、黄河、黑龙江、珠江等四条大河流"。例如:

a.上世纪以来,人类在信息、新材料、新能源、生物、空间、海洋等六大高技术领域取得了一系列的重大突破,其中信息技术的飞速发展尤为光彩夺目。("等"前面列举了六大方面,还需不需要用"等"字?这里"等"表示列举煞尾,故使用正确。)

b.冷战之后,部分国家之间在政治、经济、文化等方面的界线为何难以逾越?这是当今从事国际问题研究的专家学者们关注的问题。("等"表示列举未尽,即除了这三方面外还有其他方面。这里使用正确)

⑤**的** "的"是结构助词,独立性差,但它附在词语之间,能起辅助作用,意义不小。有时不能少了它,有时又不能多了它。例如:

a.出人意料的是,今年三月,物价的下跌,后来慢慢地稳定了。("物价"后加"的",意思就变了,不是说物价稳定了,而是说"下跌"稳定了。)

b.由于历代动乱和气候的潮湿,几乎所有当时的绘画遭受毁灭。("历代"后应加"的","气候"后面"的"应删去。否则意思不通。)

c.分红保险具备的为保户提供保障的先决条件,它为投放市场、赢得认可并逐步占领寿险市场打下了良好基础。("具备"后面用"的",句子主语变成了"先决条件",而不是"分红保险",将"的"删去或改为"了"即可。)

⑥**了** "了"是时态助词,表示已完成,不能出现在表未然的句子中。例如:

a.广大农村正在掀起了一个科学种田的新高潮。(前面说"正在",后面又用"了",不合逻辑,删去"了"。)

b.这样做,不仅有助于我国煤炭出口,同时也将对国内正在实施的煤炭走向市场的战略举措起到了极大的推动作用。(前面说"将对",后面的"了"就应删去。)

c.职业培训中心举办的机电、缝纫、烹调三个短训班,开设了汽车与摩托车维修、服装剪裁、中西式菜肴制作等课程,深受学员欢迎。(句中"的"应改为"了","了"却要改为"的",否则就是句式杂糅。)

(9)如果句中出现固定句式,要注意是一种句式,还是将两种不同句式混搭在一起,因为同时使用两种句式,将造成句式杂糅的语病。

例如：以党支部委员王力和青年俱乐部主任刘伟带头的一群青年，坚决要求参加植树。（该句"以……带头"错在将"以……为首"和"由……带头"两种结构杂糅。）

常见的固定句式杂糅的错例还有：

① 本着……为原则（本着……原则；以……为原则）

② 以……即可（以……为宜；……即可）

③ 是为了……为目的（是为了……；以……为目的）

④ 对于……问题上（对于……问题；在……问题上）

⑤ 由于……下（由于……；在……下）

⑥ 原因是……造成的（原因是……；是由……造成的）

⑦ 经过……下（经过……；在……下）

⑧ 是出于……决定的（是出于……；是由……决定的）

⑨ 借口……为名（借口……；以……为名）

⑩ 是因为……的原因（是因为……；……是原因）

⑪ 有……组成（有……；由……组成）

⑫ 靠的是……取得的（靠的是……；是……取得的）

⑬ 关键在于……是十分重要的（关键在于……；……是十分重要的）

⑭ 围绕以……为中心（围绕……中心；以……为中心）

⑮ 大多以……为主（大多是……；以……为主）

⑯ 成分是……配制而成的（成分是……；由……配置而成的）

⑰ 是由于……的结果（是由于……；是……的结果）

二、病句的修改

辨析病句，最终要落实到病句的修改上。对待病句，如果仅止于辨析而不作修改，那么，无论是对规范语言运用还是增强语言表达能力，其效果都会大打折扣。

修改病句，须恪守两条原则。

首先，我们必须明白"修改"什么？是要"修改"原文中的语病，而不是要"修改"原文的内容。"修改"是为了更好地表达原意，而不是违背原意。因此，忠实于原意，不可以修改走样，是"修改"的第一原则。

例如：一走进西湖公园，就看到公园里彩旗飘扬，歌声嘹亮。

这个句子犯的是搭配不当的毛病，"彩旗飘扬"可以看到，"歌声嘹亮"却看不到。修改这个病句时，不能因为搭配不当就把"歌声嘹亮"删去，因为整个句子是要从两个方面来表现公园的热闹非凡的，删去"歌声嘹亮"就把句子的原意给改了。这个句子可以修改成"一走进西湖公园，就看到彩旗飘扬，听到歌声嘹亮。"

其次，是多保留，少改动。改得太多，以致于面目全非，那就不是"修改"而是代人重写了。

修改病句的具体步骤和方法是：

（1）读。读懂原句，揣摩说话人本来想说的是什么意思。然后找准病因，辨清病句的类别，是用词不当、成分残缺、搭配不当、重复累赘、词序颠倒、自相矛盾还是表意不明、修辞不当。

（2）画。找准部位，用铅笔在病句上画出需要修改的部分，以便针对病因，进行分析、修改。

（3）改。运用修改符号，进行删、补、换、移。即删去多余或者错误的词语、使句子简明；补上句子残缺的成分，使句子完整；替换有关词语，使用词恰当；移前挪后，调整词语位置，使语序正确。

（4）对。对修改后的句子进行复查，作校对阅读，看看是否通顺，有无新的语病产生，是否把说话人原先想说的意思表达清楚了。如果发现有问题，还得重改。

二、易混词语辨析举隅

汉语博大精深，单是词语就浩如烟海。同音词、同义词、同形词、异形词，不一而足。词语丰富了，让我们多了许多选择，但也带来了许多困扰。有许多词语，看着看着，就疑惑了；用着用着，就犯难了。这里，举出一些容易混淆的词语，加以辨析，旨在遣词造句时避免用错。相当多的病句都是因为用错了词。用词之前先辨词，就会大大减少病句的发生。需要说明的是，这里的辨析，重在易混部分，并不求全；其次，篇幅有长有短，体例不拘一格，权当词义随笔罢。

1. 交／缴

交与缴，两词音和义相近，语义却是有别。在作动词使用时，都有"交付、付给"，即将某事或某物转移给有关方面的意思，区别在于：当把事物转移给对方时用"交"，如"交给、交班、交差、交货、交白卷、交付订金、交换商品"等；"缴"则指按照规定履行义务而交纳，或是被迫而交纳，均含有"不得不、必须"的意思。如"交费"是自愿交纳费用，"缴费"则指按规定履行义务而交纳费用，"缴税、缴租"也是依法依规必须的。"缴枪""缴械"则都是被迫的。

2. 即／既

即与既，两词读音相近，意思用法却有别。两个词单用，不易混淆。"即"表示接近，如"若即若离"；表示到，开始从事，如"即位"；表示临时，就着，如"即席演讲、即兴赋诗"；表示当下，如"即日、成功在即"；还表示就、就是，如"一触即发、非此即彼、即景生情"等。"既"则表示完了、终结，如"言未既"；表示已经，如"既成事实、既得利益"等。

即与既的区分，重点是在作为连词的"即使"与"既使"的使用上面。"即使"表示假设让步，如"即使你取得了很大成绩，也不能骄傲自满"。与"即使"的意思相同的，还有"即便、即或、即若"等。"既"作为连词，总是跟副词"又、且、也"配合着使用，关联并列的几个方面。所以使用"既使"做连词，后面必然有"又使"或"也使"与之配合呼应，如"既使他养好身体，又使他不至于拉下功课"。如果前面用了"既使"后面却无"又使"或"也使"与之配合呼应，那就很可能是该用"即使"却错成了"既使"。

3. 捡／拣

捡与拣，不但音同，部首也同，不过，意思却有明显的区别。"捡"表示拾取，如"捡东西、捡破烂"等。"捡"与"拾"同义，可用"拾"替代。如"捡拾、拾取、拾物、拾荒"等。"拣"表示挑选、选择，如"拣选、拣择、挑肥拣瘦、挑三拣四"等。"拣"没有拾取的意思，所以，"拣"不能用"捡"或"拾"代替。

4. 决／绝

决与绝，音同意思相近，表示的意思不易分清。"决"作为副词，表示一定、坚决，强调的是主观态度、主观意志，如"决不同意、决不退缩、决无二心"；"绝"作为副词，表示完全、彻底、绝对，强调的是程度，含有"极、最"的意思，如"绝不可能、绝无此事、绝对正确、绝没有错"等。比如，如果说"决不迟到"，意思就是坚决不迟到，表达的是一种主观态度；如果说"绝不迟到"，意思就是绝对、一点儿也不迟到，强调程度的完全彻底，不留余地。

5. 度／渡

度与渡，仅仅音同，词义迥然不同。用"度"表示的，都是与时间相关的概念，如"度日、度年、度假、度命、度活"等；用"渡"表示的，都是与空间相关的概念，如"渡河、渡海、渡口、渡头、过渡、渡过难关、远渡重洋"等。"过度"与时间无关，"度"是"限度"。"过度"就是超过限度，过分的意思；而"过渡"则是空间转移，从甲地到乙地；

或指从一个阶段转移到另一个阶段。

6. 勿／毋

勿与毋，均为副词，属于尚在使用的文言词，音近义近，用法亦大体相同，都表示禁止或劝阻，相当于"不要、不可、别"。两个词都是书面语，但"毋"的文言色彩较之于"勿"更重些，因而在现代汉语中使用频率低于"勿"。一般而言，能用"毋"的地方也可以换用"勿"，而用"勿"的地方往往不能用"毋"。如"己所不欲，勿施于人""切勿动手""请勿打扰"等，其中的"勿"就不能换成"毋"。使用"勿"的范围相对广一些，而且常在前面加上"请"。如"请勿吸烟"等。

7. 象／像

象与像，是两个不同的字，音同义近又有区别。"象"的意思有：①表示动物，如"白象、象牙、象鼻山"等；②表示形态、样子，如"景象、形象、印象、天象、万象更新"等；③表示仿效、模仿，如"象形、象声、象征"等。"像"的意思有：①比照人物制成的图像、雕塑等，如"肖像、画像、雕像、录像"等；②表示相同或相似，如"孩子长得像他爸爸"；③表示如同，如"像这种情况真少见"；④表示似乎、好像，如"天像要下雨了"；⑤表示比如，用于举例，如"花的种类很多，像菊花、荷花、牵牛花等"。

象与像的不同在于，用"象"所指自然界、人或物的形态、样子，都是自然表现出来的，如"表象、气象、脉象、旱象、星象"等；而"像"所指用模仿、比照等方法制成的人或物的形象，也包括光线经反射、折射而形成的与原物相同或相似的图景，都是人工做成的，如"人像、神像、偶像、影像、摄像"等。

8. 鱼／渔

鱼与渔，前者是名词，后者是动词。鱼的本身、鱼吃的饵料以及鱼制品等，均用"鱼"，如"鱼饵、鱼白、鱼刺、鱼肚、鱼肝油"等。另外，"鱼汛、鱼雷、鱼雷艇及鱼贯而入"等，也用"鱼"。"渔是动词，意思是捕鱼。如"竭泽而渔"。凡与人们捕鱼活动有关的，一般都用"渔"，如"渔竿、渔具、渔网、渔船、渔村、渔民、渔港、渔歌、渔家、渔业"等。"渔"的另一动词用法，是谋取不正当利益。如"从中渔利"。

9. 园／圆

园与圆，常被用错，主要是该用"圆"的地方却用了"园"，如"园圈、园满、园润、园通、方园、园珠笔、园舞曲"，这些"园"都用错了，应该用"圆"。

10. 支／枝

支与枝，主要在做量词上有时不易区分。"枝"是植物主干上分出来的杈，如"树枝、枝条、枝繁叶茂"等；做量词，多用于表示树枝或带枝的花，如"二枝树杈、一枝桃花"。用于其他杆状物的东西一般使用"支"，如"一支笔、一支蜡烛"。鲁迅小说《药》"枯草支支直立，有如铜丝"，这里的"支"相当于"根"，如果换成"枝"就有违作者本意了。"支"用做量词，还可以表示队伍，如"一支管弦乐队"；表示歌曲、乐曲，如"一支歌、两支曲子"；表示纱线粗细的计量单位，如"这种棉布是100支的"；表示电灯的光度，如"40支光的灯泡"。"支"除了这些量词用法，还有许多动词用法，作分出、分散义，如"支解、支离破碎"；作分派、打发义，如"支使、支配"；作付出或领取（款项）义，如"收支、预支"；作架起义，如"支柱、支架、支点"；作支持义，如"体力不支、乐不可支"；作支援义，如"支农、支前、支边"；作向上竖起或向外伸义，如"支着耳朵仔细听"。这些都是"枝"所不具有的。

11. 查／察

查与察，都是仔细看，"查"所指的看，具有验证的目的；"察"所指的看，就是实地仔细地看，看清楚，含有调查了解的目的。经常用混的主要是由它们分别组成的三对词语，即检查与检察、考查与考察、侦查与侦察。

"检查",是为发现问题细心查看,如"检查工作";"检察"主要是司法术语,指审查被检举的犯罪事实,如"检察长、检察院、检察起诉"等。

"考查"是用一定的标准查看评定,如"考查工作成绩";"考察"则是到现场观察了解,还指深入推求研究。如"考察天山冰川的成因"。注意:"考察干部"的"考察"不能写作"考查"。

"侦查"是司法术语,指公安、检察机关为搜集证据、确定犯罪事实而依法进行的调查,如"立案侦查";"侦察"则是军事术语,为弄清敌情、地形等有关作战方面的情况而进行的各种察访活动,如"侦察敌情"。

12. 做客／作客

做客与作客,读音相同,语义各异。"做客",是指访问别人,接受人家的招待,如"到亲戚家做客";"作客"则是指寄居在别处,如"作客他乡"。杜甫的诗《登高》有"万里悲秋常作客",指诗人漂泊无定的生涯。

13. 年青／年轻

年青与年轻,也不可不加以区分。"青"本义是绿色,喻指青春、青年,所以"年青"是指青少年时期,是绝对年龄;"轻"是与"重"相对而言的,因此"年轻"是指相对年龄,相比之下谁年轻。"他比我年轻多了"里的"年轻"不能用"年青"。比喻充满活力和朝气,说"他有一颗年青的心",该句的"年青"不能用"年轻"。

14. 标志／标识

标志与标识,是一个异形词,即两个词的读音、意义、用法都相同,只是其中一个字写法不同而已。在异形词规范里,"标志"是首选词形,"标识"将要逐步淘汰退出。可是,偏偏就有人放着大众都懂的"标志"不用,却要使用"标识","识"只有在读 zhì 的时候,才是记的意思,"标识"也才能与"标志"同义,可以互相代替。把"标志"故意写成"标识"直接后果,就是许多人误将"标识"读成 biāo shí。近年一家影响很大的出版社出版的现代汉语词典，将"标识"处理成：一方面继续维持"标识"读 biāo zhì 与"标志"为异形词；另一方面，将"标识"注音为 biāo shí，其意义和用法则分别为：一做名词，意思是标记；一做动词，意思是标示识别。这样一来，"标识"就成了无论读成 biāo zhì 还是 biāo shí，都可以做名词，当"标记"用：造就了一朵语词"奇葩"！如此超乎寻常的"包容并蓄"，到底是意在规范，还是在添乱？不得而知。

15. 必须／必需

必须与必需，两者的不同是由"须"和"需"的差异造成的。"须"重在表示人的意愿，如"必须努力、务须注意"等，也表示对所从事的活动必须知道的事项，如"大会须知、考试须知"等。"需"则表示需要、需求，如"需要空气、按需分配"等。"必须"是副词，通常做状语，表示一定要，强调的是人的意愿和事情的必要性，如"这件事你必须解释清楚"；其否定词是"无须、不须、不必"。"必需"则是动词，表示一定得有，不可缺少，如"生活必需品"。

16. 处世／处事

处世与处事，不少人混用，尤其是将"为人处世"写成"为人处事"。"处世"是指在社会上活动，与人交往，如"处世哲学、为人处世"等；"处事"则是指处理各种事务，如"处事果断"等。"为人处世"是一个成语，"为人"与"处世"的意思相同相近，属于同义并列结构，而"为人"与"处事"意思相去甚远，不能构成同义并列，所以成语"为人处世"不能写成"为人处事"。如果有人一定要这样写，要么是将"为人处世"写错了，要么是另有用意，所以舍弃成语不用，而使用自由组合的短语"为人处事"。因为"为人处世"是成语，成语属于固定组合，不可随意变换字词。

17. 国是／国事

国是与国事，均为名词，不难区分。"国事"，就是国家的重大事务，如"进行国事访问"；"国是"则是着重指国家的大政方针，如"共商国是"。"国事"多指具体的国家事务，"国是"侧重指国家大政方针，含庄重色彩。

18. 诞生/诞辰

诞生与诞辰，现在混用得一塌糊涂。最为典型的就是满眼都是"纪念某某某诞辰一百周年"。"诞辰"，直白地说，就是诞生的时辰，因此，所有的词典都解释为"生日"，是名词。稍有常识的人都知道，名词后面不能带数量词作补语，平常我们只会说出生多少周年，没有谁说生日多少周年，此处应该使用"诞生"，"诞生"即"出生"，但比"出生"更表尊重，是动词，可以带数量词作补语。不要把"诞辰"与"诞生"当成同义词，更不要想当然地以为"诞辰"比"诞生"更表尊重。假如非常喜欢使用"诞辰"，可以说成"纪念某某某一百周年诞辰"。

19. 设备/装备

设备与装备，一字之差，意义不同。"设备"泛指民用器材、物品的配备，而"装备"则指军队的物质配备，包括武器、军装、器材、技术力量等。比如："为了扶持和发展中西部地区的教育，国家大幅度地增加了投入，近年来中西部地区各级学校的教学装备都明显得到了改善。"教学用品显然属于非军事用品，应使用"设备"而不是"装备"。把民用设备故意说成"装备"，是因为无知用错词呢，还是想虚张声势吓唬人呢？

20. 个别/各别

个别与各别，都含有数量少的意思，不过"个别"单指数量少，如"个别指导、这个问题需要个别研究"。"各别"则强调情况不同或特殊，因而数量少，如"有的情况需要各别处理"等。

21. 偶尔/偶然

偶尔与偶然，容易用错。"偶尔"着重表示次数少或少见，一般跟"经常"相对。如"偶尔，传来一阵懒洋洋的蝉鸣"。"偶然"一般跟"必然"相对，表示意外的，超出一般规律或情况，也就含有次数少的意味。如"没想到能碰上你,太偶然了"。相比之下,"偶然"的含义和用法就要比"偶尔"多一些,"偶尔"只能作状语,"偶然"还可以作定语、谓语,还有构词能力,跟"性"结合,构成名词"偶然性","偶尔"则没有这种能力。

22. 终生／终身

终生与终身,读音意义相近,用法有别。两个词表达的时间概念都是一生,一辈子。区别在于:"终生"指生命的全过程,单纯的时间概念,通常多做状语或补语,如"终生从教、奋斗终生";"终身"往往指的是生命的未来直至生命的结束即"死",且多就切身的事说,从重要性上强调"一辈子",可以做状语、定语、补语,如"终身不娶、终身大事、抱恨终身、终身制"等。

23. 规则／规矩

规则与规矩,前者是指供大家共同遵守的标准或规定,一般要形成条文;后者原本是用来画圆形和方形的两种文具,常用以比喻一定的标准、准则或惯例,往往是不成文的惯例、习惯、礼仪等等。

24. 权力／权利

权力与权利,是两个同音词,从构成的语素就可以看出它们的词义存在明显区别。"权力"包含"权"和"力量";"权利"则包含"权"和"利益"。因此,"权力"是指在政治上具有的强制力量,在职权范围内具有的领导和支配力量。如"国家权力、行政权力、立法权力、司法权力、全国人民代表大会是国家最高权力机关"等。"权利"是与"义务"相对的,是指公民或法人依法行使的权力和享有的利益。如"剥夺政治权利终身"等。

单用一个"权",既可能是指"权力",也可能是指"权利",要注意区分。凡是"权力"都是由国家、公众或上级赋予的,如"行使权力、下放权力、手中有权、掌权、权柄、权限、人事权、调度权"等。"权利"都是法律赋予的,既包括依法享有的权力,还包括依法享有的权力所带来的相应利益。如"维权、弃权、人权、选举权、被选举权、受教育权"等。

25. 无可非议／无可厚非

无可非议与无可厚非，前者是说没有什么可以批评指责的，表示言行合情合理，完全没有过错。后者则是说没有什么可以过分责难的，表示虽有某些不足，指出即可，批评应适可而止，不可过分。

26. 不可思议／不可理喻

不可思议与不可理喻，前者是指不可想象，难以理解。后者是指无法用道理使他明白。形容愚昧、固执或蛮横到了极点。现在有不少人将"不可理喻"当做"不可理解"使用，与"不可思议"混为一谈。

27. 不以为意／不以为然

不以为意与不以为然，前者的意思是不把事情放在心上，表示不重视。后者的意思是不认为是正确的，表示不同意。

28. 差强人意／心满意足

"差强人意"："差"，意思是尚，稍微；"强"的意思是振奋。整个成语的意思是大体上还能让人满意，语意轻。"心满意足"则是表示合乎心意，十分满足。表达的满意程度远远超过"差强人意"，语意重。遗憾的是，现在一些人竟将"差强人意"望文生义地理解为质量差难以让人满意，与该成语的原义背道而驰。

29. 不胫而走／不翼而飞

不胫而走与不翼而飞，这两个成语意思有同有异。"不胫而走"意思是没有腿却能跑。比喻消息流传得很快。这个意思跟"不翼而飞"相同，"不翼而飞"也有这个意思。"不翼而飞"，直白地说，就是没有长翅膀却飞走了。所以，它兼具两个意思：一是比喻物品突然丢失，一是比喻消息、言论传播很快。现在多用它比喻物品突然丢失了。至于消息等传播很快，则由"不胫而走"表示。注意："不胫而走"没有物品突然丢失这个意思，这是它与"不翼而飞"不同的地方。

30. 莫名其妙／莫明其妙

原本只有"莫名其妙","莫明其妙"则是由"莫名其妙"衍化而来的,现在二者意义已经分化。"莫名其妙"表示没有人能说出其中的奥妙。形容非常奥妙。"莫明其妙"则表示没有人明白其中的奥妙。形容事情很奇怪,使人不能理解。

三、歧 义 说 略

　　人们要交际，就要进行语言组合。一般而言，一种语言组合只存在一种理解，而另外的一些语言组合却存在几种不同的理解。相同的语言组合却能表达不同的意义，这种形式与意义之间的矛盾，即歧义现象，现代语言学家几乎没有不重视的。近年来语文高考重视了对语言歧义的考查，尤其是1998年全国卷在语病题之外，又专门设计了一道歧义类试题，从而使歧义类语言题倍受关注。

　　然而，在高考复习中，歧义作为语言规范清晰的一个难点并未得到有效解决。原因有两个方面。客观上，歧义涉及的语言因素较多：既有语音、语义因素，也有语法因素；既有朗读的问题，还有语境的问题。主观上，不少教师在复习中"只见树木，不见森林"，具体分析多，总体把握少；纠缠例证多，总结规律少，缺少全面系统的宏观把握。

　　为了增强复习的有效性，我们必须跳出就事论事、跟着题目转的圈子，首先要宏观把握，掌握规律，比如说，造成歧义到底有哪些原因，歧义的类型有多少，这是语言歧义的表现规律；如何消除歧义，有哪些方法，这是语言歧义的消解规律；高考歧义类有多少种考法（题型），这是命题规律；歧义类试题如何解题，步骤是什么，这是解题规律。掌握了规律，就可以全局在胸，心中有数，然后对症下药，问题就会迎刃而解。否则，漫无边际，教师心里没有"底"，学生就更是"苦海无边"了。也就是说，必须导之以道，授之以法。

一、语言歧义的表现规律

语言歧义性的表现,可谓千变万化,不一而足,但统观全局,不外乎三类:语音歧义、语义歧义和语法歧义。这种分类,源于它们形成的原因。所以,讲语言歧义的表现规律,实际上就是按照语言形成歧义的不同原因给语言歧义现象分类,从而有利于从总体上把握歧义的分布和表现。

关于语言歧义的表现规律可以列表如下:

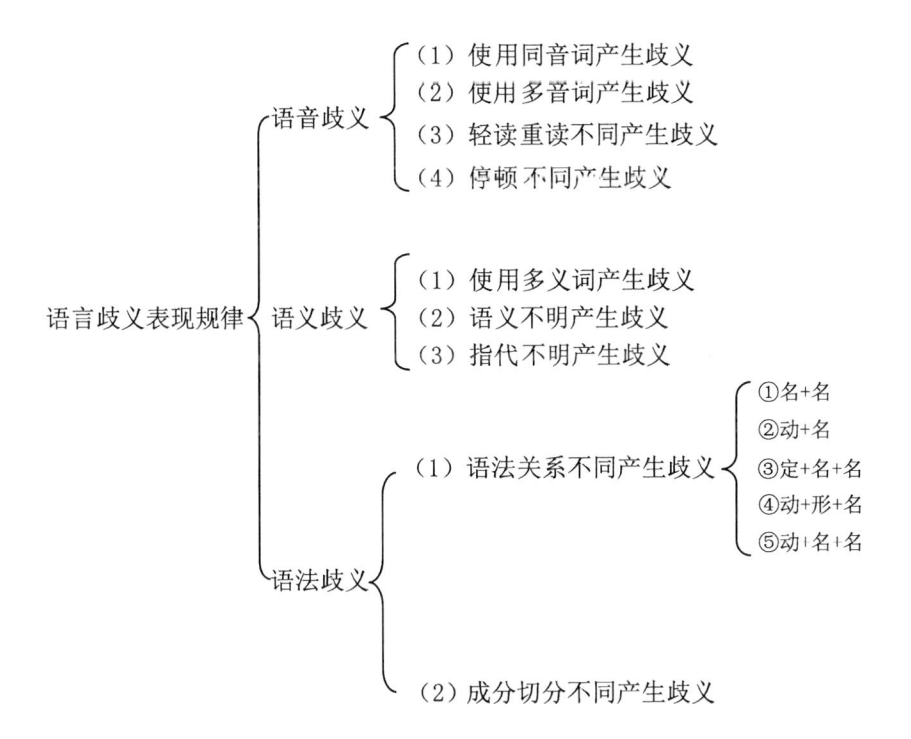

语言歧义表现规律
- 语音歧义
  - (1) 使用同音词产生歧义
  - (2) 使用多音词产生歧义
  - (3) 轻读重读不同产生歧义
  - (4) 停顿不同产生歧义
- 语义歧义
  - (1) 使用多义词产生歧义
  - (2) 语义不明产生歧义
  - (3) 指代不明产生歧义
- 语法歧义
  - (1) 语法关系不同产生歧义
    - ①名+名
    - ②动+名
    - ③定+名+名
    - ④动+形+名
    - ⑤动+名+名
  - (2) 成分切分不同产生歧义

首先是语音歧义,即由于语音的诸多因素,造成的歧义现象。(1)因使用同音词产生歧义。如"走近"与"走进","治癌"与"致癌","震灾"与"赈灾"等,在书面表达中,一望而知,区别明显,不会有歧义,但在口语表达中则让人莫衷一是,出现歧义。(2)使用多音词产生歧义。如"这个人好说话"句中"好"既可以读成"hào",也可以读成"hǎo",由此造成该句有两种不同理解。再如"干得真快",到底是"gàn"得真快,称赞办事效率高呢,还是"gān"得真快,惊叹湿东西干燥得快呢?由于口语中一次只能读一种读音,所以多音词产生的歧义也只存在于书面表达中。(3)因轻读重读不同而产生的歧义。如"孙子","子"读轻声,是指儿子的儿子;"子"读上声,则是指古代军事家孙武。"地方","方"若读轻声,表示空间;若读第一声,则表示与中央相对的各行政区。重读不同也会产生歧义。如"我在读诗歌",若"读"重读,就是强调干什么;如"诗歌"重读,则是强调读的是"什么"。这种轻读重读不同产生的歧义,也是在书面表达中才会出现,口语表达则不会发生。(4)停顿不同产生歧义。如"小明找不见爸爸妈妈很着急"一句,可以有三种停顿,于是就有三种不同的语意:a.小明找不见,爸爸妈妈很着急;b.小明找不见爸爸,妈妈很着急;c.小明找不见爸爸妈妈,很着急。停顿不同造成歧义,也只见于书面表达,在口语表达中一般是不会出现的。

其次是语义歧义,即由于语义的诸多因素造成的歧义现象。(1)使用多义词产生歧义。如"这本书是黄色的",句中"黄色"既可以指书的颜色,也可以指书的内容有色情成分,显然存在歧义。又如"躺在床上没多久,他想起来了",句中的"想"有两种意思:一是回想、回忆;二是希望、打算。前一种是说,他原来忘记了,现在回忆起来了;后一种是说,他不愿意再躺,希望坐起来或站起来。因多义而产生歧义,可以是由一个词造成的,也可以是由一个短语,比如"的"字短语造成的。如"开刀的是他父亲",句中"开刀的",可以指大夫,也可以指病人。(2)语义不明产生歧义。如"母亲的回忆",是指母亲的回忆,还是指回忆母亲,不明白。又如"他借我一本书",这一句既可以理解为"他从我这里借了一本书",也可以理解为"他把一本书借给了我"。像"借"这类动词表示的动作存在方向的问题,方向不同,语意也不一样。(3)指代不明产生歧义。如"张老师给我们上作文辅导课，收获很大"，是谁"收获很大"？是"张老师"还是"我们"？又如"我看见张原扶着一位老人走下车来，手里提着一个黑色皮包"，谁"手里提着一个黑色皮包"？三个人都有可能。

最后是语法歧义。语法歧义存在两种情况：一是因语法关系不同而产生的歧义，略举几种：①"名+名"式，两个名词放在一起，是并列关系，还是偏正关系，抑或是主谓关系，不能确定，造成歧义。如"荷塘月色"，是"荷塘和月色"还是"荷塘的月色"，脱离文章的内容，单看标题很难确定。②"动+名"式，动词与名词组合，如"零售商品"，是一种活动，还是一种事物？也就是说，是按动宾关系理解，还是按偏正关系理解？③"定+名+名"式，一个定语的后面跟了两个名词，该定语到底修饰限制哪一个名词，造成不同理解。比如"小学生字典"，是"小学生／字典"，还是"小／学生字典"？即究竟是"学生"小，还是"字典"小？④"动+形+名"式，如"演好人"，一种语法关系是"好人"为偏正关系，作"演"的宾语，意思是要演"好人"，不演"坏人"；另一种语法关系是"演好"为动补关系，"人"作它的宾语，意思是要把"人"演好，即塑造好人物形象。⑤"动+名+名"式，如"征服了陈景润的怪病"，一种理解为"征服了陈景润"动宾短语作"怪病"的定语，整个短语是偏正短语，强调病情的严重程度；另一种则理解为"陈景润的怪病"偏正短语，作"征服"的宾语，整个短语是动宾短语，强调医生的医术高明。

各种组合都可能因语法关系不同产生歧义，以上只是略举几例。

语法歧义的另一类是因为成分切分的不同造成的。如"记者们认为有关外星人面临地球的说法是缺乏事实根据的"一句，同样按照主谓式切分，主和谓却有两种不同的切分法：一种切分是"记者们"为主语部分，"认为……的"为谓语部分；另一种切分是"记者们……的说法"为主语部分，"是缺乏……的"为谓语部分。两种不同的主谓切分，表达的意思迥然不同。类似的因成分切分不同产生的歧义，不一而足，不再列举。

二、语言歧义的消解规律

掌握语言歧义的表现规律，有利于对形形色色的语言歧义现象的识别。但仅仅识别是不够的，如何消除歧义则更为重要。

消除歧义，主要从语音、语义、语境等方面入手，常用的方法有：

（1）利用重读轻读消除。如"我想起来了"一句，若表示回想起来了什么事这个意思，就将"想"重读；若表示不愿再躺了，就把"起来"重读。又如"他又把语文复习了一遍"，如"又"重读，表示语文复习已经不止一遍了；若"语文"重读，则表示刚才复习过别的功课，现在转向复习语文了。

（2）利用停顿消除。比如"我看见老陈很高兴"，此句若读作"我看见／老陈很高兴"，高兴的就是"老陈"；若读作"我看见老陈／很高兴"，高兴的就是"我"了。

（3）通过增减调换个别词语消除。如"县里通知说，让赵乡长本月15日前去报到"，该句有人理解为赵乡长应在15日这一天去报到，有人则理解为15日前哪一天去报到都可以。若是前一种意思，则应将"前"字删去；若是后一种意思，则应在"前"字的前面加上"以"字。再如："小明和小红在路上碰上了。他告诉他，他昨天在电视里看到了一个非常有趣的节目，问他看见了没有。"句中"他"指代不明，表达不清晰。若小明是男孩，小红是女孩，其性别前文已经明确，就可改成："小明在路上碰上了小红，就告诉她，他昨天在电视里看到了一个非常有趣的节目，问她看见了没有。"还有一个办法，就是用"自己"与"他（她）"交替使用，以示区别。一般作法是：在一句中，第一个被提及的可以用"自己"称代，第二个用"他（她）"来表示，这个办法书面和口头表达均可使用，两个都是男孩也无妨。据此，此句亦可改为："小明在路上碰上了小红，就告诉他，自己昨天在电视里看到了一个非常有趣的节目，问他看见了没有。"

（4）创设语境消除。有的句子孤立地看有不同含义，但置于一定语境，就只有一种理解，因此创设一定的语境，即可消除歧义。如"我要炒肉丝"有歧义，若在后面补一句"不要炒白菜"，"炒肉丝"就是一种菜名；若在后面补一句"快拿油来"，"炒肉丝"就成为一种操作了。

（5）调整语序消除。由于汉语缺少词形变化，语序就成为表达意义的重要手段。语序不同表达的意义就不同，如"我批评了他"和"他批评了我"。语序不当有时甚至出现歧义，如"原XX市XX公司总经理XXX因病不幸逝世"，到底是"原XX市"，还是"原XX公司"，抑或是"原总经理"？按第一种第二种理解，原来有XX市的建制、有XX公司的建制，现在没有了，这显然是不符合实际的，只有第三种理解是对的，即XXX生前任过总经理，逝世后已由他人担任此职，故"原"就应直接修饰"总经理"才不至于产生歧义，句中"原"应移至"总经理"之前。

（6）增加标点消除。比如"她不是苟活到现在的我的学生"一句，"苟活到现在的"到底是"我"，还是"我的学生"，有歧义，但鲁迅在"苟活到现在的我"的前后加了引号，这样"苟活到现在"就只修饰"我"，从而消除了歧义。（见鲁迅《记念刘和珍君》）

三、语言歧义的高考命题与解题规律

掌握了语言歧义的表现和消解规律，虽说解决了问题的大半，但要想增强解题的自觉性，提高解题效率，还须掌握歧义类高考命题与解题规律。

统观高考歧义类试题，不外乎以下几种命题方式：

（1）对语言有无歧义的识别。

①下面每个短语只表示一个意思的一组是：（1990年成人高考题）

A. 翻译小说 学习文件

B. 运行李 给小王一本书

C. 修路 借小王一本书

D. 考研究生 看什么

②下面句子表达明确而没有不同理解的一句是：（1992年"三南"题）

A. 孩子们很喜欢离休干部李大伯，一来到这里就有说有笑，十分高兴。

B. 我看见张原扶着一位老人下车来，手里提着一个黑色皮包。

C. 他有一个女儿，在医院工作。

D. 李老师领着同学们把铁锹、锄头一放，顾不上休息就都上课去了。

（2）对歧义句的分析。

某人接到一学术会议秘书组来函，信上说：只要你单位同意，报销差旅费，安排住处，领取大会出席证的问题可由我们解决。……（1991年全国题）

此人读后不解其意，因为对此信可有多种理解。请你就文意写出三种不同的解释。

答：①_____

②_____

③_____

（3）利用语境消除歧义。

客观题，如1994年上海题：

"我们要学习文件"是个有歧义的句子，接在它后面能消除歧义的一项是：

A. 请做好准备　　　B. 请把电视机关上

C. 小说不要带来　　D. 请你告诉小王

主观题，如 1989 年全国题：

参照例句，在句前或句后的横线上加些话，使原句的意思变明确。

例：_____我要炒肉丝，你把油拿来。

　你要粉蒸肉，我要炒肉丝。_____

A._____开刀的是他父亲_____

B._____开刀的是他父亲_____

了解命题规律主要是为了掌握题型，而掌握解题规律则直接关系到解题的效率。解题规律主要包括解题思路、方法和步骤。

解题思路与方法在前面一、二部分已基本上得到解决，这里简略提一下解题步骤。对于歧义类考题，首先是辨别其有无歧义，其次是确定歧义部位，分析歧义原因，最后是选择消除方法，着手消除。如同思路、方法一样，这里的步骤也是着眼于总体，就一般而言，至于面对试题，不要忘了还有一条：具体问题具体分析，既要看到题目的共性，还要注意其个性。

（本文原载于 1999 年 11 月 6 日《新疆教育报》）

四、汉语表达如何"强调"

高考对语言的考查，重在实际运用，重在表达。人们说话总是有目的的，语言的目的性决定了表达必然有重点，对重点必然有所强调。一般正常语序的句子，朗读时表达强调主要是用停顿和重读表示，单就书面形式本身是看不出强调的。那么，书面表达中如何进行"强调"呢？主要有五种方法：一靠语序变化，二靠使用虚词，三靠运用标点，四靠使用代词复指，五靠单独成段。

汉语没有词形变化，因此语序就成为表达的重要手段。打破正常语序，往往能够起到强调的作用。通过语序变化达到强调，分为两种情况。

一是强调什么，就把什么放在前面说；放在前面的正是强调的对象。如谓语在前就是强调谓语部分的内容。如"怎么啦，你？""起来，不愿做奴隶的人们！"又如"我们洗完了衣服"一句，如果要强调"衣服"如何如何，就把"衣服"提到句首，以它为陈述对象，说成"衣服我们洗完了"。又如《包身工》："蓬头，赤脚，一边扣着纽扣，几个还没睡醒的'懒虫'从楼上冲下来了。"这个句子，因为"蓬头，赤脚，一边扣着纽扣"被提前，就强调突出了包身工被奴役的形象，说明她们生活的紧张、忙乱、劳累和穷苦，如果改成一般正常语序的句子，就看不出来了。

二是什么放在后面，就是强调什么；强调什么，就把什么放在最后说。比如，《祝福》中描写祥林嫂"一手提着竹篮，内中一个破碗，空的；一手拄着一支比她更长的竹竿，下端开了裂"，这个句子中的"空的"和"下端开了裂"两个词语分别是"破碗"和"竹竿"的定语，应该置于中心语之前，现在挪到句尾，反而得到了突出和强调，使人对祥林嫂流落街头乞讨无门的惨景有了更鲜明的印象。复句中也有这类现象，比如因果复句，在"因为时间是组织生命的材料，所以浪费时间就是耗费生命"句里，强调的是果句，如果改为"之所以浪费时间就是耗费生命，是因为时间是组成生命的材料。"这一句因句挪后强调的就是原因了。条件复句，假设复句也是这样。再看下面的试题：

阅读后按要求作答。

百货大楼将于元月1日上午10时举行开奖仪式。

百货大楼这次开奖仪式，电视台已决定进行现场直播。

百货大楼这次开奖仪式，开出的是金奖。

把以上三句合成一个单句来表达，不能改变原意，不得增减成分。

A. 强调这次开奖重要，该怎样表达？

B. 强调要及时了解开奖情况，该怎样表达？

这道题就不单单是一般意义上的复句变单句了，除了不能改变原意，不得增减成分外，它还要求表达命题人所指定的强调重点。其实我们只要比较一下三句所传达的三个信息，就会发现足以体现这次开奖重要的就是"开出的是金奖"这一信息，它是本质的，其他两个信息无论是开奖时间还是电视台直播均是非本质的。只要调整语序，把"将开出金奖"这个信息放到句末说即可。故A答案为：元月1日上午10时，电视台直播的百货大楼这次开奖仪式将开出金奖。如强调要及时了解情况，关键是两个信息——在什么时间，通过什么渠道。将这两个信息放到后面说即可。故B答案为：百货大楼的金奖开奖仪式，元月1日电视台将于上午10时进行现场直播。

不同的句尾决定了不同的强调重点。再看一例：

比较下列这组句子，然后分辨它们的着眼点。

①我走进会场，正中悬挂着大红横幅，两侧缀着金黄的流苏，四壁张贴着标语。

②我走进会场，大红横幅挂在正中，金黄的流苏缀在两侧，标

语张贴在四壁。

从 A、B、C、D 四项中，分别选出与上述两句衔接最恰当的项。

A. 会场布置得相当大方　　B. 会议即将开始
C. 会议刚刚开始　　　　　D. 布置会场的工作做得细致周到

与①句衔接的是：_____；与②句衔接的是：_____。

B、C 两项均属于时间方面的内容，与会场布置无关，故能很快排除。剩下的两项就颇费周折了，其实只要将题干中的两句紧缩一下，①句说的是"什么位置挂（缀、贴）着什么东西"，句尾指的是实物；②句说的是"什么东西挂（缀、贴）在什么位置"，句尾指的是位置。①句强调挂（缀、贴）的是"横幅""流苏""标语"之类一般饰物，而不是其他什么奢华物品，自然只能 A 项与之衔接；②句强调这些东西分别挂（缀、贴）在什么位置都经过了一番认真的考虑，而不是随意安上去的，与之衔接的自然就只能是 D 项了。

除了利用语序变化，汉语书面表达还常常使用虚词以表达不同的强调重点。请看 1996 年全国高考第 5 小题：

下列四句话，用的词语相同，但强调的重点却不同。其中分别强调"受话人"和"打电话"这件事的一组是：

①他上午在家里是给我打了一次电话。
②他上午是在家里给我打了一次电话。
③他是上午在家里给我打了一次电话。
④他上午在家里给我是打了一次电话。

A. ②③　　B. ①②　　C. ①④　　D. ③④

题干的四个句子实际上只是一句话"他上午在家里给我打了一次电话"，区别是在不同的位置分别加了一个"是"字。这个"是"显然不是判断动词"是"。因为判断动词"是"充当谓语在句子中的位置是固定的，不可随便移动；而且不能省去，省去句子便不通。而上述四个句子中的"是"可以省去，省去基本意思不变，位置又很灵活，显然它是语气副词"是"，这个"是"加在谁前面就强调谁。

据此，句①强调的是"给我"，是受话人；句②强调的是"在家里"，是地点；句③强调的是"上午"，是时间；句④强调的是"打了一次电话"，是"打电话"这件事。故答案为 C 项。

复句也是使用虚词表示强调。比如，同是因果复句，前后同时使用关联词的，就要比只使用一个关联词的因果关系强，而使用一个关联词的，就比不用关联词的因果关系明显。转折复句、递进复句等也是一样。

适当加标点，也是表示强调的一种手段。比如"想，要靠做来证明；做，要靠想来指导"，两个分句的主语之后加逗号停顿，就显然起到了强调主语的作用；若把两个逗号去掉，句意没有变，但强调的重点就看不出来了。再如鲁迅《记念刘和珍君》："听说，她，刘和珍君，那时是欣然前往的。"这个句子一连加了三个逗号，几乎到了一词一顿的地步，非如此不足以表达鲁迅当时沉痛的心情。如果没有这三个逗号，鲁迅当时沉痛的心情，不但得不到凸现，而且还会荡然无存！这个句子的陈述对象得到强调，还有一个原因是"她"与"刘和珍君"组成了复指短语。使用代词组成复指短语，也是表示强调的手段之一。试比较"时间是组成生命的材料"与"时间，这是组成生命的材料"，哪一句的陈述对象"时间"得到了强调，不是显而易见的吗？

此外，行文中某些句子另起一行，单独成段，以示重要。这也是强调的一种方式，被经常运用。

（本文原载于山西《语文教学通讯》1997 年第 9 期）

实用病句分类详解

目前语文高考对病句的考查范围是"六类",但实际上病句远不止于"六类",而且在命题实践中也时有突破"范围"的情况出现。语言现象,从来都是错综复杂的,病句更是如此。本书分作10大类详解病句,旨在力图将各种病句尽收其中,以期对高考师生以及其他读者都能够有所帮助。

一、用错了词

语言运用,就是用词造句。造成病句主要的或者说首要的原因是用错了词,而用错词则是因为不懂词义,而不是不懂语法结构。如果坚持我用的词都是我懂的,坚决不用自己不懂的词语,病句就可以减少一大半。因此,从弄懂词义入手,养成勤查辞书的习惯,应是减少病句、规范语言运用的首选途径。有人认为,所有的病句都可以说是用错了词。其实,也不尽然。诚然,很多病句,诸如搭配不当等,也可以归入用词不当,但仍然有许多病句是由于词语本身使用不当造成的,而与语法和逻辑并无太多的关联。

(一)用错了实词

用词造句表达意思,主要是靠实词。实词用错了,对句意表达的损害往往是致命的。

1. 用错了词义

(1)纪念鲁迅先生诞辰一百二十周年。

【解析】"诞辰",所有的词典都解释为"生日",是名词。名词后面不能带数量词作补语,平常我们只说出生多少周年,没有谁说生日多少周年,此处应该使用"诞生","诞生"即"出生",但比"出生"更表尊重,是动词,可以带数量词作补语。不要把"诞辰"与"诞生"当成同义词,更不要想当然地以为"诞辰"比"诞生"更表尊重。如果一定要用"诞辰",则应当说成"纪念鲁迅先生一百二十周年诞辰"。

(2) 这篇文章的语言也有毛病,一开头就用错了两个词汇。

【解析】"词汇"属于集合名词,表示某类事物的整体,不表示事物的个体,所以它的前面不能加数量词修饰。该句"词汇"可改为"词"或者"词语"。个别集合名词可以受数量词修饰,但有条件限制。比如"人口",可以加上表示很大数目的数词,说成"全世界有60亿人口",但不能说"他们家有四个人口",即不能加上表示很小数目的数量词修饰。

(3)《人民日报》发表了两篇短而好的调查报告,这是向写文章的同志发出的彻底改进文风的檄文。

【解析】"檄文"在古文里指"征召或声讨等的文书",现代一般是指"向敌人发出的声讨书"。我们只能说"向敌人发出檄文",怎么能向自己的同志发出"檄文"呢?该词用错,是因为没有弄清它的含义。应把"檄文"改成为"号召"。

(4) 为了扶持和发展中西部地区的教育,国家大幅度地增加了投入,近年来中西部地区各级学校的教学装备都明显得到了改善。

【解析】"设备"泛指民用器材、物品的配备,而"装备"则指军队的物质配备,包括武器、军装、器材、技术力量等。教学用品显然属于非军事用品,应使用"设备"而不是"装备"。

(5) 我刚从一个佛教圣地归来。"圣地之处尽俗事",亦使我对今日"伪宗教"的滥觞,不由得高度警惕起来。

【解析】该句显然是误将"滥觞"当作"泛滥"使用了。泛滥,是贬义词,使用它才符合该句上下文语境。而滥觞,本指江河发源的地方,因水浅只能浮起酒杯(觞,酒杯)。后指事物的开始或起源,不含贬义。

(6) 在新华书店的门口,他偶尔遇见了多年不见的老同学。

【解析】汉语存在大量的同义词,稍不注意分辨就会用错词义。

"偶尔"强调次数少,"偶然"强调意外。句中说"多年不见",故应用"偶然"。

(7) 他虚心地对我说:"这件事还是您来做比较好。"

【解析】"虚心"应改为"谦虚"。"谦虚"包含"虚心",同时还有"谦让"的意思,用于该句更恰当些。

(8) 他门门功课在班里名列前茅,还发表了几首小诗,可见文学造诣很深。

【解析】一个青年写了几首小诗,就称之为"文学造诣",还说"很深",显然言过其实了。这是大词小用,分寸不当。如果非要用"造诣"这个词,可将最后一句改为"虽说不上多高的文学造诣,可是不少同学对他已佩服得五体投地"。

(9) 他只关心孩子的学习成绩,至于道德品质方面,就不以为然了。

【解析】该句是误将"不以为然"当作"不以为意"使用。不以为然,意思是不认为是这样,表示不同意;不以为意,意思是不把它放在心上,表示轻视。该句应该使用"不以为意"。

(10) 那时的人在自然势力威胁之下,常疑心某种生物或无生物有着不可理喻的超自然力量。

【解析】"不可理喻",意思是无法用道理让对方明白,形容愚昧、固执或蛮横,贬义词。许多人却将它当作"不可理解"使用,混同于"不可思议"。此句即是一例。应将"不可理喻"改为"不可思议"。

2. 用错了对象

(1) 惊悉你们两人获得大奖,非常高兴,谨向你们致以衷心的祝贺。

【解析】"惊悉"一般用于突如其来的不好的事情,而获得大奖是好消息,用"惊悉"不合适,可改用"欣悉"。

(2) 请先生不吝赐教,足下不胜感激。

【解析】"足下"是对别人的尊称,谦称自己,应改为"晚生"。

（3）在我五十华诞之际，承蒙送蛋糕一盒，不胜感激之至云尔。

【解析】"华诞"是用来称别人生日的敬辞，这里却用在自己身上，显得不自谦，可改为"过生""庆生""做寿"之类。"云尔"在这里纯粹是文言虚词堆砌，毫无意义，应当删去。

（4）你们有什么困难，只管提出来，我们一定会鼎力相助！

【解析】"鼎力"是尊称对方对自己帮助的敬辞，这里用来称自己对对方的帮助，用错了对象，显得不谦虚。

（5）你快别吹捧自己了。

【解析】"吹捧"和"吹嘘"都有"夸张、夸口"的意思，不同的是"吹嘘"既可以对自己，如"自我吹嘘"，也可以对他人，如"你就别替他吹嘘了"；而"吹捧"只可用来对别人，不能用来对自己。所以，该句"吹捧"应改为"吹嘘"。

（6）小王业务进步很快，就因为他不仅勤奋努力，还能够不耻下问，多方请教，公司的顾问、研究所的专家、大学的教授，没有他不请教的。

【解析】"不耻下问"的"下"，是指学问、地位比自己低，不把向这些人请教看成耻辱，才叫"不耻下问"。"顾问""专家""教授"其学问、地位都比"小王"高，怎么能把向他们请教说成"不耻下问"呢？该句应删去"不耻下问"。

3. 用错了代词

（1）您们都是老前辈，我们年轻人多干点是应该的。

【解析】"您"是"你"的尊称，没有复数形式，后面不能加"们"。要表示多数，只能说"您二位""您几位"。

（2）请你不要大声吵闹，咱们正在上课呢！

【解析】"咱们"必须包括听话的对方，这里应该换成"我们"。"我们"可以包括听话的对方，也可以不包括听话的对方，该句即是一例。可见"我们"使用的范围比"咱们"宽，有时候"我们"还可以用来泛指，包括听话的对方，甚至包括一切有关的人。在把握不准能不能用"咱们"的时候，宁可使用"我们"。

（3）婚姻介绍所一开门，他（她）们就一个跟一个地进了门，在工作人员的指导下开始填写登记表。

【解析】要是替代的对象既有男性也有女性，用"他们"即可，不必写成"他（她）们"。因为这样写至少是无法朗读，因为按标点符号的用法，括号里的文字是不读出来的。

（4）四十多年前，刘胡兰壮烈牺牲了，这时她才十五岁。

【解析】"四十多年前"，属于过去时，应该用远指代词"那"，而不应该用近指代词"这"。

（5）走进礼堂一看，家长们都已经在这里了。

【解析】该句也是代词误用。"这里"是近指代词，"家长们"的位置是走进礼堂看到的，应该使用远指代词"那里"。

（6）谁都知道，时间就是生命。明白这一点，我们就该十分珍惜它，让它在强国建设中发挥作用，放出光彩。

【解析】该句中的代词"它"有两个前词，从"珍惜它"和"发挥作用"看，"它"既可以指"时间"，也可以指"生命"；从"放出光彩"来看，"它"又多半可能指"生命"。同一代词只能有一个前词，存在两个以上的前词，表意含混，让读者摸不着头脑。该句或者修改"时间就是生命"，或者删去"放出光彩"。

4. 用错了词性

（1）他把节俭下来的零花钱捐给了灾区。

【解析】该句误将形容词"节俭"当作动词使用，应改为动词"节省"，才能带趋向动词"下来"作补语。

（2）一些家长总是以为，让孩子早识字，就能让孩子智慧起来。

【解析】"智慧"是名词，不能当动词用来作谓语，也不能后面带补语。可改为"聪明"。

（3）这是一个多么感动的场面啊！

【解析】该句误将动词"感动"当作形容词用，应改为"感人""动人"或者"令人感动"。

（4）利用这种场合，可以亲密群众关系，可以学习如何接受群众意见。

【解析】"亲密"只作形容词，不能当动词用，更不能带宾语，可以改为跨类词"密切"，因为"密切"既可以作形容词使用，也可作副词或动词使用。

（5）同样面料的衬衫，同一个厂家生产，但两个商场的标价却悬殊一半。

【解析】误把形容词"悬殊"当作动词用，应改为动词"相差"。

（6）为了防止类似事故发生，我们操作的时候都小心翼翼起来了。

【解析】"小心翼翼"是个副词性成语，一般不能放在动词、形容词的位置上去作谓语，更不能带上趋向补语。可改为"小心翼翼生怕出了什么差错"。

5. 用错了规矩

（1）整个山坡原有树木一千多株，现在只剩下二百株左右，减少了五倍。

【解析】用错代词、用错词性，都是违犯用词规矩。其实，很多词语的使用也都有一定之规，比如数量表达、作比较等。违犯了这些规矩，就会出现病句。该句涉及数量表达的规矩。减少只能用分数，不能用倍数，减少一倍就全没有了，遑论五倍。该句应将"五倍"改成"五分之四"。

（2）老张摆下二只酒杯，四个菜，想同老刘喝二盅。

【解析】"二"和"两"不能简单地看成一样，比如"二次世界大战"和"两次世界大战"所指就大不一样，因为"二"还可以表示序数，而"两"则只能表示数量。它们使用时也有许多的不同。比如，表数量，十以内用"两"不用"二"，十以外用"二"不用"两"，所以句中两个"二"都应改为"两"。度量量词"两"，前面只能用"二"，不能用"两"，其余度量量词"斤、尺、升"等，它们前面用"二"

用"两"都可以。

（3）我想，几斤重的一个小铁锤，又轻又巧的，算得了什么，还能让它吓住！

【解析】"轻巧"是个并列式合成词，作者为了说得俏皮些，故意拆开使用，反而弄巧成拙。说小铁锤"轻"可以，说它"巧"就不恰当。可见，乱拆词，也是造成病句的原因之一。但是，有时为了幽默诙谐，或者为了某种特定的表达需要，故意把词拆开使用，尤其是小说和戏剧里的人物语言，也是允许的。这种作法不能跟任意拆词相提并论。例如，"我的女儿对上象了"，"别的事你不要管，赶快学你的习去"等等。

（4）个人借阅的图书由个人自己管存。

【解析】语言是约定俗成的，任意改变现成词语的形式，都是不合规矩的。即如本句，明明有"保管、保存"不用，却要自己生造一个"管存"。

（5）几年以前，你额头的皱纹比现在的皱纹一样深，是为什么？

【解析】作比较，只能现在跟过去比，而不能相反；其次，作比较是比差别，情况相同就没有作比较的必要。这两条该句都违反了。

（6）他比我的力气大。

【解析】该句有所省略，补充完整就是"他的力气比我的力气大"。这样说显然啰嗦。该句的比较点是"力气"，啰嗦的原因是比较点"力气"出现了两次。省略比较点的方法有二，一种是前面省，说成"他比我力气大"，另一种是后面省，说成"他的力气比我大"。显然后一种要好。可见，作比较，如需省略比较点，保留前面，省略后面要好一些。

（二）用错了虚词

虚词之"虚"，是在词汇意义上，语法意义并不"虚"。虚词称得上是汉语中的"软实力",它发挥的作用常常是实词"无法言说"的。语言运用中,各种虚词都有可能用错,但发生错误比较多的主要还是副词、介词和连词。

1. 用错了副词

(1)新来的班主任同老班主任一样,更会体贴关心同学。

【解析】"更"表示程度进一步加强,两个班主任相比既然"一样",就不能用"更",应改为"很"。该句从逻辑上讲,则属于前后自相矛盾。

(2)过去我们忽视了经济工作,现在,改革开放了,经济工作更加重要,因而调动一切力量把经济搞上去,就成了当前最重要的工作。

【解析】和什么比"经济工作更加重要"?没有比较对象,就不能使用"更、更加"这类表示程度的副词。此句可以改成"经济工作比起其他工作更加重要"。

(3)做文学梦做了好多年,一篇小说也没发表,他想:"这辈子大概永远没能当作家了。"

【解析】同样表示否定,但"不"可以用于过去、现在和将来,而"没"只能用于过去和现在,所以本句中"没能"应改为"不能"。

(4)铃声一响,教室里立即安静下来。

【解析】"立即"多用于书面语,此句十分口语化,应改为"立刻"或"马上"。

(5)他是职业军人出身,历来没有迟起晚睡的习惯。

【解析】"历来"具有一定的郑重色彩,多用于肯定式,很少用于否定式。故"历来"应改为"从来"。

2. 用错了介词

(1)船在旋涡中冲过,只听得一片哗啦啦的水声。

【解析】介词"从"主要表示时间、空间和范围的起点,还可以表示根据(从实际情况出发)、表示变化(从无到有)、表示路线(从门口经过）。本句是表示路线的，应该使用"从"，而不是"在"。

（2）最近报刊上对于科学发展观的文章，我们都认真地进行了学习和讨论。

【解析】"对于"表示动作涉及的对象，这里"科学发展观"是内容涉及的范围，应该使用"关于"或"有关"。

（3）关于群众提出的意见，我们应该认真分析，迅速处理。

【解析】这里"群众提出的意见"是动作涉及的对象，"关于"应该改用"对于"。

（4）学校工作的原则就是一切对于学生负责。

【解析】作为介词的"对"和"对于"可以互换，但当后面的宾语是指人时，一般用"对"不用"对于"，所以这里"对于"应该换成"对"。"对"还有动词用法，意思是"对待""向""朝"，就更不能换成"对于"了。

（5）我们必须坚持勤俭办企业的原则，和大手大脚、贪污浪费和一切不正之风作斗争。

【解析】前一个"和"是介词，后一个"和"是连词，用在同一个句子里关系不清楚。前一个"和"可改为"同"或者"跟"，后一个"和"前后有轻重主次之分，改成"以及"更好一些。

3. 用错了连词

（1）老师推荐的几本书，大家已经陆续读完和基本读完。

【解析】"陆续读完"和"基本读完"只能选择其中之一，不可能同时存在，"和"应改为"或"。

（2）前年，岛上安装了风力发电机和太阳能发电机，只要有风和阳光，战士们就可以从彩色电视机上看到国内外的当日新闻和丰富多彩的文艺节目。

【解析】句中第2个"和"用得不对。按照这种说法，"风"和"阳光"全都有才能发电看电视，实际上，岛上安装了两种发电机，只要有一种发电机启动，也就是说，"风"和"阳光"只要有一个出现，就能发电看电视。故第2个"和"应改为"或"。

（3）院子里种满了月季、丁香、紫荆、玉兰或黄杨。

【解析】这里说到的花木全都种在院子里，"或"应改为"和"。

（4）太湖一带盛产鱼、虾、菱角和芡实、莲藕。

【解析】"和、以及"等连词，可以放在最后两项之间，也可以放在两类之间，但就是不能随意放在其他位置。该句鱼、虾同属动物类，菱角、芡实和莲藕同属植物类，故可以说成"太湖一带盛产鱼、虾和菱角、芡实、莲藕"；若连词放在最后两项之间，则可以说成"太湖一带盛产鱼、虾、菱角、芡实和莲藕"。

（5）用超声波处理谷物、蔬菜和中草药以及树木种子，常常可以收到增产的效果。

【解析】一个联合短语最好只用一个连词，使用两个连词，显得手忙脚乱，是毫无必要的重复。该句应该将"和"改成顿号。

（6）抗日英烈，不是模糊的精神群像，最真诚的纪念是一个个找出与记录他们，有名有姓才是真正的"永垂不朽"。

【解析】"找出与记录"应改为"找出并记录"。作为连词的"与"和"并"，两者都表示并列关系，但"并"连接的并列关系后者往往更进一步。本句中找出英烈是第一步，记录他们则是进一步的行为，故使用"并"更为恰当。

二、成分残缺和赘余

（一）成分残缺

句子成分残缺，是指按照表达需要应该出现的成分却没有出现，并非是说"主谓宾定状补"六种成分一个也不能少。它和省略句不同。省略句省略的成分可以补出来，不补出来，也不影响意思的完整表达，而成分残缺的句子，缺少的成分能够补得出来，不补出来，结构不完整，将会影响表达。

1. 缺主语

（1）人的思想上总是不断地发生变化，不是向好处变，就是向坏处变。

【解析】由于多用了一个"上"，将原本能做主语的"人的思想"变成了方位短语，失去了做主语的资格，造成主语残缺，将"上"去掉即可。

（2）通过这次培训，使我懂得了许多以前不懂的知识。

【解析】本来"这次培训"可做主语，但前面加了介词"通过"，介宾短语不能做主语；"我"也原本可做主语，现在做了"使"的宾语，也不能做主语，从而造成全句缺主语。解决的办法是，去掉"通过"让"这次培训"做主语，或删去"使"由"我"做主语。

（3）我们一定要学好各门功课，培养成为有理想、有道德、有文化、有纪律的建设人才。

【解析】第二分句按承前省主语，就成了"（我们）培养成为……"，显然说不通，只能说"（别人）培养（我们）成为……"，或"（别人把我们）培养成为……"。这个分句须改变结构，说成"把自己培养成为……"或"使自己成为……"，才可以说省略了主语"我们"，否则便是主语残缺。

（4）实行联产承包责任制以后，华阳县的粮食产量也年年上升，今年每个农业人口生产一千多斤粮食，交售给国家一亿多斤，猪、水果等也普遍增产。

【解析】复句中，若后面的分句没有主语，我们就会认为前后分句共用一个主语。如果据此推断，就成了"每个农业人口""交售给国家一亿多斤（粮食）"。可是，前面明明说"每个农业人口生产一千多斤粮食"，怎么可能"交售给国家一亿多斤"呢？其实，后面这个分句的主语应该是"全县"，主语变了，就不能省。应在"交售"之前加上"全县"。

（5）江苏省无锡市的乡镇工业，引进了不少先进设备，先后试制和生产了多种农业机械和先进产品，占领了市场。

【解析】谁"先后试制和生产了多种农业机械和先进产品，占领了市场"？如果按承前省主语就是"乡镇工业"，而这样又与"占领了市场"主谓不能搭配，这是暗换主语造成主语残缺。该句应在"占领了市场"前面加上"这些产品"，让它作最后一个分句的主语。

（6）棉蝗产下的卵，形状和飞蝗的相像，只是比飞蝗的更深一些。

【解析】什么"比飞蝗的更深一些"？不明确，缘于后一分句缺少主语。前面已经说了"形状"，按理下面该说"颜色"了，但也可能是说"埋藏"，让人不好猜。应在"只是"后面加上"颜色"或"埋藏"等词语，作主语。

（7）由此看来，热带沿海和岛屿周围，到处都能长出椰子树来，也是生物对环境的一种适应。

【解析】后一分句主语也与前一分句不同，应该补出来，应在"也是"之前加上"这种现象"一类的名词或名词性短语。

（8）说话者留意到重音和停顿，非常有助于理解话语的意思。

【解析】"有助于"谁"理解话语的意思"？不明白。应在"有助于"的后面补上"听话者"。但"说话者留意到重音和停顿"一句，也有可斟酌之处。如果是从说话者的角度，应该说"适当使用重音和停顿"；现在说的是"留意到重音和停顿"，这是听话者要做的，故应该将"说话者"改为"听话者"，这样前后两句的陈述都是一个角度，一以贯之，后一句也不用改动了。

2. 缺谓语

（1）袁隆平培育出来的杂交水稻产量高，而且比国外进口的杂交水稻更高的抵抗病虫害的能力，深受当地农民的欢迎，推广面积越来越大。

【解析】"更高"本应作谓语，却没有放到谓语的位置上去，造成谓语残缺。或者将"更高"移到"能力"之后，并去掉第3个"的"，或者在"更高"的前面加上"有",让"有"作谓语。

(2)告诉你心里话吧,这两瓶酒,你要是出去,远离祖国,我们全家就为你饯行;你要是不出去,咱哥俩就在一块聚一聚,谈谈心。

【解析】"这两瓶酒",怎么样了?没有下文,然后另起了头。可以在"我们全家就"后面加上"用它","在一块"后面加上"喝了它",句子就完整通顺。

(3)他主动参与社会灾害性事故的处理,化解风险,安定社会生活的责任。

【解析】最末一个分句误把"安定"当作谓语,其实"安定"与"社会生活"组成动宾短语作了"责任"的定语,而"责任"则缺少相应的动词谓语。应在"安定"前加上"承担"。

(4)语文是各门学科的基础,学习自然科学如果不掌握语文这门工具,就不可能正确理解其他学科的题意、概念和原理,不可能有条有理、严密的思维习惯。

【解析】前一个"不可能"后面有"正确理解"作谓语,而后一个"不可能"后面却缺少一个动词作谓语,可在后一个"不可能"的后面加上"养成"。

(5)最近又开展了全面的质量大检查,要在这次检查中建立与加强技术管理制度等一系列的工作。

【解析】句中"一系列的工作"是哪个动词的宾语呢?句中虽有动词短语"建立与加强",但它与"技术管理制度"组成动宾短语,然后再和"等一系列"共同做了"工作"的定语,而"一系列的工作"这个名词却没有动词谓语来支配它。应在"建立"之前增加动词"完成",与"工作"组成动宾搭配。

(6)报料人朱先生奖励100元。

【解析】朱先生"奖励"给谁100元?不明白。我们推测,既然朱先生是"报料人",应该是他因报料有功而获得了奖励。故应在"奖励"之前加上"获得"。该句因有动词"奖励",看似有谓语,其实没有，"奖励100元"不过是宾语，谓语应该是"获得"。

（7）在全队着装方面，里皮也是严格要求，在什么场合，队员穿什么衣服必须统一，球员有球员的服装，工作人员有工作人员的服装，教练有教练的服装，训练场上必须穿训练服，赛前赛后全队出行如何统一着装。

【解析】末尾一句"赛前赛后全队出行如何统一着装"，话未说完，没有下落。这一句应该继续延伸前面的意思，并能独立成句，可将"如何"改为"也要"或者"也必须"，从而让该句有一个谓语。

3. 缺宾语

（1）只要有勤奋、肯吃苦，什么样的难题都难不倒你。

【解析】"有"是及物动词，须带宾语表意才能完整。该句动词"有"后面虽有"勤奋、肯吃苦"等词语却不能与之相搭配，其实"勤奋、肯吃苦"只是"有"的宾语的定语，定语并不能代替它的宾语，故应在"肯吃苦"后加上"的决心（精神）"。

（2）21世纪必定是闪烁着人类智慧的时代。

【解析】"闪烁"与"智慧"不能搭配，只能说"闪烁光芒"。实际上"智慧"应是"光芒"的定语，该句也是用宾语的定语代替了宾语。应在"智慧"的后面加上"光芒"。

（3）由于地方政府对民生工作缺乏硬约束，致使一些官员仅将民生建设停留在口号上，很多工作流于表面。

【解析】只能说"流于形式"，不能说"流于表面"。看起来这是动宾不能搭配，其实还是只有宾语的定语"表面"，而后面缺了宾语"形式"。该句也可以直接把"表面"换成"形式"。

（4）县政府在全县推广了我们村实践科学发展观。

【解析】该句也是缺少与动词谓语"推广"相搭配的宾语。应在句末加上"的经验"。

（5）把管理干部的一些规章制度公布出来，让广大群众监督，就可以达到以昭昭之理扬正气、以严峻之法惩腐败。

【解析】动词"达到"缺少与之相搭配的宾语，可在句末补上"的效果"。

（6）他对现在一些人不讲医德，一心追求金钱看不惯。

【解析】不仅动词缺少宾语配合不行，介词少了宾语配合也不行。该句是有介词"对"，却没有与之相搭配的宾语，应在"追求金钱"的后面加上"的做法"之类。

（7）对于重视外语学习而忽略本国语言文字学习和使用，要宣传引导，督促有关方面重视并加强国家通用语言文字的教学和使用。

【解析】句中介词"对于"缺少相应的宾语，可在"本国语言文字学习和使用"后面加上"的现象"或"的作法"。

4. 缺少必要的附加成分

（1）发展农村教育的问题早就提出来了，可是，怎样看待问题，各人的态度不尽相同。

【解析】某些定语是可以省掉的，如"一本内容很丰富的书"可以说成"一本书"，只是意思简单了些。但在另一些动宾短语中，当宾语应当是一个定中短语时，里面的定语不能省掉。本句即是。该句中"看待"不能直接支配"问题"，因为这里"问题"不是泛指而是特指，故应有定语，在它前头可加上"这个"。

（2）要想取得优异成绩，必须付出劳动。

【解析】"付出劳动"只能取得一般的成绩；要想取得"优异成绩"，就得付出艰苦的劳动或更多的劳动。"劳动"之前应加上"艰苦的"或"更多的"，才能与"优异"互相呼应。这个定语十分必要，少了意思就讲不通。

（3）那一年夏天的下午，天气热得让人透不过气来。

【解析】"下午"的前面应加上定语"一个"加以限制，否则，好像是说"整个夏天的每一个下午"都热得透不过气来。

（4）他走到街上，或坐在公园的长椅上，总有一大群孩子围着他，请他讲故事，做游戏。

【解析】由于"做游戏"前面缺少必要的状语，致使全句成了"他做游戏给孩子们看"，因此，可在"做游戏"的前面加上"和他一起"。

（5）我们队在勘察了东山之后，勘察了西山，为风景旅游区的建设作了准备。

【解析】勘察了两座山，是两件事，应该在"勘察了西山"前面加上表示频率的副词"又"，才能将两件事连接起来。

5. 缺少介词

（1）王老师对学习基础不同的同学提出不同的要求，基础差一些的，就耐心帮助他们赶上去。

【解析】"基础差一些的"之前应加上介词"对"，否则，意思就变成了学习基础差一些的同学帮助别人赶上去了。

（2）各式各样的脚就是动物生存竞争发展起来的。

【解析】该句的"生存竞争"同"发展起来"关系不明，应加上介词和方位词，即改成"各式各样的脚就是动物在生存竞争中发展起来的"。

（3）央视大楼大火北京两部门五人立案调查。（电视新闻字幕）

【解析】"五人立案调查"谁？再说，立案通常都是公检法某个部门立案，哪有几个人立案的？单看屏幕上的字幕，让人摸不着头脑。听了新闻报道，才知道是央视大楼大火案中北京两部门有五人受到立案调查，故应在字幕"五人"后面加上"被"或"受到"一类词语。

6. 必要的"的"不能欠缺

（1）感情激动时流下泪水要比眼睛受刺激时流出的泪水含有更丰富的物质。

【解析】动词作定语如不用"的"，有可能产生歧义，如"学习文件"就有两种理解，所以为防止歧义，动词作定语时后面一般都要用"的"。该句"流下泪水"应加上"的"改为"流下的泪水"，以与后面的"……流出的泪水"对应。

（2）这样，一种功能齐全、具有透气性能衣料便诞生了。

【解析】短语作定语，除数量短语外，后面都要用"的"，故"具有透气性能"之后应加"的"。简洁并非表达的目的。如果为了简洁却影响了意思的表达，那就成了苟简。

（3）彼德伯格："影子集团"操纵世界真相。

【解析】这是某家报纸的一个标题。看了后不禁让人纳闷：这个"影子集团"到底是操纵"世界"还是操纵"真相"？其实，无论从常识推断还是看文章内容,都应该是操纵"世界"，而不是操纵"真相"。那么，为什么会出现这个错误？就是"真相"前面少了一个"的"。

（4）你需要再小我也做最大努力。

【解析】这是一条广告语。"你需要"应为"你的需要"，这样"需要"作主语，"再小"是谓语；如果少了"的"，则"你"为主语，"需要"为谓语，"再小"就是补语了。后半句"我也做最大努力"中"最大"之后也应补一个"的"。这个"的"，虽不像前半句的"的"非加不可，也还是加上为好。可见，有"的"无"的"，有时会严重影响到语法关系，并不是一件完全可有可无的事。

（5）他严厉地批判了"好人的儿子一定是好人，坏人的儿子一定是坏人，做贼的儿子也一定是贼"的荒唐逻辑。

【解析】"做贼的儿子"，单看这个短语，不知道究竟"父亲是贼"，还是"儿子是贼"。按照前面"好人""坏人"均指父亲，那么"做贼"也应该指父亲。毛病出在哪里？出在少写了一个不被人注意却又相当起作用的虚词"的"，应该是"做贼的的儿子"，"做贼的"是"的"字结构，只有"的"字结构才具有名词性质。估计是作者嫌两个"的"连在一起不好听，就省了一个"的"。殊不知少了一个"的"，就产生了歧义。如果将"做"去掉，就没有歧义的问题了。但前面"好人""坏人"都是双音节，这里出了一个单音节"贼"听起来不和谐，可以考虑把"做贼"改为"盗贼"或"窃贼"；如觉得它们不如"做贼的"范围广，那就只好用"做贼的的儿子"了，因为这样虽然不太好听，却无表达错误。

（6）白洁当时被划在不可信任的人一边，您是党委书记，儿子同反革命女儿结婚，您就无法让别人提高阶级警惕，也会不被信任。

【解析】"反革命女儿"这个短语，一般应分析为同位短语，即这个"女儿"本人是"反革命"，比如"他在文化大革命中被打成了'反革命学生'"一句中，这个"学生"就是"反革命"。但是本句中"反革命女儿"却是一个偏正短语，即"父亲"是"反革命"，故应在"女儿"前面加一个"的"，以消除误解。

（二）成分赘余

与成分残缺相反的就是成分赘余。包括重复、多余和啰嗦。

1. 重复

最常见的重复有附加成分的重复、定语同中心词相重复、主语和谓语有一部分相重复、状语与谓语有一部分相重复，等等。

（1）全团官兵热烈欢迎战友凯旋归来。

【解析】该句状语与谓语有一部分相重复。"凯旋"就是胜利归来的意思，所以"凯旋"与"归来"语义有重叠的地方。本句或者删去"归来"，或者将"凯旋"改为"胜利"。此外，"凯旋而归""胜利凯旋"等说法也都有同样的问题。

（2）鱼翅、海参和鲍鱼都是世界闻名的名贵食品。

【解析】这是一个定语同定语互相重复的例子。"世界闻名"和"名贵"都是"食品"的定语，意思却明显互相重复，可把"世界闻名"改为"举世皆知"或"尽人皆知"或"具有世界声誉"一类的话，避开"名贵"的"名"字，这样两个定语在字面上是不重复了，可是内容上还是重复，那就只好把"名贵"改为"珍贵"。

（3）其实这是过虑的想法。

【解析】这是一个定语同宾语互相重复的例子。该句定语"过虑"

的"虑"就是想,同宾语"想法"意思重复,可删去"的想法"。

(4)如果学生不把头发剪短,将对她们停课进行德育教育。

【解析】该句定语"德育"就是"品德教育",已经包含了"教育"在内,与后面的宾语"教育"也是互相重复。应将"德育"改为"品德"。

(5)明朝末年,统治者已经腐败到无以复加的地步,农民群众同统治者之间的对立是势不两立的。

【解析】该句后一个分句的主语"对立"和宾语中的"势不两立",虽文字不同,但语义雷同,互相重复。应去掉"的对立",让"是势不两立的"直接陈述"农民群众同统治者之间"。

(6)李明爱下象棋,王东对此也是乐此不疲。

【解析】这是一个状语与谓语的一部分重复的例子。该句"对此"是状语,同谓语"乐此不疲"有重复的部分,"此"也是"对此"的意思,应删去前面的"对此"。注意,该句中的"是"不是动词谓语的"是",而是语气副词"是",仅强调语气。从语义的角度看,造成重复的都是由于同一个意思用了几个词语表达。

(7)我们相信,彻底揭开经络千古之谜即将胜利在望。

【解析】"即将"与"在望"意思相同,也是状语与谓语的一部分重复。应删去"即将"。

(8)主任是个大约三十岁上下的年轻干部。

【解析】该句是状语与补语重复。"大约"是副词作状语,与表示约数的补语"上下"重复,应删去其中的一个。

(9)我们坚持认为说:"维护两岸和平发展,对台湾老百姓是一种利好的选择。"

【解析】该句两个动词谓语"认为"和"说"完全重复,有一个即可。不过,这种重复好像有渊源,司马迁《史记·屈原列传》里就有:"每一令出,平伐其功,曰:以为'非我莫能为'也。"该句中,"曰"和"以为"就是动词谓语重复,前人称其为衍文。衍文,即因为各种原因多出来的文字。名称虽雅,但缺点还是缺点。

（10）很长一段时间，爸爸和哥哥两人挣来的钱还不够养活一家人的生活。

【解析】这是一个谓语和宾语互相重复的例子。谓语"养活"与宾语"生活"语义存在重复，应删去"的生活"。

（11）凡是参加这次活动的来宾，我们都将免费赠送一份礼物。

【解析】这是一个连动式谓语互相重叠的句子。凡赠送都是免费的。"免费"与"赠送"语义重复，删去"免费"。

（12）现在的许多人，一点古文的功底都没有，何谈什么继承中国传统文化！

【解析】"何谈"就是谈什么，"何"与"什么"完全同义，只能保留一个。

2. 多余

重复的词语是多余的，但多余却不限于重复。多余的词语，往往不仅没有用，而且还会破坏句子的结构，有损于意思的表达。

（1）在这十几天的劳动中，我们不仅学会了几种农活，而且还使我们受到了不少教育。

【解析】前一分句的主语是"我们"，后一分句多了一个"使我们"，破坏了句子的结构，反而变得没有主语了。删去"使我们"，让前后两个分句共用一个主语"我们"，句子就通顺了。

（2）我们游览了井冈山景区，并到烈士陵园举行了献花。

（3）上次借来的讲义，正在进行打印，上课前可以发到学生手中。

（4）习惯势力使他对罢黜百家感到习以为常。

【解析】（2）句"献花"改作"献了花"直接作谓语，简洁明了，加"举行了"纯属多余，应删去。（3）句也是谓语多余，删去"进行"。（4）"习以为常"已经包含了"感到"的意思，应删去多余的谓语"感到"，使之简明。

（5）一紧张，结果，演员的话也不会说了，动作也受了拘束。

【解析】"的"是现代汉语里用得最多的一个词，但多余的"的"

仍然应该删去。哪些是多余的"的"呢？就是那些在彼此紧密相连词语中间塞进去的"的"，就是那些从来不用"的"的词语（例如数量短语）后头的"的"，就是那些用了之后反而影响语意表达的"的"。本句"演员"是主语，"话也不会说了"和"动作也受了拘束"都是谓语，主谓之间不能用"的"，用了"的"，主语就变了。

（6）他们按照民主程序，选出了自己信任的村长，负责掌握管理全村的行政事务。

【解析】"负责掌握管理"三个动词谓语，意思基本相同，何必叠床架屋？保留一个即可。

（7）若想让孩子长成有用之才，家庭和学校教育首先应将孩子的自立精神培养放在首位。

【解析】"首先"与"首位"同义重复。按照改动要小的原则，应选择删去"首先"，原句基本不动。

（8）一些不自觉的游客因身边没有清洁袋，就随手将用过的垃圾扔在树林里或者草丛中，给美丽的中山陵抹上了不和谐的色彩。

【解析】"垃圾"都是用过的，或者是没有用处的。在"垃圾"前面加上"用过的"纯属多余，应删去。

（9）他平时总是沉默寡言，但只要一到学术会议上谈起他那心爱的专业时就变得分外活跃而且健谈多了。

【解析】该句围绕谓语动词"谈"，前有状语"健"，后有补语"多"，可是两者表示的程度却是相同的,造成语义重复累赘,故应删去"多"。

（10）水生植物之所以能够生活在水里而不腐烂，是因为它们能在水里呼吸，有抗腐烂的能力才不腐烂的。

【解析】该句本来到"能力"为止，句意完整无缺，却画蛇添足加上了"才不腐烂的"，既重复累赘，又在结构上造成了前后牵连，导致结构混乱。故应将它删去。

3. 啰嗦

重复的词语太多，或者绕着弯子说话，就会造成啰嗦。这是比重复、多余更严重的语病。

（1）有艘新舰，机器性能良好，如果按照措施上制订的延长机油使用期的办法来延长机油使用期，就会造成不必要的人力和机油的浪费，我们就把措施做了修改。

【解析】该句很啰嗦，就是因为说话重复。要是将"如果"句改为"如果按照规定的措施去延长机油使用期"，或者改为"如果执行延长机油使用期的规定"，就简洁得多了。

（2）马戏团里受训练的野兽，对于人们穿的衣服，认为是人身体的一部分；对于人手里拿着的木棍皮鞭等，也同样把这些东西当作人身体的一部分。

【解析】这段话有四处可以精简。第一处是用介词"对于"把"人们穿的衣服"提到谓语"认为"的前面，并无必要，可以说成"认为人们穿的衣服是人身体的一部分"。第二处是"这些东西"和"人手里拿着的木棍皮鞭等"相重复，可以改为"认为人手里拿着的木棍皮鞭等也是人身体的一部分"。第三处是"穿"和"拿着"不言而喻，可以删去。第四处是两个"人身体的一部分"可以省去一个。这样就可以变成很简练的说法："马戏团里受训练的野兽，认为人的衣服、手里的木棍皮鞭等，都是人身体的一部分。"以上四处，第二处是必须修改的，其他三处虽不一定非改不可，但还是简练一些好。

三、搭配不当

组词成句，就有一个词语与词语搭配的问题。搭配得好，琴瑟和谐；搭配得不好，就阻碍不通。搭配不当的情况很多，主要的有主谓、动宾、主宾、修饰语与中心词、一面与两面、否定与肯定等。

1. 主谓不能搭配

（1）孔繁森那鞠躬尽瘁的高尚品质，时时浮现在我的脑海中。

【解析】"品质"是很抽象的东西，难以"浮现"，主谓不能搭配。

"高尚品质"可改成"崇高形象"。

（2）人们的精神面貌从来也没有像今天这样焕发，干劲十足。

【解析】"焕发"只能用来陈述"精神"，"干劲十足"只能用来陈述"人们"，都不能用来陈述"面貌"。全句可改为：人们从来没有像今天这样精神焕发，干劲十足。

（3）树枝摇曳着，月光、树影也一齐晃动起来，发出沙沙的声响。

【解析】主谓搭配不当，"月光"不可能"晃动"，"树影"再"晃动"也不会发出"沙沙的声响"。该句修改为"月光下，树枝摇曳着，树影也晃动起来"，将"发出沙沙的声响"删去，也可以将其调至"树枝摇曳着"之后。

（4）臭氧在大气中的比例很少，只占空气的四百万分之一。

【解析】"比例"只能论大小，不能论多少。该句谓语用错了词，造成主谓搭配不当。"很少"可改为"很小"。

（5）温家宝总理的一言一行，总是那样严格要求自己。

【解析】"一言一行"是不可能"严格要求自己"的，主语和谓语不能搭配，应改为"温家宝总理对自己一言一行，要求总是那样严格"。

（6）她的一些弹筝技巧，如扫弹、划奏等都弹得灵活有力。

【解析】"弹得灵活有力"显然不能够用来陈述"技巧"，应该用来陈述"她"；如果仍然以"技巧"为主语，就在后面加上"十分高超"，构成复句。全句可改成"她弹得灵活有力，如扫弹、划奏等都表现了十分高超的弹筝技巧"，或者改成"她的一些弹筝技巧十分高超，如扫弹、划奏等都弹得灵活有力"。

（7）考核产品质量的五大指标——棉纱标准品率、棉线标准品率、棉布入库一等品率、棉布出口率和漏检率，都创造了建厂以来的最好成绩。

【解析】主语是联合短语，其中五个词语只有四个能同谓语"创造了建厂以来的最好成绩"相搭配，其中的"漏检"是坏事，怎么能算在"最好的成绩"里呢？应将"漏检率"改成"降低漏检率"，就都能搭配了。

（8）从牡蛎和某些棘皮动物可以提取抗癌物质，许多海洋生物的药用价值正在逐步被发现和推广，前途是不可估量的。

【解析】联合短语"发现和推广"作谓语，共用一个主语"药用价值"，谓语中的"推广"不能与主语"药用价值"搭配。该句可以修改成"许多海洋生物的药用价值正在逐步被发现，用海洋生物制成的药物正在被推广"。

（9）这两个队在这次篮球分区赛中，无论思想作风还是战术技术，都发挥得比较正常。

【解析】"技术"，作为一种能力是可以"发挥"的；"战术"说"发挥"就有点勉强，但是它和"技术"合在一起与"发挥"搭配就可以通过了。但主语中的"思想作风"说它"发挥得比较正常"，就不行了。按照原意，这句话最好拆开来说，即"思想作风表现得比较好，战术技术也发挥得比较正常"。

2. 动宾不能搭配

（1）她拍摄完这部影片，就宣布正式退出演员生涯。

【解析】"退出……生涯"，动宾搭配不当，"退出"可改为"结束"或"终止"。

（2）这个经验值得文教工作者特别是中小学教师的重视。

【解析】不及物动词无须带宾语，及物动词带的宾语也有分别，有的要求带名词性宾语，有的要求带动词性宾语。本句的动词"值得"只能带动词性宾语，本来"重视"就是动词，但它的前面加了一个"的"，就变成名词性宾语，就不能搭配了，删去"的"即可。

（3）我们在教学上一定要提倡普通话。

【解析】"提倡普通话"，动宾不能搭配。因为"提倡"也是要求带非名词性宾语，故可改为"提倡说普通话"。

（4）华航电子有限公司，以人为本，采取各种办法培养和提高在职人员的专业技术水平，取得了良好的经济效益。

【解析】联合短语作谓语共用一个宾语，须逐一检查，看是否每一个谓语动词都能与宾语搭配。该句中"培养"就不能与宾语"水平"搭配，应把"培养和"去掉。

（5）半夜里忽然下起了一场狂风暴雨。

【解析】联合短语"狂风暴雨"作宾语，共用一个谓语"下起了"，可是这个谓语只能支配其中一部分，就造成动宾不能搭配，因为只能说"下雨"，却不能说"下风"。此句可以分开说，改为"下起了暴雨，刮起了狂风"。

（6）到了海边，小王张开嘴巴尽情地呼吸着海水、阳光和最清新的空气。

【解析】联合短语作宾语共用一个谓语，也须逐一检查，看动词谓语是否与每一个宾语都能搭配。本句里，"呼吸空气"可以，"呼吸着海水、阳光"就不行。可改成"到了海边，小王面对着海水，迎着阳光，张开嘴巴尽情地呼吸着最清新的空气"，或者删去"海水、阳光和"。

（7）目前中小学生频繁出入电子游戏厅的问题十分严重，必须引起高度重视和管理。

【解析】"引起"和"管理"搭配不当，应在"管理"前加上"加强"，并且将"和"改为"并"。

（8）与传统艺术不同，现代书法艺术追求的视觉艺术性，更注重以造型来抒发自己的感情和个性。

【解析】"抒发"不能与"个性"搭配，可改为"抒发自己的感情，表现自己的个性"。

（9）眺望窗外夜空，满天繁星，相映万顷灯海。

【解析】"相映"是不及物动词，不能带宾语，可改为"眺望窗外夜空，满天繁星与万顷灯海相映成辉"。

3. 主宾不能搭配

（1）鲁迅的故乡是绍兴人。

【解析】"故乡是……人"，主宾搭配不当，或改为"鲁迅的故乡是绍兴"，或改为"鲁迅是绍兴人"。造成搭配不当的原因是作者举棋不定，一会儿想说鲁迅是哪里人，一会儿又想说鲁迅的故乡是哪里。从这个意义上说，该句又属于句式杂糅。

（2）世界是一个永远不停地运动、变化和转化的过程。

【解析】"世界是……过程"显然不妥当。可以改为"世界的发展是一个……的过程"，或者改成"世界是永远不停地运动、变化和转化的"。

（3）外燃机的工作原理是英国罗伯特•斯达林格牧师于1816年发明的。

【解析】"工作原理是……发明的"，主宾不能搭配。这位牧师发明的应是"外燃机"，而不是"工作原理"，应删去"的工作原理"。

（4）班级的出勤率也有很大增加。

（5）一些长期存在争议的问题，有了不同程度的进展。

【解析】这是两个动词作宾语的句子，主宾在意义上也不能搭配。"出勤率"不能说"增加"，应改成"提高"；"问题有进展"，表意不确切，看不出问题到底是增多了，减少了，还是解决了。可以把"进展"改成"解决"，表意就明确了。

（6）化肥厂、农机厂、农忙托儿所等都已建成，并投入了生产。

【解析】联合短语作主语共用一个宾语，主语里的每一个成分是否都能与共用的宾语搭配，应逐一检查。该句"农忙托儿所"就不能投入"生产"，与宾语不能搭配。全句可改成"化肥厂、农机厂已建成并投入了生产，农忙托儿所也建成并接受托儿入托了"。

4. 修饰语与中心词不能搭配

（1）进一步全面深化改革是一场关系到党和国家命运的大事。

【解析】定语中数量词"一场"与它修饰限定的中心词"大事"

不能搭配，应改为"一件"。

（2）占据了江东的孙权，也是一支曹操不敢忽视的势力。

【解析】"一支"不能修饰限定它的中心词"势力"。可以将"一支"改为"一股"，也可将"势力"改为"力量"。

（3）她那灿烂而深沉的感情惊动了四座。

【解析】联合短语作定语共同修饰一个中心词，也应逐一检查，看定语的每一部分是否都能与中心词搭配。本句定语"灿烂而深沉"中的"灿烂"并不能修饰中心词"感情"，简便的改法就是删去"灿烂而"。

（4）自己有双聪明能干的手，什么都能造出来。

【解析】定语属于联合短语，定语中有一部分可以与中心词搭配，另一部分不能搭配。因为可以说"能干的手"，不能说"聪明的手"，应去掉"聪明"。

（5）我们把房子打扫得干干净净、整整齐齐。

【解析】联合短语作补语共同补充说明同一个谓语，也要逐一检查，看补语的每一部分是否都能与谓语搭配。本句补语中"整整齐齐"就与中心语"打扫"不能搭配，可删去"整整齐齐"，或者把"干干净净"后面的顿号改为逗号，再在"整整齐齐"之前加上"收拾得"。

（6）写大事件，要根据主题的需要，对社会现象开掘得深而严。

【解析】开掘得"深"好理解，开掘得"严"难以理解，应删去"而严"。

（7）他渐渐地爬起来，吃力地走着。

【解析】状语"渐渐"不能修饰"爬"，应将状语"渐渐"改为"慢慢"。

（8）兜售保健品的人口口声声欺骗各地的大爷大妈们。

【解析】"口口声声"一般用来修饰含有表白、陈说意义的动词，"欺骗"不含有表白、陈述的意思，不能用"口口声声"来作状语。可将"口口声声"改为"总是在"或"经常""一贯"一类的词语。

（9）我们把他吸收到科研小组里来，是经过详细、严格的考验和研究的。

【解析】该句的修饰语和中心词都是联合短语，就要逐一查看是否搭配得当。经检查，"详细"和"考验"不能搭配，"严格"和"研究"也不能搭配。可修改为"严格考验和详细研究"。

5.一面意思与两面意思不能搭配

（1）学校抓不抓青少年的理想教育，是关系到祖国建设事业后继有人的大事。

【解析】"抓不抓"具有两面意思，而"后继有人"却是一面意思，不能搭配，应在"后继有人"的前面加上"是否"。

（2）继续保持无产阶级先锋队的性质，已成为无产阶级政党生死攸关的大问题。

【解析】"继续保持……性质"只有一面意思，而宾语部分却涉及"生死"两个方面，造成主宾前后不能搭配照应。可在前一句加上"能否"。

（3）艺人们过去一贯遭白眼，如今却受到人们的青睐，就在这白眼和青睐之间，他们体味着人间的温暖。

【解析】白眼，指眼睛朝上或向旁边看，现出白眼珠，是看不起人的表情；青睐，是眼睛正着看人，黑色的眼珠在中间，是对人喜爱或重视的表情。可见，"白眼和青睐"是两面意思，而"体味着人间的温暖"却只有一面意思，显然不能搭配，可将"温暖"改为"冷暖"。

（4）始终站在人民立场上而不是站在个人、少数人立场上说话办事，始终代表最广大人民根本利益而不是代表某个人、某一部分人利益，是决定人心向背、事业成功的关键。

【解析】"人心向背"包含两面意思，而其前后文均是一面意思，不能搭配，应将"人心向背"改为"人心所向"。

6.否定与肯定搭配不当

（1）究竟要不要重视语文学习？能不能只学数理化就可以了呢？我们的回答是否定的。

【解析】对前一问，应该作出肯定的回答，即"要"；对后一问，则应该作出否定的回答，即"不能"。而该句末尾的回答只顾及到了后一问，与前一问不能搭配，即对前后两问的回答是互相矛盾的。最后一句可以改为"如果我们不认真思考，就会做出错误的回答"。

四、结构混乱

同一种意思，常常存在几种不同的说法，即不同的表达方式。但在同一次表达里，只能使用其中一种方式，如果使用了两种方式，就会造成结构混乱，意思缠夹不清。其次，如同饭要一口一口地吃，话也要一句一句地说，如果一句话未说完又开始说另一句话，也会形成结构混乱，意思缠夹不清。前者称之为句式杂糅，后者称之为前后牵连，都属于结构混乱。

1.句式杂糅

（1）对于要不要考研这个问题上，我曾一度非常困惑。

【解析】本句是将"对于……问题"和"在……问题上"两种句式糅在一起。应该选择其中一种。

（2）大象的寿命可以活一二百年。

【解析】要么说"大象的寿命是多少年"，要么说"大象可以活多少年"，就是不能将两种方式嫁接在一起。不能说"寿命"活多少年，所以该句也可以说是主谓搭配不当。

（3）在世界杯外围赛前的热身赛中，米卢执教的中国队连遭失败，这一结果大大超出中国球迷的意料之外。

【解析】若从语义的角度看，该句中"超出"与"之外"是重复的。若着眼于句式，该句则是将"超出……意料"和"在……意料之外"

杂糅在一起，故只能选择其中一种。或改为"这一结果大大超出中国球迷的意料"，或改为"这一结果完全在中国球迷的意料之外"。

（4）琼菲认为，在统一未完成之前，台湾问题仍将是解放军现代化的基本命题。

【解析】句中"未完成之前"包含了"未完成"和"完成之前"两种句式，格式不同，其实意思相同。只能用其中一种格式，两者同时使用，既重复累赘，逻辑上也讲不通。

（5）王富仁的鲁迅研究获得成功，关键在于内因起决定作用。

【解析】"关键在于内因"和"内因起决定作用"，意思相同，句式各异，只能使用其中一种。

（6）研究人员本着保证质量、降低成本、便于服用为原则，改革了处方、工艺和剂型。

【解析】不能将"本着……的原则"和"以……为原则"两种句式糅在一起，应选取其中一种。

（7）科研人员工作再重再忙，越要坚持学习、更新知识。

【解析】该句杂糅了"再……也……"和"越……越……"两种句式。要么说"工作再重再忙，也要坚持学习、更新知识"，要么说"工作越重越忙，越要坚持学习、更新知识"，只能使用一种句式，而不能将两种句式糅在一起。

（8）该公司上半年的营业额比去年同期相比，增加了25%。

【解析】该句同时使用了"比去年同期增加了……"和"跟去年同期相比增加了……"两种句式。按前一种句式应该说"该公司上半年的营业额比去年同期增加了25%"，按后一种句式应该说"该公司上半年的营业额跟去年同期相比，增加了25%"。

（9）止咳祛痰片，它里面的主要成分是远志、桔梗、贝母、氯化铵等配制而成的。

【解析】该句将"止咳祛痰片，它里面的主要成分是远志、桔梗、贝母、氯化铵等"和"止咳祛痰片是由远志、桔梗、贝母、氯化铵等配制而成的"两种句式糅在了一起。只能拿定主意,选定其中一种。

（10）今天,学习鲁迅的这种严肃的科学态度,我们应该有些什么值得特别记取的东西呢?

【解析】"应该"怎么样,是就人们的主观态度说的;"值得"怎么样,是就事物的客观价值说的。该句把两种意思和两种句式杂糅在一起,不仅拖泥带水,更主要的是把陈述对象也弄得模糊不清了。该句究竟是说"我们"应该如何呢,还是说"鲁迅的……科学态度"值得如何呢?若是前者,即陈述对象是"我们",接下来应该说"应该特别记取些什么东西呢?"若是后者,即陈述对象是"鲁迅的……科学态度",就应该删去"学习",接着就说"有些什么值得我们特别记取的东西呢?"

2. 前后牵连

（1）它是把事件的结局先写出来,然后再按时间顺序叙述事件发生、发展的经过叫倒叙。

【解析】该句"它是……的经过",本已完整,后面却又把这句话的后半部分"把事件……的经过"当作开头加以叙述,造成前后牵连。修改方法,或者去掉"它是",或者将"它"改为"倒叙",删去末尾的"叫倒叙"。就本句而言,前一种方法较为简洁。

（2）我们要学习白求恩同志毫不利己、专门利人的精神是值得我们学习的。

【解析】本来"我们要学习白求恩同志毫不利己、专门利人的精神",意思已经完整了,作者却中途易辙,将句中宾语"白求恩同志毫不利己、专门利人的精神"作为主语,用"是值得我们学习的"加以陈述,造成前后牵连。修改的方法,或者删去"是值得我们学习的",或者删去"我们要学习"。

（3）我们向政府提意见是公民的责任。

【解析】"我们向政府提意见",至此本已表述完毕,后面却又节外生枝,将这句的后半部分"向政府提意见"作为主语加以陈述，结果前后牵连，造成病句。本句可以说成"我们向政府提意见"，也可以说成"向政府提意见是公民的责任"，或者兼顾两方面说成"我们向政府提意见，这是公民的责任"。

（4）河水的来源除了地下水等之外，还有雨水，也是它的来源之一。

【解析】本来说"河水的来源"是什么，到"还有雨水"已经表达完毕；后面却又将"地下水等之外，还有雨水"作为主语加以陈述，说是"它的来源之一"，造成前后牵连，缠夹不清。两种叙述方式，只能选定一种，绝不能两种都用。该句按前一种方式表达，相对简单，即删去末尾一句，并将"雨水"后面的逗号改为句号。

（5）正在这时，发生了一起严重破坏生态环境的事件向大家敲响了警钟。

【解析】该句前面说"正在这时，发生了一起……的事件"，本已完毕，后面却又以"一起……的事件"为主语加以陈述，说它"向大家敲响了警钟"，造成前后牵连，结构混乱。如果要说这两方面的意思，可以在"事件"之后加上逗号，并在"向大家"的前面加上"这次事件"。

（6）这次一些国家暴发的高致病禽流感，主要依靠的是病禽的粪便传播难以有效控制。

【解析】该句的后一部分，原本是两个意思，"主要依靠的是病禽的粪便传播"和这种"传播难以有效控制"，这两句前后牵连，结构混乱。该句可修改为"……主要依靠的是病禽的粪便传播，这种传播难以有效控制"。

五、语序不当

汉语由于缺少词形变化，语序就成为它表达的重要语法手段。语序不同，意义就不同。而语序不当，就成为造成病句的主要原因之一。语序不当主要有修饰成分错位、多重定语排序不当、多重状语排序不当、并列词语排序不当,等等。

1. **定语和中心词错位**

(1)作为教育的上层建筑必须为经济基础服务,为各行各业培养有用人才。

【解析】培养人才的是"教育",而不是"上层建筑",所以主语应该是"教育",而不是"上层建筑";再说,"上层建筑"是大概念,"教育"是小概念,应该是前者限制后者。因此,该句应改为"作为上层建筑的教育必须为……"。

(2)我国石油、天然气的生产,还将长期不能自给。

(3)我国棉花的生产,现在已经自给有余。

【解析】这两个句子都可以分析为主谓不能搭配,因为不能说"生产不能自给",也不能说"生产……有余"。其实,这两个句子也都属于定语和中心词的错位,(2)句"生产"是定语,"石油、天然气"才是中心词,应改为"我国生产的石油、天然气,还将长期不能自给";(3)句"生产"是定语,"棉花"才是中心词,应该调整为"我国生产的棉花,现在已经自给有余"。

(4)勇气号、机遇号火星车的登陆成功,标志着太空的人类探索进入了一个新阶段。

【解析】"太空的人类探索"应为"人类的太空探索",也是定语和中心词错位了。

2. **定语状语补语错位**

(1)这次会议对于节能减排问题交换了广泛的意见。

【解析】该句"广泛"本应是"交换"的状语,却误作了"意见"的定语,定语与状语错位。

(2)在创办德育示范校的活动中,应该发挥广大师生员工充分的作用。

【解析】句中"充分"本应是"发挥"的状语,却去作了"作用"

的定语，应作调整。

（3）考古工作者对两千多年前在长沙马王堆一号墓新出土的文物进行了多方面的研究。

【解析】文物显然是现在出土的，不会是两千多年前出土的。这个句子是把本应作定语的"两千多年前"放到状语的位置上去了，应该说"考古工作者对在长沙马王堆一号墓新出土的两千多年前的文物进行了多方面的研究"。

（4）我们的祖国正日益走向繁荣富强的道路。

【解析】"日益"作谁的状语？是修饰"走向"还是修饰"繁荣富强"？"日益"表示程度一天比一天更强，显然应该修饰"繁荣富强"，作"繁荣富强"的状语。

（5）老师傅早已呼哧呼哧累得直喘粗气。

【解析】"呼哧呼哧"做"累"的状语显然错位了，它应该放在"累"的后面，做"直喘粗气"的状语，跟"直喘粗气"合在一起做"累"的补语。

3. 多重定语排序不当

（1）他是一位优秀的有20多年教学经验的黄冈中学的语文教师。

【解析】汉语的语序非常重要。语序不当，就会发生歧义或表意不清。本句属于多重定语排序不当。多重定语排列顺序一般是：①表领属或时间、处所的；②指称或表数量的短语；③动词或动词短语；④形容词或形容词短语；⑤名词或名词短语。另外，一般带"的"的定语要放在不带"的"的定语之前。故本句应表述为：他是黄冈中学的（领属定语）一位（数量定语）有20多年教学经验的（动词短语作定语）优秀的（形容词定语）语文（名词定语）教师。

（2）最近报刊上发表了1929年和1934年新发现的鲁迅佚文两则。

【解析】该句"新发现"作为定语，位置不当。按现在的语序，可以有两种理解：一是"最近"新发现的，二是1929年和1934年新发现的。按第二种，不合逻辑，因为1929年和1934年发现的，不能称之为"新"。所以第一种理解才是对的。如此，"新发现"作为时间定语就要大大提前，原句应修改为：最近报刊上发表了新发现的鲁迅写于1929年和1934年的两则佚文。

（3）里面陈列着各式各样鲁迅过去所使用的用品。

【解析】"鲁迅过去所使用的"是领属定语，应该在前；"各式各样"形容词作定语也应直接修饰宾语。所以，这两个定语应互换位置。

（4）原全国政协副主席令计划涉嫌严重违纪，受到查处。

【解析】该句定语"原"位置不当。"全国政协"只有一个，不存在原来和现在的问题，只有"副主席"这个职务才有这个问题。故"原"应该直接修饰"副主席"。

（5）校园里传出了琅琅的孩子们的读书声。

【解析】"孩子们"是表示领属的定语，应在前；"琅琅"是形容词定语，又带"的"，应挪后直接修饰"读书声"。

（6）许多附近的妇女、老人和孩子都跑来看热闹。

【解析】"附近的"表示处所，应该在前，接下来才是数量定语"许多"。

（7）哲文已经走向成熟：既有深刻的对人世的看法，又有现实的对待生活的态度。

【解析】"对人世"和"对待生活"，前者是介宾短语，后者是动宾短语，而且都是带"的"的定语，应该在前，"深刻"和"现实"都是形容词作定语，且都可以不带"的"，应该在后，直接修饰限制中心词。全句改为：哲文已经走向成熟：既有对人世的深刻看法，又有对待生活的现实态度。

（8）那位个子高高的，脸上带着笑容，留着齐耳的短发，不怎么说话，穿一身红运动衣的姑娘，是中文系的女篮球队长。

【解析】多重定语的排序既有规定性，也有灵活性。除了遵守语法顺序外，有时候则要兼顾逻辑事理顺序。比如该句，"姑娘"

前面的几个修饰成分显然排列不当。这几个修饰成分大体上可以分为三类，一类是描绘形象的，一类是描绘神态的，一类是描绘服饰的。按照同类归并的原则，原句可改为：那位个子高高的，留着齐耳的短发，脸上带着笑容，穿一身红运动衣，不怎么说话的姑娘，是中文系的女篮球队长。

4.多重状语排序不当

（1）消费者要买的真正是商品本身，而不是包装。

【解析】状语的次序比定语自由，可是次序不同，意思还是有差别。该句的毛病出在"真正"本应是"要买"的状语，却阴错阳差地作了"是"的状语，应该调换回来。

（2）在新闻发布中心许多记者昨天都同米卢诺维奇热情地交谈。

【解析】本句属于多重状语语序不当。多层状语的排列顺序一般是：①表目的或原因的介宾短语；②表时间或处所的；③表语气（副词）或对象的（介宾短语）；④表情态或程序的。另外，表对象的介宾短语一般紧挨中心词。故本句应表述为：许多记者昨天（时间状语）在新闻发布中心（处所状语）都（范围状语）热情地（情态状语）同米卢诺维奇（表对象状语）交谈。

（3）美国有十五个州禁止黑人在娱乐场所与白人享有平等的地位。

【解析】"与白人"这个介宾短语表示动作的对象，应该紧挨它的中心词"平等"才对。

（4）如此浩大的城建规模，是广州建国以来从来没有出现过的。

【解析】"建国以来"属时间状语，应置前。全句应改成：如此浩大的城建规模，是建国以来广州从来没有出现过的。

（5）传真通讯能按原样把文字、图表通过有线或无线通讯线路，迅速准确地传到远方。

【解析】"把文字、图表"表示动作行为的对象，应挪到"迅速准确"的前面，使其尽可能靠近动词谓语"传"。

（6）巴普洛夫整天忙于做条件反射的实验，他总是把动物用绳子缚在实验室的架子上。

【解析】"用绳子"是表工具的状语，应置于表对象的状语"把动物"之前。

（7）他把作业没有做完就开始看电视节目，惹得妈妈生了气。

【解析】"把"字组成的介宾短语和否定副词、助动词构成多重状语，一般应将否定副词、助动词状语置于"把"字之前。故该句应改为：他没有把作业做完就开始看电视节目，惹得妈妈生了气。

5. 并列词语排序不当

（1）我们要从县内外、省内外、乡内外的实际情况出发，制定发展规划。

【解析】"县内外、省内外、乡内外"属并列短语，但排序不当，应把"乡内外"提前到"县内外"之前，形成范围由小到大的顺序。

（2）为增强社会各方面对药品价格的监管力度，国家将健全并建立药品市场价格监测管理制度。

【解析】并列也有顺序，其中逻辑关系就是一种顺序。"健全并建立"显然不合逻辑事理，应该是"建立"在先，"健全"在后。

（3）牧女们骑着骏马，健美的身姿映衬在雪山、草地和蓝天之间。

【解析】人们观察事物的顺序一般由上到下、从大到小。"雪山、草地和蓝天"顺序有点乱，调整为"蓝天、雪山和草地"就比较恰当。

（4）你这样做，违反了操作规程，是危险的，错误的。

【解析】很多并列短语只是语法意义上的并列，而非逻辑意义上的并列。比如本句中"危险的，错误的"顺序是先重后轻，显然不合逻辑，应该由轻到重，改为"是错误的，危险的"才恰当合理。

（5）新时期的科学技术领域，经济效益之大，科研立项之多，成果应用之速，资金投入之巨，都是建国的前三十年无法比拟的。

【解析】"经济效益之大，科研立项之多，成果应用之速，资金投入之巨"排序显然不合逻辑。按照事物发生发展的顺序，应改为"科研立项之多,资金投入之巨,成果应用之速,经济效益之大"。

六、语意不明

语意不明,就是有歧义,即一个词语或者一个句子,表达了不止一种意思,存在两种以上的理解。歧义,让人费解,捉摸不定。它体现了语言的复杂,而非丰富,应该力戒。造成汉语歧义的原因主要有读音两可、词义两可、停顿两可、修饰两可、结构两可、指代两可、数量两可、语境两可、省略不当等等。

1. 读音两可

(1)这个人好说话。

【解析】句中"好"是多音词,读成第三声,是说这个人态度谦和,容易商量事情;若读成第四声,则是说这个人喜欢说话,总是说个不停。使用多音词,在口语里不会造成歧义,因为一次只能读一种音,但在书面语中就容易产生歧义。

(2)干得真快。

【解析】"干"也是多音词,读成第一声,就是惊叹湿东西干燥得快;读成第四声,则是称赞办事效率高了。

(3)他一个早晨就写了三封信。

【解析】句中的"就"可以重读也可以轻读。"就"轻读,说明时间短,写得多;"就"重读,说明时间长,写得少。

(4)她把锁在柜子里的衣服都找了出来。

【解析】句中"都"可以读重音,也可读轻音。读重音时表示"她把锁在柜子里的衣服一件不落地全都找了出来";读轻音时表示"她不仅把放在其他地方的衣服找出来,而且也把锁在柜子里的衣服找了出来"。

(5)一周以后,他终于想起来了。

【解析】该句因为重读轻读而造成了歧义。若"想"重读,就是回想起来了；若"起来"重读，就是希望起床，或坐或站了。换一个角度，该句亦属于词义两可。"想"有两种意思，一种是回想、回忆，即重读的意思；另一种是希望，即轻读的意思。按前一种意思，他（原来忘记了）（一周以后）回想起来了；按后一种意思，他（原来躺着或坐着）（一周以后）希望坐起来或者站起来。

2. 实词词义两可

（1）他走了一个多钟头了。

【解析】这句话既可以理解为"他在路上走了一个多钟头了"，也可以理解为"他离开这儿一个多钟头了"。造成歧义，就是因为"走"有两种意思，一种是"走路"，另一种是"离开"。

（2）小王租小周两间房子。

【解析】少数动词，即如"租、借"一类，单用时，施动方向不确定，不知是将自己的物品"租、借"给人，还是向人"租、借"物品，必须添加一些其他词语才能确定。即如该句，只能说成"小王把房子租给小周"，或者说成"小王向小周租来房子"。

（3）昨天我从你这儿拿走的那本语文复习资料，没用，等明天有空我再还给你。

【解析】"用"，词义两可。"没用"可能是说"没使用"，也可能是说"没用处"。若是前一种意思，将"没用"改为"我没用"；若是后一种意思，应将"没用"改为"没什么用"。

（4）在他的书橱里，我发现了一本鲁迅的书。

【解析】"鲁迅的书"存在不同理解，一种是鲁迅写的书，此种意思应表述为"鲁迅的著作"；另一种是"鲁迅生前收藏过（使用过）的书"。在同一句话里面，这两种说法只能选择其中一种，就不会存在歧义。

（5）他的小说看不完。

【解析】这句话可以有三种理解：①他写的小说看不完；②他收藏的小说看不完；③他看小说看个没完。造成歧义的原因，就是"他的小说"既可能是指"他写的小说",也可能是指"他收藏的小说",还可能是指"他看的小说"。

(6)巴勒斯坦游击队对以色列的进攻是早有准备的。

【解析】是"巴勒斯坦游击队进攻以色列",还是"以色列进攻巴勒斯坦游击队",不清楚。这是因为"对"既可以是动词"朝着、向着",也可以是介词"对于",于是就造成了两种不同理解。消除歧义的方法有二,或是将"对"改为"对于",意思是以色列进攻巴勒斯坦游击队;或是把"对"改为"朝"或"向",意思就是巴勒斯坦游击队进攻以色列。

3.虚词词义两可

(1)我准备从上海去北京。

【解析】"从"若是作"经过"解,即是经过上海去北京;"从"如果作"自"义,则是上海出发去北京。

(2)她梳着辫子呢。

【解析】当"着"表示状态的持续,是说她留着辫子;当"着"表示动作进行,则是说她正在梳辫子。

(3)你给我写信。

【解析】若"给"的意思是"对、向",句意是你写信给我;若"给"的意思是"为、替",句意是你代替我写信。

4.停顿两可

(1)教练坚持认为,不适当地增大运动量,运动员的体能就会下降,最终影响比赛成绩。

【解析】"不适当地增大运动量"可以有两种不同的停顿,意思就会不一样。一种是"不适当地／增大运动量",是说增大的运动量不适当,或者过大或者过小了;另一种是"不／适当地增大运动量",意思是强调要适当地增大运动量,不适当增加运动量不行。

(2)这苹果不大好吃。

【解析】若停顿为"这苹果／不大好吃",意思是苹果味道不好;

若停顿为"这苹果不大／好吃",意思就是苹果味道好了。

(3)小明找不见爸爸妈妈很着急。

【解析】这句话因为存在三种停顿,于是就有三种不同的意思:①小明找不见爸爸／妈妈很着急;②小明找不见爸爸妈妈／很着急;③小明找不见／爸爸妈妈很着急。

5.修饰两可

(1)今天爸爸给儿子买了一本小学生字典。

【解析】形容词"小"后面跟了两个名词,一个是"学生",一个是"字典",它到底修饰限制谁?作哪一个的定语?也就是说,是"学生"小,还是"字典"小?所以"小学生字典"有歧义。该句或者修改成"小的学生字典",或者修改成"小学生的字典"。

(2)十块汉白玉的大浮雕,镶嵌在大碑座的四周。

【解析】"十块"作定语,既可以修饰"汉白玉",也可以修饰"浮雕",因而形成歧义。可将"块"改为"幅",以消除歧义。

(3)数百位战斗英雄的亲属出席了隆重的表彰会。

【解析】"数百位"是修饰"战斗英雄"还是修饰"亲属",不明确。"表彰会"表彰谁?首先应该是"战斗英雄",他们必须出席;至于"亲属",既可能也是表彰对象,也可能只是出席会议。所以该句可修改为:数百位战斗英雄及其亲属出席了隆重的表彰会。

(4)局长、副局长和其他局领导出席了这次表彰会。

【解析】"其他"是修饰"局"还是修饰"领导",不明确。若是修饰"局",应说成"其他局的领导";若是修饰"领导",则应说成"其他的局领导"或者"局里其他领导"。

(5)上海医科大学涌现了一大批年轻学科带头人。

【解析】定语"年轻"后面有两个名词,是修饰"学科"还是修饰"带头人"?若是前者,就是指年轻学科的带头人;若是后者,则是指年轻的学科带头人。该句消除歧义,或者在"年轻"的后面加"的",或者在"学科"的后面加"的"。

6. 结构两可

（1）做演员一定要演好人。

【解析】不同的结构表达不同的意思。该句"演好人"有两种结构分析法。当"好"作"人"的定语时，意思是要演好人，不演坏人；当"好"作"演"的补语时，意思是要把"人"表演好，表演成功，不能演砸了。

（2）记者们认为有关外星人面临地球的说法是缺乏事实根据的。

【解析】同样按照主谓结构切分，该句存在着两种不同的切分法。一种切分为："记者们"为主语部分，"认为……的"是谓语部分。另一种则切分为："记者们认为……的说法"是主语部分，而"是缺乏事实根据的"是谓语部分。两种不同的结构分析，所表达的意思显然大不相同。

（3）朝鲜出售中国黄金。（电视新闻标题）

【解析】"出售中国黄金"结构两可。一种分析成"出售／中国黄金"，动宾关系，意思是朝鲜要出售来自中国的黄金，另一种分析成"出售／中国／黄金"，双宾语关系，意思是朝鲜要出售黄金给中国。

7. 指代两可

（1）今天老师又在班会上表扬了自己，但是我觉得还需要继续努力。

【解析】句中"自己"既可以指代"老师"也可以指代"我"，究竟指代谁，应该明确。若是指代"老师"，后一分句应改为"但是我觉得老师还需要继续努力"；若是指代"我"，后一分句则应改为"但是我觉得自己还需要继续努力"。

（2）小张和小王在学校门口遇到了，他请他去看电影，他请他去游戏厅。

【解析】代词用来指代前词时，只应当有一个前词，若有两个以上的前词，其后代词所指代的对象很容易成为一笔糊涂账。即如该句有两个前词，后面的四个代词"他"，所指者为何，显然不明确。该句只能去掉四个"他"，说成"……小张请小王看电影，小王请小张去游戏厅"。一个代词有两个前词，并非必然发生指代不明，可以借助语境加以明确。比如这个句子："黄老妈妈默默地听见女儿在忙东忙西，她一句话也不说。从丈夫活着的时候，她就养成了这样一种习惯……。"句中的"她"显然指代的是"黄老妈妈"，而不是"女儿"。

（3）有人主张接受，有人反对，我同意这种主张。

【解析】"这种主张"亦有两个前词，不知指的哪一种。可将最后一句改为"我同意前一种主张"或"我同意后一种主张"。

（4）搜集史料不容易，鉴定和运用史料更不容易，中国过去的大部分史学家主要力量就用在这方面。

【解析】本句"这方面"也有两个前词，到底是指"搜集史料"，还是指"鉴定和运用史料"，指代不明。考虑到句中"鉴定和运用史料更不容易"，已经表明了该句强调的重点，所以应将"这方面"改为"后一方面"。

（5）铜、铅、锌被禁锢在火山岩凝固成的石头里，所以一般要发现它们是比较困难的。

【解析】该句除了"一般"应放在"是"的前面作状语，存在语序不当外，还有一个更为隐蔽的语病，就是"它们"指代什么，不少人会想当然地认为是指代"铜、锌、铅"，这样一来就成了"发现铜、铅、锌"了，其实，人所能发现的只是铜、铅、锌的矿石，所以该句"它们"应改为"它们的矿石"。

8. 数量两可

（1）目前这个公司共有35个年青人，二十岁以下的20人，二十岁以上的15人。

【解析】"二十岁的"算在哪一类里？不明白。按照《中华人民共和国刑法》第99条和《中华人民共和国民法总则》第205条规定，

"以上、以下、以内"均包括本数，所以无论"二十岁以下"还是"二十岁以上"都包括二十岁在内。如果二十岁的包括在"二十岁以下的"里面，就应该把后一个"二十岁"改成"二十一岁"；如果包括在"二十岁以上的"里面，就应该把第一个"二十岁"改成"十九岁"。

（2）现全渠已勘测完毕166华里。

【解析】"166华里"是全渠的长度，还是勘测完毕的长度？模棱两可。如果全长166华里，就应该说"全渠166华里，现已勘测完毕"；如果166华里只是全渠的一部分，那就应该说成"现全渠已有166华里勘测完毕"或"现全渠已勘测了166华里"。

（3）目前台湾岛内人口平均消费咖啡已达38.5杯，这一数字，显示了台湾人对咖啡的喜爱。

【解析】句中"平均消费咖啡已达38.5杯"，表达的数量是月平均，还是年平均，不明确。

（4）调查小组经过详细调查，查实了邵军两次收受吕某、陆某1300美元的事实。

【解析】是两次总共收受了1300美元，还是两次每次收受了1300美元？如果是后者，就是2600美元。若是前者，应在"两次"后面加上"一共"或"总共"；若是后者，则应在"两次"之后加上"各"或"每次"。

9. 语境两可

（1）我要炒肉丝。

【解析】同一个句子，给它设置的语境不同，它的句意就会发生变化。该句如果在它的后面补上一句"不要土豆丝"，"炒肉丝"就是一个菜名；如果在该句的前面加上"快拿油来"，"炒肉丝"就是一个动作了。当然，由于"炒肉丝"可以分析为动宾和偏正两种结构，所以该句也可以归于"结构两可"类歧义。

（2）今天晚上不吃饭了。

【解析】若在前面加上"中午吃多了"，这个"饭"就指的是"晚饭"；若在后面补上"吃点面食吧"，这个"饭"就单指"米饭"。

（3）开刀的是他父亲。

【解析】若在前面加上"同学得了阑尾炎"，句中"开刀的"就指的是医生；若在后面补上"他母亲没病"，句中"开刀的"就指的是患者了。

10. 省略不当

（1）她有一个女儿，在医院工作。

【解析】该句后一个分句主语省略了，按承前主语省，就是"她"在医院工作；若按承前宾语省，就是"女儿"在医院工作。不该省略的省略了，就会造成被省略的成分模棱两可，出现歧义。

（2）我认识他的时候，也不过十多岁。

【解析】是谁"也不过十多岁"？是"我"还是"他"？该句也是省略不当引起了歧义。

七、关联不当

关联词，可以用在单句的句子成分之间，但更多的还是用在复句的分句之间。这里所谓的关联不当，主要是指复句中发生的错误。

1. 分句之间意义上毫无关联

（1）太阳出来了，街道上干干净净的。

【解析】两个分句意思上毫无关联，是不能构成复句的。这两个句子只能各自单独成句，将逗号改为句号。要组成复句，就需要另外改写。

（2）大家如果不认真学好数学，就不会有较高的思想水平。

【解析】假设和结果两者不相应，"认真学好数学"和"有较高的思想水平"没有必然的逻辑关系，推理不正确。如果将"思想水平"改成"计算能力和逻辑能力"，那么就与前一分句有逻辑联系了。

2. 缺少必要的关联词

（1）他虽说是个临时工，平常喜爱学习，识不少字，还会编秧歌。

【解析】该句缺少与"虽说"相呼应的关联词，应在"平常"的前面加上"可"或"可是"等。转折关系的复句，可以只用后一个关联词，不可以只用前一个关联词，也就是说，后一个关联词必不可少。

（2）新加坡的竹节虫，不仅体色几乎和竹子一样，体形在安静时也完全像一根树枝。

【解析】该句缺少与"不仅"相呼应的关联词，应在"体形"之前加上"而且"。递进关系的复句，也是可以只用后一个关联词，不可以只用前一个关联词，也就是说后一个关联词必不可少。

（3）现代技术发展很快，许多人感到需要重新学习。

【解析】这两个分句之间具有因果关系，加上相应的关联词，表达效果则会更好。故应在"许多"的前面加上"以至"或"因此"一类的词语。

（4）李伯伯不是马上把笔给我，先讲了一番这支笔的经历。

【解析】"不是"要和"而是"搭配使用，才表示并列关系，所以后一分句的开头要加上"而是"。

3. 用错了关联词

（1）他不但很瘦，而且精神很饱满。

【解析】"很瘦"和"精神很饱满"意思相反，是转折关系，而"不但……而且……"是表示递进关系的，应改用"虽然……但是……"。

（2）他因为抢救落水儿童，勇敢地跳入激流，结果献出了自己年轻的生命。

【解析】"因为"表示原因，本句"抢救落水儿童"是目的，所以应该用"为了"。

（3）既然大家事先作好了准备，所以讨论时发言很热烈。

【解析】该句"既然"与"所以"不能搭配。"既然"有"已经这么着"的意思，提出前提条件，常常同"那么、就、也、还"等副词配合着用，表示根据这个条件推出结论或者提出疑问。而该句的结果是实际存在的，不是推断，故"既然"应改为"因为"；如果保留"既然"，后面就要改为"讨论时就应该热烈发言"。

（4）日用产品的数量必须保证，质量尤其值得重视，这样才能做到产品美观耐用，然而，数量再多，质量不好，也不能满足人民的需要。

【解析】该句并无转折关系，用了"然而"很别扭。可以把"然而"改为"不然"，并删去"质量不好"，因为"不然"已经包含了这个意思。

（5）你病还没全好，而且外面还刮着大风，改日再去吧。

【解析】"而且"强调意思更近一层，重点在后一分句，但是该句"外面还刮着大风"这个理由并不比"病还没全好"更重要，反而减轻了，所以应该使用"况且"，"况且"表示追加补充说明，重点在前一分句，正好与本句吻合。

4. 关联词搭配不当

（1）只要认真落实科学发展观，才能又好又快地发展国民经济。

【解析】句中"才"不能和"只要"相搭配。要么把"才"改为"就"，要么把"只要"改为"只有"。

（2）只有从根本上解决了污染源的问题，就能让老百姓在这里安居乐业。

【解析】句中"就"不能和"只有"相搭配。或者把"就"改为"才"，或者把"只有"改为"只要"。

（3）因为作者没有很好地掌握主题，单凭主观想象，加入了许多不必要的情节和人物，反而大大地削弱了作品的思想性和艺术性。

【解析】"因为"表示原因，"反而"表示递进，两者不能搭配。原句是因果关系的复句，应把"反而"改成"因而"或者"所以"。

（4）这是一次竞争激烈的考试，非用十分的努力才能战胜其他竞争者。

【解析】关联词搭配不当，"非"只能与"不能"搭配，如要与"才能"搭配，就要将"非"改为"只有"。

（5）几天来，各国艺术团在北京参观、访问、演出，无论走到哪里，哪里就响起热烈的掌声。

【解析】"无论"后面常用"也、都、总、还"来呼应，而不能同"就"搭配，可删去"无论"，或者末句删去"哪里"并将"就"换成"都"。

（6）尽管你的赠礼多么微薄，但在朋友的心里，却有千斤重。

【解析】复句里，既有关联词之间的搭配，还有关联词同其他词语的搭配问题。该句"尽管"和"虽然"相当，表转折，它们后面跟的应是确定的事实，不能是任指的或选择性的，同它们相呼应的指示代词应该是"这么、那么"等。"不管"和"无论"相当，表示在任何假设的条件下结果或者结论都一样，它们后面带的应是任指性的疑问代词如"多么、何等"等，或者是选择性的词语，往往同"都、也、始终、总"等副词配合着用。所以该句有两种改法：一是把"多么"改成"这么"；二是把"尽管"改成"不管"，删去"但"，"却"改为"都"。

（7）不管当时气候条件极端不利，探险队员还是胜利地完成了自己的任务。

【解析】可以把"不管"改为"尽管"，也可以将"极端"改为"怎样"。

（8）你看，对"文化人"梁效、唐晓文那样的真正的毒瘤，他们非但不动"大手术"，而是任其恶性发展。

【解析】"非但"表递进，跟它配套、与之呼应的应该是"而且"或者是"反而"，不应该是"而是"。

5.关联词位置不对

（1）我不但信任他，而且以前反对过他的人，现在也信任他了。

【解析】前一分句主语是"我"，后一分句主语是"以前反对过他的人"，两分句主语不同，关联词应置于主语之前，"不但"应移到"我"的前面。

（2）这样的教学，既使学生复习了旧课，又学到了新的知识，收到了良好的效果。

【解析】"复习了旧课"和"又学到了新的知识"的应该都是同一对象"学生"，即两个分句主语相同，故主语应在关联词之前，"既"应放在"学生"的后面。

（3）老师们一方面向学校提出合理的要求和建议，另一方面学校也积极改进工作，优化管理，满足教学的需要。

【解析】前后两个分句的主语并不相同，关联词"一方面"应放在主语"老师们"之前。

（4）近来经济政策的微调引发了舆论对放松楼市调控的猜测，中央及相关部委虽然一再强调"限购政策绝不动摇"，但坊间关于调控放松的消息仍铺天盖地。

【解析】该句转折复句部分，前后分句的主语并不相同，故应将"虽然"挪到"中央"之前。

6.分句之间语序不当

（1）他跳下池塘，来到池边，很快就游过去了。

【解析】承接关系分句在时间上有先后之分，应将"跳下池塘"与"来到池边"互换位置，不能颠倒。

（2）湖滨区第一年晚稻改早稻，就获得了大丰收，不但向国家交售了六万斤大米，而且不吃国家供应粮了。

【解析】递进复句应该是"前轻后重"，即"而且"领起的句意要比"不但"领起的句意重，才能构成递进关系。可是该句却相反，应将"不吃国家供应粮了"与"向国家交售了六万斤大米"对调位置。

（3）由于会议开得及时，促进了工作，抓住了关键，解决了问题。

【解析】该句后三个分句的排列违背事理，不合逻辑，应改为："抓住了关键，解决了问题，促进了工作。"

（4）我们党的每一个基层工作者，都应该自觉地把党的宗旨落实在行动上，溶化在血液中，牢记在心头上。

【解析】"落实在行动上，溶化在血液中，牢记在心头上"，排序不合事理，正确的顺序应该是"牢记在心头上，溶化在血液中，落实在行动上"。

（5）闻一多先生是大勇的革命烈士，是热情的优秀诗人，是卓越的学者。

【解析】按闻一多一生的顺序，其身份为教授，自然"学者"应该居前，其次是"诗人"，"大勇的革命烈士"毫无疑问应排在最后。故全句应改为：闻一多先生是卓越的学者，是热情的优秀诗人，是大勇的革命烈士。

（6）如果分裂祖国的阴谋得逞，子孙后代不答应，海峡两岸的也人民不答应。

【解析】后面两个分句，依时间顺序应该倒过来。全句应改为：如果分裂祖国的阴谋得逞，海峡两岸的人民不答应，子孙后代也不答应。

（7）这开在中流砥柱上的唯一一朵黄花，它是从石缝里钻出的花，它是生命力的象征，它是巨浪播下的种。

【解析】后三个分句先后颠倒，应先写"种"，再写"花"，最后写其象征意义。故应调整为"它是巨浪播下的种，它是从石缝里钻出的花，它是生命力的象征"。

（8）文明是城市之魂，美德是立身之本。（某城市精神文明标语）

【解析】并列关系，主要是语法意义上的"并列"，并非逻辑意义上的"并列"，也就是说，并非完全没有先后主次之分。"立身"属于个人，"城市"则是群体，顺序理应从个人到群体，而不是相反。

所以，这两句话应该前后颠倒才对。

7. 密切相关的语句不应岔开

（1）春节期间，上海的蔬菜礼品篮价格实惠，而且外观也很漂亮，零售价一般在10元至20元之间。

【解析】说价格的语句应放在一起，不应岔开。"零售价"一句应紧随"价格实惠"句之后。

（2）在距今6000年左右，河南、陕西、甘肃等地出土的彩陶器皿，所绘的花纹变化多端，绚丽多彩。

【解析】"距今6000年左右"指的应当是彩陶器皿，应与它连在一起作定语。故全句改为：河南、陕西、甘肃等地出土的距今6000年左右的彩陶器皿，所绘的花纹变化多端，绚丽多彩。这个句子，换一个角度看，就是定语和状语错位，将本应作"彩陶器皿"定语的"距今6000年左右"做了"出土"的状语，即把彩陶的年代当成了出土的时间。

（3）游泳时小腿抽筋，我感到剧烈疼痛，再也无法支持，我只好被逼得上岸。

【解析】"被逼得"应和被逼的原因，即前文"再也无法支持"靠近；"只好"则应跟它所要修饰的"上岸"靠近。故应改为"我被逼得只好上岸"。

（4）冲突双方在民族仇恨的驱使下，虽然经过国际社会多次调解，紧张的局势不但没有得到缓解，反而愈演愈烈。

【解析】谁的"紧张的局势"？是"冲突双方"。"冲突双方"应紧挨"紧张的局势"作定语；"在民族仇恨的驱使下"是紧张局势"愈演愈烈"的原因，应该紧挨"紧张的局势"做状语；转折复句，前面使用了"虽然"，后面就应该补上"但"与之呼应。故全句应调整为：虽然经过国际社会多次调解，但在民族仇恨的驱使下，冲突双方紧张的局势不但没有得到缓解，反而愈演愈烈。

（5）在抗洪抢险的战斗中，经过四个多小时惊心动魄的同洪水搏斗，同志们奋不顾身地跳进汹涌澎湃的激流，保住了大坝，战胜了洪水。

【解析】首先，主语"同志们"应提前，让它紧挨在句首状语"在……中"之后；"经过四个多小时"跟"同洪水"两个状语关系密切，应该紧挨；"惊心动魄"应直接修饰动词谓语"搏斗"；"保住了大坝"是结果，"战胜了洪水"是原因，两句应倒过来，先因后果才合乎事理。原句重新调整后改为："在抗洪抢险的战斗中，同志们奋不顾身地跳进汹涌澎湃的激流，经过四个多小时同洪水惊心动魄的搏斗，战胜了洪水，保住了大坝。"

八、不合逻辑

说话作文，既要合乎语法，更要合乎逻辑。语言中不合逻辑的表现很多，主要包括概念不清、判断不当、自相矛盾、否定失当、主客颠倒、以偏概全、倒因为果、强加因果等。其实，前面"搭配不当"中的一面与两面、否定与肯定，也属于逻辑问题。

1. 概念不清

（1）在这次民族联欢节中，当地举行了各种民族体育比赛，主要有赛马、摔跤、抢花炮、赛歌等，丰富多彩的比赛受到来宾的热烈欢迎。

【解析】"赛歌"不属于体育比赛，归类错误，并列不当。或删去"赛歌"，或将"赛歌"分出来单说，即改为：在这次民族联欢节中，当地举行了赛马、摔跤、抢花炮等各种民族体育比赛，还有赛歌活动，内容丰富多彩，受到来宾的热烈欢迎。

（2）为了减少财政支出，机关对下一年度公费订阅的报刊杂志做了大幅度压缩。

【解析】"刊"就是杂志，说"报刊"已经包括了杂志，应该删去"杂志",或者将"报刊"改为"报纸"。该句也可以看做是重复多余。

（3）出席这次道德模范报告会的共青团员和中学生有三千多人。

【解析】"共青团员"和"中学生"是交叉概念，不能并列。

（4）每到周末，妈妈总是到超市买回许多蔬菜、水果、猕猴桃、桔子、蘑菇、西蓝花，给我们改善生活。

【解析】"水果"和"猕猴桃、桔子"是大概念和小概念，"蔬菜"和"蘑菇、西蓝花"也是大概念和小概念，都不能并列。按照归类列举的原则，该句可修改为："每到周末，妈妈总是到超市买回蘑菇、西蓝花等许多蔬菜,还有猕猴桃、桔子等许多水果,给我们改善生活。"

（5）被列为"中国无法破译的奇文"之一的蝌蚪文图案，从千古绝壁上拍摄下来以后，新华社和人民日报等多家媒体都报道了这一消息。

【解析】"新华社"是机构，不是媒体，并列不当。可删去"新华社和"。

2. 判断不当

（1）天然饮料是奥林。

【解析】可以说"奥林是天然饮料"，不可以说"天然饮料是奥林"。因为"天然饮料"是大类，"奥林"是小类，构成判断应该是小类和大类的关系。该句修改为"奥林是一种天然饮料"，则更为恰当。

（2）吃好困好是养大肥猪的好方法。

【解析】"吃好困好"是一种状态，不是"方法"。这也是强加判断。从搭配的角度，该句属于主宾不能搭配。可以在句首加上"让猪"，"让猪吃好困好"是一种方法，就能同"方法"配合了。

（3）支持海鸥飞行的这股力，不像我们想象的那么神秘，也不是轮船本身产生的，而是天空中的大气。

【解析】这是解释海鸥老是跟着轮船飞行时说的一句话。如果将句子紧缩，最后一个判断就是"力是大气"，显然不合事理。猜测作者的意思，该句应该改成："支持海鸥飞行的这股力，……而是天空中的大气流动所产生的。"

（4）不按照客观规律办事的人，或许要碰钉子。

【解析】此句将必然判断误作或然判断。"或许"应改为"必然"或"一定"。

（5）不论什么人，只要肯下功夫，就能成才。

【解析】"肯下功夫"并不必然导致"成才"，前者只是后者的必要条件。故应将"只要……就……"改为"只有……才……"。

3. 自相矛盾

（1）在这次煤矿事故中，他是多少个遇难矿工中幸免的一个。他向记者和矿工家属们讲述了当时惊魂的一幕。

【解析】先说"他"是"遇难矿工"，后面又说是"幸免的一个"，究竟这个"他"死了没有死？自相矛盾。应改为："……多少矿工都遇难了，他却是幸免的一个。……"

（2）万里无云，繁星满天。我们在一轮明月的照耀下漫步校园。

【解析】常识告诉我们，月明则星稀。有一轮明月照耀时，不可能繁星满天。该句的描写，前后矛盾，不合事理。

（3）就为了这件事，他几乎挨过打。

【解析】"几乎"说明没挨打，"挨过"表示已挨打，互相矛盾。或去掉"几乎"，或去掉"过"。

（4）电影《白鹿原》不正密锣紧鼓地即将上演了吗！

【解析】这个句子表示时态的有三个词语"正""即将"和"了"，分别表示"正上演""即将上演"和"上演了"，显然互相矛盾，只能取其一。可把"即将"改为"在"，去掉"了"。至于叹号，亦改问号为好。

（5）凡是早上有雾的日子，大都是晴天。

【解析】先说"凡是"，那就是所有的；后来又说是"大都"，那就不是所有的了。前后自相矛盾，可删去"凡是"。

（6）在阐述创新教育的重要性时，他仅列举了一个例子，就使教师和家长们点头称是。

【解析】该句中"仅""一个例子"与"列举"是互相矛盾的。"列举"的意思是一个一个地举出来，不止一个例子。故应将"列"删除。

4. 否定失当

（1）没有一个人不承认今年空气质量这样好，不是落实科学发展观、增加了环保投入的结果。

【解析】该句本意是说"大家都认为今年空气质量这样好，是落实科学发展观、增加了环保投入的结果"，但由于否定词用得太多，却把意思弄反了。"没有一个人不承认"就是"大家都认为"，后面再加上一个"不"，意思就变成否定的了。

（2）小李是个集邮迷，他无时无刻不忘收集邮票。

【解析】"无时无刻"虽有两个"无"，实际上却只有一次否定，加上"不"，就是否定之否定，变成了肯定，所以"无时无刻不……"等于说"时时刻刻都……"，这样表达的意思就与原意正好相反。故应修改为："……他时时刻刻都没忘记收集邮票。"

（3）"神舟"五号飞船发射成功，谁能否认中国没有进入国际载人航天技术领域的能力？

【解析】该句"谁能"这个反问句本身就是一次否定，再加上"否认"和"没有"，总共否定了三次，结果表达的意思正好相反了。应删去否定副词"没"。

（4）这件事发生的经过，我想不需要叙述了，没有谁不会想象不出。

【解析】"没有谁不会"意思是"谁都会"，与后面"想象不出"连在一起就成了"谁都会想象不出"，否定三次，就与原句本意相反了。应减少一次否定，将末句修改为"没有谁会想象不出"。

5. 主客颠倒

（1）去年的学习情绪和今年比较起来大不相同。

【解析】"今年"是主，"去年"是客，主客颠倒了，应该说"今年的学习情绪和去年比较起来大不相同"才对。

（2）爱迪生这个名字对中学生是不陌生的。

【解析】谁对谁"陌生"？应该是人对物陌生，物对人陌生，主客倒置了。该句应改为"中学生对爱迪生这个名字是不陌生的"，如果一定要以"爱迪生这个名字"作为陈述对象，可以这样说"爱迪生这个名字，对中学生而言，是不陌生的"，其中"对中学生而言"为插说。

（3）那个时候，报纸和我接触的机会是很少的。

【解析】"报纸"是客体，"我"是主体。应该说"……我和报纸接触的机会是很少的"。

（4）迎面吹来的寒风不禁使我打了个寒战。

【解析】"不禁"的意思是抑制不住。谁"不禁"？"寒风不禁"显然不合事理，应该是"我不禁"才对，应改为"……使我不禁打了个寒战"。

6. 倒因为果

（1）由于世界性能源危机，全球能源消耗总量剧增，煤和石油遭到掠夺性开采，储量锐减。

【解析】该句显然倒因为果了。修改方法，或是将"由于"改成"之所以发生"，"全球能源"前面加上"是因为"；或是改为"由于全球能源消耗总量剧增……，所以发生了世界性能源危机"。

（2）最近两年，互联网市场上一批免费上网的服务公司应运而生，它们吸收了众多的用户，向市场推出了更加优惠的服务方式。

【解析】"吸收了众多的用户"是结果，"推出了更加优惠的服务方式"是原因，这两个分句应该颠倒过来。该句应修改为：最近两年，互联网市场上一批免费上网的服务公司应运而生，它们向市场推出了更加优惠的服务方式，吸收了众多的用户。

7. 强加因果等关系

（1）我们家祖祖辈辈是知识分子，有的还是科学家，我长大肯定也会成为科学家。

【解析】这个句子前提和结果之间没有必然的联系，由祖辈是知识分子、科学家，推不出"我长大肯定也会成为科学家"的结论。

（2）特大贪污犯潘某对记者说："我因为把自己混同于一般老百姓，所以走上了贪污犯罪的道路。"

【解析】"把自己混同于一般老百姓"与"走上了贪污犯罪的道路"二者之间并不存在必然的因果关系，却使用了表示因果关系的关联词"因为""所以"。

（3）4月1日起，银行实施储蓄实名制，从而杜绝了贪污受贿的犯罪行为。

【解析】该句也是强加因果关系。实施储蓄实名制，对贪污受贿有一定的遏制作用，但不可能"杜绝"。这两者之间不存在因果关系。

8. 推理不当

（1）张海迪是在逆境中成长起来的，可见，只有逆境才能出人才。

【解析】以个别例子为前提得出普遍结论，即以偏概全，推出的结论不会可靠。其实，逆境成才总体上是少数，顺境才更能够成才。故末尾一句可修改为"可见，逆境也能出人才"。

（2）搜集材料不丰富，就无法进行比较鉴别，就发现不了典型事例，甚至还会造成数字不准、名称不符。

【解析】从"搜集材料不丰富"这个前提，可以得出"无法进行比较鉴别"和"发现不了典型事例"这两个结论，但推不出"会造成数字不准、名称不符"这一结论来。因为数字准确不准确、名称是否相符，是材料可靠性的问题，不是材料多少的问题。

（3）给病人做手术，过去由医生个人决定，现在规定重大手术需要集体讨论决定，这就保证了手术的顺利进行。

【解析】单靠"集体讨论决定",还不能完全保证手术的顺利进行。因为手术能否顺利进行,涉及多种因素,病情、身体状况、技术准备,等等。

九、修辞不当

无论消极修辞还是积极修辞,都存在使用不当。前者包括生造词语、误用词义、混淆词类、苟简赘余和一义两歧、语体不当等;后者主要指比喻、夸张、对偶、排比、顶真等各类辞格的误用。其中像误用词义、混淆词类、苟简赘余、一义两歧等已经包含在其他部分。

(1)在台湾的这些青年人,痛失了房地产飚涨前的良机。

【解析】"飚涨"属于生造词语,汉语当中没有这个词,只有"狂涨""猛涨"。

(2)扁舟凌波,救人寻马

【解析】此例无论语体色彩还是情感色彩都不恰当。句子是一篇报道抗洪救灾通讯中的小标题,却使用"扁舟、凌波"这些明显带有悠闲、潇洒色彩的词语,来描写洪水中抢险救人的小船,非常不合适。

(3)你们自己既然认为没有错,何必惧怕人家批评呢?

(4)在回家的道路上,他想着老师刚才说过的话,心里七上八下地翻腾着。

(5)随着一阵清脆的铃声,同学们走进了教室。只见黑板上书写着五个闪光的大字:欧仁•鲍狄埃。

【解析】这三个句子都属于语体不当。本来很口语化的句子,却夹杂了颇具书面语色彩的三个双音节词语"惧怕、道路、书写",显得很不相称,改成单音节词"怕、路、写"要自然和谐得多。

（6）这位六十多岁的农村妇女兴奋地对我说："不瞒您说，俺闺女都劝俺出去旅游，见识见识祖国的山水风光，俺也不负她们的一片孝顺之心，打算在近期启程呢！"

【解析】这也是一个语体不当的句子。"孝顺之心""近期启程"都是书面语色彩很浓的词语，由一个六十多岁的农村妇女说出来，不符合她的身份；且与其他的口语词放在一起，也显得很不协调。应将"孝顺之心"改为"孝心"，把"近期启程"改为"最近就动身"。

（7）清风推开了雾的轻纱，晨曦扯出了满天的朝霞。草叶上的露珠歌声般的圆润，一缕缕炊烟似牧女的长发。

【解析】此例属于比喻不当。用"歌声"来比喻"露珠"，用"长发"比喻"炊烟"，都很牵强，不够贴切。

（8）老人讲到自己在文革期间所受迫害时，眼泪就像自来水似的喷射出来。

【解析】此例属于夸张不当。眼泪再多也不可能像"自来水"一样，更不可能是"喷射"出来。

（9）甚至连车窗外的林林青松，道道翠岗和束束野花也无意浏览。

【解析】该句使用"林林""道道""束束"三个叠词作修饰语，意在构成排比，却出现了问题。"林林"是什么意思呢？从它跟下面的"道道""束束"排在一起这一点来看，大概也是表示数量单位的词。不过，"一道一道""一束一束"还可以，而"一林一林"就不大好懂了。另外，"束"是"把"或"捆"的意思，而地里长着的，只要不是采下来的野花，不大可能是"一束一束"的。因此，用"束束"形容遍地的野花，也不是很贴切的。该句比较难改，因为是用三种量词描写三种事物并以排比的形式出现的，很难找到三个恰到好处的量词并且重叠起来构成排比的格式。权衡利弊，只能退而求其次，改用别的方式描写，比如说"……茂密的青松，起伏的翠岗和遍地的野花……"。

十、标点不当

在语言运用中,标点并非可有可无,无足轻重。标点使用不当,也会造成语句不通,事理不明。多数情况需要修改标点,有时候,也可以通过改动文字达成目的。

(1)这部中国古典文学巨著,是由六十五岁的著名翻译家杨宪益和夫人、英国专家戴乃迭合作翻译的。

【解析】巨著的译者是两个人还是三个人?如果不了解情况,只按照句子结构来理解,多半会认为是三个人,因为顿号表示的是并列的两项,再加上"杨宪益",就成为三个人。实际上,"英国专家戴乃迭"就是杨宪益的夫人,这两者应该构成同位短语再跟"杨宪益"并列,就不至于发生误解。修改的方法是将顿号改为破折号,因为破折号含有注释的性质;或者把顿号换成逗号,因为逗号可以用来表示后面是插入解释的话。

(2)这部影片所以能够成功都归功于集体的力量,电影局艺术的领导,舞台剧原作者的协助,全体演员全心全意投入工作,都是我从未经过的新经验。

【解析】"集体的力量"后面用逗号,读者自然把后面的"领导""协助"等等,都当作"归功于"的宾语,但作者其实是把后者当作"都是"的主语用的。所以,"力量"之后的逗号用错了,应改为句号。

(3)任何单位和个人都不得擅自占用、挖掘道路,维护路产、路权人人有责。

【解析】这是一条宣传标语。该句由两个分句组成,由于中间使用了逗号,给人的感觉好像第二个分句是承前省主语,这样后一分句似乎就有问题了。其实,前后两个分句各自结构都是完整的,后一分句有自己的主语,即"维护路产、路权","人人有责"则是其谓语,无须延用前一分句的主语。造成此误解的就是两个分句中间那个逗号。逗号改成句号就解决了。

（4）不要看我看路！（驾车新手张贴于车后的警示语）

【解析】该警示语应在"我"的后面使用逗号停顿，才能明确无误。缺了这个逗号，就会因停顿不同而表意含混不清。

（5）这样，迫使人们作彻底的思考，非要从根本上解决：判定一切是非的标准究竟是什么？

【解析】与"非"有关又表示肯定意思的词语是"非……不可"，实际上是一种双重否定，如"他非去不可（怎么劝也不行）"。现在口语里逐渐地把"不可"丢弃了，说成"不让他去他非去！"但是在书面语言里还是不多见。上边这句话，要是用"不可"来跟"非"配合，因为后面用了一个冒号，就显得表达有些凌乱。若把"非"改为"一定"，冒号不用改，文意也顺通。

（6）当地时间10日清晨，一名男子在一处火车站持刀刺伤4人。目击者称，嫌犯行凶时呼喊"真主伟大"！

【解析】该句由于标点使用不当从而造成了全句语气失当。该句"嫌犯行凶时呼喊'真主伟大'"都是前面动词谓语"称"的宾语，故全句是陈述语气，句末叹号应改为句号。或者，可将叹号挪至后引号之内，表示这是嫌犯呼喊的语气，而非全句是感叹语气。

历年高考病句详解

上一年的高考题就是下一年最好的高考模拟题。这已经反复为实践所证明。所以，历年的高考病句题，就是应对高考病句的最好模拟题库。本书收集了1952年至2020年长达69年的高考病句题，并逐一详解。对考生，这是助力高考的利器；对关注病句的研究者，则是一份不可多得的资料。

一、1952—1965年全国高考病句题详解（30题）

1. 探险队的队员们一共经历了三万五千多公里的道路。

【解析】该句有两个搭配不当。一是"经历"与"道路"动宾不能搭配，二是用数量词"三万五千多公里"修饰集合名词"道路"，定语和中心词也不能搭配，因为集合名词不受数量词的修饰。该句可修改为"探险队的队员们一共走完了三万五千多公里的路程"。

2. 他们把煤的用量由每人每天一斤半降低到四两半，因此立了功和被评为先进作者。

【解析】作为连词的"和"连接的并列关系，一般都是连接名词、名词性短语，连接动词和形容词必须是双音节的动词和形容词，而本句"立了功"和"被评为先进工作者"属于动宾短语，且存在先后顺序，故应将"和"改为"并"。

3. 与其在敌人的压迫下苟延残喘，忍辱偷生，还是勇敢地拿起武器来跟他们拼命。

【解析】该句前一分句使用的关联词"与其"和后一分句关联词"还是"不能搭配。因为"与其……不如……"表示取舍关系，"是……还是……"表示选择关系，二者只能选定一种，不能混搭。该句要么将"还是"改成"不如"，全句为取舍关系；要么将"与其"改为"是"，句尾句号改为"问号"，全句为选择关系。两者比较而言，以前一种改法为佳。

4.广大群众热烈拥护这个方针,为了更支持群众在社会主义事业中的积极性和创造性,使得党和群众的关系加强了。

【解析】该句语病较多。首先,第一个分句有主语"群众",但这个主语统领不到后面,造成后面的分句缺主语。其次,存在三处搭配不当。一是"更"和"支持"不能搭配。因为只有在两相比较时才能说"更支持",这里无比较对象,只能说"更有力地支持"或"更好地支持"。二是"支持"与"积极性和创造性"不能搭配。"积极性和创造性"只能说"调动"或"发挥"。三是"关系加强"主谓不能搭配,应改为"关系密切"。故全句可修改为:广大群众热烈拥护这个方针,这个方针调动并发挥了群众在社会主义事业中的积极性和创造性,并且使得党和群众的关系密切了。

5.首先应该正确学习态度。

【解析】该句毛病出在"正确"上面。"应该"只能修饰动词,不能修饰形容词"正确";作为形容词的"正确"只能修饰"学习态度",却不能支配"学习态度"。该句误将"正确"当成动词用了,应该改作"端正",毛病就没有了。

6.这本书是你的呢?

【解析】该句属于是非疑问句,其句尾使用的语气词,一般都是用"吗";"呢"则用于非是非疑问句,比如选择问句、反问句、陈述句等的句尾。

7.路上遇见铁路工人,我们就高声欢呼,他们也以同样的欢呼来应付我们。

【解析】该句使用"应付"一词,语义和感情色彩都不对。互相欢呼表示友好,应用褒义词,不应使用贬义词"应付";"应付"的意思是敷衍了事,也与该句的场景不符。故应改为"回答、回应、呼应"一类的词语。

8.他们正在以迅速而紧张的行动投入了生产竞赛的洪流。

【解析】首先,"正在"与"了"表示的时态发生矛盾。其次,"迅速而紧张"修饰"行动",定语和中心词搭配不当,说"迅速的行动"尚可,说"紧张的行动"就不合适。再,"迅速"和"紧张"两个形容词同时用来修饰"行动",也有些重复,不够简练。最后,将"生产竞赛"比作"洪流"也不恰当,描绘竞赛多用"热潮、高潮、运动"等词语。该句可修改为三种样式:(1)他们以迅速的行动紧张地投入了生产竞赛的热潮之中。(2)他们迅速地行动起来,紧张地投入了生产竞赛的热潮中。(3)他们正在紧张地投入生产竞赛的热潮。

9.反动派对于镇压农民暴动,迫害共产党和工人的手段是很毒辣的。

【解析】将原句紧缩就是"反动派对于……的手段是很毒辣的",反动派对于"手段"毒辣,不合逻辑,不可思议。该句毛病出在介词"对于"多余了。这句话实际要说的意思是:"反动派镇压农民暴动,迫害共产党和工人的手段是很毒辣的。"

10.在团的教育下,给我改掉了许多缺点。

【解析】该句缺少主语。本来"团的教育"可作主语,但框在"在……下"中,变成了介宾结构,无法再作主语,可去掉"在……下",让"团的教育"作主语,并将"给"改作"使",即"团的教育,使我改掉了许多缺点。"另一种方法是,删去"给",让"我"作主语,即"在团的教育下,我改掉了许多缺点。"

11.更不能因为胜利冲昏了头脑,要防止轻敌麻痹思想。

【解析】因果复句,一般关联词要前后配合使用,前一分句单用"因为"或后一分句单用"所以"的也有,但必须是句子简单,因果关系一目了然。就该句而言,后一分句补上"所以"才能使因果关系更为明确。

12.看见了这些情形,触动了我的正义感。

【解析】"触动"就是打动,所以"触动……正义感",动宾搭配不当,应将"触动"改为"激起"。

13.青年时代,是人的精力充分的时代,只要他方向对头,肯钻肯干,是可以干出惊天动地的事情来。

【解析】首先,"精力充分"属于主谓搭配不当,形容精力充足而旺盛应该用"充沛"。"人的精力充沛"也只是人生的一个时期,用"时代"指称太大了。其次,"只要"与后面的"是"不能搭配,"是"应改为"就"。最后,"惊天动地的事情"也是定中搭配不当,既然是"惊天动地",就应该是"事业",不该说是"事情"。全句应修改为:青年时代,是人的精力充沛的时期,只要他方向对头,肯钻肯干,就可以干出惊天动地的事业来。

14.在整风运动中,干部和人民的积极性大大提高,有力的推行了我国的社会主义革命和社会主义建设。

【解析】首先,"干部和人民"并列不当,"干部"也属于"人民",大小概念不能并列,而且能够和"干部"形成相对概念的是"群众",也不是"人民"。故"人民"应改为"群众"。其次,"推行"与"革命和建设"动宾不能搭配,"推行"可改为"推动",再,"有力的"作状语时应为"有力地"。

15.我国过去不能创造的汽车和喷气式飞机,现在都能够创造了。

【解析】该句两次将"创造"误作"制造"使用。创造,含有创新的意思,指原来没有的东西现在造出来了,而汽车和喷气式飞机是早已有之的,在我国没有能力制造的时候,别的国家已经制造出来了,因此谈不上什么"创"。再说,"创造汽车和喷气式飞机"也不合语言习惯。"创造"多用于一些大的方面,抽象意思方面,而"制造"多用于一些具体事物方面。该句应把两处"创造"改为"制造"或改为"生产",就通顺明白了。

16.只有永远跟着共产党和毛主席走社会主义的道路,我们的幸福和自由就有保障。

【解析】作为条件关系复句,关联词"只有"只能跟"才"搭配,而跟"就"搭配的只能是"如果"或"只要"。本句只要将"就"

改为"才",就通顺了。

17. 这里的情况,对于我们已经很熟悉了。

【解析】这个句子的毛病是主客倒置。"情况"怎么可能"对于我们"很熟悉呢?"我们"是主体,"情况"是客体,只能"我们"去"熟悉""情况",不可能相反。本句修改方法有三种:①我们对于这里的情况已经很熟悉了。②这里的情况,我们对于它已经很熟悉了。③对于这里的情况,我们已经很熟悉了。

18. 由于他的帮助,使我提前完成了任务。

【解析】该句缺少主语。"他的帮助"本可作主语,但前面加了介词"由于",组成介词结构,失去了作主语的资格;"我"本来也可作主语,但却加了使令动词"使",作了宾语,也不能再作主语。修改方法,或者去掉"由于",让"他的帮助"作主语;或者去掉"使",让"我"作主语。

19. 我们是一个以发表创作为主的文学刊物。

【解析】该句紧缩后即为"我们是……刊物",显然不合情理,即主宾不能搭配。可修改成:我们的杂志是一个以发表创作为主的文学刊物。

20. 朝鲜人民在朝鲜劳动党和政府的领导下恢复了战争的创伤。

【解析】"战争的创伤"怎么能够"恢复"呢?难道要让"战争的创伤"保存下来,仍回到战争时期吗?恢复的意思是使事物变成原来的样子,比如恢复健康。该句没有弄懂恢复的含义。可将"恢复"改为"医治"。

21. 列宁非常关心流放者的一切事情,并且表示愿意完成他们的要求。

【解析】"完成……要求",动宾搭配不当。或者修改动词,将"完成"改成"满足"或"答应";或者修改宾语,将"的要求"改为"交给自己的工作"。

22. 他借口有病和工作忙为理由坚决不参加劳卫制锻炼。

【解析】该句将两种结构混用在一句话里，造成结构混乱，句子也不通顺。该句要么说"他借口有病和工作忙，坚决不参加劳卫制锻炼"，要么说"他以有病和工作忙为理由，坚决不参加劳卫制锻炼"。

23. 文章的字数一般不超过一千字左右。

【解析】"字数不超过"与"一千字左右"互相矛盾。"字数不超过一千字"是指一千字以内，是确定的一个数字，而"一千字左右"则是接近一千字或超过一千字，模棱两可。该句或者改为"文章的字数一般不超过一千字"，或者"文章的字数一般在一千字左右"。

24. 我们从过去吸取教训，使今后工作中不重犯或者少犯过去的错误。

【解析】后一句"使"谁"今后工作中不重犯或者少犯过去的错误"，不清楚。"使"后面通常需要跟上一个兼语，如"我们"等，但顺着上一句就便成了"我们从过去吸取教训，（我们）使我们……"，仍然不通。不如将该句改为一个表示目的的复句：我们从过去吸取教训，是为了在今后工作中不重犯或者少犯过去的错误。

25. 这个东方的巨人始终诞生了。

【解析】"始终诞生"不通，状语和中心词不能搭配。始终是从开始到最后，包含一个过程，经历一段时间，用它修饰"诞生"很不恰当。该句误将"始终"当成"终于"使用了。"终于"是到底的意思，用来修饰"诞生"就恰当了。原句的意思是："这个东方巨人"很不容易诞生，但到底诞生了。

26. 大家为了追求真理，进行了高度的争论。

【解析】"高度的争论"？"高度"的意思是高低的程度，或是程度很高。争论的状态用高度修饰很费解，通常都是用"激烈、热烈"一类形容词来修饰，表现争论的情态，比较贴切。

27.人们知道，美国在两次世界大战中，已经没有遭到破坏，而且发了横财。

【解析】"已经没有遭到破坏"，不合事理。"已经"表明事情发生过了，"没有"表明不曾有过这样的事情。应删去"已经"，考虑到"没有遭到破坏"与下一句构成递进关系，应将"已经"直接改为"不仅"。

28.村里全体农户入了社，基本上没有单干户了。

【解析】既然"全体农户入了社"，那就不是"基本上没有单干户"而是完全没有单干户了。"基本上"是大体，但不是全体的意思。该句前后自相矛盾。应删去"基本上"，或者将"全体"改为"大部分"。总之，表示数量不能前后自相矛盾。

29.这困难，只要不怕麻烦，并不是不能成功的。

【解析】把原句紧缩就是"困难并不是不能成功的"，再将其中"不是不能"双重否定改用肯定的形式，就变成了"困难是能成功的"。由此可见，原句主谓搭配不当。"困难"无所谓成功不成功，"困难"是要被人们克服的。所以，只须把"成功"改为"克服"，句子就通顺了。

30.无数的旗帜在掌声里飘动，就像在微风里颤动的波浪。

【解析】用"在掌声里"修饰"飘动"很不恰当，既不能说明"飘动"的处所，也不能描绘"飘动"的形态。此外，"颤抖的波浪"，定语和中心词也不能搭配。颤动是短促而频繁地振动，如"树叶和花被风吹得直颤动"，因此，用"颤动"形容"波浪"很不恰当。全句可修改为：无数的旗帜在空中飘扬，就像在微风吹拂下起伏的波浪。

二、1977年6省、市卷高考病句题详解（19题）

江苏题（2题）

1. 通过批判林彪、"四人帮"鼓吹的"读书无用论"的罪行，同学们都端正了学习态度和目的。

【解析】首先，"读书无用论"固然反动，但属于思想言论，是反动谬论，说"罪行"就过了，且与"批判"动宾搭配不当，改为"谬论"即可与"批判"搭配。其次，"端正了学习态度和目的"，"态度"可以"端正"，而"目的"只能明确。故全句可修改为：通过批判林彪、"四人帮"鼓吹的"读书无用论"的谬论，同学们都端正了学习态度，明确了学习目的。

2. 这个地区解放以来的伟大变化，对于我们是非常了解的。

【解析】该句犯了主客颠倒的错误。应该是人对"变化"了解，怎么能是"变化"对人了解呢？再说，用"伟大"修饰"变化"也用词不当，应当改成"巨大"。全句修改成"对于这个地区解放以来的巨大变化，我们是非常了解的"，或者修改成"我们对于这个地区解放以来的巨大变化，是非常了解的"。

河南题（4题）

1. 大家一致表示，要以实际行动，接受学习雷锋同志的号召。

【解析】"接受……的号召"，动宾搭配不当，对于"号召"仅仅"接受"是不够的，应该更为积极主动才对，故"接受"应改为"响应"，这样动宾也搭配得当。

2. 王铁人同志的革命精神是值得我们学习的榜样。

【解析】看起来，这个句子是主谓搭配不当，因为不能说"精神是……榜样"。查找根源则是两种句式杂糅，原句是将"王铁人同志的革命精神是值得我们学习的"和"王铁人同志是我们学习的榜样"杂糅在一起了。其实，按照哪一种句式都行，只是要拿定主意，一以贯之，不能中途改变主意。

3.在粉粹"四人帮"后,学校里出现了老师爱戴同学、同学尊敬老师的新气象。

【解析】"老师爱戴同学"不妥。爱戴是敬爱并且拥护,多用于晚辈对长辈、下级对上级,用于老师对学生自然不恰当。该句可将"爱戴"换成"爱护、关心"一类的词语。

4.由于工人甩开膀子大干,这个厂今年的任务已经提前实现了。

【解析】"任务"怎么"实现"呢?主谓搭配不当。"实现"是使理想或计划成为事实,多用于较大的方面,如"理想实现了"等;而在说到具体工作或任务时,多用"完成"来陈述,完成就是做成,意思是达到预期的目的,如"工作完成了"。因此,原句可改为:由于工人甩开膀子大干,这个厂今年的任务已经提前完成了。

河北题(3题)

1.漫天风雪,封住山,阻住路,并且摇撼不了人们的志向,扑灭不了人们心头的浪潮。

【解析】"摇撼……志向",动宾不能搭配,"摇撼"应改为"动摇","志向"应改为"意志";"扑灭……浪潮"也动宾不能搭配,因"浪潮"前面还有修饰语"人们心头"限制,应将"浪潮"改成"热情";关联词"并且"也使用不当,因为全句前后并非并列或递进关系,应改为"也"或"但是"。全句修改成:漫天风雪,封住山,阻住路,也(但是)动摇不了人们的意志,扑灭不了人们心头的热情。

2.《东方红》是歌颂伟大领袖毛主席的歌,是人民群众自己创造的歌。

【解析】"创造"与其修饰的中心词"歌"搭配不当。"创造"和"创作"都有一个语素"创",就是开始的意思,但也有区别,"创造"的含义范围大,而"创作"多指文艺作品方面,词义范围小。该句所说的对象是民歌,应该使用"创作"。

3.我们要建立立党为公的思想,敢于向那种不按实事求事的态度办事的不良偏向作斗争。

【解析】首先,"建立"与"思想"不能搭配,该句应使用"树立"。"建立"多用于一些具体事物上,如"建立新的工业基地""建立外交关系"等;"树立"也是建立的意思,但多用于抽象的好的事物方面,如"树立好风气""树立榜样"等。该句误把"建立"当作"树立"用了。其次,"向……不良偏向作斗争"句,介词"向"改为"同"更为妥当;"偏向"用词亦不当。"偏向"是不正确的倾向,多指工作中只注重某一方面;而"倾向"则主要指事物发展的趋势。该句的意思是说已经有了不按实事求是的态度办事的发展趋势,因此要和它斗争。因此"偏向"应改成"倾向"。该句还须将原句"实事求事"的第二个"事"改成"是"。

安徽题(3题)

1.只有抓住揭批"四人帮"这个纲,就能促进各项工作取得胜利。

【解析】该句的错误是将"只有……才……"和"只要……就……"两种不同条件关系的关联词混搭使用,只能选用其中的一种。

2.我们要在广大青少年中,造成一种爱科学、讲科学、用科学。

【解析】该句的谓语动词"造成"缺少一个与之相搭配的宾语,按"爱科学、讲科学、用科学"的内容指向,宾语应该是"良好风气"。全句应为:我们要在广大青少年中,造成一种爱科学、讲科学、用科学的良好风气。

3.在我报考大学的时候,已经做好了"一颗红心两种准备"的打算。

【解析】全句缺少主语。"我"本可作主语,却被框在"在……时候"中,不能作主语,可将"我"从中提出来,让其作主语;后面"准备"和"打算"的语义有重叠的地方。另,"做好"和"准备"及"打算"都能搭配,但与"红心"不能搭配,故"做好"应改为"有"。所以,全句可改为:我在报考大学的时候,已经有了"一颗红心两种准备"。

四川题(3题)

1."四人帮"大搞阴谋鬼计,妄图篡党夺权,真是利令智昏,反动透顶。

【解析】首先，句中"利令智昏"缺乏与之相应的语境，应改成"罪大恶极"，以与"大搞……妄图……"语意上联系搭配得更紧密一些；还有两个错别字需要纠正。"鬼计"应为"诡计"，"纂党"应为"篡党"。

2. 我们一定要树雄心，立大志，努力实现建设社会主义现代化强国的伟大任务。

【解析】"实现"不能支配"任务"，动宾搭配不当。可以将"实现"修改为"完成"，也可以把"任务"修改成"目标"。

3. 他谦虚谨慎，克苦专研，知知不倦，为革命勤愤学习，受到同学们的称赞。

【解析】该句用词因为音同音近而招致别字频发，造成语句不通。"克苦专研"应为"刻苦钻研"；"知知不倦"应为"孜孜不倦"，此例有方言的因素；"勤愤"应为"勤奋"。

上海题（4题）

1. 雷锋同志的光辉印象经常在我的脑海里翻腾。

【解析】首先，"光辉印象"，定语和中心词不能搭配，原句将"印象"混同于"形象"了。印象是客观事物在人的头脑中留下的迹象，如"深刻的印象"等；形象则是能引起人的思想或情感活动的具体形状或姿态。该句"雷锋同志的光辉印象"既是指他的外貌形象，更是指他的精神面貌，所以"印象"应改为"形象"，这样就解决了与定语"光辉"的搭配问题；但"形象"作为主语与后面的谓语"翻腾"仍然不能搭配，只能将"翻腾"改成"出现"。

2. 在大会上，他提出了决心，要英雄地攀登科学高峰。

【解析】该句有两处语病。一是动词"提出"与宾语"决心"不能搭配。通常都是说"提出保证"，或"表示决心"。二是状语"英雄地"同中心词"攀登"不能搭配。充当状语的多是形容词、副词或短语等，名词一般不能作状语（古汉语里有名词直接作状语的情况)。"英雄"是名词,在这里不能当作形容词、副词使用,因此不能作状语。这里很有可能是把"英雄"同"英勇""勇敢"一类形容词弄混了。原句可以改为:在大会上,他表示了决心,要勇敢地攀登科学高峰。

3. 通过揭批"四人帮",给我上了一堂深动的政治课。

【解析】该句由于滥用介词造成了主语残缺。或者将介词"通过"删掉,让"揭批'四人帮'"作主语,或者把介词"给"删掉,让"我"作主语。另外,"深动"的"深"属于别字,应改为"生"。

4. 既使困难重重,他也豪不畏惧,正是我们的好榜样。

【解析】首先,该句存在两个别字。"既使"应为"即使",如果用"既使",后面应该有"也使"和它呼应,这里并无两个方面需要关联,且第二个分句使用的关联词是"也",故应是"即使",与之呼应,组成让步关系复句;"豪不"应为"毫不"。其次,第三个分句缺少主语,可将"正"换成"他",全句才通顺完整。

三、1978—2003年全国卷、"三南"卷、上海卷、北京卷高考病句题详解(85题)

1978年 [5题]
主观题(5题)

下边的句子有语病,试加改正。(注意只能加字、减字或换字,不能调动句子里词语的位置。就在题上改,不必重抄。)(全国卷第四题,5小题,15分)

1. 从大量的统计资料看,吸烟能导致癌症是无可疑问的。

【解析】这句话毛病出在"无可疑问"上面。"疑问"是名词,不是动词,不能受"无可"修饰限制。要用"疑问",只能说"没有疑问"或"毫无疑问"。若要使用"无可",后面只能跟动词,说"无可怀疑"或"无可置疑"。该句修改方法就是这四种。

2.这个车间还恢复建立了干部巡回检查制,定期到各班组检查制度执行情况。

【解析】该句动词谓语"恢复"和"建立"互相矛盾。说"恢复",是说以前"建立"过,但又用了"建立",等于说这个制度是新出现的,谈不上是"恢复"。改正的方法,是根据实际情况和表达的需要,在"恢复"和"建立"二者中删去一个。

3.就是在无政府主义思潮泛滥的时候,他也不随波逐流,照常按时上下班。业余时间他抓得更紧,凌晨早起,深夜晚睡,孜孜不倦地钻研业务。

【解析】该句语病是用词重复。"凌晨早起"中"凌晨"已经含有"早"的意思,何必再来一个"早"?同样"深夜晚睡"中"深夜"也已经含有"晚"的意思,也无须再来一个"晚"。所以"凌晨早起,深夜晚睡"可改为"凌晨即起,深夜才睡",或"凌晨起,深夜睡",或"早起晚睡"。

4.三张小方桌拼在一起,作为会议桌,接待客人和供开会之用。

【解析】该句毛病出在"作为会议桌"与"接待客人和供开会之用"不能搭配上。既然"作为会议桌",那么用来"接待客人"就不恰当,主谓不搭配;其次,"作为会议桌""供开会之用",主谓在语义上也有重复之处。所以,为了兼顾"接待客人和供开会之用"两种用途,就要将"作为会议桌"删去,然后,在"接待客人"前面加上"用来"或"用它来",把"供"和"之用"删去,并且把"和"改为"或",因为对于拼在一起的三张小方桌而言,接待客人和开会不可能同时进行。因此,全句修改为:三张小方桌拼在一起,用来接待客人或开会。

5.目前人造关节所用的材料不外金属和塑料两大类。由于人体内钾、钠、氯等化学物质能使金属材料腐蚀生锈、塑料老化的可能,所以选用的金属和塑料的化学性质必须高度稳定。

【解析】"由于……"这一句硬把两种句式凑在一句话里,犯了杂糅的错误，造成结构混乱、语意不明。这一句要么说成"由于人体内钾、钠、氯等化学物质能使金属材料腐蚀生锈，塑料老化"，要么说成"由于人体内钾、钠、氯等化学物质有能使金属材料腐蚀生锈、塑料老化的可能"，只能选取其中一种方式。按前一种方式，将"生锈"后面的顿号改成逗号，删去"的可能"；按照后一种方式，将"化学物质"后面的"能"改为"有"或"存在"。

1979年 [4题]
选择题（4题）

下面每组句子中，只有一句没有语病，把它选出来，在它后面的括号里打个"√"，其余四句后面的括号里一律不要填写任何符号。（全国卷第三题，4小题，理工科16分，文科12分）

1.①"英语广播讲座"之所以能给我很大的帮助，我认为把讲课和练习结合起来是它突出的优点。（　）

②因为"英语广播讲座"能给我很大的帮助，所以我认为把讲课和练习结合起来是它突出的优点。（　）

③"英语广播讲座"能给我很大的帮助，我认为由于把讲课和练习结合起来是它突出的优点。（　）

④我认为"英语广播讲座"之所以能给我很大的帮助，是因为它有把讲课和练习结合起来的突出优点。（　）

⑤我认为"英语广播讲座"之所以给我很大的帮助，由于把讲课和练习结合起来是它突出的优点。（　）

【解析】①句是病句。原句是因果关系复句，前句用了"之所以"，后句理应使用"是因为"与之呼应配合，并解释原因。可是，这个后句不但漏用关联词"是因为"，而且又以"我认为……"开头另起话题说另一句话了。据此，该句应修改为："英语广播讲座"之所以能给我很大的帮助，我认为是因为它有把讲课和练习结合起来的突出优点。

②句也是病句。病在因果倒置。"英语广播讲座"能给我很大的帮助本是结果,却用了"因为";有把讲课和练习结合起来的突出优点本是原因,却用了"所以"。完全违反逻辑,有悖情理。该句按照原句的顺序加上关联词可以修改为:"英语广播讲座"之所以能给我很大的帮助,我认为是因为它有把讲课和练习结合起来的突出优点。也可以按照先因后果调整语序修改,即因为"英语广播讲座"有把讲课和练习结合起来的突出优点,所以它能给我很大的帮助。

③句也是病句。一是先果后因的复句,后一分句只能用"因为",而该句却用了"由于";二是后一分句不是来解释原因,而是另起话头说什么是它的突出优点。原句应修改为:"英语广播讲座"能给我很大的帮助,我认为是因为它有把讲课和练习结合起来的突出优点。

④句正确。语意明确,合乎逻辑,关联词齐全搭配也恰当。

⑤句也是病句。首先,表原因的分句后置时,关联词应该用"因为"而不能用"由于";其次,后句"由于……的优点"只是介词结构,不是一句话,应添加动词"有",构成"有……的突出优点",作为分句,解释原因。即修改为:我认为"英语广播讲座"之所以给我很大的帮助,是因为它有把讲课和练习结合起来的突出优点。

2.①这个经验值得文教工作者特别是中小学教师的重视。( )
②这个经验值得文教工作者尤其为中小学教师所重视。( )
③这个经验值得文教工作者和中小学教师重视。   ( )
④这个经验值得文教工作者特别是中小学教师所重视。( )
⑤这个经验值得文教工作者特别是中小学教师重视。 ( )

【解析】①句是病句。"值得"这个动词要求带动词性的宾语,"重视"本来是动词,但该句前面加了"的","重视"就不再是动词而是名词了。应该去掉"的"。

②句也是病句。"值得"这个动词带动词性宾语时本身往往就

包含着被动的意味，比如"这个经验值得重视"就包含着"这个经验被重视"的含义。所以，同一个句子里使用了"值得"，就不能再使用"为……所……"，该句就犯了这个错误。该句可修改为：这个经验值得文教工作者特别是中小学教师重视。

③句也是病句。该句犯了大小概念并列的错误。"文教工作者"这个概念大，包含了"中小学教师"，不能用连词"和"将它们并列。可以把"和"改成"特别是"。全句修改为：这个经验值得文教工作者特别是中小学教师重视。

④句也是病句。"重视"前面加了"所"，就不再是动词了，这样就不能与"值得"搭配。故应删去"所"。全句应为：这个经验值得文教工作者特别是中小学教师重视。

⑤句正确。符合语法逻辑规范，文字也简洁明确。

3.①本书作者希望以这本书为读者学习英语句型起到举一反三的作用。（　）

②本书作者希望这本书能对读者在学习英语句型方面起举一反三的作用。（　）

③本书作者希望以这本书能帮助读者在学习英语句型方面起到举一反三的作用。（　）

④本书作者希望能以这本书为读者正确地理解英语句型起到举一反三的作用。（　）

⑤本书作者希望这本书能引导读者在学习英语句型方面起举一反三的作用。（　）

【解析】①句结构混乱，将"以……为……"和"起到……作用"两种句式混用在一句话里，纠缠在一起了。全句可修改为：本书作者希望这本书对读者学习英语句型方面起到举一反三的作用。（不用"对"用"在"也可以）

②句正确。符合规范，句意明白。

③句生造了一个"以……能"的句式，并与"起到……作用"混用，

错误和①句类似，因此修改方法也与之相同。即改为：本书作者希望这本书能在读者学习英语句型方面起到举一反三的作用。

④句毛病出在"能以……为"上，"能"是能愿动词，要求在它后面有一个动词，但现在却插入了一个"以……为"，无法构成一个合成谓语，造成语意不明。改法是，删去"能以""为"，在"读者"前加上"能在帮助"，在"句型"后加上"方面"，即本书作者希望这本书能在帮助读者正确地理解英语句型方面起到举一反三的作用。

⑤句的毛病出在是谁"起举一反三的作用"上。该句"希望"后面是一个长句。这个长句子里，"这本书"的作用是"引导读者"，而"起举一反三的作用"的则是"读者"。这显然不符合原意，原意是作者希望这本书能起举一反三的作用。所以，原句修改为：本书作者希望这本书对读者在学习英语句型方面起举一反三的作用。

4.①读了这些古诗，觉得写得好，我们写新诗的人，应当向古典诗歌学习。（　）

②我们读了这些古诗，觉得写得好，值得我们写新诗的人，好好向古典诗歌学习。（　）

③我们读了这些古诗，觉得写得好，应该值得我们写新诗的人，向古典诗歌学习。（　）

④这些古诗，我们读了觉得它们写得好，值得我们写新诗的人应该向它们学习。（　）

⑤我们写新诗的人，读了这些古诗，觉得它们写得好，值得我们应该向古典诗歌学习。（　）

【解析】①句正确。该句是多重复句，由三个分句组成。第一分句"（我们）读了这些古诗"，第二分句"（我们）觉得写得好"，这两句是并列关系，第三分句"我们写新诗的人，应当向古典诗歌学习"，与前面两个分句形成因果关系。"我们写新诗的人"，属于复指短语，也叫同位短语，也就是说，"我们"是贯穿三个分句的主语。因为第三个分句有主语，所以前两个分句蒙后省了主语。

②句是病句。毛病出在"值得"上面。谁"值得"？按承前省，就成了"我们值得我们……"，完全不合逻辑；按原句意思应该是"古诗"，这样又成了"古诗值得我们……好好向古典诗歌学习"，成为"绕口令"，仍然缠夹不清。为什么会这样？原因在于，作者一会儿想说古诗值得我们学习，一会儿又想说我们应该好好学习古诗。同一意思，存在两种表达方式，必须选定一种，坚持到底，不可中途改变主意。其实，按照前面的分析，这个"值得"纯属多余。去掉"值得"，在"好好"的前面加上"应该"，全句就通顺了：我们读了这些古诗，觉得写得好，我们写新诗的人，应该好好向古典诗歌学习。

③句也是病句，错误和②句一样。首先，删去"值得"；其次，能愿动词"应该"的位置放错了，应该放在"向古典诗歌学习"的前面。全句就修改为：我们读了这些古诗，觉得写得好，我们写新诗的人，应该向古典诗歌学习。

④句也是病句。句中前后两次使用"它们"指代"古诗"，纯属重复多余，删去两个"它们"，再将"应该向"改成"好好"，句子就通顺了：这些古诗，我们读了觉得写得好，值得我们写新诗的人好好学习。

⑤句也是病句。"值得"使用不当，用了它，前面主语是"我们"，后面"值得"的主语又成了古诗，不统一；而且"古诗值得我们应该向古典诗歌学习"，也重复累赘。所以，应删去"值得"，原句修改为：我们写新诗的人，读了这些古诗，觉得它们写得好，我们应该向古典诗歌学习。

1980年［6题］

主观题（6题）

改正下面句子里的语病。（全国卷第二题，6小题，理工科18分，文科15分）

注意：1.每道小题只能修改一处（或增加词语，或删去词语，或更换词语，或调动词语位置），否则扣分。2.改后整句话应保持原意，否则扣分。3.就在试题上改，不要重抄。

①我们应该刻苦学习，否则不学习，就很难把自己培养成建设祖国的有用人材。

【解析】该句毛病出在"否则不学习"上面，滥用了关联词"否则"。"否则"的意思是"如果不这样"，"这样"指代的是前文"刻苦学习"，替代后，"否则"的意思就是"如果不刻苦学习"，这就和后面的"不学习"重复，而且容易在语意上造成混乱。所以，修改的方法是"否则"和"不学习"，必须删去其中一个；或者将"否则"改换为"如果""要是""假如"等，或者将"否则不学习"改换为"不然""不这样"，亦可。

②有些炎症，西药能治，中药照样能治。不仅中药能与一般抗菌素媲美，而且副作用小，成本也较低。

【解析】后一句话，是一个递进复句，两个分句陈述对象都是"中药"，即主语相同，这种情况，主语应该置于关联词之前，即应该将"不仅"和"中药"调换位置，改为"中药不仅"。

③粮库主任的失职，使四十吨小麦霉烂变质。上级领导为了严肃法纪，决定给他行政记过处分，并赔偿部分经济损失。

【解析】语病出在最后一个分句上。由谁"赔偿部分经济损失"？按照承前省主语，就应该是"上级领导"赔偿，显然不合事理。"失职"的是"粮库主任"，受处分的也是他，赔偿的当然也应该是他。所以，最后一句应在"并"之后加上"责令"或"让""叫"等词语。

④据了解，有的党组织至今仍不敢发展那些本人表现很好只是家庭出身不好的党员，怕人说"阶级路线不清"。

【解析】所谓发展党员，就是吸收够条件的人入党。中间这句话紧缩后就是"党组织不敢发展党员"，既然已经是"党员"了，还要党组织"发展"他吗？如果需要"发展"，那就说明还未入党，而未入党的人是不能称之为"党员"的。可见,此处"党员"这个词语用错了。可将"党员"修改为"人入党"或"同志入党",另一种修改方法是在"家庭出身不好的"后面加上"人为"或"同志为"。

⑤过去,我们曾不加分析地批判了他在文艺创作上的某些观点。现在看来,当时的批判是失之偏颇和慎重的。

【解析】"批判是失之偏颇和慎重的",是联合短语作宾语,共用一个主语"批判",等于既说"批判是失之偏颇的",又说"批判是慎重的"。很明显,这两个判断自相矛盾,互相抵触。根据句子提供的语境,修改应该向"失之偏颇"这边靠拢,可在"慎重"前面加上"欠""不够"等词语。

⑥她告诉我说:近几年来,她几乎无时无刻不忘搜集、整理民间故事和民歌。

【解析】"无时无刻"虽用了两个"无",实际上只是一次否定,等于说"没有时刻",那么"无时无刻不忘"就是"没有时刻不忘",两次否定就是肯定,即"时时刻刻都忘",刚好与本来想表达的意思相反。修改方法是改换词语,即把"无时无刻"改为"时刻",或者将"无时无刻不忘"改为"时时刻刻都在",或者把"不忘"改为"不在"也对。

1981 年
本年高考全国卷未设病句试题。

1982 年
本年高考全国卷未设病句试题。

1983 年［4 题］
选择题（3 题）
下面三组句子里,每组只有一句是正确的,请在这一句后面的

括号里打一个"√";其余四句后面的括号里不要打"√",否则不给分。(全国卷,9分)

第1组:

①从云龙山北望,不远处有一个高耸的土山,这便是被项羽尊称为亚父的范增墓。(　)

②从云龙山北望,不远处有一个高耸的土山,那是项羽尊称他为亚父的范增墓。(　)

③从云龙山北望,不远处便有一个高耸的土山,这是被项羽尊称为亚父的范增墓。(　)

④从云龙山北望,不远处有一个高耸的土山,那便是被项羽尊称为亚父的范增的墓。(　)

⑤从云龙山北望,不远处有一个高耸的土山,那就是被项羽尊称为亚父的——范增墓。(　)

【解析】①句有语病。既然是"北望"所见的"土山",那就应该用远指代词"那",用近指代词"这"就错了。"被项羽尊称为亚父的"应该是"范增"这个人,而不应该是"范增墓"。②句的语病,一是"他"显然多余累赘,二是"项羽尊称为亚父的"应该是"范增"这个人,不应该是"范增墓"。③句的错误除了与①句相同外,还有"便"作为状语位置不当,应置于"是"的前面,因为该句强调的是墓,而不是土山。④句正确。使用结构助词"的"分开,人是人,墓是墓。⑤句使用了破折号,不但没有消除,反而强化了将"亚父"这个"人"混同于他的"墓"的这种错误。

第2组:

①凡在科学研究上有杰出成就的人,不少是在客观条件十分艰难困苦的情况下,经过顽强刻苦的努力才获得成功的。(　)

②不少在科学研究上有杰出成就的人,是在物质条件十分艰苦的情况下,经过顽强刻苦的努力才获得成功的。(　)

③凡在科学研究上有杰出成就的人,有些是在艰难困苦的环境

中，经过顽强刻苦的努力才获得成功的。（　）

④有些在科学研究上有杰出成就的人，不少是在物质条件十分艰苦的情况下，经过顽强刻苦的努力才获得成功的。（　）

⑤凡在科学研究上有杰出成就的人，都是在物质条件十分艰苦的情况下，经过顽强刻苦的努力才获得成功的。（　）

【解析】①句有语病。前面用"凡在……"是全称，没有例外，后面"不少……"却是部分，不合逻辑。②句正确。语言规范，语意明确。③句也是"凡在"与"有些"指称不一致，违背逻辑。④句的语病在于，先用"有些"限制"在科学研究上有杰出成就的人"，后面又用"不少"指称这"有些"中的大部分，就把读者搞糊涂了。应删去"有些"。⑤句犯了绝对化的错误。可以肯定，有许多科学研究成就杰出的人，是在物质条件十分艰苦的情况下，经过顽强刻苦的努力才获得成功的，但是说"凡在……都是"就绝对化了。

第3组：
①尽管前几年遇到了许多挫折，但是他一点也不灰心。（　）
②他尽管前几年遇到了许多挫折，但是他一点也不灰心。（　）
③前几年他不管遇到了许多挫折，但是一点也不灰心。（　）
④前几年他尽管遇到了多么大的挫折，但他一点也不灰心。（　）
⑤前几年他无论遇到了困难和挫折，他也从不灰心。（　）

【解析】①句正确。②句前后两个分句主语都是"他"，出现一次即可，简明得体，出现两次，重复多余。③句，"不管"表示无条件选择，后边须跟疑问代词或可供选择的形式，而"许多"的数量表达却是确定的，无可选择的。所以，"许多"应改为"多少"或"多大"。④句，"尽管"表示让步，不表选择，后面跟的应该是确定的事实，多用指示代词"这么""那么",而非疑问代词"多么""怎样"。该句"多么"应改为"那么"。⑤句，前面使用了无条件关系的关联词"无论"，跟在后面的却是"困难和挫折"，无可选择，不能与"无论"搭配呼应。应在"困难和挫折"前面加上"多么大的"。

主观题（1题）

4.改正下面两个有语病的句子。（全国卷,6分）

注意：每句只许修改一处（指在一处增加词语，删去词语，更换词语，或调动词语位置），改后整个句子应保持原意，否则算错。在试题上改，不要重抄。

①应聘的外国专家的正式工资一般应高于或维持试用期工资而不低于试用期工资。

②我国将于五月十二日至六月十日由本土向太平洋南纬七度零分、东经一百七十一度三十三分为中心，半径七十海里圆形海域范围内的公海上，发射运载火箭。

【解析】①句中"高于或维持试用期工资"与"不低于试用期工资"语意基本相同，何必重复？应删去"高于或维持试用期工资而"，或删去"而不低于试用期工资"。②句中使用了"以……为中心"的句式，却少了"以"，应在"太平洋"之前加上"以"。

1984年

本年高考全国卷未设病句试题。

1985年［4题］

选择题（3题）

下面三组句子里，每组只有一句是正确的。（上海卷）

第1组

①人们宁愿吃一些新鲜的梨、桃、瓜、果，而不喜欢常常服用维生素C药片。

②人们宁肯吃一些新鲜的瓜、果、梨、枣，而不愿意常常吞服维生素C药片。

③人们宁肯吃一些新鲜的桃、梨、枣、果，也不愿多吃维生素C药片。

④与其常常吞服维生素C药片，不如吃一些新鲜的梨、桃、瓜、枣。

⑤与其常常服用维生素C药片，倒不如吃一些新鲜的瓜、果、枣、桃。

【解析】①前面用了"宁愿"，后面却是"而"，关联词前后不搭配，应改为"也"；同时，"梨、桃、瓜、果"犯了大小概念并列的错误。②"宁肯"与"而"不能搭配，"瓜、果、梨、枣"也是大小概念并列。③"桃、梨、枣、果"，犯了大小概念并列的错误。⑤"瓜、果、枣、桃"也是大小概念并列。故答案是④。

第2组

①我读了介绍著名数学家陈景润是怎样攀登"歌德巴赫猜想"数学高峰的。

②我读了介绍著名数学家陈景润怎样攀登《歌德巴赫猜想》数学高峰的文章。

③我读了介绍著名数学家陈景润怎样攀登"歌德巴赫猜想"数学高峰的文章。

④我读了介绍著名数学家陈景润是怎样攀登数学高峰的文章"歌德巴赫猜想"。

⑤我读了一篇文章，它介绍著名数学家陈景润是怎样攀登《哥德巴赫猜想》数学高峰的。

【解析】①缺少与"读了"相搭配的宾语，应在"的"后面补上"文章"。②作为一个数学命题的"哥德巴赫猜想"应使用引号，而不是书名号。④作为文章的篇名，应加书名号，不应加引号。⑤错误与②相同，作为数学命题应使用引号。答案是③。

第3组

①东方造船厂积极办好集体所有制企业，帮助知识青年安排就业。

②东方造船厂办好集体所有制企业，积极安排知识青年就业。

③东方造船厂办好集体所有制企业，积极帮助待业青年安排就业。

④东方造船厂积极办好集体所有制企业，帮助职工子女安排就业。

⑤东方造船厂大力办好集体所有制企业，积极帮助许多青年安

排就业。

【解析】答案是②。①应是"帮助知识青年就业",而不是"帮助知识青年安排就业","知识青年"自己就需要就业,还让他们去安排什么人就业,费解。③与①错误相同。应是"积极帮助待业青年就业",而不是帮助他们去安排别人就业。④⑤的错误同前面一样。应该是"帮助职工子女(许多青年)就业",而不是让他们再去安排什么人就业。

主观题(1题)

4.下边这段文字,有的地方思路不清晰,请把它理顺(不能改动文字和标点)。不必重抄原文,可在需要调整的语句(包括标点)底下画横线,然后勾画到恰当的位置上。(2分)(全国卷第1题)

一切科学的研究,就其来源说是实践,就其功用说是指导实践。但是总的说来,还是要对指导实践起作用。如果科学研究离开了指导实践,它还有什么用呢?语言科学的研究最终也要归结到指导运用语言的实践上来。——当然,对于指导实践不能理解得太狭窄,有的研究课题在指导实践上不是那么直接,不是那么立竿见影。

【解析】文中"但是"一句是针对什么说的,弄清这一点很重要。它是针对后面"对于指导实践不能理解得太狭窄,有的研究课题在指导实践上不是那么直接,不是那么立竿见影"说的,而且"但是"之后紧跟着的是"总的来说",表示这一句话是作总结的。所以,顺理成章,"但是"一句应放到最后,即"立竿见影"的后面。

1986年[4题]

下列各题只有一句是正确的。(上海卷)

(1)

A.遗憾得很,我们至今还极其罕见这样的著作问世。
B.很遗憾,我们至今还极其少见这样的著作问世。
C.遗憾的是,我们还很少见到这样的著作问世。

D.真遗憾,这样的著作问世我们至今还极其罕见。

【解析】"罕见"即非常少见,已经包含了"极其"的意思,"少见"也是很难见到的意思,再加"极其",语义重叠,故 ABD 三句都有赘余的语病。故答案为 C。

(2)

A.凡大学本科毕业或具有同等学历,身体健康,年龄在三十五岁以下者,均可报名。

B.凡大学本科毕业或具有同等学力,身体健康,年龄在三十五岁以下者,均可报名。

C.只要是大学本科毕业或具有同等学历,身体健康,年龄在三十五岁以下的,都可以报名。

D.只要是大学本科毕业,并具有同等学力,身体健康,年龄在三十五岁以下的都可以报名。

【解析】AC两句,"学历"应为"学力"。D句"并"应为"或"。故答案为 B。

(3)

A.《新星》获得二等奖,谁也不能否认这部电视连续剧没有教育意义。

B.《新星》荣获二等奖,谁也不能否认这部电视连续剧的教育意义。

C.《新星》喜获二等奖,难道你不能否认这部电视连续剧的教育意义吗?

D.《新星》获得二等奖,难道你不能否认这部电视连续剧没有教育意义呢?

【解析】ＡＣ两句都是否定三次,导致与要表达的意思相反。D句用错了疑问语气助词"呢",应改为"吗"。故答案为 B。

（4）

A. 高级电熨斗　家庭必须品

B. 高级电熨斗　家庭必要品

C. 高级电熨斗　家庭必需品

D. 高级电熨斗　家庭急须品

【解析】A句，"必须"是副词，不能作定语，"必须品"应为"必需品"。B句，"必要品"，属于生造词语，表意不当。D句，"急须"属于生造词语，可改为"急需"，但也不恰当，因为电熨斗并非"急需品"，改成"必需品"最为恰当。故答案为C。

1987年

本年高考全国卷未设病句试题。

1988年 [1题]

下面四个句子有没有语病？如果有，指出毛病出在哪里。每个句子都分成三段，回答时写出语病所在那一段的代号（A、B、C）。有几处写几处。（全国卷二第3题，4分）

	A	B	C
①	清明前后，	XX部队派了800多人次	参加郊区植树劳动。
②	凡事要依靠群众，	否则单靠自己，	什么事也做不成。
③	他只关心孩子的学习，	至于思想品德方面，	就不以为然了。
④	他工作特别忙，	夜以继日地干，	以致累倒了。

答：

①	②	③	④

【解析】①句，"派"只能说派了多少"人"，不能说"人次"，"人次"是指参加活动若干次人数的总和，比如可以说"清明前后，

XX部队参加郊区植树劳动达800多人次",故答案是B。②句,"否则"意思就是"如果不这样",与"单靠自己"语意重复,故答案是B。③句,误把"不以为然"当作"不以为意"使用,前者意思是不认为是这样,表示不同意,后者意思是不把事情放在心上,才符合句意,故答案是C。④句无语病。

1989年[2题]

1.下面三段文字,括号里是作者自己的修改。读后回答①—④题。(4分)(全国卷)

● 纺线,劳动量并不太小,纺久了会<u>胳膊疼腰酸</u>,……(画线处改为"腰酸胳膊疼")

●(天山)连绵几千里,<u>横亘准噶尔盆地和塔里木盆地之间</u>,把广阔的新疆分为南北两半。(画线处改为"塔里木盆地和准噶尔盆地")

●从此就看见许多<u>新</u>的先生,听到许多<u>新</u>的讲义。(画线的字分别改为"陌生""新鲜")

这样修改的好处是(从A—D项中选择)

A.前后照应　　B.生动　　C.合乎习惯　　D.明确

(1)胳膊疼腰酸——腰酸胳膊疼(　)

(2)准噶尔盆地和塔里木盆地——塔里木盆地和准噶尔盆地(　)

(3)新(的先生)——陌生(的先生)(　)

(4)新(的讲义)——新鲜(的讲义)(　)

【解析】(1)胳膊疼腰酸——腰酸胳膊疼,习惯上三音节词语应在双音节词语的后面,读起来语音和谐;(2)准噶尔盆地和塔里木盆地——塔里木盆地和准噶尔盆地,以便与"南北"的顺序对应;(3)新(的先生)——陌生(的先生),对"人"而言,用"陌生"比"新"更明确;(4)新(的讲义)——新鲜(的讲义),对于"讲义"这个"物"来说,"新鲜"显然要比"新"更为明确。所以,答案为:

（1）（C）（2）（A）（3）（D）（4）（D）。

2.有的话如果孤立起来看,可以有不同的理解,放在一定的上下文里,就明确了。参照例句,在句前或句后的横线上加些话,使原句的意思变明确。(3分)（全国卷17题）

例:_____我要炒肉丝 你把油拿来

你要粉蒸肉 我要炒肉丝_____

A._____开刀的是他父亲_____

B._____开刀的是他父亲_____

【解析】例句中的"炒肉丝"既可以看作动宾关系,即指一种动作;也可以看作是偏正关系,即指一种菜名。同样,题目中"开刀的"也存在歧义,既可能是指动手术的医生,也可能是指被动手术的病人。解答此题就要从这两个角度出发,在前面或后面加上适当的句子,使之能够区分两种不同身份。答案:A.小王得了阑尾炎 开刀的是他父亲 B.他母亲没病 开刀的是他父亲 或:A.开刀的是他父亲 医术很高明 B.开刀的是他父亲 他得去照料

1990年

本年高考全国卷未设病句试题。

1991年〔5题〕

选择题（4题）

1.下面三句话,每一句话中都有四个画线处,其中使用不当的一处是____。(3分)（全国卷）

（1）这次日晕发生在去年10月22日,据连续观察记载,那天上午八时以后,金顶上空出现了环绕太阳的晕圈,后来逐步形成了两个相交的椭圆。

A.连续　B.记载　C.环绕　D.逐步

（2）那些书摊的图书内容的好坏,环境卫生和经营作风等,

都会直接或间接地对青少年产生影响。

A.的好坏　B.都　C.或　D.产生

（3）每次查房、会诊之后，李大夫总是耐心地指导她怎样把病历写得完整、条理、清晰，告诉她怎样诊断疑难疾病，怎样处置特殊病例。

A.每次　B.耐心　C.条理　D.处置

【解析】第（1）句，"逐步"所指的变化具有阶段性，一步一步地；"逐渐"所指的变化渐次展开，没有阶段性。所以人为的变化多用前者，自然而然的变化多用后者。晕圈的形成显然属于自然变化，"逐步"显然用词不当。答案是D。第（2）句，主语是个并列短语，多了个"的好坏"就跟后面的两个短语在结构上不协调，同时，"的好坏"包含两面意思，而后面其他语句均无两面意思，所以"的好坏"应当删去。答案是A。第（3）句，组成联合短语的几个词，词性须保持一致，而本句中"完整""清晰"都是形容词，"条理"却是名词，误将名词当形容词用，显然使用不当。所以答案是C。

2.下面一句话中有四个加标号的"的"字，其中不可删除的一个"的"字是____。（"三南"卷）

我国的矿泉水的主要的消费者是前来旅游的港澳台的同胞、华
　　①　　　　②　　　③　　　　　　④
侨和外国人。

A.①的　　B.②的　　C.③的　　D.④的

【解析】①②④三处的"的"，有或没有，表达的意思都没有变化，唯独③处，前面是动词性短语"前来旅游"作定语，它和中心词之间必须加"的"，少了"的"，语法关系变了，表达的意思也变了。故答案是C。

3.下列各句中没有语病的一句是____。（2分）（"三南"卷第8题）

A.我们要下大决心，花大力气，争取在本世纪末把我国的教育事业达到世界先进水平。

B.焦裕禄这个名字对青年人可能还有些陌生，可对四十岁以上

的人却是很熟悉的。

C.杨辉返校后对抢救落水儿童的事只字未提,直到一封感谢信送到校长室,这件好人好事才为大多数人知晓。

D.作者着力刻画了两位主要人物,这两位主要人物的一言一行、一举一动都体现了作者对这两类不同女性的深刻理解和深切同情。

【解析】答案是D。A句后一分句"把……事业达到……"不通。修改的方法,将"达"改为"提高",或者将"把"改成"使"。B句主客倒置。将"焦裕禄这个名字"和"青年人"对换,删去后一个"对"。C句"这件好人好事"不通。可以说"这件好事",不可以说"这件好人"。应该删去"好人"。

4.下列句子比喻不恰当的一句是____。(2分)("三南"卷第9题)

A.他提着两个包,气喘吁吁地走着,像踩在棉花上似的深一脚,浅一脚。

B.小战士斜挎着冲锋枪,在崎岖的小路上向前猛冲,脚步像踩在棉花上般的轻快。

C.一群仙女,踩在棉花似的云朵上,随着隐隐的仙乐,冉冉地向远方飘去。

D.她突然瞥见路中央盘着一条大蛇,蛇头昂起,张着大口,她顿时感到两脚像踩在棉花上似的。

【解析】打比方,必须要有相似点,否则不能构成比喻句。A句相似点是"深一脚浅一脚",本体是他"气喘吁吁地走着",与喻体"踩在棉花上"的样子相似。C句相似点不明显,但也有暗示,就是"冉冉地向远方飘去","冉冉"和"飘去"暗示此物是轻飘的,本体"云朵"和喻体"棉花"都具有这种特性,比喻恰当。D句,"她"突然见到张着大口的大蛇惊慌得两腿发软,走不稳,用踩在棉花上来比喻,十分恰当。B句,小战士挎着冲锋枪"猛冲",说明动作沉重有力,并不轻快,所以用踩在棉花上作比,并不恰当。答案是B。

主观题（1题）

5.某人接到一学术会议秘书组来函，信上说：只要你单位同意，报销差旅费，安排住处，领取大会出席证的问题可以由我们解决。……

此人读后不解其意，因为对此信可有多种理解，请你就文意写出三种不同的解释。（2分）（全国卷第24题）

答：①_____

②_____

③_____

【解析】该题提供的是一个存有歧义的条件关系的复句。因其动词"同意"所指（宾语）的范围不同，可以有三种解释：①只要你单位同意（出席），报销差旅费、安排住处、领取大会出席证的问题可以由我们解决；②只要你单位同意报销差旅费，安排住处、领取大会出席证的问题可以由我们解决；③只要你单位同意报销差旅费、安排住处，领取大会出席证的问题可以由我们解决。

1992年［7题］

选择题（4题）

1.下列没有语病的一句是____。（3分）（全国卷第4题）

A.我本想这次能在家乡同你见面，回家后才知道由于你正忙着搞科研，不回来了。

B.为什么对于这种浪费人才的现象，至今没有引起有关部门的重视呢？

C.无论干部和群众，毫无例外，都必须遵守社会主义法制。

D.经过老主任再三解释，才使他怒气逐渐平息，最后脸上勉强露出一丝笑容。

【解析】答案是A。B句缺少主语，这是由于滥用介词"对于"造成的，删去"对于"，让"现象"作主语。C句，"无论"表示任何假设条件下结果或者结论都一样，后面跟的应该是任指性疑问代词或者具有选择性的词语，而此句"干部和群众"不具有选择性，应将"和"改为"或"或者"还是"。D句缺少主语，删去"经过"，让"老主任"作主语，或者删去"使"，由"他"作主语，"才"挪到"他"的后面。

2.下列句子中有语病的是____。（3分）（"三南"卷，一、9题）

A.近几年来，王芳几乎无时无刻不忘搜集、整理民歌，积累了大量的资料。

B.这个问题你应该原原本本解释清楚，否则不可能不让人产生怀疑。

C.山区那些可爱的孩子无时无刻不在等我，我必须尽快赶回去。

D.我看谁也不能否认这出戏有一定消极影响。

【解析】答案是A。"无时无刻"虽用了两个"无"，实际上只是一次否定，等于说"没有时刻"，那么"无时无刻不忘"就是"没有时刻不忘"，两次否定就是肯定，即"时时刻刻都忘"，刚好与本来想表达的意思相反。修改方法是改换词语，即把"无时无刻"改为"时刻"，或者将"无时无刻不忘"改为"时时刻刻都在"，或者把"不忘"改为"不在"也对。

3.下列句子表达明确而没有不同理解的一句是____。（"三南"卷，一、11题）

A.孩子们很喜欢离休干部李大伯，一来到这里就有说有笑，十分高兴。

B.我看见张原扶着一位老人走下车来，手上提着一个黑色提包。

C.李老师领着同学们把铁锹、锄头一放，顾不得休息就都上课去了。

D.他有一个女儿，在医院工作。

【解析】这道题考查歧义方面的病句。A句，谁"一来到这里就有说有笑，十分高兴"？是"孩子们"还是"李大伯"？都有可能。B句，谁"手上提着一个黑色提包"？"张原""老人"，都有可能。D句，是"他"在医院工作，还是"女儿"在医院工作？不明白。

只有C句表达明确，没有不同理解。答案是C。

4.下列病句分析最确切的一组是____。（3分）（"三南"卷，一、12题）

甲．经过刻苦努力，期末考试，他6门功课平均都在90分以上。

乙．考试开始后，大约过了半小时，就有人陆续交卷了。

丙．如果作者的想象脱离了人物的思想实际，过于夸大人物的事迹，反而可能给人一种不真实的感觉。

①用词褒贬失当　②句子承接不当　③语意自相矛盾　④词语位置错乱

句子项	甲	乙	丙
A	③	④	②
B	②	④	①
C	③	②	④
D	②	①	③

【解析】甲句，毛病出在"六门功课平均都在90分以上"这一句。平均分应该是一个确数，不能说"90分以上"；该句既想说六门功课平均多少分，又想说六门功课都在多少分以上，将两种句式杂糅在一起，造成互相矛盾。乙句，"大约过了半小时"应为"过了大约半小时"，"就有人陆续交卷了"应为"就陆续有人交卷了"，两处词语位置错乱。丙句，前一分句用了"如果"，假设了两个条件，后一分句就应该用"就"承接说出结果，"反而"不能与"如果"承接呼应，再说，前后也不存在意思相反的情况。所以，答案为A。

主观题（3题）

5.广播稿要求通俗、口语化，一听就明白。把下面一段文字改作广播稿时，有四处非改动不可，写出这四处的序号。（2分）（全国卷第20题）

<u>自从</u> <u>我省西部</u> <u>地区发生强烈地震</u>以来，<u>本市各界</u>对<u>震灾</u>以后的
　　a　　b　　　　　　c　　　　　　　d　　　e

人民生活十分关心，积极开展赈灾活动，我厂原来已经捐款（包括
　　　　　　　　　　　　　　　　　　　　　　　　f
捐赠衣服、物品折款）8万元，昨天又捐款2万元。捐款累计已逾
　　　　　　　　　　i　　　　　　　　　　　　　　　　g
100万元之巨。这些钱物已经转送到了灾区。
　　　　　　　　　h　　　　　j　　　　k
答：（　）（　）（　）（　）

【解析】非改动不可的四处是e、f、i、h。"震灾"和"赈灾"属于同音词，听广播不容易区分，必须修改，"震灾"可改为"地震"，"赈灾"可改为"赈救灾区"。（包括……折款），括号里的文字是不读的，所以应去掉括号。"逾……之巨"，使用单音节词，书面语色彩很重，不能一听就明白，可修改为"超过100万元"。

6.下面一段话中有两处用词不当，在甲、乙后的横线上分别写出运用不当的词语，并在后面的括号中填上用词不当的原因（从文后提供的四个选项中选出，将字母填入括号）。（2分）（"三南"卷第23题）

某学校请一位全国著名的科学家来作报告，经办的同志给这位科学家去了一封信，信中说："请您来讲一次，想来您也会觉得很荣幸的。" 报告完了之后，又给这位科学家写信说："您的报告对我们有些帮助，特此致谢。"

A.颠倒了与对方的位置　　B.弄错了词义的感情色彩

C.误解了词义的轻重大小　　D.造成了成分间的不相搭配

甲、不当之处____，原因（　　）

乙、不当之处____，原因（　　）

【解析】邀请到对方来作报告，按礼节应该是邀请方感到"荣幸"，说被请的对方觉得"荣幸"，是抬高自己，贬低对方，不合礼仪；报告完毕，本应感谢对方，却说报告"有些"帮助，实际贬损了对方。所以答案为：甲.不当之处 荣幸，原因（A）　　乙.不当之处 有些，

原因（C）。

7.在下列句子中的错误处标上横线，并在空格里具体说明错误性质。（要求：a.原句不必修改；b.不得以"用词不当""语法错误"之类的笼统说法来回答）（上海卷）

①八百多人，几千条胳膊，同暴雨、洪水搏斗了一天一夜。答：_____

②这哪是雨点？这分明是雪珠吗！是的，是雪珠！答：_____

③具有不同专长的大学生暑假里愿意为您的令郎、令爱辅导功课。答：_____

④他的父亲仍然健在，享年83岁，精神尚佳。答：_____

【解析】①几千条胳膊，数量表达错误。八百多人，怎么会有"几千条胳膊"呢？②吗，误用表疑问的语气助词，应使用表肯定的语气助词"嘛"。③您的，重复多余，因为"令郎""令爱"两个敬辞已经包含了"您的"的意思。④享年，用词错误，前后矛盾。"享年"是指死去的人的岁数，而句中明明说"健在"，可改为"今年"或"高寿"之类的词语。

1993年［7题］
选择题（5题）

1.下列各句在表达上没有语病的一句是____。（3分）（全国卷第7题）

A.为了防止这类交通事故不再发生，我们加强了交通安全的教育和管理。

B.不管气候条件和地理环境都极端不利，登山队员仍然克服了困难，胜利攀登到顶峰。

C.该市有人不择手段仿造伪劣产品，对这种坑害顾客骗取钱财的不法行为，应给以严厉打击。

D.马教授领导的科研组研制出能燃用各种劣质煤并具有节煤作

用的劣质煤稳燃器,为节能作出了重大贡献。

【解析】答案为 D。A 句,需要"防止"的是事故发生,"不再发生",还要"防止"吗?"防止……不再发生",等于要让事故发生了。否定不当,与原意刚好相反。应删去"不",将"再"改为"再次"。B 句关联词语使用错误,"不管"是表示无条件关系的关联词,而从句意看该句应是转折关系,所以应将"不管"改为"尽管"。C 句不合逻辑,没有谁"仿造""伪劣产品",只能是"制造伪劣产品"。

2. 下面是一则广告,有人对其中六处提出了修改意见。把这些意见分成四组,最恰当的一组是____。(2分)(全国卷第 8 题)

这个工厂经工程技术人员精心研究设计,推出<u>新产品</u>彩色搪瓷浴缸,具有造型美观、瓷面光滑、色彩鲜艳、质量稳定,<u>经久</u>耐用等特点,<u>适应</u>中、高档宾馆、饭店及现代住宅<u>理想卫生洁具</u>。

① "经久"改为"坚固"

② "洁具"改为"用具"

③ "适应"改为"适宜作"

④ "理想"前加"的"字

⑤ "卫生"前加"的"字

⑥ "新产品"后加破折号

A.①④⑥　B.①②⑤　C.②③④　D.③⑤⑥

【解析】这则广告语病比较多。答题时,既要防止仅仅修改了部分毛病,修改后还有毛病,还要防止把没必要修改的修改了。①"经久"改为"坚固",可改也可不改,属于不必要的修改;②"洁具"属于滥用简称而生造的词,改为"用具"十分必要;③"适应"改为"适宜作",主谓宾才能搭配得当,非改不可;④形容词"理想"作定语,前面加"的"字,也十分必要;⑤⑥的修改皆属不当。故答案是 C。

3. 下列各句在表达上没有语病的一句是____。(3分)("六省市"

卷第8题）

A. 这个文化站已成为教育和帮助后进青年，挽救和培养失足青年的场所，多次受到上级领导的表彰。

B. 电子工业能否迅速发展，并广泛渗透到各行各业中去，关键在于要加速训练并造就一批专门技术人才。

C. 你知道每斤蜂蜜中包含蜜蜂的多少劳动吗？据科学家统计，蜜蜂每酿造一斤蜜，大约要采集50万朵的花。

D. 先生侃侃而谈，他的音容笑貌虽然没什么变化，但眼角的皱纹似乎暗示着这些年的艰辛和不快。

【解析】答案为D。A句搭配不当，"挽救"可以和"失足青年"搭配，但"培养"不能与之搭配。B句前后不能呼应，"关键在于要加速训练并造就一批专门技术人才"只能与"能否"中的"能"呼应，不能与"否"呼应。C句不合事理，蜜蜂酿蜜采集的不是"花"，而应是"花粉"。

4. 对下列两个句子分析正确的一项是____。（"六省市"卷）

①王老师对全班同学说："同学们，别忘了我们是学生，我们的主要任务是学习。"

②他埋怨我说："你让我给你借小说，人家借来了，你又不看。"

A. ①②代词使用均没有毛病。

B. ①②代词使用均有毛病。

C. ①代词使用有毛病，②代词使用没有毛病。

D. ①代词使用没有毛病，②代词使用有毛病。

【解析】①句中的"我们"属于包括式用法，包含"同学们"，使用正确；②句中"人家"特指说话者本人，没有错。故答案为A。

5. 下列错用"或"字的一句是____。（上海卷）

A. 凡来本馆参观者，须持单位介绍信或本人身份证。

B. 你上这家铺子去，总能买到牛肉或羊肉。

C. 大水把铁路冲坏了，你只能坐飞机或是坐船去。

D. 参加研讨会的全体学者对汉语或英语都很精通。

【解析】答案是D。既然是"都很精通",那就应该是"汉语和英语",而不应该是"汉语或英语",因为"和"表示并列相加,而"或"表示选择。

主观题(2题)

6.读下面一则报道,本着语言文字要简明的原则,完成文后两题。(2分)(全国卷第20题)

<u>科学院举行超对称性和超引力学术讨论会</u>
①

为加强基础理论工作和准备参加国际性粒子物理会议,中国科学院最近在郑州举行全国<u>超对称性和超引力</u>问题学术讨论会,<u>对超</u>
②

<u>对称性和超引力的问题进行研究和探讨</u>。
③

<u>超对称性和超引力</u>是七十年代在国际上才引入物理学中的新概念。
④

在这次会议上,介绍了当前国内外对于超对称性和超引力问题研究
⑤

的情况,展开了自由、热烈的<u>学术讨论</u>,<u>在某些问题上提出了一些</u>
⑥　　　　　　　　　⑦

<u>新见解</u>。

(1)应删去的两处语句是(写画线处的序号)＿＿＿＿

(2)应简略的一处语句是(写画线处的序号)＿＿＿＿

这一句可改为＿＿＿＿＿＿＿＿＿＿＿＿＿＿＿＿＿＿＿＿

【解析】②③语意重复,②开宗明义照应标题,应当保留,可删去③;⑥属冗赘之语应删,因为新闻标题和第一段导语都已明确了会议的学术性,讨论时当然也要遵守。故(1)题答案是③⑥。
④⑤文字也有重复,但④是该句主语,删去该句就不通顺了,应保留;

⑤的内容不能舍弃，但表述完全可以用代词替换，这样既可避免重复又使行文富于变化。故（2）题答案是⑤，这句可改为：对于这两个问题。

7.在下面句子的语病处标上横线，并在句后的括号中具体说明原因（不能用"语法错误"和"用词不当"笼统回答）。（上海卷）

该店青年服务员正努力保持和发扬了传统特色。

【解析】"正"和"了"，两处表示的时态存在矛盾。

1994年［7题］

选择题（5题）

1.下列各句，没有语病、句意明确的一句是____。（3分）（全国卷第4题）

A.县里的通知说，让赵乡长本月15日前去汇报。

B.睡眠三忌：一忌睡前不可恼怒，二忌睡前不可饱食，三忌卧处不可当风。

C.文件对经济领域中的一些问题，从理论上和政策上作了详细的规定和深刻的说明。

D.一个好的比喻，或为形似，或为神似，或为形神兼似，总是离不开相似这一根本特点。

【解析】答案为D。A句有歧义，"本月15日前去"可以理解为"15日这一天去"，也可以理解为"在15日以前去"。按前一种理解，应删去"前"；按后一种理解，应将"前"改为"以前"。B句否定不当，"忌"就表示否定，后面再加"不可"成为双重否定就表示肯定的意思，与原意恰恰相反。要么，删去三个"不可"，要么删去三个"忌"。为与句首"三忌"相照应，还是删去三个"不可"为佳。C句，作状语和宾语的都是联合短语，前后两个联合短语如何搭配，是本句的重点。从逻辑上说，"理论上"应该是作"深刻的说明"，"政策上"应该是作"详细的规定"，现在刚好反了。

因而"详细的规定"与"深刻的说明"应互换位置，以使前后搭配合理。此句若修改为"从理论上作了深刻的说明，从政策上作了详细的规定"，则改动太大，故不宜采用。

2.下列句子没有语病的是____。（全国卷）

A.你去接他一下，这儿不好找，况且他又是第一次来。

B.我的拙见归根结蒂一句话，后备力量青黄不接。

C.专家认为，减少烟害，特别是劝阻青少年戒烟，对预防肺癌有重要意义。

D.这次世界杯足球赛各个强队厉兵秣马，觊觎冠军。

【解析】答案为A。B句语病是重复累赘，"拙见"就是谦称自己的见解，已经包含了"我的"意思。C句，"劝阻""戒烟"两者语义重叠。或改"劝阻"为"劝告"，或改"戒烟"为"吸烟"。D句，体育比赛想夺冠军是再正常不过的事了，称为"觊觎"就成了不正当的行为。觊觎，是希望得到不应该得到的东西，贬义词。

3.下列句子中，加点的传统礼貌称谓使用正确的一句是____。（2分）（全国卷第9题）

A.这是您家母托我买的，您直接交给她老人家就行了。

B.令媛这次在儿童画展上获奖，多亏您悉心指导，我们全家都很感激您。

C.我们家家教很严，令尊常常告诫我们，到社会上要清清白白做人。

D.令郎不愧是丹青世家子弟，他画的马惟妙惟肖，栩栩如生。

【解析】答案为D。称呼对方的儿子为"令郎"，正确。A句"家母"是谦称自己的母亲，称对方的母亲应使用"令堂"才对。B句"令媛"是对他人女儿的敬称，该句用来称呼自己女儿，不恰当。C句"令尊"应用来称呼他人的父亲，称呼自己的父亲应该用"家父"。

4.下列句子中"从而"用得不正确的一句是____。（上海卷第6题）

A.这些文明成就积淀在文化中，又通过教育传授给新的一代，从而使新一代获得比前代更高的新的起点。

B. 我们在对某些教育政策作了一定的分析之后，从而思考教育的深层问题是十分必要的。

C. 中国女排昨天以三比二击败了日本队，从而取得了七战七胜的成绩。

D. 现有国有资产中既有国家直接投资形成的部分，又有地方、部门投资形成的部分，从而使现有国有资产的划分出现了很大困难。

【解析】"从而"关联的一般是因果关系，其他三句前后两个分句都是因果关系，唯独 B 句，"从而"的前面"我们在对某些教育政策作了一定的分析之后"，既不构成一个分句，也不表示与"从而"句相关联的原因，故答案是 B。

5. "我们要学习文件"是个有歧义的句子，接在它后面能消除歧义的一项是____。（上海卷）

A. 请做好准备　　B. 请把电视机关上

C. 小说不要带来　　D. 请你告诉小王

【解析】存在歧义的部分是"学习文件"，其语法关系，若理解为动宾关系，就是一项活动；如理解为偏正关系，就是一件物品。而将 ACD 三项接续其后，均存在两种可能，只有 B 项可以排除"学习文件"作为一种物品的可能。故答案为 B。

主观题（2题）

6. 根据下面说明，完成后面两题。（4分）（全国卷第21题）

"育人财会职业高中"为及早安排本校毕业生的工作，在报上登了一则启事，标题是"育人财会职业高中预聘毕业生"，该标题意思表达得不准确。请分别按以下两项要求对该标题进行修改。（修改后要符合刊登启事的本意，学校全称不得改动）

①保留"预聘"一词，不超过15字。

□□□□□□□□□□□□□□□□

②不用"预聘"一词，不超过13字。

□□□□□□□□□□□□□

【解析】完成这两道题的关键，是抓住题目对修改的三个要求。第一个要求是符合刊登启事的本意，即为及早安排本校毕业生的工作进行宣传；第二个要求是不能改动学校全称，也就是宣传应以学校的名义；第三个要求是字数限制，删减字数这一步最后再进行，打草稿时只考虑前两个要求，以免干扰。所以，①保留"预聘"一词，标题可修改为：欢迎预聘育人财会职业高中毕业生（15字）；②不用"预聘"一词，标题可修改为：育人财会职业高中毕业生待聘。（13字）

7.下面是某校准备张贴在大门口的一份通知稿，有三处必须修改，写出这三处的序号。（上海卷第12题）

各位来宾、各位校友：

a今天是我校建校50周年的大喜的日子，b感谢大家能在百忙中莅临参加。c为了校庆活动的顺利进行，d各位务必先到接待处签名，e然后领取纪念册。f10点钟到礼堂参加庆祝大会。g会后欢迎在母校参观。

××中学校庆会务组　×月×日

答：_____、_____、_____

【解析】答案是b、d、g三处。b处"莅临"已经包含了"参加"的意思，重复累赘。d处使用"务必"语气生硬，不够礼貌，应删去。g处"母校"是对"校友"而言，那么"来宾"呢？不欢迎来宾参观吗？"母校"应改为"学校"。

1995年［3题］

选择题（2题）

1.下列各句，没有语病的一句是____。（3分）（全国卷第7题）

A.他马上召集常委会进行研究，统一安排了现场会的内容、时间和出席人员，以及会议中应注意的问题。

B. 某工厂以技术进步为动力，不断致力于新产品、新技术、新工艺、新材料的研制开发。

C. 当前和今后一个相当长的时间内，每年进入劳动年龄的人口数很大，安排城镇青年劳动力就业是一项相当繁重的任务。

D. 在古代，这类音乐作品只有文字记载，没有乐谱资料，既无法演奏，也无法演唱。

【解析】答案为C。A句搭配不当，谓语动词"安排"后面涉及四个支配对象，其中"内容""时间""人员"都可以搭配，但"问题"不能搭配，应另外安排动词谓语，可将"以及"改为"并强调了"。B句搭配不当，"研制开发"前有四个定语，"新工艺"与之搭配不当，可以考虑将它删去。D句不合逻辑，主要是"在古代"管到哪里，如果管到"……资料"，那后面就缺少"在今天"类的必要的交代；如果管到句尾，那么"在古代""无法演奏""无法演唱"，显然不合逻辑。应该在"既"的前面加上"因而今天"之类的词语。

2. 下列句子中没有语病的一句是____。（上海卷）

A. 机器质量的好坏是保证生产安全的一个重要条件。

B. 通过检查，大家讨论、发现、解决了课外活动中的一些问题。

C. 从上述有目共睹的事实中，证明他们的所作所为是无可指责的。

D. 目前，一种先进的电脑公文管理系统已经面世。

【解析】答案为D。A句"机器质量的好坏"是两面意思，"保证生产安全"却只有一面意思，不能搭配，或在"保证"前面加上"能否"，或删去"的好坏"。B句"讨论、发现、解决"排序不合理，应改为"发现、讨论、解决"。C句滥用介词结构造成主语残缺，应去掉"从……中"，让"上述有目共睹的事实"作全句的主语。

主观题（1题）

3. 指出下面说明书中有语病的地方。（上海卷）

①我厂引进全套加拿大先进生产线，②生产向阳牌（出口华夏牌）蛇粉、花粉、鳖粉、珍珠粉，③选料上乘，制作精良，④系本厂最

先进产品之一,⑤含有强化人体机能的各种营养成分,⑥常食令你更青春,更健美,更长寿。

本文有语病的地方是(只需写句前的数字代号):_____

【解析】②句中括号内"出口华夏牌"表意不明,应为"出口时品牌则为华夏牌"。④句"产品之一"是指②句说的向阳牌系列产品,还是指系列产品"蛇粉、花粉、鳖粉、珍珠粉"中的某一种,不清楚。⑥"更青春",副词"更"不能修饰名词"青春",属于生造词语,何况它和"更健美"语义上也有重叠。故答案是②④⑥。

1996年[2题]

选择题(1题)

1. 下列各句,没有语病、句意明确的一句是____。(3分)(全国卷第7题)

A. 在专业研究、实验方面有优势的单位,有派出讲学人员、接受访问学者、举办训练班以及对其他协作单位提供帮助的义务。

B. 我们能不能培养出"四有"新人,是关系到我们党和国家前途命运的大事,也是教育战线的根本任务。

C. 大家对护林员揭发林业局带头偷运木料的问题,普遍感到非常气愤。

D. 有关部门对极少数不尊重环卫工人劳动、无理取闹、甚至殴打侮辱环卫工人的事件,及时进行了批评教育和严肃处理。

【解析】答案为A。B句前后不对应不相称。第一分句"能不能"包含两面意思,其后第二分句"前途命运"本身就包含好坏两种可能,因而能够与前一分句搭配;但最后一个分句,"也是教育战线的根本任务"只有一面意思不能与"能不能"搭配。C句有歧义,作者想表达的应是,大家对护林员揭发的林业局带头偷运木料的问题感到气愤,现在由于"揭发"后面少了一个"的",将本应是偏正关系的,变成了动宾关系,于是,意思变成了大家对"护林员揭发问题"感到气愤。D句搭配不当,对"事件"进行"严肃处理"可以,但不能对"事件"进行"批评教育"。

主观题(1题)

2.下面是从一则乱办学的招生广告中摘录出来的话,除内容方面的问题外,在标点、语法、句意表述上也有不少毛病。读后完成(1)(2)两题。(5分)(全国卷第31题)

<u>我校是×××捐资百万美元</u> <u>跨省办起三所外语培训学校之一</u>,
　　　　①　　　　　　　　　　　②

<u>有自己的教学楼,图书馆,教学设备及教师队伍</u>。<u>由于办学成绩突出</u>,
　　　　　　③　　　　　　　　　　　　　　　　　　　　④

<u>国内外80多家新闻界报道了我校</u>。<u>我校饮誉东南亚</u>,<u>除了越南、</u>
　　　　⑤　　　　　　　　　　　　　　⑥　　　　　　　⑦

<u>柬埔寨,某些国家都有姊妹学校</u>。
　　　　　⑧

(1)有毛病的四处是(只填序号)____、____、____、____

(2)选三处改正

a.(只填序号)_____,改为:_____

b.(只填序号)_____,改为:_____

c.(只填序号)_____,改为:_____

【解析】有毛病的四处是②③⑤⑧。②应在"办起"和"三所"中间加"的",使定语和中心词的关系明确,否则会误以为动宾等其他关系。③并列短语之间一般使用顿号,因此应把句中的两个逗号改为顿号。⑤把"新闻界"改为"新闻单位",以便和前面的定语"家"相搭配。⑧"某些"指代对象不明确,应改为"其他"或"许多"等词语。(任选三处改正)

1997年 [4题]
选择题（2题）

1.下列各句，没有语病的一句是＿＿＿。（3分）（全国卷）

A.为了全面推广利用菜籽饼或棉籽饼喂猪，加速发展养猪事业，这个县举办了三期饲养员技术培训班。

B.他们在遇到困难的时候，并没有消沉，而是在大家的信赖和关怀中得到了力量，树立了克服困难的信心。

C.储蓄所吸收储蓄额的高低对国家流动资金的增长有重要的作用，因而动员城乡居民参加储蓄是积累资金的重要手段。

D.他平时总是沉默寡言，但只要一到学术会议上谈起他那心爱的专业时，就变得分外活跃而健谈多了。

【解析】A句成分残缺，"推广"是及物动词，而句中缺少与之呼应的宾语，可在"喂猪"后加"的经验"。B句介词搭配不当，"在……中"这种格式常用来表示时间或空间，而不表示来源或由来，而句中"得到了力量"显然说前面部分是力量的由来，应改成"从……中"这种格式。D句成分赘余，"分外"作"活跃而健谈"的状语，"多了"作"活跃而健谈"的补语，其实，"分外"这个状语和"多了"这个补语语义是重复的，同时使用造成结构杂糅，句子不通顺，应删去一个。C句是正确的。很多人看到句中有"的高低"，就以为该句犯了"两面对一面"的错误。殊不知，无论储蓄额高还是低，对国家流动资金来说都在增长，只不过储蓄额高流动资金增长得快，储蓄额低流动资金增长得慢罢了。"对国家流动资金的增长有重要的作用"这个说法正确，所以答案为C。

2.下列句子中，没有语病的一项是＿＿＿。（上海卷）

A.见到那么多久别的老战友，对一个远方来客是一桩最快乐的事。

B.他刚考上高中时的精神面貌和现在相比确实大不相同了。

C.人们对这部影片的评论，见解犀利，剖析深刻。

D.近来，这一带湖面上荷叶田田，一片浅碧深绿之中，已有了数点嫣红。

【解析】答案为D。A句既然是"见到","老战友"近在眼前,那么就应该用近指代词"这么",而非远指代词"那么"。B句主客颠倒,"现在"是主,"刚上高中时"属于过去,自然是客,应该说"他现在的精神面貌和刚考上高中时相比确实大不相同了"。C句"见解"应该"深刻","剖析"应该"犀利"。

主观题(2题)

3.下面是某校黑板上的一篇报道,在标点、词语、语法等方面都有一些毛病。读后完成(1)(2)两题。(5分)(全国卷第31题)

星期三,校团总支召开座谈会。到会的15名与会者,就共青团
　　　　　　　　　　　　　　　　　　　①
员如何为社会主义精神文明建设的问题展开讨论。大家踊跃发言。
　　　　②
有的说,团员首先要起模范作用,当说话做事前,都要想到自己是
　　　　　　　　　　　　　　　　　③
一名团员。有的说,要提高团员精神文明建设的意识,不把这点重视
　　　　　　　　　　　　④　　　　　　　　　　　⑤
好,就难以开展这项活动。团总支书记最后指出,对有利于精神文明建设的事应该大力提倡;不尽人意的地方应该注意改进。
　　　　　　　　　　　　　　　⑥　⑦

(1)找出文中的毛病,在它们下面画上横线,并标出①②……序号。

(2)把序号和改正结果填入表中。修改时不能改变原意(如将正确处改错要扣分)。

序号	改　为

【解析】这篇报道共有7处错误,考生改正5处即可。这7处错误分别是:①处"到会的"与"与会者"重复累赘,可改为"15名与会者"或改为"到会的15名团干部"。②处"为……"这一介宾结构中缺少动词谓语作中心语,可在"建设"后面加上"作贡献"。③处用错介词"当",应换成"在"。④处"提高……意识"动宾搭配不当,"提高"可改为"加强"或修改为"提高团员对精神文明建设的认识"。⑤处结构混乱,可修改为"不重视这一点"或"对这一点不加以重视"。⑥处标点有误,分号应改为逗号,或者在"的事"和"的地方"后面分别加上逗号。⑦处用词不当,"不尽人意"应为"不尽如人意"。

4.下面这段话有三处毛病,读后完成(1)—(2)题。(上海卷二第6题)

①中国古代的书、画艺术,②在中国文化史上占有重要地位,③它在长期的历史发展中,④形成了自己的艺术传统和特有的民族特色。⑤许多传世杰作不仅是人类艺术宝库中的珍品,而且是中华民族艺术瑰宝。

(1)序号_____改为_____

(2)序号_____改为_____

(3)序号_____改为_____

【解析】(1)①句,"书""画"之间停顿太小,没有顿号也不会引起误解,故删去,改为:中国古代的书画艺术。

(2)④句"特有"与其修饰的中心词"特色",语义重复,不如改为"鲜明"更好。故改为:形成了自己的艺术传统和鲜明的民族特色。

(3)⑤句是递进关系复句,应该由轻到重。故改为:不仅是中华民族的艺术瑰宝,而且是人类艺术宝库中的珍品。

1998年 [4题]
选择题（3题）

1.下列各句中，没有语病的一句是____。（2分）（全国卷一、第6题）

A.昨天是转会截止日期的最后一天，中国足协又接到25名球员递交的转会申请。

B.雷锋精神当然要赋予它新的内涵，但谁又能否认现在就不需要学习雷锋了呢？

C.今年年初美英两国曾集结了令人威慑的军事力量，使海湾地区一度战云密布。

D.这些软件如果单卖共要1000元，可合在一起才340元，价钱便宜了近三分之二。

【解析】答案为D。A句，"截止日期"即终止日期，只能是"某一天"，不可能还有"最后一天"。B句使用了反问句式，而反问句本身就是一次否定，这样全句总共否定三次，结果句子最终表示的就是否定的意思，与本意刚好相反。应该删除"不"，改为"但谁又能否认现在我们仍然需要学习雷锋呢？"才恰当。C句语病出在"令人威慑"上。首先是词语的误用，"威慑"是用武力使对方感到恐惧，它本身已经含有"令人（怎么样）"的意思，不应再加"令人"。另外，"威慑"在主动句里应有支配的对象，应该说"威慑"了谁，或者说对谁进行了"威慑"。其次，也是句式的误用，"令人威慑"，等于说"使得别人威慑"，是所谓兼语式。这样不但与原句意思不符，形式上也是错误的。

2.下列各句中，句意明确的一句是____。（2分）（全国卷一第7题）

A.这个精致的灯笼将作为今天得分最高的嘉宾的礼品赠送给他。

B.他背着总经理和副总经理偷偷地把这笔钱分别存入了两家银行。

C.这次考试不难，但由于他准备得不够充分，差点儿就没及格。

D.局长嘱咐几个学校的领导,新学期的工作一定要有新的起色。

【解析】答案为C。"差点儿"这个词语具有多种意义。如果是说话人不希望实现的事情,那么说"差点儿"和"差点儿没"都指事情接近实现而没有实现;如"差点儿摔倒了"和"差点儿没摔倒"都指没摔倒。如果是说话人希望实现的事情,"差点儿"是惋惜它未能实现;"差点儿没"是庆幸它终于勉强实现了。如"差点儿赶上了"指没赶上,"差点儿没赶上"指赶上了。C句中"考试及格"这件事肯定是说话人希望实现的,所以"差点儿没及格"是表示"及格"了,这个意思是很明确的。A句,"作为……嘉宾的礼品",存有歧义。既可理解为送给嘉宾的礼品,也可理解为嘉宾送人的礼品。而"送给他"的"他"在上述前一种理解时可理解为"嘉宾",在上述后一种理解时又可理解为"别人"。B句也有多处歧义。当"和"理解为连词时,意思是"他"背着总经理和副总经理两个人自己去做某事;当"和"理解为介词时,意思就成了"他"只背着"总经理"而跟副总经理一起做某事。另外,"分别"在前一种理解时,指两家银行;"分别"在后一种理解时,既可能仍指两家银行,也可能指"他"和"副总经理"两个人"分别"做某事了。D句是"几个学校的领导"引起歧义。一种理解是"几位"同一个学校的领导,另一种理解是"几个不同学校"的领导。

3.下列各句括号内的两种表述分别编为四组,表述全都恰当的一组是____。(2分)(全国卷第8题)

①鲁大海——四凤的哥,鲁贵的半子——进。他身体魁伟。(a.粗黑的眉毛,b.眉毛粗而黑,)两颊微微陷下去。

②天山连绵几千里,(a.不论高山、深谷,不论草原、湖泊,不论森林、溪流,b.不论高山、深谷,不论草原、森林,不论溪流、湖泊,)处处有丰饶的物产。

A.①a②a B.①a②b C.①b②a D.①b②b

【解析】①句,前有"身体魁伟",后有"两颊微微陷下去",

都是主谓结构,所以应该选 b,句式相同,连贯性好;②句与上下文连贯性无关,而是并列短语内部的排列问题。从景物分类角度,应同类合并;从欣赏的角度,应由高到低,从远到近。应选 b。所以答案是 D。

主观题(1题)

4.下面一段话中有重复啰嗦的地方,在不影响愿意的情况下,必须删除的有哪三处?把要删除部分的序号填在下面的横线上,只填3个。(3分)(全国卷第32题)

一个人<u>之所以</u>会变坏的<u>原因</u>,<u>除了</u>受到坏的影响外,<u>更重要的</u>
　　　①　　　　　②　　　③　　　　　　　④
是他自己<u>没有把握自己</u>,<u>受了坏人的影响</u>,<u>才</u>逐渐变坏的;如果这
　　　　⑤　　　　　　　⑥　　　　　⑦
个人能<u>把握住自己</u>,能抵制<u>多方面的</u> <u>各种</u> 坏的影响,<u>那么</u>,他还会
　　　⑧　　　　　　⑨　　　⑩ ⑪　　　　　⑫
变坏吗?

删除部分:_____、_____、_____、_____

【解析】本题考查对"成分赘余"的辨析与修改,所选语料来自一个中学生的作文。目前中学生的写作中,有不少冗余的话。因此,这道题针对性较强,有实用价值。因为①和②都表示原因,重复多余,应删去其中一处;③和⑥也是同义重复,应删去⑥;⑨和⑩都表示不止一种的意思,也是重复多余,应删除其中一处。

1999年[1题]

选择题(1题)

1.下列各句中,没有语病的一句是____。(3分)(全国卷第5题)

A.今年春节期间,这个市的210辆消防车、3000多名消防官兵,放弃休假,始终坚守在各自执勤的岗位上。

B.《消费者权益保护法》深受广大消费者所欢迎,因为它强化

了人们的自我保护意识，使消费者的权益得到最大限度的保护。

C.她把积攒起来的400元零花钱，资助给贫困地区的失学儿童赵长波，确保他能够支付读完小学的学费。

D.3月17日，6名委员因受贿丑闻被驱逐出国际奥委会。第二天，世界各大报纸关于这起震惊国际体坛的事件都作了详细报道。

【解析】答案为C。A句搭配不当，官兵们可以"放弃休假"，而要说"210辆消防车""放弃休假"就不妥了。B句句式杂糅，可以说"深受……的欢迎"，也可说成"深为……所欢迎"，现在说成"深受……所欢迎"，显然是将两种句式杂糅在一起使用，造成结构混乱。D句词语位置不当，"关于这起震惊国际体坛的事件"这一介词结构不能放在主语的后面。如果要保留"关于……"这一介词结构，那就应将它移到主语"世界各大报纸"的前面去；要不就将"关于"改成"对于"。

2000年［5题］

选择题（3题）

1.下列各句括号中，必须加"的"字的一组是____。（3分）（全国卷第2题）

①为了实施西部大开发战略，加快当地经济（　）发展，国家将在西部地区新建十大工程。

②天文学家在太阳系外一共发现28颗行星，它们（　）存在是通过间接渠道推断出来的。

③风险投资的注入可以使你（　）钱袋立即充盈，有实力去市场拼抢厮杀，谋求新的发展。

④他有"乒坛黑马"之称，具备直板选手快、灵、狠的特点，是欧亚高手取胜（　）最大障碍。

A.①②　　B.②④　　C.③④　　D.①③

【解析】答案为B。"的"是结构助词，用在定语和中心词之间，一般表示领属关系或修饰关系。①句"加快当地经济（ ）发展"这个"的"可加可不加，因为同样作介词"为了"宾语的"实施西部大开发战略"中也未用到"的"；关键在于不用"的"，这两处前后的语法关系也未发生变化。由此排除AD两项。②句中"它们"作"存在"的定语，表示领属关系。"它们"指代上文的"28颗行星"。"存在"前必须加"的"，才能作下文"是……的"的主语。这样，C项中没有②，又可以被排除。③句"你（ ）钱袋立即充盈"这个"的"不能加，因为后面"有实力去市场拼抢厮杀"和"谋求新的发展"两个分句的主语都仍然是"你"，若加了"的"，"钱袋"成为主语，后面两个分句无法承前省主语。④句中"是欧亚高手取胜（ ）最大障碍"必须加"的"，因为"是"的宾语是"障碍"，而"欧亚高手取胜"是主谓短语作"障碍"的定语，不加"的"，前后的修饰限制关系就不明确。

2. 下列各句中，没有语病的一句是＿＿。（全国卷第5题）

A. 这次网络短训班的学员，除北大本校人员外，还有来自清华大学等15所高校的教师、学生和科技工作者也参加了学习。

B. 我们的报刊、杂志、电视和一切出版物，更有责任做出表率，杜绝用字不规范的现象，增强使用语言文字的规范意识。

C. 在新的千年里，中华民族这条巨龙一定会昂首腾飞于无限的天际，创造出令世界惊异的奇迹来。

D. 这家工厂虽然规模不大，但曾两次荣获省科学大会奖，三次被授予省优质产品称号，产品远销全国各地和东南亚地区。

【解析】答案为C。A句句式杂糅，我们可以说"学员除……外，还有……教师、学生和科技工作者"，也可以说成"短训班除……参加外，来自……也参加了学习"，都可以，但一句话里只能选用一种，绝不能将它们糅在一起使用。B句并列不当。"报刊、杂志、电视和一切出版物"不能并列在一起。首先，"电视"不属于"出版物"，应从中删除；其次，"一切出版物"已包括了"报刊、杂志"，"报刊、杂志"不能同"一切出版物"并列,可将"一切"改为"其他";还有,"报刊"就已经包括报纸和杂志,所以"报刊、杂志"也不能并列,应改为"报纸、杂志"。D句偷换主语,这句主语是"工厂","规模不大"是指"这家工厂","曾两次荣获省科学大会奖"可以指"这家工厂",也可以指这家工厂所生产的某种"产品"。但是,"三次被授予省优质产品称号"的主语,只能是这家工厂生产的某一种或几种"产品",而不可能再是"这家工厂"。

3.下列各句中,没有语病的一句是____。(北京"春招"卷)

A.由于《古文观止》具有特色,自问世以后近三百年来,广为传布,经久不衰,至今仍不失为一部有价值的选本。

B.随着科学技术日新月异的发展,电脑已成为人们不可或缺的工具,在人们的学习和工作中发挥着重要的作用。

C.人们一走进教学楼就会看到,所有关于澳门历史的图片和宣传画都被挂在走廊两边的墙壁上。

D.最让人高兴的是,在全厂职工团结协作,日夜奋战下,全年的生产指标终于超额完成了。

【解析】答案为B。A句,首先因使用"由于",淹没了主语,或删去"由于"或把"由于"放到"《古文观止》"的后面,让"《古文观止》"作全句的主语;其次"自问世以后近三百年来"语意重复,"问世以后"自然包括"近三百年来",可改为"自问世以来"或"自问世近三百年来"。C句中的"被"是多余的,应删除。D句误用介词结构"在……下",应删去,让"全厂职工"作主语,为使这一主语贯彻到底,最后一句应改为"终于超额完成了全年的生产指标";或者将"在"改为"由于",并删去"下",也是正确的。

主观题(2题)

4.为使下面画线的语句简洁、顺畅并保持原意,需要删掉一些词语。在删改时哪些词语是必须保留的?将其序号填在横线上。(2分)(全国卷第25题)

记得 在 一次 期末 考试 中， 在 考完 了 语文 后，我感觉相
　　　① ② ③ ④ ⑤ 　⑥ ⑦ ⑧ ⑨ ⑩
当不错，兴奋了很长时间。

必须保留的词语是：_____

【解析】该题的材料来自高中学生的作文，语言不够简洁，需要删改。该句画线部分属于时间状语。首先，"一次期末考试"表达的时间已经明白，"在……中"纯属多余；其次，"考完语文"已经含有"在……后"和"了"的意思。所以必须保留的词语只有②③④⑦⑨。

5.下面一则擦玻璃器的广告在语言表达上有毛病，请加以改正（不改变原意）。将修改后的结果写在横线上。（北京、安徽"春招"卷第26题）

本产品根据玻璃导磁原理而制造，是随着城乡高楼大厦逐年增多的今天，普遍存在着擦玻璃难和窗外擦玻璃危险等问题。为此，本公司特向用户推荐这一理想产品。

改正：_____

【解析】该句主要毛病是语序不当，结构杂糅。修改的方法是删去"是"和"今天"，还有句首的"而"，并调整语序。修改①本产品根据玻璃导磁原理制造。随着城乡高楼大厦逐年增多（或"在城乡高楼大厦逐年增多的今天"），普遍存在擦玻璃难和窗外擦玻璃危险等问题。为此，本公司特向用户推荐这一理想产品。修改②随着城乡高楼大厦逐年增多，普遍存在擦玻璃难和窗外擦玻璃危险等问题。为此，本公司根据玻璃导磁原理制造了擦玻璃器，特向用户推荐。

2001年 [2题]

选择题（2题）

1.下列各句中,没有语病的一句是____。（3分）（全国卷第5题）

A. 在科学技术是第一生产力的观念深入人心的今天，谁能不信高科技会给人类带来福音？正因为这样，难怪骗子们也要浑水摸鱼，打出高科技的幌子了。

B. 如何才能让大家都富起来呢？关键的问题是知识在起决定性作用。知识的贫乏必然造成财富的贫乏，财富的充足往往是以知识的充实为前提的。

C. 由北京人民艺术剧院复排的大型历史话剧《蔡文姬》定于5月1日在首都剧场上演，日前正在紧张的排练之中。

D. 近年来，我国加快了高等教育事业发展的速度和规模，高校将进一步扩大招生，并重点建设一批高水平的大学和学科。

【解析】答案为A。B句将"关键的问题是知识"和"知识在起决定性作用"两种句式糅在一起，造成结构混乱；从语气上看，上文说"如何让大家都富起来呢"，下文就应该接着说"要让知识起决定性作用"，仍然是未然的语气，现在用了"是知识在起决定性作用"变成已然语气了，前后两种语气，显然不合情理。C句，"日前正在"不能连用。"日前"意思是"几天前"，表示时间已经过去，与"正在"的时态互相矛盾，"日前"改为"目前"就可以了。D句，犯了动宾搭配不当的毛病，说"加快速度"可以，但不能说"加快规模"，而只能说"扩大规模"。

2. 下列各句中，没有语病的一句是____。（北京、安徽"春招"卷）

A. 不难看出，这起明显的错案迟迟得不到公正判决，其根本原因是党风不正在作怪。

B. 我虽然和他只有一面之缘，但从他那里学到了许多东西，包括他的学识和人品。

C. 可惜，这部在他心中酝酿了很久，即将成熟的巨著未及完篇，就过早地离开了我们。

D. 公园里展出的有象征中华民族腾飞的"中华巨龙"等冰雕艺

术品，也有取材于《西游记》《海的女儿》等神话和童话故事。

【解析】答案为B。A句句式杂糅，删去"在作怪"或删去"其根本原因"均可。C句中"就过早地离开了我们"缺少主语，应在"就过早地"之前加上"他"。D句前一分句说公园里有象征中华腾飞的冰雕艺术品，后一分句与之并列，用"也有"领起的，也应该是一类冰雕艺术品才能对应，故在"神话和童话故事"的后面也应加上"的冰雕艺术品"，这样"也有"就有了与之搭配的宾语。

2002年［4题］
选择题（3题）

1.下列各句中，没有语病的一句是____。（全国卷第6题）

A.随着社会的不断进步，科技知识的价值日益显现，人类已进入知识产权的归属和利益的分成，并已开始向科技工作者身上倾斜。

B.本栏目将各地电视台选送的歌舞曲艺、风情民俗、文化娱乐和体育活动等方面的节目，加以重新编排、组合和润色，进行的再创作。

C.俄罗斯也进行了一些改革，如禁止政府官员使用进口汽车，推行住房商品化，以及精简包括电力公司、铁路公司等大型国有企业等。

D.终身教育制度的确立，不仅为那些因这样那样原因未能完成学业的人打开了一扇门，也为那些对知识有着更高需求的人提供了机会。

【解析】答案为D。A句成分残缺且语义不明确。首先"人类已进入"这一句不通，"进入"缺少与之搭配的宾语，应在"归属和利益的分成"后面加上"的阶段"之类的词语，这一句才完整；其次，"并已开始向科技工作者身上倾斜"这一句缺少主语，若按承前省，主语就是"人类"，这样讲不通；其实主语应该是"知识产权的归属和利益的分成"，而这个短语在上一句里连宾语都不是，不可能承前省，只能在"并已开始"前面另加。B句的毛病是句式杂糅、结构混乱。全句如果保留"将各地电视台……，进行的再创作"，则全句缺少谓语动词，应添加谓语动词"是"，改为"是将各地电视台……，进行的再创作"；如果不添加谓语，则应将"将各地电视台……，进行的再创作"中的"的"改为"了"。C句的毛病是成分缺漏造成结构混乱。主要问题是在"精简包括电力公司、铁路公司等大型国有企业等"这一语段中，"包括"后面应加上"在内"，改为"精简包括电力公司、铁路公司在内的大型国有企业等"。

2.下列句子中，有语病的一句是____。（"春招"第5题）

A.目前，电子计算机已经广泛应用到各行各业，这就要求我们必须尽快提高和造就一批专业技术人员。

B.水稻基因组在已知的各类植物基因组中是最大的，共4.3亿对碱基，约为人类基因组的七分之一。

C.世界银行指出，美国发生的"9•11"恐怖袭击事件将会延长东南亚地区经济萧条的时间，从而对该地区的贫困人口造成伤害。

D.不久前，中国入世谈判代表龙永图做客中央电视台"对话"栏目，就入世后价值规律问题发表了独到的见解。

【解析】答案为A。该句中有动宾搭配不当的毛病，"造就""技术人员"是可以的，但"提高"不能和"技术人员"搭配。

3.下列句子中，有语病的一句是____。（北京卷第5题）

A.虽然最终结果只是平局，但国安足球队的目的达到了，他们用自己的力量捍卫了榜首的荣誉。

B.中东局势依然动荡，原油价格大幅上升将对全球经济复苏产生不利影响，美国经济复苏的前景也因此蒙上了阴影。

C.近日，我国利用性能最高的超级服务器曙光3000实现了关键的基因组测序和组装分析工作，率先完成了水稻基因组"工作框架图"和数据库。

D.一个企业如果不考虑盈利，一味地让利，那么这个企业就不会有长久的生命力,消费者得到实惠也是暂时的。

【解析】答案为C。该句中"实现了……工作",动宾搭配不当,"实现"改为"完成"。

主观题(1题)

4.下面的句子前后脱节,请添加必要的词语,使它完整连贯。(全国卷第23题)

我们学校已成为一所现代化的学校,除计算机室、语言教室外,校园宽带网、多媒体教室等先进的教学设备,崭新的实验大楼也已落成。

答:在_____加上_____

【解析】造成题干所说"前后脱节"的部分是"校园宽带网、多媒体教室等先进的教学设备",这是一个名词性短语,由于缺少一个动词谓语,就不成为一个分句,而且跟前后的分句不能衔接连贯。修改的方法,在它的前面加上"新增了"或"还有",组成动宾关系;也可以在它的后面补上"也应有尽有"或"也一应俱全"等词语,组成主谓关系。

2003年〔4题〕

选择题(4题)

1.下列各句中没有语病的一项是____。(全国卷第5题)

A.当时全校不止有一个文学社团,我们的"海风社"是最大的,参加的学生纵跨三个年级,并出版了最漂亮的文学刊物《贝壳》。

B.参加这次探险活动前他已写下遗嘱,万一若在探险中遇到不测,四个子女都能从他的巨额遗产中按月领取固定数额的生活费。

C.针对国际原油价格步步攀升,美国、印度等国家纷纷建立或增加了石油储备,我国也必须尽快建立国家的石油战略储备体系。

D.这一歌唱组合独立创作的高品质词曲以及演唱中表现出的音乐天分和文化素养,很难让人相信这是平均年龄仅20岁的作品。

【解析】答案为A。B句,"万一"和"若"都表假设,重复多余,应删去"若"。C句,"针对"缺少宾语,应在"攀升"的后面加上"的状况"一类词语。D句"平均年龄仅20岁的作品",定中搭配不当,可在"作品"之前加上"人的"。

2.下列新闻标题中语意明确的一句是____。(3分)(全国卷第6题)

A.政府有关部门明令禁止取缔药品交易市场
B.真正优秀的教师无一不是道德修养的模范
C.独联体国家看不上2002年世界杯足球赛
D.警方对报案人称围观者坐视不管表示愤慨

【解析】答案为B。A句"禁止取缔",有歧义。到底是要"取缔"呢,还是不准"取缔"呢?"禁止取缔"是双重否定,就成了肯定,等于说要保留"药品交易市场",正好和说话人的本意相反。应删去"禁止"。C句"看不上"存有歧义。一种是说看不到这场足球赛,另一种是说瞧不起这场足球赛。D句也有歧义。警方对什么"表示愤慨"?一种是对围观者坐视不管表示愤慨,另一种是对报案人表示愤慨,意思是报案人不该说。

3.下列句子中,有语病的一句是____。(北京"春招"卷)

A.海豚是海洋世界里最聪明的动物,它们有着丰富的情感和复杂的内心世界,与人类非常友好。
B.我国80年代高新技术开发区的创办,被誉为20世纪在科技产业化方面最重要的创举。
C."耶路撒冷"是和平之城的意思,却又是遭受劫难最多的城市,可是长期的冲突并没有使其失去迷人的魅力,从而使旅游者望而却步。
D.在中国,计算机五十年代就在军事领域里应用了,但是,它成为一种各个领域广泛使用的工具,还是最近二十来年的事。

【解析】答案为C。该句关联词语使用错误,"可是……并没有……,从而……"关系紊乱,可以把"从而"改为"也没有"。

4.下列句子中,没有语病的一句是____。(北京卷)

A.半个世纪以来,他的足迹踏遍了全国20多个省,800多个县,测量、摄影、分析、研究的古建筑和文物达2000余项之多。

B.此次植树助学公益活动,不仅能加速京郊地区的绿化建设,而且种下的主要是晚秋贡梨的树苗。

C.10兆瓦高温气冷核反应堆实验工程的完成,超大规模并行处理计算机的研制成功,标志着我国在相关领域已跨入世界先进行列。

D.在国际间文化交流日趋频繁、不同民族文化相互交融和碰撞的今天,更应重视继承和发扬传统节日文化。

【解析】答案为C。A句中,"足迹踏遍"搭配不当,应改为"足迹遍布";"摄影"与"古建筑和文物"也不能搭配,应改为"拍摄";"古建筑和文物"用"项"来计量,亦不恰当。B句并无递进关系,"不仅……而且"关联词使用不当。D句"国际"就是国与国之间,后面无须再加"间";"不同民族文化相互交融和碰撞"不合事理,应改为"不同民族文化相互碰撞和交融";"更应重视"该句缺少主语,应在前面加上"我们"。

四、2004—2016年全国卷、分省卷高考病句题详解(187题)

2004年〔14题〕

选择题(14题)

1.下列各句中,语意明确的一句是____。(全国卷甲第6题)

A.松下公司这个新产品14毫米的厚度给人的视觉感受,并不像索尼公司的产品那样,有一种比实际厚度稍薄的错觉。

B.美国政府表示仍然支持强势美元,但这到底只是嘴上说说还是要采取果断措施,经济学家对此的看法是否定的。

C.世界抗击艾滋病会议的代表中有中国中央电视台台长和东方

电视台台长,香港凤凰卫视总裁也应邀列席了会议。

D. 这一桩发生在普通家庭中的杀人悲剧在亲戚当中也有着不解和议论,要说小莉的妈妈不爱她家里的人谁也不相信。

【解析】答案为 C。A 句"有一种比实际厚度稍薄的错觉",既可能是指松下公司这个新产品 14 毫米的厚度给人的视觉感受,也可能是指索尼公司的产品给人的视觉感受。B 句"对此"的"此"指代不明确。是指代"嘴上说说"还是指代"要采取果断措施"。D 句"小莉的妈妈不爱她家里的人谁也不相信",一种理解为"家里人都不相信小莉的妈妈不爱她","她"指小莉,被杀者也是小莉;另一种理解为"任何人都不相信小莉的妈妈不爱她的家里人","她"指小莉的妈妈,被杀者是她家里的某个人,有可能是小莉。该句前面提到"亲戚",正是为了让考生更容易看出这个语段存在着这两种理解的可能。

2. 下列各句中,没有语病的一句是____。(全国卷乙第 6 题)

A. 近日新区法院审结了这起案件,违约经营的小张被判令赔偿原告好路缘商贸公司经济损失和诉讼费三千多余元。

B. 美国 2003 年调整了签证政策,规定申请留学签证的申请时间要在所申请学校开学前 3 个月到 2 个星期内进行。

C. 最近的一项社会调查显示,不少网络游戏带有暴力和色情内容,这无疑会严重影响青少年的身心健康。

D. 面对有 5 名具有 NBA 打球经验的美国队,中国队并不怯阵,整场比赛打得气势如虹,最终以三分优势战胜对手。

【解析】答案为 C。A 句,"多"和"余"重复多余,应删去其中的一个;另外,"赔偿……经济损失和诉讼费三千多元",有歧义,是诉讼费三千多元,还是经济损失和诉讼费总共三千多元,不清楚。可修改为:"……小张被判令赔偿原告好路缘商贸公司经济损失,并承担诉讼费三千多元。"B 句,"规定申请……进行"属于结构杂糅,要么说"申请留学签证的时间要在……内",要么说"申请留学签证要在什么时间之内进行",哪一种都行,就是不能把两种句式糅在一起;"3个月到2个星期"语序不当,应该说"2个星期到3个月"。D句,"五名"什么?不可能指"美国队",应该是"队员",应该在"打球经验"后面补上"队员",这样"五名"就有了它修饰限制的中心词,最重要的是让动词"有"有了宾语。该句可修改为"面对有5名具有NBA打球经验的队员的美国队",或者"面对有5名NBA(现役)队员的美国队"。

3.下列各句中,没有语病的一句是____。(全国卷丙第6题)

A.投资环境的好坏,服务质量的优劣,政府公务人员素质的高低,是地区经济健康发展的重要保证。

B.依据纪律处罚办法,决定给予该队员停止参加今年余下所有甲级队比赛资格,并罚款人民币4万元。

C.铭文中记载有关西周王朝单氏族内容的铜器,在这27件眉县青铜发现之前已先后出土了40多件。

D.观摩了这次关于农村经营承包合同法的庭审以后,对我们这些"村官"的法律水平有了很大的提高。

【解析】答案为C。A句"投资环境的好坏,服务质量的优劣,政府公务人员素质的高低"与"是……重要保证",两面意思对一面意思,不能搭配。B句,既然是"依据纪律处罚办法",那么"决定给予该队员的"就不应该是什么资格,而应该是"处分",应将"资格"改为"的处分",或改为"决定给予该队员停止参加今年余下所有甲级队比赛并罚款人民币4万元的处分"。D句成分残缺,或者删去"对",改为"我们这些'村官'的法律水平有了很大的提高";或者修改为"对我们这些'村官'的法律水平的提高有很大帮助"。

4.下列新闻标题中,语意明确的一句是____。(3分)(全国卷丁第6题)

A.数百位死难者的亲属出席了隆重的葬礼

B.近期汇市美元对日元的比价有小幅攀升

C. 教师节中老师希望学生别送礼品送祝福

D. 这是名模孙燕摄于 2002 年 11 月的照片

【解析】答案为 B。A 句，"数百位死难者的亲属"，可以理解为"数百位死难者"（亲属有多少不知道），也可以理解为"数百位亲属（死难者有多少不知道）"。C 句中"别送礼品送祝福"，既可理解为"别送礼品，应送祝福"，即否定词"别"只管到"送礼品"；也可理解为"别送礼品，别送祝福"，即否定词"别"同时管到"送礼品"和"送祝福"。这句话的第二种意思似乎不容易体会出来，其实从道理上说这一种意思不但确实存在，甚至在某些句子里还可能是优势理解，例如"别抽烟喝酒"，"（上班时）别看报聊天"，就主要是这第二种意思。D 句，一种意思是"照片是名模孙燕所拍摄的"（照片上的人是谁不知道），另一种意思是"照片上被拍摄的人是名模孙燕"（谁拍的照片不知道）。这里关键是其中的"摄（于某年）"，既有"某人拍摄了照片"的意思，也有"某人被拍摄了照片"的意思。

5. 下列各句中没有语病的一句是＿＿。（北京卷）

A. 曼城足球队要防曼联队"恐怖左翼"的重任，邓恩不行，贝尔马迪不行，赖特菲利普斯更不行，只有孙继海行。

B. 中纪委监察部的派驻机构要把加强监督作为第一位的职责，切实加强对领导干部的监督，防止权力失控、决策失误和行为失范。

C. 由于技术水平太低，这些产品质量不是比沿海地区的同类产品低，就是成本比沿海的高。

D.《语文大辞典》编委会，为了使辞典有较高的质量，在躬耕修典三个春秋的编纂过程中，着重控制了关键程序。

【解析】答案为 B。A 句"曼城足球队要防曼联队'恐怖左翼'的重任"属于句式杂糅，一种句式是"曼城足球队要防曼联队'恐怖左翼'"，另一种句式是"曼城足球队承担防曼联队'恐怖左翼'的重任"，只能选择其中一种。C 句"这些产品质量不是比沿海地区的同类产品低"语序不当,应将"不是"和"质量"的位置颠倒过来。D句"在躬耕修典三个春秋的编纂过程中","三个春秋"语序不当,"修典"与"编纂"语意重复,应修改为"在三个春秋躬耕修典的过程中"。

6. 下列各句中没有语病的一句是____。(天津卷)

  A. 孩子的教育问题,是一个复杂的过程,它远不是一两句话就能奏效的。

  B. 知识分子一般眼界比较开阔,富有正义感,民族的荣辱、国家的盛衰,往往更能激起他们的一腔报国之情。

  C. 我们在本月中旬前后有个重要会议,所以现在就要好好准备。

  D. 地震发生之后,当地政府及解放军部队全力救助,目前灾区群众已住进了临时帐篷,防止余震再次发生。

【解析】答案为B。A句"教育问题,是……过程"搭配不当,可删去"问题"。C句"本月中旬前后",等于说有三个时间,表意不明,"中旬""前""后"三者中只能保留一个。D句"防止余震再次发生"不合事理,地震只能"防"不能"止";"再次"赘余。可改为"提防余震发生"或"防备余震发生"。

7. 下列各句中没有语病的一句是____。(重庆卷)

  A 卫生部专家组根据临床表现以及实验室检查和流行病学调查结果,诊断该患者为传染性非典型肺炎疑似病例。

  B. 现在,我又看到了那阔别多年的乡亲,那我从小就住惯了的山区所特有的石头和茅草搭成的小屋,那崎岖的街道,那熟悉的可爱的乡音。

  C. "英语广播讲座"之所以能给我很大的帮助,我认为把讲课和练习结合起来是它突出的优点。

  D. 国产轿车的价格低,适于百姓接受,像"都市贝贝"市场统一售价才6.08万元,"英格尔"是6.88万元,新款"桑塔纳"也不过十几万元左右。

【解析】答案为 A。B 句"看到了"支配的对象很多,其中"那熟悉的可爱的乡音"就不能被支配,即动宾不搭配。应根据不同对象分别配以适当的动词谓语。"看到了"改为"见到了",在"那我从小"前面加上"看到了",在"那熟悉的"前面加上"听到了"。C 句漏用了关联词。原句是因果关系复句,前句用了"之所以",后句却没有用"是因为"与之呼应搭配。这就造成前句只说了半句话,后句又以"我认为……"开头说另一句话了。后一句前面加上"是因为",将"我认为把"删去,改成"它有",再把"是它突出"删去。全句修改为:"英语广播讲座"之所以能给我很大的帮助,是因为它有讲课和练习结合起来的优点。D 句,前面说两款车的价格都是确定数字,而最后一款车价格却说"十几万元左右",模棱两可,语意不明,应删去"左右"。

8. 下列各句中,有语病的一句是____。(广东卷)

A. 如果某些大国不改变其在处理国际问题时狂妄自大的态度,那么,谁也难以预料这世界是否还会有和平的一天。

B. 旨在培养中小学生爱国热情的德育打卡制度,由于一些单位和个人的认识问题,出现"走过场"现象,的确让人叹息。

C. 冲突双方在民族仇恨的驱使下,虽然经过国际社会多次调解,紧张的局势不但没有得到缓和,反而愈演愈烈。

D. 通常,在脑肿瘤患者手术前,医生要获得其大脑的扫描图像,以便确定肿瘤的位置和了解肿瘤附近血管的状况。

【解析】答案为 C。该句一开头提出来主语"冲突双方",但话未说完,又以"紧张的局势"为主语进行陈述,犯了偷换了主语的错误。全句可修改为:虽然经过国际社会多次调解,但在民族仇恨的驱使下,冲突双方紧张的局势不但没有得到缓和,反而愈演愈烈。

9. 下列各句中,没有语病的一句是____。(福建卷)

A. 在当今商品经济的时代,当诗歌失却往昔荣耀而逐渐远离我们的时候,读到这样一首清纯明净、催人奋然前行的祖国颂歌,真是难得的精神享受。

B．一切事物的发展都是有起有伏、波浪式前进的，这是由于事物的内部矛盾以及自然和社会的种种外因影响所决定的。

C．文艺作品语言的好坏，不在于它用了一大堆华丽的词，用了某一行业的术语，而在于它的词语用得是地方。

D．有的文章主旨比较隐晦，不是用明白晓畅的文字直接揭示出来，而是借用某种修辞手段或表现手法，含蓄地描写出来。

【解析】答案为A。B句"这是由于……所决定的"句式杂糅，改为"这是由于事物的内部矛盾以及自然和社会的种种外因的影响"，或"这是由事物的内部矛盾以及自然和社会的种种外因决定的"。C句一面意思与两面意思不能搭配，应在"不在于它"和"在于它的词语"的后面分别加上"是否"。D句"文章主旨……描写出来"搭配不当，应将"描写"改为"表达"或"暗示"等。

10．下列各句中没有语病的一句是____。（湖南卷）

A．由于加强了生产过程中的生态环境监控，该基地每年的无公害蔬菜的生产量，除供应本省主要市场外，还销往河南、河北等省。

B．滥用外来语所造成的支离破碎的语境，既破坏了汉语言文字的严谨与和谐，影响了汉语表意功能的发挥，也消解了中国文化精深而丰富的内涵

C．山鸡椒的花、叶和果实均含芳香油，从油中提取的柠檬醛，为配制食用香精和化妆品香精的主要原料，都离不开它。

D．与作家不同的是，摄影家们把自己对山川、草木、城市、乡野的感受没有倾注于笔下，而是直接聚焦于镜头。

【解析】答案为B。A句搭配不当，"生产量"既不能"供应"也不能"销往"，可将"该基地每年的无公害蔬菜的生产量"修改为"该基地每年生产的无公害蔬菜"。C句式杂糅，"为……主要原料，都离不开它"，此处应修改成"为配制食用香精和化妆品香精的主要原料"，或修改为"配制食用香精和化妆品香精，都离不开它"。

D句语序不当，否定副词"没有"一词应在"把"字的前面。

11.下列各句中，没有语病的一句是____。（湖北卷）

A.本报《没有苗圃的园丁》一文，报道了宁夏海原县一位代课教师每月只拿50元工资，在没有校舍的情况下挤出自家一间房坚持办学的感人事迹。

B.古人类学家贾兰坡早期及国家文物局近期分别主持的两项重大考古发现表明，永定河这条天然走廊是"古人类移动的路线"。

C.侵入我国的寒潮的路径，不是每一次都一样的，这要看北极地带和西伯利亚的冷空气哪一部分气压最高，我国哪一部分气压最低所决定的。

D.在这次民族联欢节中,举行了各种民族体育比赛,主要有赛马、摔跤、抢花炮、赛歌等，丰富多彩的比赛受到来宾的热烈欢迎。

【解析】答案为A。B句成分赘余，去掉"分别主持"。C句"这要看……所决定的"这句杂糅了两种句式，一种是"这要看北极地带和西伯利亚的冷空气哪一部分气压最高,我国哪一部分气压最低"，另一种是"这是由北极地带和西伯亚的冷空气哪一部分气压最高，我国哪一部分气压最低所决定的"。应选择其中一种，舍弃另一种。D句逻辑错误，"赛歌"不是体育比赛，应删去。

12.下列各句中没有语病的一句是____。（浙江卷）

A.围绕"农民增收"这一目标，该信用社大力支持农村特色经济的发展，重点向特色化、优质化、技术化农户优先发放贷款。

B.随着通讯日渐发达，手机几乎成为大家不可缺少的必需品，但使用量增加之后，关于手机质量的投诉也越来越多。

C.入世后，面对强大的竞争对手，通过强强联合的方式来实现文化产业的集团化，无疑是一个重要的举措。

D.处理好人与自然的关系，要靠政府的力量，同时也不能不发挥民间力量在舆论动员、监督检查等方面起到无可替代的作用。

【解析】答案为C。A句句式杂糅，删去"重点"或删去"优先"。B句,"不可缺少"与"必需",语义重复,删去"不可缺少"或将"必需品"改成"用品";表示处置对象应用"对于",应将"关于"改为"对于"。D句子杂糅,或者说"也不能不发挥民间力量在舆论动员、监督检查等方面无可替代的作用",或者说"民间力量在舆论动员、监督检查等方面也能起到无可替代的作用"。

13.下列各句中,没有语病的一项是____。(江苏卷)

A.有人认为科学家终日埋头科研,不问家事,有点儿不近人情,然而事实却是对这种偏见的最好说明。

B.政府执法部门的各种罚没款必须依法上缴,不能截留自用,其经费来源只能来自国家财政拨款。

C.黄昏时分,站在山顶远远望去,只见水天相接处一片灯光闪烁,那里就是闻名中外的旅游胜地——水乡古镇东平庄。

D.现在许多小学允许学生上课时喝水、上厕所,甚至在老师讲课中插嘴,这些历来被看作违反纪律的行为已经得到纠正。

【解析】答案为C。A句"事实却是对这种偏见的最好说明"表意不明确:究竟说这种偏见是成立,还是不成立?B句"来源"与后边的"来自"重复,或删去"来源"或将"来自"改为"是"。D句"这些"指代什么?是指代"学生上课时喝水、上厕所,甚至在老师讲课中插嘴",还是指代"允许学生上课时喝水、上厕所,甚至在老师讲课中插嘴"?不明确。前面说"允许",后面又说"得到纠正",自相矛盾,可将"纠正"改为"许可",前后就一致了。

14.下列语句中,没有语病的一项是____。(辽宁卷)

A."东北小品火起来了!"当全面了解赵本山、潘长江等辽宁喜剧演员的小品演技及其效果时,你才能把握这句话深刻而宽广的内涵。

B.他为家乡主编的致富信息小报,信息量大,可读性强。每月印出来后,不到一小时的时间里,数百份小报就被老乡们索要一空。

C.辽宁老工业基地的装备制造水平和技术队伍的素质通过神舟飞船上的一块块仪表板充分体现出来。

D. 他做事认真，待人诚挚，在生活和工作中，确实用自己的行动塑造了巨大的人格力量，感动和引导着周围的人们。

【解析】答案为C。A句"深刻而宽广的内涵"，其中"宽广"和"内涵"搭配不当，可改为"丰富而深刻的内涵"。B句"不到一小时的时间里"重复多余，删去"的时间里"。D句"塑造了巨大的人格力量"搭配不当，可改为"彰显了巨大的人格力量"。

2005年［17题］

选择题（14题）

1. 下列各句中，没有语病的一句是____。（全国卷一第3题）

A. 自1993年北京大学生电影节诞生以来，已经累计有超过100万人次参与了影片的观摩。

B. 市教委要求，各学校学生公寓的生活用品和床上用品由学生自主选购，不得统一配备。

C. 能否贯彻落实科学发展观，对构建和谐社会，促进经济可持续发展无疑具有重大的意义。

D. 今年的电力供需紧张状况将有所缓解，拉闸限电现象会相应减少，但整体上看仍然偏紧。

【解析】答案为D。A句缺少主语，"已经累计"句可改为"参与影片观摩的已经累计超过100万人次"。B句并列不当，"生活用品"包含"床上用品"。可改为"生活用品包括床上用品"。C句不合逻辑，前面"能否"是两面意思，后面却是一面意思。或删去"能否"，或在"构建"前面也加上"能否"。

2. 下列各句中，语意不明确的一句是____。（全国卷一第4题）

A. 隆重简短的欢送仪式之后，这架飞机开始了大陆民航56年来的首次台湾之旅。

B. 为满足广大游客的需要，华夏旅行社设计并开通了20余条红色旅游精品线路。

C. 他在某杂志生活栏目上发表的那篇关于饮食习惯与健康的文章，批评的人很多。

D. 在美国家庭中，汉语已成为继英语和西班牙语之后又一种得到广泛使用的语言。

【解析】答案为C。该句语意不明确，即有歧义。"批评的人很多"，既可以指"批评他的人"多，还可以指"被他批评的人"多，不清楚。

3. 下列各句中，语意明确的一句是＿＿＿＿。（全国卷二第4题）

A. 印度洋海啸发生后，中国政府进行了迄今为止最大规模的对外救援行动。

B. 今天老师又在班会上表扬了自己，但是我觉得还需要继续努力。

C. 祁爱群看见组织部新来的援藏干部很高兴，于是两人亲切地交谈起来。

D. 因患病住院，83岁高龄的黄昆和正在美国的姚明没能到场领奖。

【解析】答案为A。其他各句语意都不够明确，即有歧义。B句"自己"既可以指"教师"又有可能指"我"。C句"很高兴"既可以是"祁爱群"的感受，又有可能是"援藏干部"的神态。D句"因病住院"的既可以看作是黄昆一人，又有可能看成黄昆、姚明两人。

4. 下列各句中，没有语病的一句是＿＿＿＿。（全国卷三第4题）

A. 日前，国土资源部公布了第二批通过规划审核的43个国家级经济技术开发区名单。

B. 李明德同志在担任营长、团长期间，多次被评为训练先进单位和后勤保障模范单位。

C. 如果我所管的"闲"事能给群众带来哪怕一点点的幸福和快乐时，我也很幸福，很快乐。

D. 法律专家的看法是，消费者当众砸毁商品只是为了羞辱或者宣泄自己的不满。

【解析】答案为A。B句"李明德同志"作为一个"人"竟然被评为"先进单位和模范单位"，不可思议，该句主宾搭配不当，可将"先进单位"改为"先进个人","模范单位"改为"模范",或者改为"在李明德同志担任营长、团长期间,他所在的营和团多次被评为训练先进单位和后勤保障模范单位"。C句成分赘余,"时"字多余删去,最后的"我"前加上"那么"。D句"羞辱"后缺少宾语,导致句意不明,可在"羞辱"后面补上宾语"商家"。

5.下列各句中,没有语病的一项是____。(北京卷)

A.七彩瀑布群,位于香格里拉县尼汝村的一个群山深处,一条名为"尼汝河"的高原融雪河流和陡峭的山峰造就了这一旷世奇观。

B.该报指出,这次会晤的主要意义,在于善意姿态、长远战略和历史方向,多于具体互惠措施的落实。

C.经过不懈的努力,国家图书馆在搜集、加工、存储、提供古典文献方面,已经形成具有中国特色的藏用并重的格局。

D.强强联合制作的大戏,让人们不仅看到了中国戏曲的整体进步,而且看到了中国戏曲在现代化问题上迈出的可喜一步。

【解析】答案为C。A句用"一个"修饰限制"群山",搭配不当,应删去"一个"。B句结构混乱,将"意义在于……"和"这次会议……多于……"杂糅在一起;其次,"善意姿态、长远战略和历史方向"并列不合规范,十分费解且与"多于……"不能搭配;还有,"善意姿态、长远战略"中的"善意""长远"虽可作使动用法理解,但也很牵强,至于"历史方向"中的"历史"作使动用法就更讲不通了。全句可修改为"该报指出,这次会晤的主要意义,在于善意姿态的表达、长远战略和历史方向的把握"或"该报指出,这次会晤,善意姿态的表达、长远战略和历史方向的把握,多于具体互惠措施的落实"。D句语序不当,递进复句应由小到大、由轻到重,而不是相反。该句应将前后两分句调换顺序,改为"……让人们不仅看到了中国戏曲在现代化问题上迈出的可喜一步,而且看到了中国戏曲的整体进步"。

6.下列句子中,没有语病的一句是____。(北京"春招"卷)

A.中国教育工作者对位于巴黎市中心塞纳河畔的"蓬皮杜文化艺术中心"的公共图书馆留下了深刻的印象。

B.晋文公当上晋国国君后,治理政治,发展生产,训练军队,成为北方一大强国。

C.居里夫人艰辛地在简陋的工作室里经过漫长的研究,后来就在那里发现了镭。

D.贺岁剧不仅要有笑料,也要有思想,让观众笑过之后有所收获。

【解析】答案为D。A句,若保留"留下了",应以图书馆为主语,改为"位于巴黎市中心塞纳河畔的'蓬皮杜文化艺术中心'的公共图书馆给中国教育工作者留下了深刻的印象";或者将"留下了"改为"怀有"。B句"成为"句缺少主语,若按承前省,就成了"晋文公成为北方一大强国",主宾不能搭配,故应在"成为"前面加上"使晋国"。C句语序不当,可改为"居里夫人在简陋的工作室里经过漫长、艰辛的研究,后来就在那里发现了镭"。

7.下列各句中,没有语病的一句是____。(江西卷)

A.南昌八一起义纪念馆里陈列着好多种当年周恩来使用过的东西。

B.科学的发展逼得反科学的人不得不戴上伪科学的面具来反对科学。

C.只有弄清几十年来在前进道路上的是非得失,认识教育规律,我们才能改革教育,使之适应社会发展的要求。

D.五一路乒乓球馆是经体育局和民政局批准的专门推广乒乓球运动的团体。

【解析】答案为C。A句语序不当,应该修改为"南昌八一起义纪念馆里陈列着周恩来当年使用过的好多种东西"。B句不合逻辑,或者说因为词语使用不当而将表达的意思搞反了,应该删除"伪"字,或改为"……不得不使用伪科学来反对科学"。D句压缩一下就是"乒乓馆是团体",主宾搭配不当,可将"团体"改为"场所""设施"一类的词语。

8.下列各句中没有语病的一句是____。(浙江卷)

A.哺乳期妇女如果仅仅依靠服用补品中的含碘量,就有可能缺碘,若不及时添加含碘食品,则有可能导致婴儿脑神经损伤或智力低下。

B.在这部作品中,并没有给人们多少正面的鼓励和积极的启示,相反,其中一些情节的负面作用倒是不少。

C.当今世界,自主知识产权所占比重是衡量一个国家科学发展水平的标志,而科学技术进步与否是国家富强的标志。

D.如何体会企业文化的深刻内涵,认识用优秀文化提升企业竞争力的重要性,是摆在每一位中国企业家面前的重要课题。

【解析】答案为D。A句"依靠……含碘量"搭配不当,可将"服用补品中的含碘量"改为"服用有含碘量的补品"或"所服用补品中含有的碘"。B句滥用介词结构,造成主语残缺,应删去"在……中"。C句"与否"与"富强"不对称,删去"与否"即可。

9.下列各项中,没有语病的一项是____。(湖北卷)

A. 她因不堪忍受雇主的歧视和侮辱,便投诉《人间指南》编辑部,要求编辑部帮她伸张正义,编辑部对此十分重视。

B. 老陈严肃而诚恳地说:"说实话,那些越是年轻的时候有一腔热血,到岁数大了,就越是不愿承认自己老了。"

C. 大李慌忙站起身说:"小米你千万别再'李大爷李大爷'这么叫了,我听着不自在。哟,找你李大爷有什么事……嘿,你瞧,把我也绕进去了。"

D. 三妹拉着葛姐的手说,她老家在偏远的山区,因为和家里赌气才跑到北京打工的,接着她又哭泣起自己的遭遇来。

【解析】答案为C。A句有歧义,是"投诉"雇主呢,还是"投诉"编辑部,不明确。另外,"帮"应改作"为"。看原句的意思应是投诉雇主,故应改为"……便向《人间指南》编辑部投诉,要求编辑部为她伸张正义……"。B句引文缺主语,应在"一腔热血"后加"的人"，因为"一腔热血"不能作后面谓语"承认"的主语。D 句"哭泣"不能带宾语"遭遇"，"哭泣"应改为"哭诉"才可以带宾语"遭遇"。

10.下列各句中有语病的一句是____。（湖南卷）

A.一项新的研究成果显示，动物不但具有独特的性格，而且性格相当复杂，它们性格的复杂性甚至能够与人类的相媲美。

B.进入21世纪，随着经济全球化进程的加快和知识经济的深入发展，国与国之间的竞争越来越集中到知识和人才方面。

C.电视的普及，在给现代人带来丰富多彩的视听艺术的同时，也悄然改变着人们在印刷媒介时代所形成的审美趣味和欣赏习惯。

D.生物入侵就是指那些本来不属于某一生态系统，但通过某种方式被引入到这一生态系统，然后定居、扩散、暴发危害的物种。

【解析】答案为D。该句主干为"生物入侵是指物种"，显然搭配不当，可以把"的物种"去掉，在"那些"后面加入"物种"。

11.下列各句中没有语病的一句是____。（广东卷）

A.他每天骑着摩托车，从城东到城西，从城南到城北，把180多家医院、照相馆、出版社等单位的废定影液一点一滴地收集起来。

B.科学工作者认为，目前国内具有如此独特的适于华南虎种群自然繁衍的生态环境，已经不多了。

C.明朝嘉靖之后，世风日下，贪污被视为正常，清廉反被讥笑，因而，在官员离任时，人们常以宦囊的轻重来评判他们能耐的大小。

D.蒙古族同胞长期生活在马背上，随身携带精美的小刀，既可以用来宰杀、解剖、切割牛羊的肉，肉烧熟了，又可以用它作餐具。

【解析】答案为C。A句语意不明，"180多家"是只修饰限定医院，还是分别修饰限定三个单位，还是三个单位总共这么多。如果说成"医院、照相馆、出版社等180多家单位"，就可以避免这种错误。B句"具有"缺少与之相搭配的宾语。考虑到已经使用了"独特"，就不能再用"特点"作宾语，故应将"具有"删去。D句偷换主语，

"既可以用来宰杀……"的主语不应是"蒙古族同胞",而应该是"小刀",所以应该在"既可以用来"的前面加上"这小刀"。

12.下列各句中没有语病的一句是____。(江苏卷)

A.人们的悲哀在于,应该珍惜的时候不懂得珍惜,而懂得珍惜的时候却失去了珍惜的机会。

B.这次外出比赛,我一定说服老师和你一起去,这样你就不会太紧张了,可以发挥得更好。

C."新课标"要求,在教学中,教师的角色要由传统的"满堂灌"向学生学习的参与者和促进者转变。

D.很多人利用长假出游,怎样才能避免合法权益不受侵害,有关部门对此作了相关提示。

【解析】答案为A。B句"我一定说服老师和你一起去"有歧义,是说服"老师",还是说服"老师和你",不明确。C句"传统的满堂灌"属于教学方式,不是"教师的角色",应将"要由传统的'满堂灌'"调至"教师"的后面。D句否定不当,"避免"与"不"语意重复,把句意说反,只能保留其中一个,应删去"不",或把"避免"改为"使"。

13.下列各句中没有语病的且句意明确的一句是____。(天津卷)

A.在激烈的市场竞争中,我们所缺乏的,一是勇气不足,二是谋略不当。

B.成功者在设定想要达到的每一个目标时,总是要先找出设定这些目标的理由来说服自己。

C.山上的水宝贵,我们把它留给晚上来的人喝。

D.幸福是一个人在一定的社会关系中,对生活产生的愉快、欣慰的感受,以及对人生意义的理解和评价。

【解析】答案为B。A句不合逻辑,"我们所缺乏的"应是"勇气"和"谋略",而不是"勇气不足"和"谋略不当"。"缺乏"与"不足""不当"表义相同而发生冲突,同时使用造成逻辑混乱。此句将"缺乏"

改为"表现出"亦可。C句表意不明,"晚上来的"可有两种理解:①"晚"和"上"连读,意与"白天"相对;②"上"和"来"连读,"晚上来的"意即"后(迟)上来的"。消除歧义的方法,或者去掉"上",晚来即迟来;或者将"晚上"改成"夜里"。D句"幸福是……对人生意义的理解和评价",搭配不当,可在"理解和评价"前面加上"积极"以便与"幸福"相匹配。

14.下列各句中,没有语病的一句是____。(山东卷)

A.她的歌声清亮、甜美、质朴、亲切,焕发着泥土的芳香,把人们带到那美丽富饶的河西走廊。

B.近年来,随着教育教学改革的不断深化,高校学生的培养深受社会广大用人单位的欢迎,就业率明显提高。

C.实施名牌战略,精心打造世界知名品牌,是我国加入WTO之后,面对机遇与挑战并存的形势,我国各大企业相继制定的发展策略。

D.学校抓不抓青少年理想教育的问题,是关系到祖国建设事业后继有人的大事,必须引起高度重视。

【解析】答案为C。A句"焕发……芳香"动宾搭配不当,应将"焕发"改为"散发""飘散"一类的词语。B句"高校学生的培养深受……的欢迎",搭配不当,应删去"的培养"或改为"高校培养的学生"。D句前后不照应,"抓不抓"与"关系到祖国建设事业后继有人的大事"不能搭配,应在"后继有人"前面加上"是否",或者将"抓不抓"改为"抓好"。

主观题(3题)

15.找出下面文字在语言表述方面存在的两处错误,并加以改正。(4分)(福建卷)

2005年春节联欢晚会上,由邰丽华领舞、21名聋哑人表演的《千手观音》让观众惊叹不已。在精湛的舞台灯光与背景音乐的烘托下,演员们绘声绘色的表演,使台下数千观众如痴如醉。这些聋哑人不仅以优美的舞姿，更以顽强的毅力和执着的人生追求深深地震撼了人们。

第一处：错误_____改正_____
第二处：错误_____改正_____

【解析】第一处是"精湛的舞台灯光与背景音乐"，用"精湛"来修饰"舞台灯光"十分费解；"舞台灯光与背景音乐"为并列短语，"舞台灯光"前面有修饰语，那么"背景音乐"前面也应该加上修饰语。故可改为"绚丽的舞台灯光与美妙的背景音乐"。第二处是"绘声绘色的表演"，修饰不当，可改为"精妙绝伦的表演"。

16.下面两段话中各有两处错误，请将修改后的两段话写在答题卡上。（重庆卷）

①重庆工艺美术的真正兴盛是明末清初。明末清初，重庆的挑花刺绣迅速崛起，与成都一道成为蜀绣的重要产地。

②"科技下乡"的热潮，受到广大农民的热烈欢迎。县"科技下乡"小分队来到桃花乡，大约半个小时左右，近千份科技信息资料就被老乡们索要一空。

改正：①_____
②_____

解析：①段，主语"兴盛"与宾语"明末清初"，不能搭配，这是第一处错误；第二处错误是，谁"与成都一道成为蜀绣的重要产地"？应该是重庆这个地方，而不应该是承前省主语的"挑花刺绣"。全句修改为：重庆工艺美术的真正兴盛时期是明末清初。明末清初，挑花刺绣迅速崛起，重庆与成都一道成为蜀绣的重要产地。②段，首先，主语"热潮"与谓语"受到……欢迎"搭配不当；其次，"大约"与"左右"，重复多余。全句可改为："科技下乡"的活动，受到广大农民的热烈欢迎。县"科技下乡"小分队来到桃花乡，半个小时左右，近千份科技信息资料就被老乡们索要一空。

17.阅读下面一段话,完成(1)(2)题。(辽宁卷)

①今天是大熊猫过生日,②几个好朋友来到他家为他庆贺。③当大熊猫吹灭生日蜡烛后,④朋友们问他刚才许了什么愿。⑤"从我懂事时起,就有两个最大的愿望,"⑥大熊猫轻声问答道:⑦"一个是把我的黑眼圈儿能治好,⑧还有一个是照张彩色照片。"

(1)找出在标点、结构等方面有毛病的语句。(只填序号)

(2)任选三个有毛病的语句加以修改,不能改变原意。

【解析】(1)①⑤⑥⑦。(2)①句主语与宾语不能搭配,改为"今天大熊猫过生日"或"今天是大熊猫的生日"。⑤句缺少主语,改为"我从懂事时起就有两个最大的愿望"或"从懂事时起,我就有两个最大的愿望"。⑥句用"问答"不合事理,改为"大熊猫轻声问答道";末尾冒号应改为逗号。⑦句句式杂糅,改为"一个是能把我的黑眼圈儿治好"或"一个是把我的黑眼圈儿治好"。(任选三处即可)

2006年[16题]

选择题(15题)

1.下列各句中,没有语病的一句是____。(全国卷一)

A.青藏铁路纵贯青海、西藏两省区,跨越青藏高原,是连接西藏与内地的一条具有重要战略意义的铁路干线。

B.这家老字号食品厂规模不大,但从选料到加工制作都非常讲究,生产的食品一直都是新老顾客倍受信赖的。

C.天安门广场等七个红色旅游景点是否收门票的问题,国家旅游局新闻发言人已在记者招待会上予以否认。

D.中央财政将逐年扩大向义务教育阶段家庭经济困难的学生免费提供教科书,地方财政也将设立助学专项资金。

【解析】答案为A。B句语序不当或者说搭配不当,改为"生产的食品一直倍受新老顾客的信赖"。C句"否认"的是收门票还是不收门票,不明确,应删去"是否"。D句成分残缺,在"向"

后面加"接受"。

2. 下列各句中，没有语病的一句是____。（全国卷二）

A. 天津市为大部分农民工办理了银行卡，建立工资"月支付，季结算"，维护了广大农民工的合法权益。

B. 来这里聚会的无论老少，都被他清晰的思路、开朗的性格、乐观的情绪及坚定的信心深深地感染了。

C. 不少学生偏食、挑食，导致蛋白质的摄入量偏低，钙、锌、铁等营养素明显不足，营养状况不容令人乐观。

D. 节约的目的不仅仅在于节约大自然赋予我们的有限资源，以保护十分脆弱的生态环境。

【解析】答案为D。A句搭配不当，"建立"后缺少宾语，应在"季结算"后面加上"的制度"。B句"被清晰的思路……深深地感染"搭配不当，可删去"清晰的思路"。C句语序不当，"不容令人乐观"应该为"令人不容乐观"。

3. 下列句子中没有语病的一句是____。（北京卷）

A. 美国一本杂志编的《野性大地》，摄影质量令人惊异，打开扉页那七八幅跨页图片，如同名角亮相，开场便一鸣惊人。

B. 鲸的"歌声"能表达很复杂的意思，但远不能与人的语言相提并论，因为鲸的"歌声"里没有能够代表具体的或抽象的事物的名词。

C. 漫步桃园，那一排排、一行行、一树树的桃林让人流连忘返；中餐后还可去自费采摘，那柔软多汁的大桃更让你大快朵颐。

D. 某些商家违背商业道德，利用中小学生具有的好奇心理和在考试作弊并不鲜见的情况下，为"隐形笔"大做广告。

【解析】答案为B。A句定语"一本杂志编的"与中心词"《野性大地》"不搭配，应为"一家杂志社编的《野性大地》"。C句并列短语"一排排、一行行、一树树"语序不当，应改为"一树树、一排排、一行行"，这样才符合"漫步桃园"的空间顺序。D句结构混乱,"利用中小学生具有好奇心理和在考试作弊并不鲜见的情况下"应为"利用中小学生具有的好奇心理和考试作弊并不鲜见的情况"。

4.下列各句中,没有语病的一句是____。(江苏卷)

A.去年入冬以来,少数目无法纪的人,任意偷窃、哄抢电缆厂大量物资,损失在百万元以上,目前警察正立案侦查。

B.如何避免比赛过程中出现不合法、不透明的暗箱操作现象,已经成为困扰组委会的首要问题。

C.建设部要求,各地要把风景名胜资源保护工作放在极其重要的位置,采用切实有效的措施,保护风景名胜资源的真实性和完整性。

D.地铁紧张施工时,隧道突然塌方,工段长俞康华奋不顾身,用身体掩护工友的安全,自己却负了重伤。

【解析】答案为C。A句"损失在百万元以上"句少主语,按承前省,主语就是"少数目无法纪的人",这样说不通,实际上主语变了,应该是"工厂",应在"损失"前面加上"工厂"或"导致工厂"。B句,"暗箱操作"前面再加定语"不透明"纯属重复多余,应删去。D句搭配不当,或成分赘余,可将"掩护"改为"保护",或者删除"的安全"。

5.下列各句中没有语病且句意明确的一句是____。(天津卷)

A.滨海新区纳入国家发展战略布局,为本市的跨越发展提供了广阔空间,但也应该看到,我们面临的竞争更为激烈。

B.获取信息的能力,成为学生自主学习的前提和基础,也是决定和衡量学生学习能力和水平高低的重要标志。

C.打开莎士比亚戏剧集,如同打开百宝箱,使人眼花缭乱,处处迸发出智慧的火花,闪现着艺术的光芒。

D.如果把天津建卫600年比作一部恢宏的史诗,那么三岔河口就是这部史诗的主旋律和最激昂的篇章。

【解析】答案为A。B句毛病出在"也是……"这一句上。一是"决定"与"标志"不能搭配,二是"决定和衡量"与"学生学习能力和水平"混搭在一起,纠缠不清,应该分开说。可修改为"既是影响学生学习能力的重要因素,也是衡量学生学习水平的重要标志"。C句成分残缺,"处处迸发出智慧的火花,闪现着艺术的光芒"缺少主语,在其前面加上"书中"或"剧中"即可。D句表意不明,删去"主旋律和最激昂"中的"和"字即可。

6.下列句子中没有语病的一项是____。(重庆卷)

A.通过仪器来观察世界开阔了人们的视野,由此也改变了我们对物质世界的认识。

B.新牌坊立交桥的建成将大大缓解交通高峰期的堵车问题。

C.由于适当的温度有助于化学反应速度,工期将选在气温较高的5、6月份。

D.这些事故给人民生命财产造成重大损失、究其原因,主要是一些主管领导和管理部门对安全生产没有引起高度重视。

【解析】答案为A。B句搭配不当,"缓解"与"问题"属动宾搭配不当,将"问题"改为"状况"或"矛盾"一类词语。C句表意不明,"适当的温度"是指"适当的高温"还是指"适当的低温",有歧义,根据"工期将选在气温较高的5、6月份",可知应该是指"适当的高温",故应将"温度"改为"高温";同时,"有助于化学反应速度"也有歧义,由于工期将选在气温较高的月份,故在"反应速度"之前应加"加快"或"提高",或删去"速度"。D句结构混乱,或者删去"引起",改为"主要是一些主管领导和管理部门对安全生产没有高度重视",或者改为"主要是安全生产没有引起一些主管领导和管理部门的高度重视",从而消除句式杂糅。

7.下列各句中,没有语病的一句是____。(四川卷)

A.21世纪的中国有没有希望,关键在于既要坚定地继承和发掘中华民族的优良传统,又要广泛地学习外国先进的科学文化。

B.提高早餐质量十分重要,早餐营养应提供占人体每天所需总量三分之二的维生素和矿物质,因而我们对待早餐一定不要马虎。

C. 那几天阴雨连绵,造成他家住的平房因年久失修而大面积漏雨,屋内连个下脚的地方都没有,妻子只在这时才写信向他发一两句牢骚。

D. 为及时征求和收集广大人民群众对我省"十一五"规划的意见和建议,省统计局日前在省内组织了一系列大型社会调查活动。

【解析】答案为D。A句前面"有没有"是两面意思,后面承接的"关键在"句则是一面意思,不能搭配,可在"关键在于"后面加上"能否"。B句前后并无明显的因果关系,且第一分句和第三分句重复啰嗦,保留一个即可。C句,"住的""只在这时""一两句"等修饰语,表面看修饰限制很准确,其实都是重复啰嗦,可修改为"造成他家平房因年久失修而大面积漏雨,屋内连个下脚的地方都没有,妻子这才写信向他发牢骚"。

8. 下列各句中,没有语病且句意明确的一句是____。(浙江卷)

A. 科学工作者需要开阔的心胸,就是和自己学术观点不一样的同行也应坦诚相待,精诚合作。

B. 健康休闲是一种以恢复身心健康状态、丰富生活、完善自我为目的的闲暇活动。

C. 曾记否,我与你认识的时候,还是个十来岁的少年,纯真无瑕,充满幻想。

D. 上海音乐厅精心打造"五一"晚会,奉献给观众的俨然是一桌名家荟萃、名曲云集的文化大餐。

【解析】答案为B。A句成分残缺,介词"和"的宾语是"同行",而"自己学术观点"缺少相应的介词,应在"自己学术观点"前面加一个介词"与"或"跟"。C句有歧义,到底是我十来岁,是你十来岁,还是两人都十来岁,可在"还是"前面加上"我"或"你"或"我们都"。D句缺少主语,应在"打造"后加"的",让"晚会"成为主语。

9.下列各句中,没有语病的一句是____。(湖北卷)

A.对调整工资、发放奖金、提高职工的福利待遇等问题,文章从理论上和政策上作了详细的规定和深刻的说明,具有很强的指导意义和可操作法。

B.艾滋病有性传播、血液传播、母婴传播等三大传播途径,我们需要采取紧急行动制止它的传播,否则不采取紧急行动,将会迅速蔓延,给人类健康带来巨大的威胁。

C.由于我国的国际影响和汉语在国际事务中的作用越来越大,联合国大会第二十八届会议一致通过,把汉语列为大会和安理会的六种工作语言之一(其他五种是英语、法语、俄语、西班牙语和阿拉伯语)。

D.与空中航路相对应,在沿途的地面上,平均间隔300公里左右就设有一处雷达、通讯导航和众多空管中心等设备,为"天路"上的飞行提供服务。

【解析】答案为C。A句语序不当,前后不对应,作"详细的规定"的,应是"政策",作"深刻的说明"的,应是"理论";故应将"详细的规定"与"深刻的说明"互换顺序。B句成分赘余,"否则"是"如果不这样"的意思,与"不采取紧急行动"同义重复,可删去其中一个。D句"雷达、通讯导航和众多空管中心",前两者是设备,后者为机构,应统称为"设施",而不是"设备"。

10.下列各句中有语病的一句是____。(湖南卷)

A.经过艰难跋涉,我们发现,如果没有科学发展观作指导,任何理顺国家、市场、社会关系的举措,都将事倍功半。

B.人们认为,团队有效性的关键因素不只是个体贡献的简单相加,而是能使队员行动一致、互相配合的团队协作技能。

C.自然界中存在着一种共生现象,如燕千鸟从鳄鱼牙中啄取水蛭,为鳄鱼提供口腔卫生服务,同时它自己也得到了所需的食物。

D.世界各地的人们都把当地的主要河流称为母亲河,是因为这些河流不仅是他们赖以生存的基础,而且是区域文化的摇篮。

【解析】答案 B。该句关联词使用错误,"不只是"表递进,后一分句应该用"而且";与"而是"相对应的关联词应该是"不是",表相反并列。该句前后两个分句是递进关系,故应把"而是"改成"而且包括"或"还包括"。

11. 下列语句没有语病的一项是＿＿＿。(辽宁卷)

A. 你不敢轻视了静坐于酒馆一角独饮的老翁或巷头鸡皮鹤首的老妪,他们说不定就是身怀绝技的奇才异人。

B. 一个天使般的微笑若能化解一个人多年的苦闷,就应该是无价的,也应该是解决困境的有效方法之一。

C. "2006中国沈阳世界园艺博览会"是世界园艺博览会历届占地面积最大、活动最丰富、演艺最精彩的一次盛会。

D. 这些陈旧的观念不清除,将会直接阻碍我们进一步深化改革的进行。对此,我们必须要有一个正确的认识。

【解析】答案为 A。B 句动宾搭配不当,"解决困境"改为"摆脱困境"。C 句语序不当,将"历届"调到"是"之后。D 句成分赘余,删去"的进行"。

12. 下列各句中,没有语病的一句是＿＿＿。(安徽卷)

A. 这项基金,是对公益林管理者发生的管理、抚育、保护和营造等支出给予一定补助的专项资金。

B. 六年间,我国航天技术完成了从单舱到三舱,从无人到有人,从"一人一天"到"两人五天"的进步。

C. 目前,我市已做出规划,通过优惠的政策和到位的服务,多方引进资金,开拓经济发展的新途径。

D. 那些在各条战线上以积极进取、不折不扣对待生活和工作的人,才是我们尊敬和学习的对象。

【解析】答案为 C。A 句语序不当,应改为"营造、抚育、管理、保护"。B 句搭配不当,应把"进步"改成"发展过程"。D 句成分残缺，在"不折不扣"后加"的态度"。

13．下列各句中没有语病的一句是＿＿＿＿。（广东卷）

A．看完那部电视剧后，除了荧屏上活跃着的那些人物给我留下的印象之外，我仿佛还感受到了一个没有出场的人物，那就是作者自己。

B．工厂实行了生产责任制以后，效率有了显著的提高，每月废品由原先一千只下降到一百只，废品率下降了九倍。

C．各级财政部门要提高科学管理水平，特别是对农村基础设施建设经费的管理上，要做到心中有数，全盘考虑，周密安排。

D．我们一方面要加强培养人才的工作，另一方面要把现有的中年知识分子用好，把他们的积极性充分调动起来。

【解析】答案为D。A句"还感受到了……人物"动宾搭配不当，"感受到"要求带动词宾语，故应改为"还感受到了一个人物没有出场"。B句"下降了九倍"不对，下降不能用倍数，可改为"废品率下降了十分之九"或"废品率下降到十分之一"。C句介词使用不当，"对基础设施建设经费的管理上"去掉"上"或改为"在对农村基础设施建设经费的管理上"。

14．下列各句中，没有语病的一句是＿＿＿＿。（江西卷）

A．由于计算机应用技术的提高和普及，为各级各类学校开展多媒体教学工作提供了良好的条件。

B．采取各种办法，大力提高和培养工人的现代技术水平，是加快制造业发展的一件迫在眉睫的大事。

C．这家乒乓球馆设施齐全，可为乒乓球爱好者提供不同档次的球台、球拍、球衣、球鞋等乒乓器材。

D．政治体制能不能和日益市场化的经济体制相适应，是当今中国能否实现社会和谐的关键问题。

【解析】答案为D。A句成分残缺，"由于"的使用造成主语残缺，删去即可。B句"培养"与"水平"搭配不当，删去"和培养"；"大事"前的多项定语排序不当,应将数量定语"一件"提前到"加快"之前。C句不合逻辑,"球衣、球鞋"不属于乒乓器材,应删去。

15.下列各句中,没有语病的一句是____。(山东卷)

A.据了解,节日前夕济南各大公园积极美化、创意布置园区,盛装迎接国庆节的到来。

B.奥运吉祥物福娃以其憨态可掬的形象向世界各地的孩子们传递着友谊、和平、积极进取以及人与自然和谐相处的美好愿望。

C.有关专家认为:"十美十丑"行为评选活动,是对青少年学生进行"八荣八耻"教育的一种好形式,对于孩子养成正确的行为习惯具有重要的导向作用。

D.近年来,龙口市各行政村以南山岗精神为动力,在新农村建设中励精图治、辛勤耕作,描绘着家园未来美好的远景。

【解析】A句语序不当,"积极美化、创意布置园区"应改为"积极创意布置,美化园区"。B句成分残缺,"积极进取"之后加"的精神";"愿望"不能"传递",动宾不能搭配,"传递"改为"表达"。即修改为"传递着友谊、和平、积极进取的精神,表达了人与自然和谐相处的美好愿望"。D句语意重复,"未来"和"远景"重复,可删去其中一个,即修改为"描绘着家园的美好未来"或"描绘着家园的美好远景"。该题要求选出没有语病的一句,提供的答案为C,其实该句亦有语病,"青少年学生"属于交叉概念,不当并列。

主观题(1题)

16.下面文字在语言表达方面有多处错误,请找出两处加以改正。(4分)(福建卷)

1992年,世界上第一条手机短信在英国发送成功,拉开了短信文化的先河。我国于1998年开通手机短信,使用短信的手机用户层出不穷。随着手机短信由多媒体形式到纯文本形式的进化,我国手机短信用户在2005年达到了一个新的高峰。

第一处：原句_____修改为_____
第二处：原句_____修改为_____

【解析】①"拉开了短信文化的先河"，动宾搭配不当，可改为"拉开了短信文化的序幕"，或改为"开了短信文化的先河"。②"使用短信的手机用户层出不穷"，用词不当，可改为"使用短信的手机用户与日俱增"。③"随着手机短信由多媒体形式到纯文本形式的进化"，语序不当，应改为"随着手机短信由纯文本形式到多媒体形式的进化"。

2007年〔16题〕
选择题（15题）

1.下列各句中没有语病的一句是____。（全国卷一）

A.人与人之间总会有不同的邂逅和相逢，正是不同的人的生活轨迹不停地相交，才编织成这大千世界的生活。

B.近年来，我国专利申请一年比一年多，专利申请的持续快速增长，表明国内研究开发水平和社会公众专利意识在不断提高。

C.这里，昔日开阔的湖面大部分已被填平，变成了宅基地，剩下的小部分也在以10%的速度每年缩减着，令人痛心。

D.由20多个国家的生物学家参与的"生命百科全书"研究项目，计划将世界上180万种已知物种的所有信息编纂成册。

【解析】答案为D。A句"邂逅"的意思是偶然遇见，与"相逢"语义重复，可删去"邂逅和"。B句"社会公众专利意识"与"不断提高"不能搭配，可改为"研究开发水平不断提高，社会公众专利意识不断增强"。C句语序不当，"每年"放到"10%"的前面。

2.下列各句中，没有语病的一句是____。（全国卷二）

A.这篇文章介绍了传统相声所用的押韵、谐音、摹声等方面的详细的语音技巧和表达效果，内容丰富，饶有趣味。

B.工作之余，他不仅是个小提琴爱好者，大家公认的演奏能手，也是个文学爱好者，能写出很好的美妙诗篇。

C.可燃冰是海底极有价值的矿产资源，足够人类使用一千年，有望取代煤、石油和天然气，成为21世纪的新能源。

D.挑选合适的培训基地是该市"阳光工程"的重要环节，这一环节也正是最容易出现弄虚作假的现象，市政府特别重视。

【解析】答案为C。A句，首先是语序不当，应将"详细"提到前面作"介绍"的状语；其次，"介绍"缺少与其搭配的宾语，应补上"的知识"；还有，"押韵、谐音、摹声"等属于表达技巧而不是表达效果。全句修改为"这篇文章详细介绍了传统相声所用的押韵、谐音、摹声等表达技巧的知识，内容丰富，饶有趣味"。D句逻辑错误，"小提琴爱好者""文学爱好者"与是否在工作无关，可删去时间状语"工作之余"；"很好的"和"美妙"语义有重复，可修改为"工作之余，他不仅爱好小提琴，是大家公认的演奏能手；也爱好文学，能写出美妙的诗篇"。D句，第二分句紧缩后是"环节是现象"，主宾不能搭配，可在"现象"后面加上"的环节"，使之成为"正是"的宾语；所以第二分句可修改为"这也是最容易出现弄虚作假现象的环节"。

3.下列各句中，没有语病的一句是____。（全国卷三）

A.本次展览征集了近千幅家庭老照片，这些照片是家庭生活的瞬间定格，却无不刻有时代的痕迹，让人过目难忘。

B.运动员的高超技能可以通过日常的刻苦训练获得，而良好的心理素质却要通过临场的无数竞技才能练就出来。

C.在质量月活动中，他们围绕以提高产品质量为中心，进行了综合治理，尤其加强了对工艺流程、验收程序的监控。

D.为丰富城市生活，市政公司全面规划，修建了三个文化广场，其中一个是将二十多米的深坑夷为平地而建成的。

【解析】答案为A。B句语序不当，"临场的无数竞技"应改为"无数的临场竞技"。C句"围绕以提高产品质量为中心"句式杂糅，应改为"以提高产品质量为中心"或改为"围绕提高产品质量这个中心"。D句不合逻辑,"夷为平地"一般是指破坏建筑物使之成为平地,"深坑"只能"填为平地"而不能"夷为平地"。

4.下列各句中,没有语病的一句是____。(北京卷)

A.素质可以理解为人在先天条件的基础上,在家庭、社会的影响下,经过后天的教育所形成的稳定的心理品格。

B.很少有以7毫米以下口径制造狙击步枪的国家,因为狙击要求威力大,精度高,但中国狙击步枪偏选择了小口径。

C.几组蝴蝶展框吸引了参观者,大家都以为这是标本,看到展框上方"仿真蝴蝶微型风筝"标志,使大家恍然大悟。

D.在翻阅中国话剧100周年纪念活动资料时,他萌生了创作一台寻找中国话剧源头的剧本的意念。

【解析】答案为A。B句不合逻辑,"以7毫米以下口径制造狙击步枪"可改为"制造7毫米以下口径的狙击步枪"。C句主语残缺,可删掉最后一个分句中的"使",让"大家"作主语,或将"使大家"换成"才",承前省主语"大家"。D句"一台剧本"搭配不当,可将"一台"改为"一个"或"一部",也可把"剧本"改为"话剧"。

5.下列各句中没有语病且句意明确的一句是____。(天津卷)

A.王维在继承传统的基础上,努力创造的具有鲜明个性的意境,丰富和提高了山水诗的表现技巧,对诗歌发展做出了贡献。

B.为确保大熊猫入港随俗,科研人员专门安排它们接受语言训练,提升普通话、广东话和英语能力,为在香港定居做好准备。

C.许多投资者不了解证券投资和基金产品的风险,没有区别股票和基金产品与储蓄、债券的差异,贸然进行证券和基金投资。

D.作为古海岸与湿地同处一地的国家级自然保护区,七里海是京津唐地带极其难得的一片绿洲,被誉为天津滨海地区既大又美的花园。

【解析】答案为 D。A 句"王维在继承传统的基础上，努力创造的"是"意境"的定语，句子主干为"意境丰富和提高了表现技巧，做出贡献"，主宾搭配不当，把"努力创造的"中的"的"改为"了"即可。B 句成分残缺，在"提升"后面加"它们"，应在"能力"前加"的接受"，在"为在香港定居做好准备"中的"为"的后面加"其"。C 句"没有区别股票和基金产品与储蓄、债券的差异"里，有两个动词，"区别"的宾语是"差异"，而"没有"却缺少与之相应的宾语，应将"的差异"改为"差异的能力"。

6. 下列各句中，没有语病句的一句是＿＿＿。（重庆卷）

A. 请柬的封套上古色古香地印着青铜器，上面整齐地排列着身披铠甲、手持盾牌的秦军战士。

B. 生活是一幅丰富多彩的画卷，如果得不到你的欣赏，那不是它缺少美，而是你缺少发现。

C. 厚道有如参天的大树，替你遮挡暑热炎凉；厚道有如母亲的怀抱，替你抚慰喜怒哀乐。

D. 当地造纸厂偷排未经处理的废水，严重污染环境，导致鱼虾绝迹，各种水生作物大量减产和绝产。

【解析】答案为 B。A 句中"古色古香"虽为形容词，但一般只作定语不作状语，应放在"青铜器"的前面作定语，即改为"请柬的封套上印着古色古香的青铜器"。C 句中的"炎凉"一般只用它的比喻义，即人事中的亲疏冷暖，用在这里不恰当，也不能与"遮挡"搭配，可将"炎凉"改为"寒凉"。D 句"鱼虾"和"各种水生作物"大小概念并列，"绝迹""绝产"语意重复，可修改为"导致鱼虾等各种水生作物大量减产甚至绝产"。

7. 下列语句没有语病的一项是＿＿＿。（辽宁卷）

A. 玛丽安在路边的碎石堆里偶然发现了几处形状奇特的化石牙齿，兴奋异常，却始终认不出那是属于什么动物的。

B. 在经济快速发展的形势下，我们要关注一些行业战线过长、生产力过剩、造成新的资源配置不合理。

C.1977年12月10日,中国积聚了10年之久的570万考生走进高考考场,这在历史上是规模空前的。

D.早上出门的时候,他看到建筑工地上的挖掘机、装载机和十几辆翻斗车正在工作人员的指挥下挖土。

【解析】答案为C。A句语序不当,"化石牙齿"应改为"牙齿化石"。B句成分残缺,应在句末加上"关注"的宾语"的现象"。D句搭配不当,"挖掘机""装载机""翻斗机"不会在人的"指挥"下工作,应将"指挥"改为"操纵"。

8.下列各句中没有语病的一句是____。(广东卷)

A.考古家对两千多年前在长沙马王堆一号墓新出土的文物进行了多方面的研究,对墓主所处时代有了进一步了解。

B.纵观科学史,科学的发展与全人类的文化是分不开的,在西方是如此,在中国也是如此。

C.读完徐志摩的《我所知道的康桥》,读者就会被诗一般的语言所谱写的回忆梦幻曲所感染,使读者感到余味无穷,不忍释手。

D.王林待在实验室里半个月,好像与世隔绝了,所以他回到家,强迫着自己看了十天的报纸。

【解析】答案为B。A句语序不当,"两千多年前"应放在"文物"的前面。C句句式杂糅,在"诗一般"前面加上"用",删去"所谱写"中的"所",并删去"使读者",让"读者"作为主语一贯到底。D句中的"十天",指代不明,既可以作"看了"的补语,即连续十天都在看报纸,也可以作"报纸"的定语,即看完了十天内的报纸。前一种情况可能性不大,按后一种情况,可修改为"王林待在实验室里半个月,好像与世隔绝了,所以他回到家,强迫着自己看完了十天的报纸"。

9.下列各句中,没有语病的一句是____。(江苏卷)

A.一代代艺术家通过对中华民族优秀艺术传统的继承、提高、升华，才有了艺术新形式、审美新形态的诞生和发展。

B.国家知识产权局有关负责人认为，国内专利申请的持续快速增长，表明我国公众的专利意识和研究开发水平不断提高。

C.苏通大桥建造的初衷是，拉近苏北、苏南的距离，进一步推动江苏省沿江开发战略的实施，具有十分重要的意义。

D.全球温室气体减排无论幅度大小，都为减缓地球温度的不断上升和海平面的持续上涨提供了可能。

【解析】答案为D。A句"一代代艺术家"应放在"通过"的后面，另外，"优秀艺术传统"是不可能再"提高、升华"了，可改为"发扬、光大"。B句搭配不当，"意识"不能与"提高"搭配，可改为"表明我国公众的专利意识明显增强，研究开发水平不断提高"。C句的毛病是句式杂糅，可将"具有十分重要的意义"删去。

10.下列各句中，没有语病的一句是＿＿＿。（浙江卷）

A.我国正在实施公民旅游素质提升工程，在又一个"黄金周"到来之际，每位游客尤其是出境游客应该意识到自己是祖国的"形象大使"。

B.随着科技的发展，一种新型手机已经问世，它使用了太阳能电池，具有指纹识别功能，能耗较低，有光即可充电。

C.北京奥运会火炬接力的主题是"和谐之旅"，它向世界表达了中国人民对内致力于构建和谐社会，对外努力建设和平繁荣的美好世界。

D.根据"全国国民阅读调查"数据显示看，国民阅读量少的原因是多方面的，但对比阅读率较高的国家可以发现，主要是从小没有养成良好的阅读习惯。

【解析】答案为A。B句语序不当而导致表意不明，"具有指纹识别功能"与"使用了太阳能电池"毫无关系，应把"具有指纹识别功能"提到"它使用"的前面，而"使用了太阳能电池"正好导致"能耗较低，有光即可充电"，它们连在一起，顺理成章。C

句成分残缺,"表达"缺少宾语,可在句末加上"的愿望"。D句结构混乱,可删去"显示看",或改为"从'全国国民阅读调查'数据来看"。

11. 下列各句中,没有语病、句意明确的一句是____。(安徽卷)

　　A. 政府应进一步加大改革力度,整合并均衡教育资源,真正让每个孩子都能接受平等的教育、优质的教育。

　　B. 根据气象资料分析,长江中下游近期基本无降雨过程,仅江苏和浙江的部分地区可能有短时小到中雨。

　　C. 初始阶段,由于对滩海地区的地质条件整体认识存在误区,导致了勘探队多次与遇到的油层擦肩而过。

　　D. 树立和落实科学发展观,发展和重视农业产后经济,应当成为解决我国"三农"问题的重要组成部分。

【解析】答案为A。B句"部分地区"有歧义,可理解为江苏和浙江这两省各自的"部分地区",也可理解为"浙江的部分地区";依前者的意思,应改为"仅江苏和浙江两省的部分地区可能有短时小到中雨";若依后者的意思,则应改为"仅江苏全省和浙江的部分地区可能有短时小到中雨"。C句成分残缺,缺少主语,"由于"和"导致了"两词可删去其中一个。D句"发展和重视"语序颠倒,应改为"重视和发展"。

12. 下列各句中,没有语病的一句是____。(江西卷)

　　A. 市政府关于严禁在市区养犬和捕杀野犬、狂犬的决定得到广大市民的热烈拥护和支持。

　　B. 参加这项比赛的选手平均年龄19岁,平均身高1.68米,平均文化程度大专以上。

　　C. 南昌至上海、杭州的火车动车组票价分别为228元、179元,而对应的普通列车硬座票价为106元、81元,相比之下,普通列车硬座票价要低一倍多。

　　D. 承担全面建设小康社会的历史任务,开创中华民族伟大复兴的光明前景，难道谁能否认这是当代中国青年肩负的崇高使命吗？

【解析】答案为D。A句"严禁"到底管到哪里，不明确，一种是只管到"养犬"，要捕杀野犬、狂犬；另一种是既管"养犬"也管"捕杀野犬、狂犬"，即不让捕杀野犬、狂犬。后一种显然不合情理，既然不许养犬，就更不会去保护野犬和狂犬。全句可修改为：市政府关于严禁在市区养犬并捕杀野犬、狂犬的决定得到广大市民的热烈拥护和支持。B句"平均文化程度大专以上"的说法不当，可改为"文化程度大多（均）在大专以上"。C句不合逻辑，低一倍就是不要钱免费乘坐了，"低一倍多"就更加不可能了。减少不能用倍数，可改为"低一半多"。

13.下列各句中，有语病的一句是____。（湖南卷）

A.当我在一个白夜从易卜生的故乡斯凯恩乘车返回奥斯陆的时候，沿途那幽深的有野鹿出没的森林里，那起伏着绿色松涛的山谷里，到处都响着娜拉出走时的关门声。

B.文学经典是历史的回声，是审美体验的延伸，也是后代作家超越自我的精神刻度，作家只有在与经典大师的竞争中，才能拓展文学的想象空间，为未来提供崭新的审美体验。

C.三峡围堰爆破使用的是世界上最先进的数码雷管，每个雷管都有唯一的编号，就像我们的身份证有自己的号码一样，而且人们还能像给手机设闹铃那样，给每个雷管单独设定起爆时间。

D.中国史学家在世纪之交进一步提升了自己的辨析能力，越来越显示出相当高的学术含量，从对外国史学的一般性介绍走向研究和判断的层面，从而为中外史学家的真正对话提供了可能和前提。

【解析】答案为D。该句第二个分句未出现主语，可视为承前省略，这个分句主干就是"（中国史学家）……显示出……学术含量"，主宾搭配不当，第二个分句的主语实际上已经换了，就应该补出来，可在"越来越显示出"前面加上"他们的研究成果"，作为该句的主语。

14.下列各句中，没有语病的一句是____。（湖北卷）

A. 中国印章已有两千多年的历史，它由实用逐步发展成为一种具有独特审美的艺术门类，受到文人、书画家和收藏家的推崇。

B. 我国大部分磷化工骨干企业集中在磷资源比较丰富的云、贵、川、鄂和靠近外贸出口市场而技术力量又相对较强的上海、天津、江苏、浙江等地区。

C.《全宋文》的出版，对于完善宋代的学术文献、填补宋代文化研究的空白、推动传统文化研究的意义特别重大。

D. 改革开放搞活了经济，农贸市场的货物琳琅满目，除各种应时的新鲜蔬菜外，还有肉类、水产品、鱼、虾、甲鱼、牛蛙及各种调味品。

【解析】答案为B。A句的毛病是成分残缺，应在"审美"后加"价值"。C句应将"的意义特别重大"改为"有特别重大的意义"。D句的毛病是并列不当，"水产品"已经包括了"鱼、虾、甲鱼、牛蛙"，可改为"还有肉类，鱼、虾、甲鱼、牛蛙等水产品及各种调味品"。

15. 下列各句中，没有语病句的一句是____。（四川卷）

A. 对家庭盆栽植物的摆放，专家提出如下建议：五针松、文竹、吊兰之类最好摆在茶几、书桌上比较合适，而橡皮树、丁香、腊梅等最好放在阳台上。

B. 在新形势下，我们应该树立新的文化发展观，推进和挖掘文化体制创新和特色文化内涵，着力开发富有时代精神和四川特色的文化产品。

C. 联合国设立"国际家庭日"的目的，是为了促使各国政府和民众更加关注家庭问题，提高家庭问题的警觉性，促进家庭的和睦与幸福。

D. 近年来，我省各级政府将群众生活水平是否得到提高和群众利益是否得到维护作为衡量工作得失的主要标准，干部重经济增长、轻群众生活的观念开始改变。

【解析】答案为D。A句，"最好摆在"和"摆在……比较合适"

两种句式不能同时使用，为了与后一分句句式保持一致，前一分句删去"比较合适"。B句"推进"与"内涵"不能搭配，"挖掘"与"创新"不能搭配，可改为"推进文化体制创新并挖掘特色文化内涵"。C句"提高……警觉性"搭配不当，"提高"改为"增强"。

主观题（1题）

16. 找出下面文段在语言表达方面的两处错误，并加以改正。（福建卷）

徜徉在天安门广场，人民英雄纪念碑那巍峨的碑体、优美的轮廓、饰有卷云与垂幔的碑顶，无一不让人顿生瞻仰、思念之情。这座纪念碑是由杰出建筑学家梁思成主持设计的。这一点，想必尽人皆知，对于他的助手、当代中国建筑大师吴良镛也参与了有关设计方案的讨论，或许鲜为人知。

第一处错误：_____。改正：_____。

第二处错误：_____。改正：_____。

【解析】"瞻仰"是一种表达敬仰的行为，而非感情，故第一处错误是"顿生瞻仰、思念之情"，可改为"顿生敬仰、思念之情"，或去掉"瞻仰"。说完主要的，然后提及次要的人和事，应用"至于"起头，故第二处错误是"对于他的助手"，可改为"至于他的助手"，或将"对于"改为"而"，或去掉"对于"。

2008年［16题］

选择题（16题）

1. 下列各句中，没有语病的一句是____。（全国卷一）

A. 葛振华大学毕业后回农村当起了村支书，他积极寻找发展本村经济的切入点，考虑问题与众不同，给村里带来一股清新的气息。

B. 荞麦具有降低毛细血管脆性、改善微循环、增加免疫力的作用，可用于高血压、高血脂、冠心病、中风发作等疾病的辅助治疗。

C. 王羽除了班里和学生会的工作外，还承担了校广播站"音乐不断""英语角"栏目主持，居然没有影响学习成绩，真让人佩服。

D.阅览室图书经常出现"开天窗"现象，我们可以从这一现象反映两个问题，一是阅读者素质有待提高，一是管理力度有待加强。

【解析】答案为A。B句搭配不当，把"增加"改为"增强"，把"中风发作"中的"发作"去掉。C句搭配不当，前后主语不一致，应把"承担了"改为"担任"，在"居然"前加"这些工作"。D句句式杂糅，或把"我们可以从"去掉，或将"反映"改为"发现"，"可以"移到"现象"之后。

2.下列各句中，没有语病的一句是____。（全国卷二）

A.金乌炭雕工艺精湛，采用纯天然颜料着色，具有高雅、时尚、个性的艺术享受，还能吸附有毒有害气体，是一种环保艺术品。

B.该县认真实施"村村通"这一全省规划的八件实事之一，到10月底，在全地区率先解决了农村百姓听广播看电视难的问题。

C.中俄两国元首在致辞中一致表示，要以举办"国家年"为契机，增进两国人民的相互了解和友谊，深化两国各领域的交流合作。

D.听说博士村官潘汪聪要给大家讲农技课，大家兴致很高，还没到时间，村委会会议室就挤满了很多村民来听课，场面好不热闹。

【解析】答案为C。A句"具有高雅、时尚、个性的艺术享受"搭配不当，可将"具有"改为"给人"。B句"实施……八件实事之一"搭配不当，可改为"该县认真实施作为全省规划的八件实事之一的'村村通'"。D句"村委会会议室就挤满了很多村民来听课"句式杂糅，或删去"来听课"，或把"挤满了"改为"有"。

3.下列各句中，没有语病的一句是____。（全国卷三）

A.城关中学的学生在老师带领下，为山区百姓义务投递邮件，几年来没有丢失一封信，推动了村民之间的联系，弥补了当地交通发展的局限。

B.馨园社区居委会在展示的普法板报中，用通俗易懂的语言剖析了生动典型的案例现实，让读者在轻松的阅读中领略到法律精神的独特魅力。

C.粮食不同于其他产品,其生产环节明显的季节性决定了它不能像工业产品流通一样可以零库存周转,因而储备粮食以备不时之需十分重要。

D.为了露出琉璃瓦深蓝色的瓦体,去年盖的办公楼没有在屋檐外设墙体遮挡,这是成为楼顶覆冰融化时容易整体滑落砸到过路人的原因之一。

【解析】答案为C。A句"推动……联系,弥补……局限",搭配不当,可修改为"增强了……联系,弥补了……不足"。B句应删掉"在……中"中的"在"和"中",并将"在轻松的阅读中领略"修改为"在阅读中轻松地领略"。D句,否定副词做状语位置不当,应把"没有"移到"设墙体"前去;末句"是"和"成为",谓语重叠,造成句式杂糅,或者说"这是造成……原因之一"或者说"这成为……原因之一",修改方法是在"是"和"成为"中,去掉一个。

4.下列句子中,没有语病的一句是____。(北京卷)

A.我国水墨画的主要成分是墨,加以清水,在宣纸上浸染,互渗,通过不同浓淡反映不同审美趣味,被国人称为"墨宝"。

B.一名韩国官员透露,有关成员国已达成一致意见,同意建立该项基金,以防止1997年那样的金融危机不要再次发生。

C.由于环境污染,常继发厌氧细菌的严重感染,极易发生破伤风,致使在当地或运送外地途中救治不及而死亡。

D.世界卫生组织这份一年一度的报告,提供了儿童与成人的死亡率、疾病谱以及吸烟饮酒等健康风险因素增加的最新资料。

【解析】答案为D。A句开头部分的主语是"我国水墨画的主要成分",而句子结尾部分"被国人称为'墨宝'"的主语应是"水墨画",前后主语不一致,可在"被国人"前面加上"因此水墨画"。B句"防止"与"不要"同时使用,不合逻辑,应去掉"不要"。C

句缺少主语，可将"由于"删去，在"致使"后面加上"患者"。

5.下列各句中没有语病且句意明确的一句是____。（天津卷）

A.公民美德是社会公民个体在参与社会公共生活实践中，应具备的社会公共伦理品质或实际显示出的具有公共示范性意义的社会美德。

B.我们一定能在奥运之际展现出古老文明大国的风范，那时我们的城市不仅会变得更加美丽，每一个人也会更讲文明。

C.一些房产中介表示了同样的担心，他们认为购房者一定要考虑房屋的地理位置和房源条件，不可盲目跟风。

D.为庆祝戛纳电影节60华诞，电影节组委会特别邀请了曾经摘取过戛纳金棕榈奖的35位导演，每人拍摄一部3分钟的纪念短片。

【解析】答案为A。B句后一部分是递进复句，且两个分句主语不同，关联词应当置于主语之前，故应将"不仅"移到"我们的城市"之前。C句"他们认为"与"中介表示……担心"是同义同构，叠床架屋，应删去"他们认为"；"地理位置"属于"房源条件"，不能并列；"购房者"句既然是中介对购房者的"担心"，就应将"一定要"改为"一定会"，"不可"改为"不会"。故全句可修改为：一些房产中介表示了同样的担心，购房者一定会考虑房屋的地理位置等房源条件，不会盲目跟风。D句"摘取……奖"不能搭配，"摘取"应改为"获取"；"每人拍摄一部3分钟的纪念短片"有歧义，应在"每人"前加"让"或"给"。

6.下列各句中，没有语病、句意明确的一句是____。（安徽卷）

A.诚信教育已成为我国公民道德建设的重要内容，因为不仅诚信关系到国家的整体形象，而且体现了公民的基本道德素质。

B.以"和谐之旅"命名的北京奥运火炬全球传递活动，激发了我国各族人民的爱国热情，也吸引了世界各国人民的高度关注。

C.今年4月23日，全国几十个报社的编辑记者来到国家图书馆，参观展览，聆听讲座，度过了一个很有意义的"世界阅读日"。

D.塑料购物袋国家强制性标准的实施,从源头上限制了塑料袋的生产,但要真正减少塑料袋污染,还需消费者从自身做起。

【解析】答案为D。A句,"不仅……而且"表示递进,应由轻到重,"关系到国家的整体形象"和"体现了公民的基本道德素质"应互换位置;再,两个分句共用一个主语,应该主语在前,关联词在后,故应把"诚信"提到"不仅"之前。B句搭配不当,把"吸引"改为"引起"。C句表意不明,不能确定"几十个"是修饰报社还是记者,改为"全国几十个报社的编辑记者们"(修饰报社),或改为"全国报社的几十个编辑记者"(修饰记者)。

7 下列各句中没有语病的一句是____。(江西卷)

A.本报热切期待您:(1)惠赐大作;(2)提供话题;(3)推荐作者;(4)提出批评建议。

B.中华人民共和国公民在年老、疾病或者丧失劳动能力的情况下,有从国家和社会获得物质帮助的权利。

C.三年来的"旅游兴市"竟成为今天发展核电的障碍,这可能是地方政府当初始料未及的。

D.他潜心研究,反复试验,终于成功开发了具有预防及治疗胃肠病的药粥系列产品。

【解析】答案为A。B句"年老、疾病或者丧失劳动能力",有并列交叉概念之嫌;构成并列短语的几个成分词类应该大体相同,其中"疾病"为名词,而它前面的"年老"(主谓短语)和后面的"丧失劳动能力"(动宾短语)均属动词性短语,因此"疾病"也应改为动词"患病"。C句"当初"与"始料未及"中的"始"语义重复,可删去"当初"。D句动词"具有"缺少宾语,应在"胃肠病"后加"功效"一词。

8.下列各句中,没有语病的一句是____。(湖北卷)

A.第二航站楼交付使用后,设备可达到国际领先水平,旅客过安检通道的时间,将从目前的10分钟缩短至1分钟,缩短了10倍。

B. 在那些艰难的日子里，不管他的身体有多差，生活条件再不好，精神压力有多大，他都坚持创作。

C. 艾滋病 (AIDS) 是一种传染病，其病毒通过性接触或血液、母婴等途径传播，侵入人体后，使人体丧失对病原体的免疫能力。

D. 社区服务中心为孩子们准备了跳绳、羽毛球、拼图、棋类、卡拉 OK 等 19 项体育活动，并将 20 万元活动经费发放到各社区。

【解析】答案为 C。A 句中"缩短了 10 倍"，数量表达错误，可改为"缩短了十分之九"。B 句前面使用的关联词是"不管"，故"生活条件再不好"应改为"生活条件多不好"。D 句"卡拉 OK"不属于体育活动，可将"体育活动"改为"文体活动"。

9. 下列各句中有语病的一句是＿＿＿。（湖南卷）

A. 超越种族、信仰、社会制度的差异，增进各国人民之间的相互了解，促进和平、友谊与团结，在尊重世界多样性的基础上实现人类和谐发展，已成为奥林匹克精神的深刻内涵。

B. 文艺复兴揭开了欧洲腾飞的序幕，工业革命拉大了欧洲与中国的距离。当火车在欧洲大地高歌猛进的时候，中国的辽阔土地上，木制独轮车还在吱吱呀呀地唱着千年的凄凉。

C. 风云变幻的 20 世纪已经过去，那些为中国的命运呐喊的诗界前辈也已经走远，在新的世纪，面对商品经济大潮的冲击，我们应该如何拨开喧嚣的迷雾，高扬起前辈诗人使命意识的旗帜？

D. 我国的文化遗产是我们民族悠久历史的证明，是我们与祖先沟通的重要渠道，也是我们走向未来的坚实根基，我们应当永远保持对古代文明成果的尊重和珍惜，以及祖先的缅怀和感恩。

【解析】答案为 D。该句"以及祖先的缅怀和感恩"因缺少介词"对"，而造成表意不明，应在"祖先"前加"对"。

10. 下列各句中，没有语病的一句是＿＿＿。（四川卷）

A. 从调查的结果来看，该校学生的课余活动主要有班级野炊、年级文体比赛、校际联欢会等，内容丰富，形式多样。

B.教育在综合国力的形成中处于基础地位,国力的强弱越来越多地取决于劳动者素质的提高,取决于各类人才培养的质量与数量。

C.市政府决定配合奥运项目的实施,重点抓好地铁建设、危旧房改造、污水处理等工程工作,加快现代化大都市建设的进程。

D.学习方法可能因人而异,但勤奋、努力等良好的学习态度和合理的时间安排却是每个想取得成功的学生所必须具备的。

【解析】答案为 A。B 句两面意思对一面意思,应把"劳动者素质的提高"改为"劳动者素质的高低"。C 句语序不当,应把"加快现代化大都市建设的进程"提到"重点抓好地铁建设"之前。D 句搭配不当,应把"合理的时间安排"改为"合理安排时间的能力"。

11.下列各选项中,没有语病的一项是____。(重庆卷)

A.当冰雪皑皑之际,唯独梅花昂然绽放于枝头,对生命充满希望和自信,教人精神为之一振。

B.那跳跃着鸣禽的绿林,树上缠绕着藤蔓的绿叶,以及时隐时现的山岚雾霭,把我整个心灵都吸引了过去。

C.坐火车到威尔士北部最高的斯诺登尼亚山峰去观赏高原风光,是威尔士最主要的一个景点。

D.1984 年 12 月 26 日,中国首次南极考察队抵达南极洲。12 月 31 日,南极洲上第一次飘起了五星红旗。

【解析】答案为 A。B 项中"整个心灵都吸引了过去"搭配不当,可将"心灵"改为"心","山岚"也与"雾霭"重复,应删去一个。C 项第二句缺主语,可改为"这是到威尔士旅游最主要的目的"。D 项语序不当,应把"首次"调至"抵达"前。

12.下列各句中,没有语病的一句是____。(浙江卷)

A.5 月 8 日,俄罗斯国家杜马以压倒性票数批准新任总统梅德韦杰夫对俄前任总统普京的总理提名,梅德韦杰夫于当日签署了任命书。

B.这种无纺布环保袋经过工艺处理后,具备了防水、易清洗、容量大、满足消费者对环保袋的客观需求的优势。

C.在交融与冲突并存的文化环境中,能否用东方雕塑语言来表达这个精神,恰恰是中国当代雕塑所欠缺的。

D.奥运圣火登顶珠峰的瞬间,无论是参与登顶的勇士,还是全世界观看这一壮举的人们,无不毫无例外地感受到了心灵的震撼。

【解析】答案为A。B句不合逻辑,"消费者对环保袋的客观需求"包含了"防水、易清洗、容量大",不能并列,可修改为"具备了防水、易清洗、容量大等特点,能够满足消费者对环保袋的各种需求"。C句"能否"是两面意思,而后文则是一面意思,不能对应,应去掉"能否"。D句用词重复,去掉"无不"。

13.下列各句中,没有语病的一句是____。(辽宁卷)

A.中国皮影戏的艺术魅力曾经倾倒和征服了无数热爱它的人们,它的传播对中国近代电影艺术也有着不可忽视的启示作用。

B.这篇文章集中分析了形势,辩证地回答了在大开放、大交往、大融合的世界里,我们迫切需要用一种全新的观念来协调各种关系。

C.交通台日前播报说,有的人在小轿车内开着空调过夜,由此发生窒息死亡事件每年都有发生,应该引起司机朋友们的高度重视。

D.大学毕业后去农村应聘村官的人当中,多数人希望能在建设新农村这一大环境中找到施展才华、创立事业、实现理想的有效途径。

【解析】答案为D。A句指代不明,将第二个"它"改为"中国皮影戏"。B句成分残缺,"回答"缺宾语,应在句末加"的问题"。C句结构混乱,"由此发生窒息死亡事件每年都有发生",应修改为"每年都发生过由此而窒息死亡的事件"。

14.下列各句中,没有语病的一句是____。(江苏卷)

A.任何一种文明的发展都是与其他文明碰撞、融合、交流的过程,完全封闭的环境不可能带来文明的进步,只会导致文明的衰落。

B.推行有偿使用塑料袋,主要是通过经济手段培养人们尽量减少使用塑料袋,这无疑会对减少白色污染、净化环境产生积极作用。

C.奥运火炬登顶珠峰,必须克服低温、低压、大风等不利的特殊气候条件,充分考虑登山队员登顶时可能遇到的各种困难。

D.将于2013年建成的京沪高速铁路,不仅能使东部地区铁路运输结构得到优化,而且有利于铁路运输与其他交通方式形成优势互补。

【解析】答案为D。A句"碰撞、融合、交流"语序不当,应是"碰撞、交流、融合"。B句"培养"缺宾语,应在"尽量减少使用塑料袋"后加"的习惯"。C句搭配不当,把"克服"和"充分考虑"二者位置对调。

15.下列各句中,没有语病、句意明确的一句是____。(山东卷)

A.这幅图片再现了身穿节日盛装的姑娘们围绕在熊熊篝火旁一起歌舞狂欢,汗水浸湿了她们的衣衫。

B.根据意大利法律规定,贝卢斯科尼在总理任期内不能担任俱乐部主席,否则他就有可能做有违公众利益的行为。

C.只有当劳动与兴趣、爱好乃至理想有机地结合在一起的时候,潜藏在每个人身上的想象力和创造力,才能够最大程度地发挥出来。

D.我校这次为四川地震灾区募捐的活动,得到了许多学校老师和同学的积极响应,在不到一天的时间内就募集善款三万余元。

【解析】答案为C。A句中"再现"缺少宾语,应在"衣衫"后加"的情景(场景)"。B句中"做"和"行为"不搭配,应将"行为"改为"事情"。D句中"许多学校老师和同学"有歧义,可在"许多学校"后面加上"的"。

16.下列句子中,没有语病的一项是____。(广东卷)

A.对这部小说的人物塑造,作者没有很好地深入生活、体验生活,凭主观想象加了一些不恰当的情节,反而大大减弱了作品的感染力。

B.煨桑是一种既古老又普遍的藏俗,有着固定的仪式:先把柏树枝和香草堆在山头或河岸的空地上,中间放上糌粑或五谷,然后洒上几滴水,点燃以祭祀神灵。

C.我们平时所用的调味品醋,含有氨基酸、钙、磷、铁和维生素B等成分,被皮肤吸收后可以改善面部皮肤营养缺乏。

D.高速磁悬浮列车没有轮子和传动机构,运行时与轨道不完全接触,列车的悬浮、驱动、导向和制动都靠的是利用电磁力来实现的。

【解析】答案为B。A句"反而"表示跟上文意思相反或超出预料,在文中起转折作用,不合语境,应改为表因果关系的"因而",该句属关联词误用。C句"改善"缺宾语,"面部皮肤营养缺乏",可在其后加"的状况",该句属动宾搭配不当。D句"都靠的是利用电磁力来实现的",包含两种结构,一是"都是靠电磁力来实现的",一是"都是利用电磁力来实现的",取其一即可,该句属句式杂糅。

2009年〔15题〕
选择题(15题)

1.下列各句中,没有语病的一句是____。(全国卷一)

A.引起世界关注的甲型流感病毒虽然不易致命,但传播速度快,如果不想办法找到它的演变原理,病情很容易迅速蔓延,给人类健康带来巨大威胁。

B.3月5日那天,我市万名青年志愿者走上街头学雷锋活动,这次活动的总口号是"弘扬雷锋精神,参与志愿行动,服务青年创业,建设和谐城市"。

C.社区主任接受采访时表示,去年大家做了很多调节工作,今年会更多地为受到情感和生活困扰的人们提供帮助,让他们不再那么痛苦,那么不知所措。

D.这次发展论坛在上海举行,参加论坛的中外各界人士在论坛期间就环境保护、人才培养、普及教育等众多议题为期两天发表意见并进行各种交流。

【解析】答案为C。A句主语本来是"甲型流感病毒",而"如果不想办法找到它的演变原理"暗换了主语,应将这个主语补出,即在"如果"后面加上"我们"。B句缺谓语,导致"学"与"活动"不搭配,应改为"开展学雷锋活动"。D句语序混乱或句式杂糅,将"为期两天发表意见并进行各种交流"改为"进行了为期两天的意见交流"。

2. 下列各句中，没有语病的一句是____。（全国卷二）

A. 根据公司的战略发展规划，需要引进大批优秀人才，包括服装量体师、团购业务员、技术总监、高级设计经理等大量基层和高层岗位。

B. 营救告一段时间后，他们把重点转向照顾幸存者，现在又在为避免地震滑坡形成的35个堰塞湖可能的灾害而奔忙，一刻也停不下来。

C. 由于单位优势逐渐丧失，身处僻壤的水电八局职工子弟，开始选择城市作为实现人生的目标，尤其是80后的这一代更迫切地希望融入城市。

D. 去年的大赛我们的工作得到了好评，今年的比赛从命题、决赛、海选到颁奖，我们又被指定参与活动的全过程，一定要高度重视，不可疏忽。

【解析】答案为B。A句介词位置不当导致缺少主语，应将"根据"放在"公司"之后；"包括服装量体师、团购业务员、技术总监、高级设计经理等大量基层和高层岗位"前后不对应，应改为"包括服装量体师、团购业务员等大量基层岗位和技术总监、高级设计经理等高层岗位"。C句"开始选择城市作为实现人生的目标"缺宾语，在"目标"后加上"的地方"。D句"从命题、决赛、海选到颁奖"其中排序不合逻辑，应该是"从命题、海选、决赛到颁奖"；"我们又被指定参与活动的全过程"中"又被指定"累赘多余，应改为"我们将参与活动全过程"。

3. 下列各句中，没有语病的一句是____。（全国卷三）

A. 太阳队近来的表现不能令人满意，糟糕的防守问题一直没有改善，比赛连连失利，甚至在与弱旅勇士队比赛时，也饮恨败北。

B. 目前，北大、清华等高校国防生的培养，初步形成了科学文化学习与军政训练并重、院校教育培养与军人实践锻炼结合的格局。

C."锦"是一种丝织品,在古代,由于珍贵的原材料、繁琐的生产工艺,使得织品数量有限,是达官贵人才能享用的时尚奢侈品。

D.为了更好地调动教师的积极性,我们一定要做好考核教师的教学成绩,对于贡献突出和甘于奉献的教师要给予适当的物质奖励。

【解析】答案为B。A句"问题……没有改善"搭配不当,"改善"改为"解决";为使前后因果关联更为明确,"比赛"前应添加"致使"。C句语序不当,"珍贵的原材料、繁琐的生产工艺"应改为"原材料珍贵,生产工艺繁琐"。D句"做好"缺少与之搭配的宾语,在"成绩"后加"的工作"。

4.下列句子中,没有语病的一句是＿＿。(北京卷)

A.南京郊外的阳山,有三块经人工雕塑、长达40米的巨大石头,专家认为这是朱棣为给朱元璋修建神功圣德碑选的碑材。

B.该集团的资金大都是外界筹措,利息之高令人难以想象,然而高额利息使该集团在资金运转上所承受的压力越来越大。

C.疫苗的研制是工程浩大的项目,耗时数年的潜心研究不可或缺,而且绝不是一个人的战斗,而是一场指向整个人类的战斗。

D.朝夕相处,谁也不能发生矛盾,但一发生矛盾,就各执己见,争吵不休,互不通融,这其实是一种最愚蠢的见解。

【解析】答案为A。B句"利息"的含义不明确,"高额利息"应改为"高额贷款利息";"利息之高令人难以想象"与后文重复,可删掉。C句中间一句改换叙述角度导致与前后两句不衔接不连贯。可在"耗时"前加"需要",并去掉"不可或缺"。D句表意不明,"这"指代的内容不明确,如果指"不能发生矛盾"尚可,指"发生矛盾后就各执己见"就不妥了。

5.下列各句中,没有语病的一句是＿＿。(江苏卷)

A.随着全球气温升高,飓风、洪水、干旱等极端气象事件的频率和强度正在增加,气候变暖已成为全人类必须共同面对的挑战。

B. 对"80后"作家来说，存在的最大问题就是要克服彼此间的同质化倾向，张扬自己的艺术个性才是他们的发展之路。

C. 尽管国际金融危机的影响还在蔓延，但随着一系列经济刺激计划的逐步落实，中国经济出现回暖迹象，人们对经济复苏的信心开始回升。

D. 由于青少年心智尚未成熟，好奇心又强，对事物缺乏分辨力，容易被大众媒介中的不良信息诱导，从而产生思想上、行为上的偏差。

【解析】答案为C。A句"事件的频率和强度"搭配不当，应在"事件"的后面加上"发生"。B句"存在的最大问题就是要克服彼此间的同质化倾向"表意费解，应改为"存在的最大问题就是彼此间的同质化倾向"。D句前后分句因果关系明确，主语"青少年"应一以贯之，故应删去"由于"，或将"青少年"提到"由于"之前；另外，"思想上、行为上"应作"产生"的状语，置于"产生"之前。

6. 下列各项中，没有语病的一项是____。（湖北卷）

A. 许多高中毕业生填报志愿时，是优先考虑专业还是优先考虑学校，很大程度上是受市场需求、社会动向、父母意愿、个人喜好等因素的影响造成的。

B. 5月4日在北京国家大剧院举行了《红色箴言》大型诗歌朗诵会，通过众多著名表演艺术家炉火纯青的朗诵艺术，在场的大学生热血沸腾，深受震撼。

C. 大观园旅游纪念品商场里摆满了名人字画、根雕作品、导游地图、古玩、配饰等多种工艺品，琳琅满目，美不胜收。游客们精挑细选，讨价还价，热闹极了。

D. 冬天日短，等到干完活儿回来，已是夕阳西下，薄雾给村子罩上了一层朦胧的面纱。母亲像往日一样，从灶屋里端出了热腾腾的饭菜，招呼我们赶紧吃。

【解析】答案为D。A项将"受……等因素的影响"和"是市场需求……等因素造成的"两种句式杂糅在一起，造成结构混乱、表意不明，应从中选定一种。B项删去"通过众多著名表演艺术家炉火纯青的朗诵艺术"一句末尾的"艺术"。C项"名人字画、根雕作品、导游地图、古玩、佩饰等"有些不属于"工艺品"，所以应该改为"商品"。

7.下列各句中没有语病且句意明确的一句是____。（天津卷）

A.90个有特殊编号的"奥运缶"在北京结束了网络竞价，以总价1283.65万元成交，每个缶的均价都超过了14万元。

B.尽管在刚过去的"五一"小长假里已经使出浑身解数大搞促销活动，各商家在母亲节档期里仍然力度不减，再次掀起促销波澜。

C.植物营养学就是研究如何通过施肥等措施提高作物产量、改善农产品品质的，因此植物营养不仅对粮食质量安全，而且对粮食数量安全至关重要。

D.学校能否形成良好的、有促进功能的校园文化，学习者能否真正适应并融入它，这对教学活动的有效开展起着重要作用。

【解析】答案为B。A句中的"每个"和"均""都"在表义上是重复的，保留"均价"即可。C句关联词误用，从逻辑关系上讲，"因此"表示前因后果，而C句却是前果后因，故"因此"应改为"因为"。D句"能否"表示事物的两个方面，对应的结论也应该是两个方面，而"有效开展"只表示了积极方面，应在"有效开展"前面也加上"能否"。

8.下列各选项中，没有语病的一项是____。（重庆卷）

A.现代医学一再证明，当一个人精力衰退，对事物缺乏好奇心与兴趣时，循环系统功能也会跟着退化。

B.来自海内外40多个国家、地区和国内31个省、直辖市的1800多位闽籍工商界精英汇聚福州。

C.昨日，市文物局组织了39名专家赶到重建的龚滩古镇，对已经完工的工程通过了验收。

D.漫步小径，风送来一阵扑鼻的香味。环顾四周，我看见一枝露出高墙的腊梅正在那里释放幽香。

【解析】答案为A。B项"海内外"已经包括了"40多个国家、地区和国内31个省、直辖市",语意重复。可删去"海内外",或者删去"40多个国家、地区和国内31个省、直辖市"。C项"通过"一词使用不当,改为"进行"。D项动宾搭配不当,"腊梅释放幽香"只可能闻见,而不可能"看见",后一句可改为"环顾四周,我看见一枝露出高墙的腊梅,原来香味是从那里释放出来的"。

9.下列各句中,没有语病、句意明确的一句是____。(安徽卷)

A.强台风袭击这座海滨城市时,呼啸的狂风夹着密集的雨点哗哗地下了起来,一小时后部分地段积水便深达60厘米,交通一度陷入瘫痪。

B.今年4月底,墨西哥和美国的部分地区相继爆发了甲型H1N1流感,世界卫生组织对此高度重视,并迅速采取了一系列紧急应对措施。

C.这份工作报告,不仅全面总结了改革开放30年来我县医疗卫生事业不断改革和发展,而且指明了构建我县医疗卫生保障体系的方向。

D.我市高新区不断完善以市场为导向、以企业为主体、产学研结合的技术创新体系,积极参与"合芜蚌自主创新综合配套试验区"的建设。

【解析】答案为D。A句"狂风……下了起来",搭配不当,可改为"狂风呼啸,密集的雨点哗哗地下了起来"。B句"墨西哥和美国的部分地区"有歧义,既可理解为两国的部分地区,也可以理解为只是美国的部分地区。C句"总结了改革开放30年来我县医疗卫生事业不断改革和发展"缺少宾语,应在"改革和发展"后面加上"的经验"。

10.下列各句中,没有语病的一句是____。(江西卷)

A.语文课堂其实就是微缩的社会言语交际场,学生在这里学习将来步入广阔社会所需要的言语交际本领与素养。

B. 王夫人丧子后好不容易再次得子，无论从母性本能还是从自身权益出发，王夫人对宝玉都弥足珍贵。

C. 几天前，他刚接待过包括省委书记在内的一批省市领导来到县里，专门调研返乡农民工问题。

D. 现代科学技术发展日新月异，研究领域不断拓展；科学无禁区，不过并非没有科学伦理的规范。

【解析】答案为D。A句"学习"与"素养"搭配不当，可删去"与素养"。B句"王夫人对宝玉都弥足珍贵"属于主客颠倒，应改为"宝玉对王夫人都弥足珍贵"。C句"一批省市领导"有歧义，或改为"一批省市的领导"或改为"省市的一批领导"。

11. 下列各句中，没有语病的一句是＿＿＿。（浙江卷）

A. 只有积极引导牧民开展多种经营，控制牲畜数量，减少对牧草的需求，退牧还草，才能为从根本上拯救纯种野牦牛提供可能。

B. 墨西哥国立自治大学日前举行甲型H1N1流感病毒专题研讨会，有专家认为墨西哥即将进入炎热的夏季，这或许有助于降低流感病毒的扩散。

C. 在本月热播的几部以南京大屠杀为题材的影片中，还原出许多历史细节，让我们深切地感受到电影主创者直面人间惨剧的勇气。

D. 林萍是一位普通的保险公司职员，她为非亲非故的女孩捐献肝脏的事迹感动了广大网友自发在网上留言，大家热情地称其为"宁波的骄傲"。

【解析】答案为A。B句"降低……扩散"搭配不当，将"降低"改为"减少"。C句滥用介词，造成主语残缺，去掉"在"和"中"。D句"事迹感动了广大网友自发在网上留言"，将两个句子粘连在一起，应拆分为两个分句，即"事迹感动了广大网友，广大网友自发在网上留言"。

12.下列各句中,没有语病的一句是____。(四川卷)

A.这位曾经驰骋乒坛的名将已经回到祖国,现就任于北京大学医学部教授,从事运动医学的教学与研究,为国家的体育事业贡献他的力量。

B.参加研制神舟七号飞船的全体科技工作者,在相关部门的大力支持下,在全国人民的热切关注中,经过不懈努力,神舟七号飞船终于成功发射。

C.西班牙将投资8.2亿欧元,在我省建立世界上最大并具竞争力的硅金属工厂,其生产能力、技术手段和产品质量,均将达到世界领先水平。

D.去年六月以来,成都市锦江区的廖先生和两位朋友多次去灾区送温暖,迄今为止,他们共走访了二十多个社区、近四百户家庭和三千多公里路程。

【解析】答案为C。A句成分赘余,"就任于"后面跟的应该是部门或单位,该句后面是"教授"属于职务,应去掉介词"于"。B句偷换主语,可以将"参加研制神舟七号飞船的全体科技工作者"放到"经过"之后,或者将末句改为"终于成功发射神舟七号飞船"。D句,"走访"与"三千多公里路程"不能搭配,其次,"走访了二十多个社区、近四百户家庭"表意不明,"近四百户家庭"是包括在"二十多个社区"里面还是另外的,不清楚。估计作者的意思是,"走访"的数量,按"社区"计算是"二十多个";按"家庭"计算是"近四百户"。因此,该处应修改为"走访了二十多个社区的近四百户家庭,行程达三千多公里"。

13.下列句子中,没有语病的一句是____。(广东卷)

A.青少年是上网人群中的主力军,但最近几年,在发达国家中60岁以上的老年人也纷纷"触网",老年人"网虫"的人数激增。

B.据中科院动物研究所初步鉴定,这头金色牦牛是世界上新发现的一种野生动物,并命名为"金丝牦牛"。

C.近年来,在秀丽的南粤大地上,拔地而起的九洲城、海南琼苑、凤城大厦等一批多功能新型建筑物,令人流连忘返,构思奇特,巧夺天工。

D.水果营养丰富,但是它的表面常常黏附着对人体有害的细菌和农药,所以食用水果前应该洗净削皮较为安全。

【解析】答案为 A。B 句首先是语序不当,"新发现的一种野生动物"不是鉴定的内容,"发现的一种新的野生动物"才是鉴定的内容;其次主谓搭配不当,"并命名为'金丝牦牛'"的主语应该是人,而不是"金色牦牛"。故应改为"这头新发现的金色牦牛是世界上一种新的野生动物,并被命名为'金丝牦牛'"。C 句语序不当,应为"……一批多功能新型建筑物,构思奇特,巧夺天工,令人流连忘返"。D 句"所以食用水果应该洗净削皮较为安全",糅合了"食用水果应该洗净削皮"和"洗净削皮较为安全"两种句式,可改成"所以食用水果前洗净削皮较为安全"或"所以食用水果前应该洗净削皮"。

14.下列各句中没有语病的一句是＿＿＿。(湖南卷)

A.2008 北京奥运会开幕式,以"和"字为核心创意,既融入了中国传统文化的精髓,又彰显了奥运新理念,获得了群众的好评如潮。

B.大学毕业生不应该只关注一己之屈伸,一家之饥饱,真正需要关注的是作为接受高等教育的个体对于群体、社会、他人的责任和义务。

C.小品《不差钱》对"不差钱"的反复宣称,既表达了对某些宰人商家的抗议,也反映了正在奔小康的农民提高自己社会地位的自觉自为。

D.在这部对话式作品中,作者阐明了对尊重生命、敬畏自然、坚持信仰、爱憎分明等被现代性所遮蔽的人类理想精神的张扬。

【解析】答案为 C。A 句"获得了群众的好评如潮"句式杂糅,只能在"获得了群众的好评"和"群众的好评如潮"两种句式中保留一种。B句"群体、社会、他人"这几个概念互相交叉,不能并列。D句"阐明了……张扬"动宾搭配不当,删去"的张扬";"被现代性所遮蔽"作为定语,位置不当。可修改为"作者阐明了被现代性所遮蔽的尊重生命、敬畏自然、坚持信仰、爱憎分明等人类理想精神"。

15.下列各句中,没有语病、句意明确的一句是____。(山东卷)

A.目前国际金融危机的影响仍在持续,尽管国内外旅游业面临的压力和不确定性都在加大,但中国旅游业繁荣与发展的基本面貌并未改变。

B.或许连作者都没想到,由于这一篇哀悼家鹤的纪念文章刻在石上,使得文本的命运与石头的命运牵连在一起,为后人留下了诸多难解之谜。

C.房地产市场之所以陷入长达一年的萧条,除了市场周期性调整的因素外,还在于部分开发商追求暴利,哄抬房价,也是泡沫加速破裂的重要原因。

D.海峡两岸关系协会与海峡交流基金会今天下午针对第三次陈江会谈的各项协议文本,举行了最后一次预备性磋商,历时大约一个多小时。

【解析】答案为A。B句成分残缺,"使得……"句缺少与"由于"相呼应的词语,应在"使得"前面加上"从而就"。C项句式杂糅,在"还在于部分开发商追求暴利,哄抬房价"和"部分开发商追求暴利,哄抬房价,也是泡沫加速破裂的重要原因"两种句式中,选取一种。D句"大约"与"多"重复,只能保留一个。

2010年 [15题]

选择题(13题)

1.下列各句中,没有语病的一句是____。(全国卷一)

A.大师的这段经历非常重要,但流传的说法不一,而所有的当事人、知情人都已去世，我们斟酌以后拟采用大师儿子所讲的为准。

B. 我们说话写文章，在把零散的词语串成一个个可以用来传递信息、完成交际任务的句子的时候，是需要遵循一定的语法规律的。

C. 这个法律职业培训基地由省司法厅和南海大学合作建立，是全国首家有效联合政府行政职能和高效教育资源而成立的培训机构。

D. 近期发热患儿增多，我院已进入门诊超负荷状态，为使就诊更有序，决定采取分时段挂号，如果由此给您带来不便，敬请谅解。

【解析】答案为B。A句句式杂糅，"拟采用"和"以……为准"杂糅，可改为"我们斟酌以后拟采用大师儿子的说法"或者"我们斟酌以后拟以大师儿子所讲的为准"。C句搭配不当，"基地"与"机构"不搭配，可将"机构"改为"设施"或"场所"。D句"决定采取分时段挂号"一句中"采取"缺少相应的宾语，应在该句后面补上"的办法（措施）"。

2. 下列各句中，没有语病的一句是＿＿＿。（全国卷二）

A. 随着"天河一号"的问世，我国成为继美国后第二个能够研制运算速度为每秒千万亿次的超级计算机的国家，在这一重要科学领域中跻身前列。

B. 该厂狠抓生产质量，重视企业文化，十几年来凝聚了一批技术骨干，所生产的内衣产量成为全国同行业销售额率先突破十亿大关的一个著名品牌。

C. 对于那些指责这些学说缺乏理论支持、说她不以实验而以先验方式作一般性推理的人，这表明他们对这一学说缺乏深入认识，还没有掌握其精髓。

D. 那个年代的手抄本很难得，书中的故事对我产生了潜移默化的影响，爱国心、人生观、事业心、爱情观以及手抄本那漂亮的字迹也让我非常喜欢。

【解析】答案为A。B句"凝聚"和"骨干"不搭配，"产量成为品牌"亦搭配不当，可改为"十几年来培养了一批技术骨干，所生产的内衣在全国同行业销售额率先突破十亿大关,成为一个著名品牌"。C句"这"指代不明,应将前半句改为"一些人指责这些学说缺乏理论支持、说她不以实验而以先验方式作一般性推理"。D句定语与状语错位,"产生了潜移默化的影响"应改为"潜移默化地产生了影响"。

3. 下列的句子中,没有语病的一句是____。(北京卷)

A. 记者近日发现,公园晨练的老年人中流行一种由松树精华做成的"神仙茶",对这种带点儿树皮味的绿色茶剂赞不绝口。

B. 挪威国宝级乐队"神秘园"将再度来京演出,实现了外国演出团在京演出超过7次的纪录,在其演出的艺术历程也是唯一的一次。

C. 连年亏损的美国《新闻周刊》正待价而沽,境内华人都鼓动中国人出手收购,将这份引以为豪的美国期刊经营权收入囊中。

D. 报告指出,中国及印度的一些跨国公司眼下正不遗余力地开拓国际市场,新加坡、俄罗斯等则紧随其后,国际市场的竞争格局在发生变化。

【解析】答案为D。A句末句缺主语,在"对这种"前面加上"他们"。B句动宾搭配不当,将"实现"改为"创下"。C句缺主语,在"引以为豪"前面加上"美国人"。

4. 下列句子中,没有语病的一句是____。(广东卷)

A. 以"城市,让生活更美好"为主题的上海世博会,让肤色不同、语言不同的人们在这样一个巨大的平台上共同寻找答案。

B. "低碳生活"这一理念,经过我国改革开放以来经济建设的成功和失败的实践,无可争辩地证实了这一理念的正确。

C. 刘老先生热心支持家乡的教育、慈善等公益事业。他这次返乡,主动提出要与部分福利院参加高考的孤儿合影留念。

D. 成千上万的亚运志愿者都在忙碌着,他们在共同努力,完成举办一次令亚洲乃至全世界都瞩目的文明亚运的理想。

【解析】答案为A。B句紧缩后即为"这一理念……证实了这一理念的正确",搭配不当,不合逻辑;且"这一理念"出现两次,应删去一处;同时删去"经过"。全句可修改为"我国改革开放以来经济建设的成功和失败的实践,无可争辩地证实了'低碳生活'这一理念的正确"。C句表意不明,"部分"既可以指福利院,也可以指孤儿。若指福利院,可改为"部分福利院的参加高考的孤儿";若指孤儿,则改为"福利院的部分参加高考的孤儿"。D句搭配不当。"完成"与"理想"搭配不当,或"完成"改为"实现"或"理想"改为"任务"。

5.下列各项中,没有语病的一项是____。(湖北卷)

A.当今的环境保护技术不仅做到了生产过程不浪费资源,不污染环境,保证产品使用的清洁高效,而且产品使用后废弃物的有效回收和循环利用。

B.一旦确定了某个特定节日的纪念物,商家、企业就可以设计、生产、经营相关的物品,电视、报纸、杂志等媒体就有了重点宣传的目标。

C.虽然现在所学的一些专业课,对我们很陌生,学起来比较吃力,不过我相信,在老师的帮助下,只要下苦功,就一定能够学好。

D.某院医护人员在不知情的情况下,将携带有艾滋病病毒的血液输入到患者体内,致使这些患者旧病未除,又染新疾,造成了严重的后果。

【解析】答案为 D。A 项成分残缺,在"而且"后加入"做到了"。B 项"商家、企业"与它后面的"设计、生产、经营相关的物品"不能搭配,语序不合理,应改为"企业、商家"。C 项主客颠倒,"对我们"后加入"来说",使之变成插说。

6.下列各句中,没有语病的一句是____。(四川卷)

A.曹操的性格具有双重性,他的雄才大略与奸诈凶狠对于任何一个扮演他的演员来说都具有挑战性,也是个难得的表演机会。

B.我国计划在 2011 年向太空发射目标飞行器"天宫一号"的实

验，这一消息引起世界各国极大关注，被全球各大媒体争相报道。

C.尽管作为欧盟成员国的希腊经济总量有限，其债务危机不足以使美国经济受到直接冲击，但是仍然会间接影响美国经济的复苏进程。

D.灾后重建三年目标任务两年基本完成的原因：一是十八个对口援建省市支援的结果，二是灾区干部群众自力更生所取得的成绩。

【解析】应选C。A句"他的雄才大略与奸诈凶狠"与"也是个难得的表演机会"搭配不当，可改为"演这个角色也是个难得的表演机会"。B句成分赘余，删去"的实验"。D句句式杂糅，去掉"的原因"。

7.下列各句中没有语病且句意明确的一句是____。（天津卷）

A.天津东临渤海，华北诸河汇流海河，东流出海，是沿海各省通往京城和华北腹地河流交通的枢纽。

B.20世纪后期，学者们有条件广泛接触西方人文社会科学，尽管在对其介绍和评价等方面有不少值得商榷之处，但他们取得的成绩还是应当肯定的。

C.我突然记起黄发垂髫初懂事理的时候，母亲告诫我的一句话：早起的鸟儿有食吃。

D.纪念馆分序厅、抗倭、抗英、抗法、抗日、尾厅等六部分组成，充分显示了中华儿女不畏强暴、自强不息的民族精神。

【解析】答案为B。A句搭配不当，在"是"前添加主语"天津"。C句，黄发指老年人，因其头发由白转黄；垂髫则指儿童，因其未冠时头发下垂。应紧随其后的是"初懂事理"，可见此处是指小儿，故应删去"黄发"。D句式杂糅，去掉"组成"或者将"分"改为"由"。

8.下列各句中，没有语病的一句是____。（陕西卷）

A.最近相关部门对两个小区的住房进行空气质量检测，结果有一半住房甲醛超标，而引发甲醛超标最主要的原因是居民不合适的装修造成的。

B. 李先生认为服饰公司侵犯了自己的权利，将之诉至法院，要求停止伤害，并提出30000元人民币的经济索赔和2000元人民币的精神损害抚慰金。

C. 长沙、株洲、湘潭城市群建设的启动，对道路、交通、媒体、通讯等行业提出了新的要求，与此相关，长沙商业圈无疑也将面对重新洗牌的机会。

D. 国家质检总局提出，"十一五"期间要形成10个左右拥有自主知识产权、国际竞争力较强、知名度较高、在国际市场占有一定份额的世界级品牌。

【解析】答案为D。A句"最主要的原因是居民不合适的装修造成的"句式杂糅，其中"原因是"与"造成的"语义重复，要么说"最主要的原因是居民不合适的装修"，要么说"引发甲醛超标主要是居民不合适的装修造成的"，两种句式只能选定一种。B句"提出"与"精神损害抚慰金"不能搭配，可在"抚慰金"之后加上"的要求"。C句"道路"和"交通"语义重叠，可删去"道路"。

9. 下列各句中，没有语病的一句是____。（湖南卷）

A. 随着经济全球化进程不断加快，国际人口流动更加频繁，推动全球人力、资本、信息等生产要素的加速流动、优化。

B. 有氧运动是以增强有氧代谢能力为目的的耐力性运动，它可以有效地锻炼呼吸系统和心血管系统吸收、输送氧气。

C. 许多水果都有药用功效，如柠檬中含有柠檬酸、柠檬多酚及维生素C等成分就具有很强的抑制血小板聚集的作用。

D. 让老百姓吃饱、吃好、吃得安全，永远是农业发展的根本任务，它并不随着农业自身发展阶段的变化而有所改变。

【解析】答案为D。A句缺少主语，谁"推动全球人力、资本、信息等生产要素的加速流动、优化"，不清楚，删去"随着"，将"推动"改为"推动了"，并在前面加上"这些因素"。B句搭配不当，或者说"锻炼"缺少与之相搭配的宾语，应在"输送氧气"的后面补上"的能力"。C句句式杂糅,"含有……成分"和"成分具有……作用"不能粘连在一起,只能选用一种,可在"含有"后面加上"的"。

10.下列各句中,没有语病的一句是____。(江西卷)

A.素有"庐山第一景"之称的石门涧,是庐山的西大门。这里一年四季泉水叮咚,鸟语花香,青松翠柏,云蒸雾绕。

B.某文化局长因工作需要调任交通银行行长,收入提高了十几倍;后改任财政局长,收入又降到了行长任上的十几分之一。

C.10月份以来,江东村家家户户房前屋后银杏树叶飘舞,满地金黄,吸引了来自全国各地慕名而至的游客。

D.为了使这项住房政策真正受惠于低收入家庭,香港政府制定了非常严格的申请程序,一旦发现诈骗,处罚极其严厉。

【解析】答案为B。A句并列短语语序排列不当,应为"青松翠柏、云蒸雾绕、鸟语花香、泉水叮咚"。C句"吸引了来自"句结构混乱,"来自"与"慕名而至"有重叠,可改为"全国各地的游客慕名而至",或改为"吸引了来自全国各地的游客"。D句"受惠"的对象不正确,主客颠倒,应该是人受惠于政策,而不是政策受惠于人。可修改为"为了让低收入的家庭从这项住房政策中真正受惠"。

11.下列各句中,没有语病的一句是____。(辽宁卷)

A.剑潭村委会班子认为,在现代化形势下,财富的充足和可持续增长需要以知识的充实为前提,要让村民真正富起来,关键在于知识起决定性作用。

B.随着网络技术迅猛发展对信息流通形式形成的巨大刺激,产生了网络互动这个平台,开拓了民意表达的公共空间,增强了政府和人民的良性互动。

C.美国警方公布了"9·11"恐怖袭击事件发生时的航拍照片,这些极具震撼力的照片,让公众有机会感受从空中目击世界贸易中心大楼倒塌的一幕。

D.会议围绕充分发挥学生信息员的作用、加强教学质量监控、促进教风和学风建设,健全了学生信息源组织机构,布置了今年评教评学的主要工作。

【解析】答案为C。A句句式杂糅,最后一分句改为"关键在于知识"或者"知识起决定作用"。B句,"随着"句删去"随着",将"的"改为"了",即改为"网络技术的迅猛发展对信息流通形式形成了巨大刺激",以使"产生了网络互动这个平台"句承前省有了主语;"开拓了"前加"这一平台",从而使末尾两分句有了主语。D句"围绕"的后面缺少与之相应的宾语,可在"学风建设"后加"等议题"。

12. 下列各句中,没有语病的一句是____。(浙江卷)

A. 栖息地的缩减以及遍布亚洲的偷猎行为,使得野生虎的数量急剧减少,将来老虎能否在大自然中继续生存取决于人类的实际行动。

B. 解决地沟油回流餐桌的根本在于加快地方立法,一方面制定强制统一收购餐厨垃圾的方法,另一方面通过立法协调环保、城管、工商等部门对餐厨废油的管理力度。

C. 近来,有些地方发生了利用短信诈骗银行卡持卡人的案件,且欺诈手法多样,出现了借口中奖、催款、退税等为名的新型欺诈。

D. 有专家认为,保护圆明园遗址的首要任务绝不是复建,哪怕是"部分"复建,而是研究、发掘后她展现出的遗存或废墟的价值。

【解析】答案为A。B句,首先是"解决"缺少宾语,在"地沟油回流餐桌"后加"问题";其次是"协调"与"力度"不能搭配,可将"协调"改为"加大"。C句"出现了借口中奖、催款、退税等为名的新型欺诈",结构混乱、成分残缺,要么改为"出现了以中奖、催款、退税等为名的新型欺诈行为",要么改为"借口中奖、催款、退税等进行新型欺诈"。D句语序不当,最后一句应为"而是发掘后研究她展现出的遗存或废墟的价值"。

13. 下列语句中,没有语病的一句是____。(山东卷)

A. 中午还是阳光灿烂,但到下午5时左右,老天突然变脸,市区狂风大作,天昏地暗。据气象部门监测,这次特强沙尘暴瞬间风力达11级,地面能见度0米。

B.记者来到卧龙镇人民政府南侧的中国卧龙大熊猫博物馆前,只见这座被称为"中国唯一大熊猫博物馆"坐落在风景秀丽的山下,周围流水淙淙,绿树成荫。

C.世博园开园以来,无论是风和日丽还是刮风下雨,参观的人流一直络绎不绝,截至5月9日17时30分,累计检票人员入园已达19.59万人次。

D.昨天上午,一位老人突然晕倒在购物中心,后经迅速赶到的120急救中心医护人员以及商场保安,在场群众的救护下,老人得到及时抢救,最终脱离了危险。

【解析】答案为A。B句成分残缺,在"坐落"前加"的博物馆"或者"的建筑"。C句按命题人的答案是病句。此句是正是误,其关节点在"截至"和"截止"的区分上。截至,是截止到某一期限暂告一段落,但事情并未结束;截止,则是到某一期限停止、结束。因为世博园5月9日17时30分以后还要继续开园,参观并未终止,如果使用"截止"就毫无疑问地错了;而该句使用的是"截至",应该说没错。大概命题人认为"截至"后面要用"为止"配合,该题后面未用"为止"即错。其实,"截至",既可以使用"截至……为止"这种格式,也可以后面直接跟时间词语使用。在全国高考1991年第3题和1998年第6题均考过这两个词语的情况下,命题人还出现失误是令人遗憾的。D句搭配不当,将"下"去掉,或将"经"改为"在";还有,"迅速赶到的"是只统辖"医护人员"还是"医护人员以及商场保安"都统辖,两种理解都可以。此处可改为"后经商场保安以及迅速赶到的120急救中心医护人员的及时抢救,最终脱离了危险"。

主观题(2题)

14.下面一则稿约四处画线部分中有两处语言表达不当,请找出

来并作修改。（4分）（山东卷）

本刊是全国中文核心期刊，主要刊登文学、历史、哲学等方面的论文。为丰富内容，提高质量，特向广大作者征稿。要求：观点鲜明，不超过8000字，逻辑清楚，格式正确。
①

来稿一经采用，即奉薄酬。来稿一律不退，三个月未接到用稿
　　　　　　　②
通知，请自行处理。敬请广大作者赐稿。
　　　　　　　　　③

来稿请寄：××市××路××号 《×××》编辑部×××
　　　　　　　　　　　　　　　　　　　　　　　④

敬启　邮编：××××××

　　　　　　　　　　　　　　　　《×××》编辑部
　　　　　　　　　　　　　　　　××××年×月×日

_____改为_____；
_____改为_____。

【解析】"稿约"应用事务语体，用语应平实、准确、客观、不带感情色彩，而②"薄酬"属于谦让用语，用在"稿约"中不妥，应改为"稿酬"；④"敬启"是表敬语，用于发文方，有抬高自己之嫌，显然失礼，故应改为"收"。另外①语序不妥，最好改为"观点鲜明，逻辑清楚，格式正确，不超过8000字"。只须改动两处即可。

15. 找出下面文字中的五处语病，先写出有语病句子的序号，然后加以修改。（5分）（安徽卷）

①在空军航空兵某师飞行大队长孟凡升参加一次集训时，驾机升空不到两分钟，突然发现飞机发动机转速异常、温度下降。②他迅速反应到发动机有重大问题。③在生死考验的瞬间，他立即与指挥员报告。④收到指令，他果断操纵飞机寻找场地，在确认飞机无

法迫降后，才请示跳伞。⑤为了避开村庄，直到允许跳伞的最后时刻之际，他才跳伞。⑥伞刚打开，人就着地了。⑦孟凡升多次在短短的48秒内主动放弃跳伞机会，有效避免了更大损失。⑧48秒，生死关头见素质，更见精神！

【解析】①"在"放在句首，造成该句没有主语，故应将"在"调至"参加"前。②"反应（映）"与其后的宾语不搭配，应将"反应（映）"改为"意识"。③介词"与"引进比较或动作的对象，此处应改为"向"，才有"对""朝"的意思，表示引进动作的对象。⑤"之际"与"时刻"语义重复，应删除。⑦"多次"是修饰动词"放弃"的，应调至"主动放弃"的前面。

2011年［14题］

选择题（13题）

1.下列各句中，没有病句的一句是＿＿＿。（新课标卷）

A.人才培养的质量是衡量一所大学办得好不好的重要因素，大力提升人才培养水平是高等教育改革发展的战略课题。

B.为了更好地提高服务质量，我们必须坚持以人为本，最大限度地为旅客创造和谐的候车环境、快乐的人性化服务。

C.这种感冒新药经过在北京、上海、南京、杭州、开封等地医院的400多个病例中临床试用，80%反映确实有疗效。

D.校庆在即，学校要求全体师生注重礼仪，热情待客，以带给从全国各地回母校参加庆祝活动的校友感到宾至如归。

【解析】答案为A。B句"创造"与"……服务"搭配不当，故应在"快乐的人性化服务"前补出谓语"并提供"。C句介词赘余，去掉"在……中"。D句结构混乱，改为"以带给从全国各地回母校参加庆祝活动的校友宾至如归的感觉"或者"让从全国各地回母校参加庆祝活动的校友感到宾至如归"。

2. 下列各句中,没有语病的一句是____。(全国卷)

A. 不同的生活习俗、自然条件以及地理环境,使各地的民居在平面布局、结构方法、造型等方面呈现出淳朴自然,而又有着各自的特色。

B. 历时三年的第六次全国人口普查是一次成功的国情大盘点,其数据将为我国社会经济发展规划的制定和政府的相关决策提供重要参考。

C. 失眠是指因睡眠时间不足、质量不佳对身体产生损害而出现的不舒服的感觉,应对失眠需要了解相关的睡眠卫生知识,进行自我调护。

D. 学校开展经典诵读活动有利于教风和学风建设,而中小学是人生品格形成的重要时期,所以这样的活动应着力于中小学就要抓紧抓好。

【解析】答案为 B。A 句"呈现"缺宾语,可修改为"呈现出淳朴自然,而又有着各自特色的风格"。C 句中"失眠是……感觉",主宾搭配不当,可将"的感觉"改为"的现象"。D 句语序不当,"着力"作状语应紧挨"抓紧抓好";介词"于"亦应改为"在",以避免文白夹杂。即该句修改为"所以这样的活动在中小学就要着力抓紧抓好"。

3. 下列句子中,没有语病的一句是____。(北京卷)

A. 高速公路上交通事故的主要原因是司机违反交通规则或操作不当造成的,交通部门要加强安全宣传,提高司机的安全意识。

B. 在"人类非物质文化遗产保护行动"中,中国民间文艺家协会确定将抢救民间木版年画列为民间文化遗产抢救工程之一。

C. 崇安髭蟾是武夷山区特有的两栖类珍稀动物,生活在海拔一千米左右的高山溪水中,最初因五十年前在崇安发现而得名。

D. 食醋富有氨基酸、钙、磷、铁和维生素 B 等成分,因此具有美容功效,皮肤吸收之后,可改善营养缺乏,促使皮肤美白细腻。

【解析】答案为B。A句句式杂糅，"造成的"和"主要原因"语义重复，去掉一个即可。C句状语位置不当，把"最初"移到"因五十年前"之后。D句成分残缺，"改善"缺少宾语，应在"营养缺乏"后面补上"的状况"。

4. 下列各句中没有语病且句意明确的一句是____。（天津卷）

A. 旺盛的国内需求正在成为跨国巨头获取暴利的重要市场，尤其是针对中国的石油、铁矿石以及基础能源等方面表现得异常突出。

B. 时光的流逝不能让我淡忘对故乡浓浓的思念，反之，随着年龄的增长，对故乡的思念愈发日久弥坚。

C. 说起饺子，每一个中国人都不感到陌生，中国的饺子对外国人也充满了难以抗拒的诱惑。

D. 因为有了幽默感，他们更善于与其他人沟通，即便表达了反对意见，别人也不会反感。

【解析】答案为D。A句并列不当，"基础能源"包括石油、铁矿石，应改为"石油、铁矿石等基础能源"。B句"思念愈发日久弥坚"句，一是主谓搭配不当；二是"弥"与"愈发"语义重复。可改为"思念愈发强烈"。C句全句的陈述对象是饺子，先说中国人对饺子怎么样，接下来应该说外国人对饺子怎么样，而且应该成为递进关系才顺理成章。所以末句应改为"就连外国人都难以抗拒中国饺子的诱惑"。

5. 下列各项中，没有语病的一项是____。（湖北卷）

A. 新世纪以来，国内出版业遭受了以互联网技术、移动技术、数字化阅读技术为代表的信息技术，呈现出复杂多变的博弈局面，传媒结构发生了微妙变化。

B. 汉绣注重构图，讲究纹饰，花鸟虫鱼、龙虎凤凰、飞禽走兽，皆可绣以为纹，写实与抽象融为一体，形成了独特的风格。

C. 三年来，地震灾区人民创造了抗震救灾史上的空前奇迹，奏响了惊天动地、气势磅礴的时代壮歌，铸就了自强拼搏、敢于胜利的历史丰碑。

D.信息数字化对个人生活发生了十分直接的影响，如果名字里用了一个计算机字库里没有的字，那么报名、取钱、贷款、登机……都难以办成。

【解析】答案为C。A句成分残缺，"遭受"缺少与之相应的宾语，可在"信息技术"的后面加上"的冲击"。B句后两个分句主语残缺，可在"写实"前加上"它将"。D句搭配不当，"发生"改为"产生"。

6.下列各句中，没有语病的一项是____。（江西卷）

A.中华全国总工会紧急拨款100万元，用于对在黑龙江省鹤岗新兴煤矿爆炸事故中遇难矿工家属的慰问。

B.领导班子是否廉明，能否坚持以人为本的执政理念，是推动一个地方社会经济健康发展的前提。

C.这个垃圾处理厂原设计日处理垃圾1000吨，现在，平均日处理垃圾达到了2300吨，早就处于超负荷运转了。

D.在宣泰战斗中，我军歼灭国民党军两个团，生俘团长一名，缴获了大批枪支弹药和武器物资。

【解析】答案为A。B句两面意思与一面意思搭配不当，将前半句中的"是否""能否"去掉。C句缺宾语，应在"处于超负荷运转"后加"的状态"，或删去"处于"亦可。D句并列不当，"武器物资"包括了"枪支弹药"，可将"武器物资"改为"其他军用物资"。

7.下列各句中，没有语病的一句是____。（四川卷）

A.今年暑假，我市将举办第12届中学生运动会，我校参加这届运动会的20名男运动员和16名女运动员，均是由班级和年级层层选拔出来的优秀选手组成。

B.2010年4月10日，第8颗北斗导航卫星的发射进入倒计时，西昌卫星发射中心各个岗位的操作人员对火箭起飞前进行了最后的检查，满怀信心等待着发射时刻的到来。

C. 现代高新技术在图书馆领域的广泛应用，引发了图书馆运行机制的变革，其结果将会出现一个全新图书信息交流系统，从而对图书馆的发展产生重大影响。

D. 为增强全体员工的文明服务意识，进一步提高职业道德素质，我省某商业银行将采取强有力的措施，在本系统内广泛推行文明服务用语和服务忌语。

【解析】答案为C。A句句式杂糅，删去"均是"或删去"组成"。B句语序不当，将"起飞前"移至"进行了"之后。D句末尾"推行服务忌语"显然不妥，可改为"广泛推行文明服务用语并禁用服务忌语"。

8. 下列句子中，没有语病的一项是____。（广东卷）

A. 北接陆上丝绸之路、南连海上丝绸之路，将于2014年申遗的"中国大运河"，包括京杭大运河、隋唐大运河以及浙东运河所组成。

B.《野鸭子》最打动人的是对真善美的热情讴歌，透过剧情的审美体验，让人们信服了一个事实、一条真理：世上还是好人多，人间自有真情在。

C. 成功的基础是奋斗，奋斗的收获是成功，所以，天下唯有不畏艰难而奋斗的人，才能登上成功的高峰。

D. 我先来到展厅后面一座小山上，映入眼帘的，是一个巨大的由一块茶色玻璃构成的覆斗形上盖，它保护着古墓的发掘现场。

【解析】答案为C。A句句式杂糅，在"包括……"和"由……所组成"两种句式中，只能选一种。B句暗换主语，应在"让人们信服了……"前面补出主语"它"。D句语序不当，可改为"一个由一块巨大的茶色玻璃构成的覆斗形上盖"。

9. 下列各句中，没有语病的一句是____。（山东卷）

A. 朝鲜艺术家这次来华表演的歌剧《红楼梦》，受到了中国观众的热烈欢迎，给予了很高的评价。

B.《尚书》记载，东方的夷人部落民风淳朴，人们好让不争且取予有度，因此这个部落被称为"君子之国"。

C. 据西藏自治区统计局发布的最新数据显示，在自治区常住人口中，藏族人口占九成以上，为271.6万人。

D. 随着大运会的日益临近，深圳随处可见志愿者忙碌的身影，迎接大运会已成为展现志愿者风采的广阔舞台。

【解析】答案为B。A句暗换主语，"给予了很高的评价"的主语不应该是"《红楼梦》"，而应该是"观众"，故应在"给予了"的前面加上"观众"。C句句式杂糅，"据……数据"与"……数据显示"只能选用一种，可去掉"据"。D句搭配不当，"成为展现志愿者风采的广阔舞台"的只能是"大运会"，不可能是"迎接大运会"，故应删去"迎接"。

10. 下列各句中，没有语病的一句是＿＿＿。（江苏卷）

A. 不断改善并切实保障民生，才能真正保持社会的和谐与稳定，进一步提高国民的幸福指数，实现长治久安的目标。

B. 所谓"生态自觉"，其要义固然包含了对生态的反省，但更重要的是对人在世界中的地位，以及人的行为合理性的反省。

C. 目前，我国是联合国"人类非物质文化遗产名录"中入选项目最多的国家，这一成绩主要靠的是社会各界的共同努力取得的。

D. 为纪念建党90周年，"唱支山歌给党听"歌咏比赛将于7月1日举行，届时校长和其他学校领导也将登台参加比赛。

【解析】答案为B。A句"不断改善并切实保障民生"语序不当，应改为"切实保障并不断改善民生"。C句句式杂糅，或去掉"取得的"或去掉"靠的"。D句"其他学校领导"有歧义，可以理解成"本校的其他领导"，也可以理解成"别的学校来的领导"。

11. 下列各句中，没有语病的一项是＿＿＿。（浙江卷）

A. 在网络时代到来以后，争鸣性质的学术文章，更强调要得到作者本人认可的文本为学术争论的起点。

B. 中国正在经历一场从"吃饱"向"吃好""吃健康"的转变，

在这一历史进程中，能否保证公众的食品安全，取决于政府的执政水平，事关老百姓的切身利益。

C. 最近，国家发改委下调了青霉素、罗红霉素等162个品种、近1300个剂型的药品，平均降幅是调整前规定价格的21%。

D. 由于核废料衰变缓慢，所以一旦发生地质变动，或者因建筑、地铁建设等人为因素的影响，导致核废料泄露事件，那么后果将不堪设想。

【解析】答案为B。A句成分残缺，"以……为"是固定结构，该句缺少与"为"相呼应的介词"以"，应改为"更强调要以得到作者本人认可的文本为学术争论的起点"。C句"药品"后面缺宾语"价格"，因为发改委下调的是价格，不可能是药品。D句成分赘余，去掉"事件"；也可以说是成分残缺，在"导致"的后面加上动词谓语"发生"，以与"事件"相搭配。

12. 下列各句中，没有语病的一句是____。（辽宁卷）

A. 会计专业的学生无论是中专生、大专生、本科生，毕业后如要从事会计类职业，必须通过考试取得会计从业资格证书才能上岗。

B. 林小云在学校有"心算第一人"的美誉，有人说这是训练的结果，也有人说她的速算能力其实可以从家庭遗传的角度得以解释。

C. 如果想刻画一种语言具有什么特征，拿另一种语言来跟它进行比较是最好的方法，通过比较可以很好地发现并感受语言的差异。

D. 建立制度很重要，但我们不能满足于把制度写在纸上、贴在墙上、挂在嘴上，还需要有制约和监督机制，以提高制度的执行力。

【解析】答案为D。A句成分残缺，"无论……还是"是固定搭配，不能缺少"还是"，应在"大专生"或"本科生"前面补上。B句"可以"与"得以"语义重复，将"得以"改为"得到"。C搭配不当，"刻画"与"特征"不搭配，可将"刻画"改为"说明"。

13. 下列各句中，有语病的一句是____。（湖南卷）

A. "感动中国"将镜头对准生动的现实生活，聚焦于推动当代中国发展进步的主体力量，解读了平凡中的伟大。

B.微博一经推出，就以其强大的即时通信功能，受到了广大网民的追捧，它正有力地介入我们的社会生活。

C.新生代农民工除了关注工资待遇外，对工作环境和社会保障条件也越发重视，那些环境恶劣、保障缺失的企业，他们将说"不"。

D.全面建设小康社会，建设社会主义现代化国家，实现中华民族伟大复兴，为我国广大有志青年提供了创造精彩人生的广阔舞台。

【解析】答案为C。该句暗换主语导致成分残缺，在"那些环境恶劣、保障缺失的企业"前加介词"对"。

主观题（1题）

14.下面五个句子中四个有语病，请先写出有语病句子的序号，然后加以修改。（安徽卷）

①中国有超过300多万平方公里的辽阔海域，还有众多的内陆海域，水下文化遗产丰富。这些遗产在整个文化遗产保护事业中占有重要地位。

②近年来，随着新农村建设的快速推进以及农村精神文明建设的大力发展，农村文化建设有了长足的发展，农民文化生活也越来越丰富。

③在丁俊晖走出其运动生涯的一段低谷后，本赛季战绩辉煌，夺得温布利大师赛冠军，并在世锦赛上闯入四强，平了亚洲选手在世锦赛上的最好成绩。

④从2010年9月1日起，安徽省所有基层医疗机构都降低了药费，省医改办提供的数据显现，我省基本药物采购价相对于国家零售指导价总体下降了52.8%。

⑤日本东京电力公司正全力以赴地处理福岛核电站，这场事故或许能在短期内得到妥善处理，但东京电力公司所面临的信任危机能否在短期内消除，值得期待。

【解析】①成分赘余，"超过"和"多"语意重复，应删除其中一个。③滥用介词导致缺少主语，去掉"在"。④"数据显现"词语误用或主谓不能搭配，将"显现"改为"显示"。⑤不合逻辑或表意不明，"值得期待"改为"尚难预料"或"还有待观察"。

2012年［15题］
选择题（13题）

1. 下列各句中，没有语病的一句是____。（新课标卷）

A. 凡事若不问青红皂白，把自己心中的愤怒发泄到臆想对象身上，很可能造成对毫不知情的或有恩于己的善良的人遭到伤害。

B. 她的创新设计投入生产仅三个月，就为公司带来了丰厚的利润，为这项设计付出的所有努力和取得的成绩终于得到了回报。

C. 哈佛燕京图书馆每年都有一次卖旧书的盛会，每次我都能在一堆堆五花八门的书里淘到如金子般珍贵的书，并因此而兴奋。

D. 欧债危机爆发之后，欧洲现在面临的最大困境是如何解决失业问题，严峻的形势将巨大的挑战带给了欧洲各国的经济复苏。

【解析】答案为C。A句句式杂糅，"造成对……伤害"和"人……遭到伤害"两种句式只能选取一种，或者改为"很可能造成对毫不知情的或有恩于己的善良的人的伤害"，或者改为"很可能使毫不知情的或有恩于己的善良的人遭到伤害"。B句"取得的成绩"与"得到了回报"不搭配，语意亦交叉重叠，应删去"和取得的成绩"。D句语序不当，"严峻的形势将巨大的挑战带给了欧洲各国的经济复苏"改为"严峻的形势给欧洲各国的经济复苏带来了巨大的挑战"。

2. 下列各句中，没有语病的一句是____。（全国卷）

A. 他在英语国家工作一年，不但进一步提高了英语交际能力，还参加过相关机构组织的阿拉伯语培训，掌握了阿拉伯语的基础应用。

B. 建立监督机制非常重要，企业对制度的决策、出台、执行到取得成效的每个环节都纳入监督的范围，就能切实有效地增强执行力。

C. 她对公益活动很有热情，并将这份热情带给了她所从事的产品策划和品牌推广工作中去，为公司树立良好的社会形象做出了贡献。

D. 次贷危机引发的全球性金融危机带来的影响还在持续，随着经济全球化的日益深化，如何缓解就业压力已成为世界各国最大的难题。

【解析】答案为D。A句"掌握……应用"动宾搭配不当，可将"掌握"改为"学会"，或在"应用"的后面加上"的知识"。B句介词"对"应换成"把"。C句句式杂糅，改为"并将这份热情带到她所从事的产品策划和品牌推广中去"。

3. 下列句子中，没有病句的一项是____。（北京卷）

A. 据悉，一种新型的袖珍电脑将亮相本届科博会，它采用语言输入、太阳能供电，具有高雅、时尚、方便、环保的功能和作用。

B. 依据欧洲银行已完成的压力测试结果显示，各国接受测试的91家大小银行，只有7家未能符合规定的6%的一级资本比率。

C. 老北京四合院处于皇城天子脚下，受到等级制度的严格约束，在形制、格局方面难免会用千篇一律，显得呆板而缺乏创意。

D. 大型情景剧音舞诗画《天安门》，一开场就采用"幻影成像"与舞台真人的互动，营造远古"北京人"穿越时空向人们跑来。

【解析】答案为C。A句"高雅、时尚、方便"不属于"功能和作用"，可将"功能和作用"改为"特点"。B句句式杂糅，在"依据……结果"和"……结果显示"两种句式中保留一个即可。D句"营造"缺少宾语，应在"跑来"的后面加上"的情景"一类的词语。

4. 下列各句中没有语病且句意明确的一句是____。（天津卷）

A. 如何更好地传承民族文化？有学者提议，应倡导全民重温中华经典，对弘扬民族文化更具积极意义。

B. 来自全国各地的捐款已经达到20万元，这笔善款将全部用于这个孩子的生理以及心理康复的治疗费用。

C. 天津市"五大道首届文化创意节"日前开幕，主办方推出的新颖、独特的系列活动，受到市民和四方游客的热捧。

D. 工作压力、环境污染、睡眠不足、缺乏运动等因素都会影响到人的身心健康，不健康的生活习惯、饮食习惯同样不容忽视。

【解析】答案为C。A句"应倡导……"与"对弘扬……"两处均缺少主语，修改方法，删去"应"或在"对弘扬民族文化"前面加上"这样"。B句"善款"与"费用"语义重复，应将"费用"去掉。D句搭配不当，"不健康"应改为"不良"。

5. 下列各项中，没有语病的一项是____。（湖北卷）

A. 坐上画舫游清江，如行画卷之中，江水清澈，绿树蓊郁，自然与人，和谐相依，随风生长，好一派如诗如画的风光！

B. 游览三峡大瀑布时，我们从倾泻而下的水帘中狂奔而过，尖叫声、嬉笑声响成一片，那真是充满刺激的难忘体验！

C. 当今已经很少有人会像以前那样的闲情逸致，拿出一本小说，从头到尾地阅读一遍，欣赏其委婉动人的故事。

D. 现代文明不仅带来了理性化、工业化、市场化、都市化、民主化和法制化这些美好的社会制度，而且创造了前所未有的物质财富。

【解析】答案为B。A项"自然与人……随风生长"搭配不当，将"随风生长"移至"绿树蓊郁"之后。C项"当今"句缺少谓语，将其中的"的"换成"有"，即改为"当今已经很少有人会像以前那样有闲情逸致"。D项不合逻辑，"不仅……而且"关联的是递进关系，应将"创造了前所未有的物质财富"和"带来了理性化、工业化、市场化、都市化、民主化和法制化这些美好的社会制度"调换一下。

6. 下列各句中，没有语病的一句是____。（江西卷）

A. 贫困市民和下岗职工不再把干个体看作是丢脸的事，他们已经坦然地加入到个体户行列中来。

B. 关于《品三国》，粗粗一看，似乎与其他同类的书没有多大的区别，但反复品读，就会发现其意味深长。

C. 虽然大家都知道生活离不开物质基础，可也没有一个人不认为，幸福并不完全由物质条件决定。

D.在学校师资不足的情况下，他主动挑起了为请假的老师代课的任务，获得了大家的一致好评。

【解析】答案为C。A句"贫困市民"和"下岗职工"概念交叉，不能并列，可改为"贫困市民尤其是下岗职工"。B句滥用介词造成缺少主语，应去掉"关于"。D句"挑起了……任务"搭配不当，可将"任务"换成"重担"，或将"挑起"改成"承担"。

7.下列各句中，没有语病的一句是＿＿＿。（四川卷）

A.我国首座自主建造、设计、开发的第六代深水半潜式钻井平台，在我国南海海域正式开钻，标志着我国海洋石油工业深水战略迈出了实质性步伐。

B.近年来世界艺术品拍卖价格屡创新高，许多有眼光的国际大商人纷纷购买、收藏有价值的艺术品，希望以这种投资方式实现资产保值和增值。

C.1999～2011年间，我国造林6643.36万公顷，人工林面积位居世界第一，但是土地沙漠化、植被覆盖率和森林病虫害等依然十分严重，令人担忧。

D.今年5月在北京举行的大学生文艺汇演，展现了新时代大学生的多才多艺与创造活力，具有民族特色的各类歌舞表现了民族团结和热情奔放。

【解析】答案为B。A句语序不当，"建造、设计、开发"应改为"设计、建造、开发"。C句"植被覆盖率"与"十分严重，令人担忧"不搭配，应删去"植被覆盖率"。D句语序不当，"具有民族特色的各类歌舞"应为"各类具有民族特色的歌舞"；"表现"缺少与之对应的宾语，改为"表现了民族团结的局面和各族人民热情奔放的性格"。

8.下列句子中，没有语病的一句是＿＿＿。（广东卷）

A.中国科学院最近研究发现，喜马拉雅山冰川退缩，湖泊的面积扩张，冰湖溃决危险性增大，引起了研究者的广泛关注。

B.长江中的江豚被誉为"水中大熊猫"，是国家二级保护动物，也是《华盛顿公约》确定的全球濒危物种之一，再不加以保护，15年后将会灭绝。

C.专家认为，我国人均饮茶量每天不足10克，加之大部分农药不溶于水，茶叶中即使有少量的农药残留，泡出的茶汤中也会农药含量极低，对人体健康影响不大。

D.今年广东天气形势复杂，西江、北江可能出现五年一遇的洪水；省政府要求各地要立足防大汛、抢大险、抗大旱，做到排查在前、排险在前、预警在前，确保群众的生命财产安全。

【解析】答案为B。A句句式杂糅，"研究发现"的是后文的三种情况，而"引起了研究者的广泛关注"的主语同样也是这三种情况，此三种情况既已作为"研究发现"的宾语，则不可再作"引起了"的主语，可去掉最后一句。C句语序不当。一是关联词语位置不当，应将"即使"调至"茶叶"的前面；二是状语位置不当，"也会"应紧跟它修饰的谓语"极低"。D句逻辑顺序错误，"排查在前、排险在前、预警在前"应该改为"预警在前、排查在前、排险在前"。

9.下列各句中，没有语病，句意明确的一句是____。（山东卷）

A.近视患者都应当接受专业医师的检查，选择合适的眼镜，切忌不要因为怕麻烦、爱漂亮而不戴眼镜。

B.本市国税局绘制出"税源分布示意略图"，解决了税源管理辖区划分不清、争议扯皮等问题的发生。

C.为加强国际交流，提高山东环保产业水平，省政府拟举办"生态山东建设高层论坛"暨第五届环保产业博览会。

D.日本在野党强烈指责财务大臣"口无遮拦"、公开谈及政府去年入市干预日元具体汇率的行为是极不负责任的。

【解析】答案为C。A句"切忌"与"不要"语义重复，只能保留一个，或者将"切忌"改为"切记"。B句成分赘余，亦可看作是句式杂糅，"解决了……问题"与"问题的发生"粘连在一起，结构混乱，或者删去"的发生"，或者将"解决"改为"防止"。D句有歧义，说谁"极不负责任"，是说财务大臣，还是说日本在野党？若是说财务大臣，应在"指责"后面加上"的"；若是指日本在野党，则应改为"日本在野党对于财务大臣……的强烈指责是极不负责任的"。

10.下列各句中，没有语病的一句是____。（浙江卷）

A.加强和改进艺术评论工作，引领艺术创作和群众艺术鉴赏水平，纠正不良创作倾向，是艺术评论家必须承担的职责。

B.《深化普通高中课程改革方案》要求推进普通高中多样化和特色化发展，为每个学生提供适合的教育，以满足不同潜质学生的发展。

C.这本书精心选配了10多幅契合文意的图片与版式设计有机结合，为读者营造了一个极具文化魅力的立体阅读空间。

D.智能电视的推出颠覆了人们心中电视机只是用来看节目的传统观念，用户可以方便地通过电视上网进行一系列的社交、娱乐活动。

【解析】答案为D。A句"引领艺术创作"可以，但"引领群众艺术鉴赏水平"就说不通，也就是说"群众艺术鉴赏水平"缺少与之相搭配的动词，应在"群众"前加"提高"。B句"满足"缺少宾语，应在句末加"需要"。C句将"选配了……图片"与"图片与……结合"两种句式杂糅在一起，应将"选配了"改为"选配的"。

11.下列各句中，没有语病的一句是____。（辽宁卷）

A.300多人只能睡在阴湿的地上，没有铺的就找来谷草，盖的除个别人有大衣可充当被子外，绝大多数人挤在一起和衣而睡。

B.一个省的文化系统如果能肩负起继承当地文化传统的使命，那么这个省的文化底蕴就会得到保持，而不至于中断和流失。

C.图书馆、影剧院、篮球场、老年活动室，这些城里有的文化娱乐设施，在很多村子里都有，对村民免费开放。

D.责任感是沉甸甸的,为我们社会所需要,每个人都应该具备,在所有价值中它处于最高的位置是毋庸置疑的。

【解析】答案为C。A句"盖的除个别人有大衣可充当被子外",把"盖的除个别人有大衣外"和"除个别人有大衣可充被子外"两种说法糅在一个句子中,修改方法就是选取其中一种。B句前一分句主语是"一个省的文化系统",后一分句主语是"这个省的文化底蕴",这种情况下关联词应在主语之前,所以应把"如果"调至"一个省的文化系统"之前。D句"责任感是沉甸甸的"作为全句的陈述对象,改为"沉甸甸的责任感"则更为恰当。

12.下列选项是四则"遗失启事"的主要内容,其中表达通顺,得体的一项____。(湖南卷)

A.本人昨日在体育馆遗失一副红色羽毛球拍,您若及时联系鄙人,不胜感激之至。

B.昨日本人不慎丢失《随想录》一书于阅览室,期盼拾得者璧还原物,谢谢哟。

C.本人昨日在图书馆不慎丢失黑框眼镜一副,希望拾到者与我联系,不胜感激。

D.昨日本人遗失饭卡于学校饮食服务中心,恳请拾者高抬贵手交还,万分感激。

【解析】答案为C。A项要求对方"及时"联系,苛求于人,不得体,应删去"及时"。B项,"璧"本是敬称对方的东西,该项用来称自己的东西,不妥,"璧还"应改为"归还"。D项错在"高抬贵手",这个成语一般指恳求人原谅或饶恕,意思是您抬一抬手我就过去了,用在该句不恰当,应删去。

13.下列名句,没有语病的一句是____。(安徽卷)

A.规划提出把合肥建设成为区域型特大中心城市为目标,打造以合肥为核心,包括马鞍山、芜湖、铜陵等城市的大合肥都市圈。

B.中南大学特批大三学生刘路硕博连读,为其专门制订培养方案,将其作为后备人才,进入侯振挺教授的研究所从事研究工作。

C.百年来,中华书局一直以传承文明为己任,本着守正出新的原则,整理出版了大批古籍,也推出了许多高水平的学术新著。

D.对涉及百姓健康和公共利益的研发活动能否进行科学伦理的评价把关,是防止技术滥用、纠正科技应用偏差的重要保证。

【解析】答案为C。A句"规划提出把合肥"句将"提出……的目标"和"以……为目标"两种句式杂糅,考虑到后一分句使用了"以……为"的句式,所以此句应将第2个"为"改为"的"。B句暗换主语,"中南大学"只能管到"后备人才",可在"进入"的前面加上"让(使)刘路"。D句前面有"能否",表明两种情况,而后面只提到一种可能,不对应,应删去"能否"。

主观题(2题)

14.从整个文段来看,下面画线的三个句子在语言表达上都有问题,请予修改。要求语意连贯,衔接自然,语句通顺,不改变原意。修改后的句子每句都不得超过15个字。(6分)(全国卷)

我的朋友老王,人称"戏痴",自号"梨园客"。①<u>由于用"客"来称呼,可见不是戏曲界的专业人士</u>。但是,凡说起他,②<u>他在戏曲界人人都知道</u>。他特别爱听戏、爱唱戏,后来还成了有名的票友。他退休后又热衷于戏曲资料的收藏;买剧本,集唱片,淘剧照等,忙得不亦乐乎。③<u>还有700余份戏单是他搜集的,而且都是上个世纪的</u>。

答:①修改为＿＿＿＿＿＿＿＿＿＿＿＿＿＿＿＿＿

②修改为＿＿＿＿＿＿＿＿＿＿＿＿＿＿＿＿＿

③修改为＿＿＿＿＿＿＿＿＿＿＿＿＿＿＿＿＿

【解析】①原句与上文不能很好承接,故改为:既然自称为"客"(或"他自号为'客'");②原句"他"与上文重复,应删去,改为主谓短语对"他"进行陈述,即改为:戏曲界无人不知(或"戏曲界人人都知道");③句前面一直以"他"为陈述对象,此处突然改以"戏单"为陈述对象，严重影响语言的连贯性，故应改为：他还搜集了700余份戏单。

15.下面这段文字有一句有语病，请先写出有语病句子的序号，然后加以修改。(2分)（福建卷）

①快递服务的国家标准5月1日起正式实施。②该标准作出了"先验货后签收""文明分拣"等决定。③多数消费者对"新国标"表示欢迎，也有人认为"新国标"在实际执行中还会遇到新的问题。

有语病句子的序号：_____

【解析】有病的句子是②，该句的毛病是搭配不当。如果单看"作出"和"决定"动宾是可以搭配的，但是作为一种行业参照的"国家标准"就只能是作出"规定"，而不能作出"决定"。所以修改方法就是将"决定"改为"规定"。

2013 年 [16题]

选择题（15题）

1.下列各句中，没有语病的一句是____。（新课标卷1）

A.对于传说中这类拥有异常可怕力量的动物，尚武的古代欧洲人的真实心态恐怕还是敬畏多于憎恶的。

B.杜绝过度治疗，除了加强宣传教育外，还要靠制度保障医疗机构正常运转，调控盲目扩张的逐利行为。

C.作者观察细致，一泓清潭、汩汩流水、朗朗歌声，都能激发他的灵感，都能从中找到抒情叙事的切入点。

D.过于重视教育功能，文学作品就会出现理性捆绑感性，思想大于形象，甚至全无艺术性，变成干巴巴的说教。

【解析】答案为A。B句"还要靠制度保障医疗机构正常运转"似前后牵连，宜改为两句；"调控"不能支配"行为"，搭配不当，"调控"可改为"制约"。故该句改为"除了加强宣传教育外，还要靠建立健全严格的规章制度，以保障医疗机构正常运转，制约盲目扩张的逐利行为"。C句暗换主语，导致逻辑混乱，"都能从中找到……"句承前省略主语不当，应在该句前面加"他"，或改为"都能令他从中找到抒情叙事的切入点"。D句搭配不当，"出现"后无宾语与之呼应搭配，可以删去"出现"，或者在"形象"后加"的现象"或"的情况"。

2.下列各句中，没有语病的一句是____。（新课标卷2）

A.很多企业都认识到，为了应对消费需求和竞争格局的变化，必须把改进服务提到与研发新产品同等重要的位置上。

B.一般人常常忽略的生活小事，作者却能够慧眼独具，将之信手拈来，寻找其叙述的价值，成为小说的有机组成部分。

C.在90后的青少年中，科幻迷越来越多，这显示了科幻文化正在崛起，是对长久以来孩子们缺失的想象力的呼唤。

D.数字化时代，文字记录方式发生了重大变化，致使很多人提笔忘字，长此以往，将影响到汉字文化能否很好的传承。

【解析】答案为A。B句"成为"前暗换主语，可在前边加"使之"。C句"显示"改为"说明"，末句主语不明，承接前句是"崛起"，根据句意，则应为"科幻文化"，应在"是"之前补上"科幻文化"。D句"很多人提笔忘字"而且"长此以往"，显然将是坏的结局，因此后面"能否很好"纯属多余，应删去。

3.下列各句中，没有语病的一句是____。（全国大纲卷）

A.波士顿马拉松赛的两声爆炸，无疑给大型体育比赛的安保工作敲响了警钟，如何确保赛事安全，成为组织方必须面对的新难题。

B.对那些刻苦训练的年轻运动员，即使他们在比赛中偶尔有发挥失常的情况，依然应该受到爱护，绝不能一棍子就把人打倒。

C.这次大会的志愿者服务工作已经完成了，我们咀嚼、体味这一段经历，没有失落感，有的只是在平凡事务中享受奉献、成长与幸福。

D.深陷债务危机的希腊和西班牙，失业率已经超过20%，主要是由于这两个国家经济衰退和实施大规模财政紧缩政策所导致的。

【解析】答案为A。B句去掉介词"对",因为后边"受到保护"的主语应该是"运动员";另一种修改方法是,保留句首的"对",将"受到"改为"加以",在"绝不能一棍子就把人打倒"前面加上主语"我们"。C句最后一句"有的只是"缺少与之搭配的宾语,可在"享受奉献、成长与幸福"之后加上"的满足感"之类的词。D句杂糅了"主要是由于……"和"是……所导致的"两种句式,可改为"主要是由于这两个国家经济衰退和实施大规模财政紧缩政策",或改为"主要是这两个国家经济衰退和实施大规模财政紧缩政策所导致的"。

4.下列语句中,没有语病的一项是____。(北京卷)

A.近几年,食品药品在安全方面出现的问题被媒体曝光,不同职能部门各管一段的监管模式也因此受到了社会的质疑。

B.第九届中国国际园林博览会在北京永定河西岸盛大开幕,对于513公顷的园博园,为了方便游客,专门开设了电瓶车专线。

C.据世界黄金协会分析,2013年春节前后中国黄金需求高涨的原因,主要由于消费者对中国经济前景充满信心所致。

D.日前,交通管理部门就媒体对酒驾事故的连续报道做出了积极回应,表示要进一步加大对交通违法行为的查处。

【解析】答案为A。B句"专门开设了电瓶车专线"缺主语,"对于513公顷的园博园"也不对,应改为"针对513公顷的园博园,为了方便游客,管理部门专门开设了电瓶车专线"。C句"原因"与"由于""所致"语义重复,并造成句式杂糅,这三个词在同一句子里只能出现一个,故有以下三种改法:保留"的原因",末句改为"主要是消费者对中国经济前景充满信心";删去"的原因",末句改为"主要由于消费者对中国经济前景充满信心",或改为"主要是消费者对中国经济前景充满信心所致"。D句"加大……查处"不能搭配,应在"查处"后面加上"力度"。

5.下列各句中没有语病的一句是____。（天津卷）

A.在学校开设的各种选修课中，同学们尤其更喜欢"生活中的法律""电脑音乐制作"等体验性强、新鲜有趣的课程。

B.一代又一代儒家学者以"返本开新"为宗旨，不断对《论语》进行创造性的诠释，由此形成了中国思想史上的经学传统。

C."蛟龙"号载人深潜器每年会有近5个月的时间执行深海资源勘察、环境勘探、海底生物研究等项工作。

D.关于《红楼梦》后40回的作者是谁这个问题，红学家历来有不同的说法，现在大家一般采用的是以高鹗续作这一说法为准。

【解析】答案为B。A句"尤其"与"更"重复赘余，应去掉一个。C句"执行……工作"搭配不当，"工作"改为"任务"。D句"现在大家一般采用的是以高鹗续作这一说法为准"句式杂糅，或者说成"现在大家一般采用的是高鹗续作这一说法"，或者说成"现在大家一般是以高鹗续作这一说法为准"，只能选取一种。

6.下列各句中，没有语病的一句是____。（辽宁卷）

A.第二十五届阿姆斯特丹国际纪录片电影节12天里吸引了20多万名观众，来自40多个国家的近2500名电影人、300多部电影前来参与。

B.在过去的一个星期里，大家对教研室赵主任起草的教学大纲从多角度提出质疑，经过几轮认真的讨论和修改，最终达成共识。

C.纵观世界各国的企业发展史，你就会发现，一个企业能否获得成功，往往不取决于它的规模和历史，而取决于它的经营理念。

D.作为一个全新的、相对成熟的行业，不仅电子商务在一定程度上改变了人类的生活方式，也冲击了历史悠久的传统商业模式。

【解析】答案为C。A句"电影前来参与"主谓搭配不当，可改为"来自40多个国家的近2500名电影人前来参与，共有300多部电影上映"。B句"质疑"即"提出疑问"，"提出"多余，应删去。D句语序不当，前后分句共用一个主语，作为主语"电子商务"

应放在关联词"不仅"的前边。

7.下列各句中,没有语病、句意明确的一句是____。(山东卷)

A.警察反复观察了两个目击者提供的弹壳,并进行技术分析,确定它们和从案发现场得到的弹壳并不是出自同一支枪。

B.跟随广播学习英语不失为一种有效的方法,不过大部分电台英语广播的语速较快,对于初学英语的人听起来确实感到困难。

C.这种新研制的牙膏香气浓郁,清新爽口,去污洁齿力强,而且不损伤牙釉质,能保持牙齿洁白光亮,深受消费者喜爱。

D.当今的世界,各个国家、地区相互依存,已经形成了你中有我、我中有你的格局,是一个经济全球化的时代。

【解析】答案为C。A句"两个目击者提供的弹壳"有歧义,"两个"指目击者,亦可指弹壳。将"两个"移至"弹壳"前,则专指弹壳。B句滥用介词导致主语缺失,应删去"对于",或者在"初学英语的人"后面加上"来说",作为独立成分即插说亦可。D句末句可以看成缺主语,若看成承前省主语,"(世界)是……时代",就是主宾搭配不当了。可在"是一个经济全球化的时代"前面加上"这",或者将"是"改为"进入了"。

8.下列各句中,没有语病的一句是____。(安徽卷)

A.湘、鄂、皖、赣四省地域相邻,山水相连,在非物质文化遗产的保护、传承等方面开展深度合作,既可整合旅游资源,也有助于形成极具特色的区域文化生态圈。

B."辽宁舰"的舰员在选拔时,年龄、经历、任职时间、现实表现等方面都有着严格的规定,入选者还要经过一系列的理论和技术培训才能成为合格的航空母舰舰员。

C.政府主导,媒体监督与宣传,社会各界积极行动,是解决目前我国农村约5800万缺失父母庇护的留守儿童身心成长、学习生活所面临的失管、失教和失衡问题。

D.城镇化攸关到亿万人民的生活质量,它不是简单的城镇人口增加和城市面积扩张,而是在人居环境、社会保障、生活方式等方面实现由"乡"到"城"的转变。

【解析】答案为 A。B 句"'辽宁舰'的舰员在选拔时"中途改换主语,应改为"在选拔'辽宁舰'的舰员时";"理论"后应加上"学习"。C 句中"解决……问题",动宾搭配、结构完整,毛病出在判断谓语"是"缺少与之搭配的宾语,可在最后加"的关键"或"的有效办法"之类。D 句"攸关到"使用错误,"攸关"不能带宾语,也不能后面跟"到"。"攸"的意思是"所",明于此,就会知道"攸关到"不能带宾语,可将"攸关"改为"关系"。

9.下列各句中,没有语病的一项是____。(浙江卷)

A.这部由第六代导演执导的青春片带有鲜明的时代印记,表现了主人公拒绝平庸、坚守梦想的成长故事,具有极强的感染力,深深地打动了观众。

B.瑞典和芬兰研究人员最近发现某些癌症存在"基因开关",这一成果有助于未来的癌症防治,但距离相应药物的问世还需要很多年的深入研究。

C.近年来,我国在海外开展了形式多样的汉语教学、汉语推广等文化交流活动,促进了汉语国际传播,在世界主要国家和城市越来越受欢迎。

D.作为"第三次工业革命重要标志之一"的 3D 打印技术,目前被各国艺术家用于复杂的中小型雕塑作品创作和按原比例缩小的概念模型制作。

【解析】答案为 D。A 句"表现了……故事"不能搭配,可将"表现了"改为"叙述了"。B 句"但距离相应药物的问世还需要很多年的深入研究"句式杂糅,或表达为"但距离相应药物的问世还需要很多年",或表达为"但相应药物的问世还需要很多年的深入研究",只能选取一种。C 句"在世界主要国家和城市越来越受欢迎"缺主语,应在前边加"汉语"或"使汉语"。

10.下列各句中,没有语病的一项是____。(江西卷)

A.女性学者被称为"美女学者",我还听过"美女主持""美女政治家"的说法,估计没被我漏举的还有不少。

B.教育主管部门要求,各级各类学校学生的生活用品以及床上用品都应由学生自主选购,不得统一配备。

C.当前某些引起轰动的影视作品,也许在两年后,甚至五年以后就会被人遗忘得一干二净。

D.俄罗斯有发展远东的计划,中国有振兴东北的战略,如果有效对接,可能实现双赢,不过目前还只是一种期待。

【解析】答案为D。A句多重否定不当,去掉"没",或者把"漏举"改为"列举"。B句"生活用品以及床上用品"属于大小概念并列不当,可将"以及"改为"包括";"不得统一配备"缺主语,前面应加上"学校"。C句,对于"遗忘"而言,用"也许在两年后,甚至五年以后"表递进显然不当,应改为"也许五年以后,甚至两年以后"。

11.下列各项中,没有语病的一项是____。(湖北卷)

A.《美丽中国》以歌舞为主,融入京剧演唱、茶艺表演、少林武术等元素,加上奇幻的灯光,震撼的音响,一幅美丽中国的大写意,声光舞影流溢着浓郁的中国情。

B.梦在前方,路在脚下,青年要坚定信念,珍惜韶华,在追求中国梦的道路上放飞青春,以青春之我建设"青春之国家"!

C.从汶川到芦山,地震确实有能量剥夺太多本该鲜活滋润的生命,但地震却没有能量剥夺站立在废墟上的那些生命依然坚强。

D.网友们纷纷撰写微博,围绕着"追星"的话题,或幽默,或自嘲,或"假正经"一番,捧腹之后,总有一种耐人寻味留在心中。

【解析】答案为B。A句成分残缺,该句主语是"《美丽中国》",谓语"融入……加上……"没问题,然而后面"一幅……声光……"与主语无关,且自身是一个短语,应在"一幅"前加"把"字,在"中国情"后面,加上"的美丽画卷展现在观众的面前"。C句两个"地震"重复多余,后一个可删去;"但地震却没有能量……"将"地震没有能量剥夺……生命"和"那些生命依然坚强"两种句式杂糅在一起,可将"那些生命依然坚强"改为"那些依然坚强的生命"。D句搭配不当,"耐人寻味"不能做主语,可改为"耐人寻味的感觉"。

12.下列各句中,有语病的一句是____。(湖南卷)

A.人生苦乐并非纯粹由物质条件决定,百万富翁很可能不如身无分文的流浪汉生活得幸福,原因就在于感受生活的乐趣还需要艺术的眼光与悠闲的心境。

B.文化具有多向性与多面性:既有物质性,也有精神性;既是固态的,也是动态的;既有过去时,也有现在时、将来时;既要传承它,更要创新和发展它。

C.准确预报天气是一个难题,因为天气不仅受各种气团的影响,还受地形、水域状况等因素的影响,任何一个因素的改变都可能引起意想不到的天气变化。

D.要根治"中国式过马路"的陋习,仅仅寄希望于运动式的治理并不现实,倡导交通文明,增强法律意识,完善道路设施,才是解决问题的根本途径。

【解析】答案为B。该句中"多向性与多面性"应颠倒一下前后顺序,因为后边的内容前两方面是多面性,后两方面是多向性;"既要传承它,更要创新和发展它"暗换了主语,其主语应为"我们",而前边的主语都是"文化"。

13.下列句子,没有语病的一句是____。(广东卷)

A.有关部门负责人强调,利用互联网造谣、传谣是违法行为,我国多部法律对惩治这类行为已有明确规定。

B.为满足与日俱增的客流运输需求,缓解地铁线路载客,近日,广州地铁三号线再增加一列新车上线运营。

C.神木县属陕北黄土丘陵区向内蒙古高原的过渡地带,境内煤矿资源主要分布在北部的风沙草滩区,生态环境非常脆弱,一旦破坏,短期内难以一时恢复。

D. 最近纽约市颁布了一项禁令关于禁止超市、流动贩卖车、电影院、熟食店等销售大剂量含糖饮料，以控制日益严重的肥胖现象。

【解析】答案为A。B句"缓解"缺宾语中心词，可在"载客"后面加上"压力"。C句"短期"和"一时"重复，应删去"一时"。D句"一项禁令关于……"，应改为"一项关于禁止超市、流动贩卖车、电影院、熟食店等销售大剂量含糖饮料的禁令"。

14. 下列句子中，没有语病的一项是____。（重庆卷）

A. 不管是普及的程度还是比赛的数量和质量，同一些欧美国家相比，中国的盲人足球运动都还相去甚远。

B. 在此次重庆市青少年科技创新大赛中，同学们常围在一起相互鼓励并认真总结得失，赢得的远远不只是比赛的胜负。

C. 生态环境关系到每个人的生存，对于生态环境的破坏，只有减少环境污染，践行低碳环保的生活方式，才能逐渐得到改善。

D. 闪闪发光的银块，如果加工成极其细小、只有十分之几微米的银粉时，会变成黑色的，这是为什么呢？

【解析】答案为A。B句中"赢得的"与"胜负"一面与两面搭配不当，"胜负"改为"胜利"。C句，"对于生态环境的破坏，只有减少环境污染，践行低碳环保的生活方式"的主语应该是人，而"才能逐渐得到改善"的主语则应是生态环境，全句应改为"生态环境关系到每个人的生存，我们只有减少环境污染，践行低碳环保的生活方式，生态环境才能逐渐得到改善"。D句将"如果……"和"……时"两种句式杂糅，应去掉"如果"或"时"。

15. 下列各句中，没有语病的一句是____。（四川卷）

A. 市防汛指挥部指出，今年防汛形势依然严峻，有关部门要对人民群众生命财产和城市发展高度负责的态度，扎扎实实地把防汛部署落到实处。

B. 青铜器馆门窗的构成是由磨砂板和防砸板两部分组成，磨砂板可隔绝紫外线，防砸板有强大的抗砸击功能，均按古建筑保护要求设计安装。

C.日前国家发布司法解释，明确危害食品安全相关犯罪的定罪量刑标准，如将"地沟油"用作食用油等行为，根据刑法相关规定将被定罪。

D.2013年财富全球论坛是成都自改革开放以来举办的具有里程碑意义的国际盛会，是成都推进和发展国际化建设进程面临的重大历史性机遇。

【解析】答案为C。A句"有关部门要"后面加"以"，与"态度"相呼应。B句"构成是……组成"属于句式杂糅，或删去"的构成"或删去"由"和"组成"。D句"发展"与"进程"不搭配，"发展"可改为"加快"或"加速"；后一分句承前省主语，即"（论坛）是……机遇"，主宾搭配也不当，应改为"为成都推进和加快国际化建设进程提供了重大历史性机遇"。

主观题（1题）

16.下面文字有一句有语病，请先写出有语病句子的序号，然后加以修改。（2分）（福建卷）

①亚马孙研究所实施的"亚马孙生物圈—大气大规模实验"科研项目确认，②亚马孙森林正在经历向生物物理紊乱状态过渡，③农业生产的扩大和气候变化是造成亚马孙森林生态紊乱的主要原因。

有语病句子的序号：_____ 修改：_____

【解析】有语病句子是②，犯了句式杂糅的错误，应在"正在向……过渡"和"正在经历……"两种句式中选取一种，修改方法是删去"经历"，或在"过渡"后补上"的过程"。其他改法，合乎文意，亦可。

2014年 [14题]

选择题（13题）

1.下列各句中，没有语病的一句是____。（全国大纲卷）

A.有的人看够了城市的繁华，喜欢到一些人迹罕至的地方去游玩，但这是有风险的，近年来已经发生了多次背包客被困野山的案情。

B.他家离铁路不远，小时候常常去看火车玩儿，火车每当鸣着汽笛从他身边飞驰而过时，他就很兴奋，觉得自己也被赋予了一种力量。

C.新"旅游法"的颁布实施，让很多旅行社必须面对新规定带来的各种新问题，不少旅行社正从过去拼价格向未来拼服务转型的阵痛。

D.哈大高铁施行新的运行计划后，哈尔滨至北京、上海等地的部分列车也将进一步压缩运行时间，为广大旅客快捷出行提供更多选择。

【解析】答案为D。A句搭配不当，一是"多次"不能修饰"案情"，二是"发生"不能支配"案情"，"案情"应改为"险情"；"多次"应移到"发生"之前。B句语序不当，应把"每当"放到"火车"之前。C句缺谓语，应在"正"后面加"经历"。

2.下列各句中，没有语病的一句是____。（新课标卷Ⅰ）

A.作为古希腊哲学家，他在本体论问题的论述中充满着辩证法，因此被誉为"古代世界的黑格尔"。

B.由此可见，当时的设计者们不仅希望该过程中艺术活动是富有创造性的，而且技术活动也是富有创造性的。

C.本书首次将各民族文学广泛载入中国文学通史，但就其章节设置、阐释深度等方面依然有很大的改进空间。

D.古代神话虽然玄幻瑰奇，但仍然来源于生活现实，曲折地反映了先民们征服自然、追求美好生活的愿望。

【解析】答案为D。A句"充满着"与"辩证法"动宾不能搭配，可将"辩证法"改为"辩证思想"。B句语序不当。设计，首先是技术活动，艺术则是技术的进一步升华，所以句中"艺术活动"应与"技术活动"交换位置；其次，所谓递进关系，也就仅仅是对这二者而言，所以"不仅"应该紧挨"技术活动"，故"不仅"应挪至"希望该过程中"之后。C句"但就其章节设置、阐释深度等方面"句式杂糅，或改为"但就其……方面来说"或删去"就"改为"但其……方面"。

3. 下列各句中，没有语病的一句是＿＿＿。（新课标卷Ⅱ）

A. 他在新作《世界史》的前言中系统地阐述了世界是个不可分割的整体的观念，并将相关理论在该书的编撰中得到实施。

B. 作为一名语文老师，他非常喜欢茅盾的小说，对茅盾的《子夜》曾反复阅读，一直被翻得破烂不堪，只好重新装订。

C.《舌尖上的中国》这部风靡海内外的纪录片，用镜头展示烹饪技术，用美味包裹乡愁，给观众带来了心灵的震撼。

D. 如果我们能够看准时机，把握机会，那么今天所投资百万元带来的效益，恐怕是五年后投资千万元也比不上的。

【解析】答案为C。A句后一分句缺少主语，或者说主语不明。因为若看作承前省主语，就成了"（我）在……该书的编撰中得到了实施"，这显然不合逻辑。在书的编撰中得到实施的应该是作者的思想或理论，而不应该是作者这个"人"。所以后一分句可改为"并且这一相关理论在该书的编撰中得到了实施"，或"并将相关理论贯彻到该书的编撰中"。B句暗换了主语，"一直被翻得破烂不堪，只好重新装订"的显然应该是茅盾的《子夜》这本书，而不是"他"这个人。所以应在"一直"的前面加上"书"或"小说"等作主语。D句语序不当，"所"应挪至"带来"的前面。

4. 日常交际中，"得体"是语言表达的一项基本要求。完成①②题。（北京卷）

①下文是一份请柬中的四句话，其中表述不得体的一句

是____。（2分）

（甲）我校文学社定于本月18日晚7点在学校礼堂举行"民俗文化报告会"。(乙)您是著名民俗专家,对民俗文化的研究造诣颇深。(丙)今诚挚邀请您莅临会议,为我社民俗文化活动的开展做出认真的指导。（丁）敬请届时光临。

A.（甲）　B.（乙）　C.（丙）　D.（丁）

②（该题略）

【解析】答案为C。该句中使用"认真"一词,不妥。因为包含着对被邀请人的不信任,应删去。

5.下列各句中,没有语病的一句是____。（辽宁卷第14题）

A.一切儿童文学作品都应该永远持着守护童年的立场,遵循儿童思维发展规律,富有丰富的想象力,充满爱与希望,传递古老传统中的善与美。

B.在深化改革的关键阶段,我们是否能够保持积极的精神状态,关系到我省经济的长远发展,关系到全省人民的福祉,就必须防止"精神懈怠"。

C.自从实施飞行员培训计划后,学员报名十分踊跃,有航空爱好者,有想开飞机节省时间的企业家,还有一些家长想给孩子增加一项实用技能。

D.今年,辽宁农信继续推进"阳光信贷工程",致力于为农户打造公开透明、规范高效的信贷绿色通道,切实解决广大农民"贷款难"的问题。

【解析】答案为D。A句"持着",在"善与美"的后面补上"的理念（原则）"之类词语。B句一面意思不能对应两面意思,应删去"是否"。C句末尾将"家长"挪至"实用技能"之后,并在"家长"前加"的"。

6.下列各句中没有语病的一句是____。（天津卷）

A.每一个学生都具有创新的潜能,要激发这种潜能,就要看能否培养学生自主学习的能力。

B.17世纪至18世纪，荷兰铸制著名的马剑银币，逐渐流入中国台湾和东南沿海地区，至今在中国民间仍有不少收藏。

C.在任何组织内，优柔寡断者和盲目冲动者都是传染病毒，前者的延误时机和后者的盲目冲动均可使企业在一夕间造成大灾难。

D.如果仅仅把这部话剧理解为简单意义上的反映两个阶级间不可调和的矛盾的一次愤懑的碰撞的话，那么就可能低估了作品的审美价值。

【解析】答案为D。A句前面是一面意思，和后面的"能否"两面意思不能对应承接，可删去"看能否"。B句主谓搭配不当。因为流入并被收藏的应该是马剑银币，而不应该是荷兰这个国家，故应在"铸制"的后面加"的"，让"马剑银币"作主语。C句式杂糅，可将"使"改成"给"，或将"造成"改成"招致"。

7.下列各句，没有语病、句意明确的一句是____。（山东卷）

A.这次招聘，一半以上的应聘者曾多年担任外资企业的中高层管理岗位，有较丰富的管理经验。

B.我父亲是建筑学家，许多人以为我母亲后来进入建筑领域，是受我父亲影响，其实不是这样的。

C.熟悉他的人都知道，生活中的他不像在银幕上那样，是个性格开朗外向、不拘小节的人。

D.近年来，随着房地产市场的发展和商品房价格的持续上涨，引起了有关部门的高度重视。

【解析】答案为B。A句"担任……岗位"动宾搭配不当，应改为"担任……职务"。C句表意不明，"性格开朗外向、不拘小节"到底是说生活中的他还是银幕上的他，不明确。D句缺少主语，可去掉"随着"，让"房地产市场的发展和商品房价格的持续上涨"作主语。

8.下列各项中，没有语病的一项是____。（湖北卷）

A. 为了提升国家通用语言文字的规范化、标准化水平，满足信息时代语言生活和社会发展的需要，教育部、国家语言文字工作委员会组织制定了《通用规范汉字表》。

B. 自 1993 年进入老龄化社会以来，我市老龄化速度加快。据统计，我市 60 周岁以上的老龄人口已达到 145.6 万，占总人口的 17.7%，老龄人口高于全国平均水平。

C. 截至去年底，中国铁路运营里程已突破 10 万公里，其中高铁运营里程 1 万公里、在建规模 1.2 万公里，这使我国成为世界上高铁运营里程最长、在建规模最大的国家。

D. 随着国家信用体制的建设，公民不仅将拥有统一的社会信用代码，到 2017 年，还会有一个集合金融、工商登记、税收缴纳、交通违章等的统一平台建成，实现信息资源共享。

【解析】答案为 A。B 项尾句成分残缺，"老龄人口"的什么"高于全国平均水平"？前文说"老龄人口……占总人口的 17.7%"，可见应当是"老龄人口所占比例高于全国平均水平"。C 项，命题人是作为有语病的一项设置的，许多人认为其错误是"语意不明"，即"这"指代不明。其实，虽然"这"的前文存在两个前词，即"中国铁路运营里程已突破 10 万公里"和"其中高铁运营里程 1 万公里、在建规模 1.2 万公里"，但由于"这"句中使用"高铁运营里程最长、在建规模最大"对"国家"作了修饰限制，因此"这"指代的对象是明确的，即"其中高铁运营里程 1 万公里、在建规模 1.2 万公里"。此例说明，尽管代词前面存在不止一个指代对象，也并不必然地会造成指代不明，因为代词还可以在句中通过某种修饰限制来排除其指代对象的多样性。该题，如果命题人将此项作为正确项，设成答案，那么，将会增加选项的干扰强度，从而大大提高命题的难度系数。D 项前后分句主语不同，关联词应在主语的前面，故"公民不仅"应改为"不仅公民"；后一分句"还会有……平台建成"是将"有……平台"和"平台建成"杂糅在一起，可修改为"还会建成一个……

的统一平台"。

9.家风是一个家族世代相传沿袭下来的体现家族成员精神风貌、道德品质、审美格调和整体气质的家族文化风格。一个家族之链上某一个人物出类拔（萃）、深（孚）众望而为家族其他成员所宗仰追慕，其懿行（佳）言便成为家风之源，再经过家族子孙代代接力式的（恪）守祖训，流风余韵，绵延不绝，就形成了一个家族鲜明的家风。_____（湖南卷）

（1）（略）

（2）将下列各句中没有语病的一句填入语段中画横线处，选项是____。

A.家风是一个影响力和美誉度都好的家族必备的要素，也是一个家族最为宝贵的精神财富。

B.家风即便是一个家族最为宝贵的精神财富，也是一个有影响力有美誉度的家族必备的要素。

C.家风是一个有影响力有美誉度的家族必备的要素，也是一个家族最为宝贵的精神财富。

D.家风是最为宝贵的一个家族的精神财富，也是一个有影响力有美誉度的家族必备的要素。

【解析】答案为C。A项"影响力和美誉度都好"主谓搭配不当。"影响力"有大小之分，而无好坏之别；"美誉度"本来就是好的，说"美誉度都好"，重复累赘。B项前后两个分句应是并列关系，"即便"表示让步关系，故应改为"既"；从语序来看，应遵循由实到虚的顺序，先"必备的要素"再"精神财富"，而不是相反。D项也应按照由实到虚的顺序调整语序，先"必备的要素"再"精神财富"。

10.下列各句中，没有语病的一项是____。（江西卷）

A.中心思想是针对文章的整体内容而言的，要求具有较高的分析概括能力和准确的语言表达能力。

B.虽然有国家资源做支撑，但面临重重困难，国有企业能取得这样的成绩，确实可说堪称不易。

C.大庆石化总公司的老少职工们同台竞赛，年轻职工积极踊跃，老年职工更是不让须眉。

D.通过捐款、创办公益基金的方式回报社会，不是企业家的法定义务，可提倡而不宜强制。

【解析】答案为 D。A 项成分残缺，"要求"缺宾语，"具有"缺主语，也就是说缺一个兼语，应在"要求"的后面补上"作者"。B 项语义重复。"堪称"即"可以称"与句中的"可说"同义重复，须删去一个。C 项不合逻辑。一是"须眉"是男子代称，"不让须眉"是说（女性）"不比男子差"，"老年职工"有男有女，这样用就错了；二是说"同台竞赛""老年职工"比"年轻职工""更"怎么样，并无必然性。所以，"更是不让须眉"应改为"也不落人后"。

11.下列各句中，没有语病的一项是____。（浙江卷）

A.一项好的政策照理会带来好的效果，但在现阶段，必须强化阳光操作、民主监督等制约措施，因为好经也要提防不被念歪。

B.我国的改革在不断深化，那种什么事情都由政府包揽的现象正在改变，各种社会组织纷纷成立，这有利于社会矛盾和社会责任的分担。

C.一个孩子学习绘画，即使基础不太好，但是如果老师能夸奖夸奖，哪怕给一个鼓励的微笑，他也会感到非常高兴，越画越有信心。

D.执法部门对向未成年人出售、出租或以其他方式传播反动、淫秽、暴力、凶杀、封建迷信的图书报刊、音像制品，应依法从重处罚。

【解析】答案为 C。A 项"提防"是否定性动词，与"不"同义重复，一同使用造成双重否定，刚好弄反了原意。从逻辑上讲，要提防的是经被念歪，不被念歪还要提防什么？故该处应改为"因为好经也要提防被念歪"。B 项搭配不当，"这有利于社会矛盾和社会责任的分担"，应改为"这有利于社会矛盾的化解和社会责任的分担"。D 项成分残缺，"执法部门对向未成年人出售、出租或以其他方式传播反动、淫秽、暴力、凶杀、封建迷信的图书报刊、音像制品"一句的后面应该加上宾语"的人或单位"。

12.下列各句中,没有语病的一项是＿＿＿。（四川卷）

A.城镇建设要充分体现天人合一理念,提高优秀传统文化特色,构建生态与文化保护体系,实现城镇与自然和谐发展。

B.金沙遗址博物馆的"太阳神鸟"金箔,是古蜀国黄金工艺辉煌成就的典型代表,以其精致和神秘展示了古蜀人的智慧和魅力。

C.全国规模最大的两栖爬行动物标本馆,已经收藏了10多万号标本,这些标本几乎覆盖了所有中国的两栖爬行动物种类。

D.音乐剧是19世纪末诞生的,它具有极富时代感的艺术形式和强烈的娱乐性,使它成为很多国家的观众都喜欢的表演艺术。

【解析】答案为B。A项动宾搭配不当,"提高"不能搭配"文化特色",可改为"增加""彰显"一类词语。C项语序不当,"所有中国的两栖爬行动物种类"应当为"中国所有的两栖爬行动物种类";"覆盖了……种类"搭配不当,"覆盖"改为"包含"。D项"具有"和"极富"都有"含有、拥有"的意思,语义有重叠之处,只能保留一个,可将"极富"改为"极强";末句则暗换了主语,可修改为"这使它……"。

13.下列句子中,没有语病的一项是＿＿＿。（广东卷）

A.一段时间以来,汉字书写大赛、非遗保护等文化现象引人注目,传统文化的重要性已越来越为国人所认知。

B.此次《环境保护法》修订,历时两年,前后经过了多次审议,如今终于定稿,在环境优先于经济的原则上已达成一致并写入法律。

C.贝母是一种多年生草本植物,因其鳞茎具有止咳化痰、清热散结的神奇功效,常常采集起来,加工成药材。

D.马尔克斯的一生充满传奇色彩,他不仅是魔幻现实主义文学的集大成者以及拉美"文学爆炸"的先驱,还是记者、作家以及电影工作者。

【解析】答案为A。B项语序不当，不合逻辑。合理的语序应是："达成一致"——"终于定稿"——"写入法律"，故修改为"此次《环境保护法》修订，历时两年，前后经过了多次审议，终于在环境优先于经济的原则上达成一致，如今已经定稿，并写入法律"。C项偷换主语，"采集起来……"主语应是"人们"，而不是"贝母"，但因为前面都是以"贝母"主语，为保持连贯性，此处修改为"常常被人们采集起来，加工成药材"。D项亦语序不当，不合逻辑。"不仅……还"表递进关系，原句却先说重要的后说次要的，内容轻重倒置，应该改为"他不仅是记者、作家以及电影工作者，还是……先驱"。

主观题（1题）

14.（重庆卷）下边一段话中有三个句子，其中一个句子有语病，请指出并针对语病进行修改。修改后的句子需保持原意。

①现在的重庆夜景，随着光彩工程的实施，现代科技的运用，更加璀璨夺目，已进入世界四大夜景城市之一。②每当夜幕降临，华灯初放，点点灯火流光溢彩，宛若天上的繁星散落，把山城打扮得如梦似幻，仿佛人间仙境。③有人将夜晚的山城形容为灯山，这是因为山城轮廓分明、层次清晰；又有人将绕城的两江比喻为灯河，这是因为江中碧波倒映出满城灯火。

有语病的句子是：_____（只填序号）（2分）

针对语病的修改：_____（2分）

【解析】有语病的句子是①，该句"夜景……进入……城市之一"，配搭不当，造成后一分句缺主语。修改方法是将"已进入"改为"已成为"，并在前面加上"重庆"作主语。

2015年 [12题]

选择题（10题）

1.下列各句中，没有语病的一句是____。（新课标全国卷一第

14题）

　　A.为纪念抗日战争暨世界反法西斯战争胜利70周年，从现在起到年底，国家大剧院宣布将承办31场精心策划的演出。

　　B.根据国家统计局发布的数据，4月份我国居民消费价格指数出现自去年12月以来的最大涨幅，但仍低于相关机构的预测。

　　C.这部小说中的"边缘人"是一个玩世不恭、富有破坏性却真实坦白的群体，人们面对这类形象时会引起深深的思索。

　　D.为进一步保障百姓餐桌安全，国家对施行已超过5年的《食品安全法》作了修订，因加大了惩处力度而被冠以"史上最严"的称号。

　　【解析】A句中"国家大剧院宣布将承办31场精心策划的演出"语序不当，应调整为"国家大剧院宣布将精心策划并承办31场演出"。C句有主客倒置之嫌。"引起深深的思索"的应该是"这类形象"而不是"人们"，该句应修改为"这类形象会引起人们深深的思索"。D句偷换主语，可修改为"此法因加大了惩处力度从而被冠以'史上最严'的称号"。故该题答案应该是B。

　　2.下列各句中，没有语病的一句是____。（新课标全国卷二第14题）

　　A."地坛书市"曾经是北京市民非常喜爱的一个文化品牌，去年更名为"北京书市"并落户朝阳公园后，依旧热情不减。

　　B."丝绸之路经济带"横跨亚、非、欧三大洲，其形成与繁荣必将深刻影响世界政治、经济格局，促进全球的和平与发展。

　　C.在那个民族独立和民族解放斗争风起云涌的时代，能激发人们的爱国热情是评判一部文学作品好坏的非常重要的标准。

　　D.父亲住院期间，梅兰每天晚上都陪伴在他身旁，听他讲述一生中经历的种种苦难和幸福，她就算再忙再累，也不例外。

　　【解析】A句偷换主语，"依旧热情不减"的应该是人，而不是书市。应在"依旧"前面加上"北京市民"。C句中"能激发"和"评判……作品好坏"是一面对两面，不合逻辑。可将"能激发"

改为"能否激发"。D句存在两种语病。一是搭配不当,"种种"修饰"苦难""不幸"都可以,用来修饰"幸福"既不恰当,也不符合原意,应将"幸福"改为"不幸"。二是表意不明。"也不例外"是指"陪伴在他身旁"还是指"听他讲述",还是同时指这两件事,都有可能;另外,"也不例外"通常是自己和他人比,"也无例外"则更多的用于自己和平时比。故该句"也不例外"应改为"也无例外"。故答案为B。

3.下列各句中,没有语病的一句是____。(4分)(安徽卷第17题)

A.具有自动化生产,智能识别和系统操控等功能的工业机器人,正成为国内不少装备制造企业提高生产效率,解决人力成本上涨的利器。

B.如何引导有运动天赋的青少年热爱并且投身于滑雪运动,从而培养这些青少年对滑雪运动的兴趣,是北京冬奥申委正在关注的问题。

C.要深化对南极地区海冰融化现象在南极上空大气运动过程的认识,就必须扩大科学考察区域,加强科研观测精度,改进实验设计方法。

D.各级各类学校应高度重视校园网络平台建设,着力培养一批熟悉网络技术,业务精湛的教师,以便扎实有效地开展网络教育教学工作。

【解析】A句成分残缺,"解决"的后面缺少与之对应的宾语,应改为"解决人力成本上涨问题的利器"。B句语序不当,应培养兴趣在前,引导投身运动在后,故相关部分应改为"如何培养这些青少年对滑雪运动的兴趣,从而引导有运动天赋的青少年热爱并且投身于滑雪运动"。C句动宾搭配不当,"加强科研观测精度"应改为"提高科研观测精度"。故答案为D。

4.下列各项中,没有语病的一项是____。(3分)(湖北卷第4题)

A.2015年3月1日正式实施了《湖北省全民阅读促进办法》,

是我国首部关于全民阅读的地方政府规章，普通人的阅读权益因此获得了法律保障。

B. 近年来，生态保护意识渐入人心，所以当社会经济发展与林地保护管理发生冲突时，一些地方在权衡之后往往会选择前者。

C. 2014年底，我国探月工程三期"再入返回飞行"试验获得成功，确保嫦娥五号任务顺利实施和探月工程持续推进奠定坚实基础。

D. 对血液和血液制品进行严格的艾滋病病毒抗体检测，确保用血安全，是防止艾滋病通过采血与供血途径传播的关键措施。

【解析】A项中，谓语动词"是"缺少主语，将"实施了"改为"实施的"还原主语即可。B项中"权衡"之后缺少宾语，应补上"利弊"；另外，"前者"所指与所提供的语境不符合。该句的"前者"是指"社会经济发展"，这同该句"近年来，生态保护意识渐入人心"，并"权衡（利弊）"等语境相抵触。可见，"前者"应改为"后者"，指代"林地保护管理"。C项"任务……实施"，主谓不能搭配，"实施"可改为"完成"；该句还将"确保……"和"为……奠定坚实基础"两种句式杂糅在一起。该句可修改为"确保了嫦娥五号任务顺利完成并为探月工程持续推进奠定了坚实基础"。故答案为D。

5. 下列各句中，没有语病的一项是____。（3分）（江苏卷第2题）

A. 英国政府计划从今年9月开始，推行4到5岁幼童将接受语文和算术能力的"基准测验"，此政策遭到了教师工会的强烈反对。

B. 一种观念只有被人们普遍接受、理解和掌握并转化为整个社会的群体意识，才能成为人们自觉遵守和奉行的准则。

C. 批评或许有对有错，甚至偏激，但只要出于善意，没有违犯法律法规，没有损害公序良俗，我们就应该以包容的心态对待。

D. 今年5月9日是俄罗斯卫国战争胜利70周年，有近30个国家和国际组织的领导人参加了在莫斯科红场举行的阅兵式。

【解析】A项先说"推行……"，接着又套进了一个"幼童将接受……"，造成句式杂糅，结构混乱。应删除"将"；"推行"

缺少宾语，可在"基准测验"后加"的政策"。B项中"接受、理解和掌握"并列顺序不当，应改为"理解、接受和掌握"。D项，首先是"是"后缺少一个与主语"5月9日"相对应的宾语，应在"70周年"后加"纪念日"；其次，"有近30个国家和国际组织的领导人"有歧义，是国家和国际组织"近30个"，还是领导人"近30个"？不明确。可修改为"有来自近30个国家和国际组织的领导人"。故答案为C。

6.下列各句中，没有语病、句意明确的一项是____。（山东卷第5题）

A.除了驾驶员要有熟练的驾驶技术、丰富的驾驶经验之外，汽车本身的状况，也是保证行车安全的重要条件之一。

B.帮助家境不好的孩子上大学，是我们应该做的，况且这孩子各方面都很优秀，我们一定要帮助她圆大学梦。

C.说到人才培养，人们往往想到要学好各门课程的基础理论，而对与这些理论密切相关的逻辑思维训练却常常被忽视。

D.这部影片讲述了一个身患重病的工人的女儿自强不息、与命运抗争的故事，对青少年观众很有教育意义。

【解析】A项存在不合逻辑的语病，"汽车本身的状况"可能好也可能坏，具有两面性，而"保证行车安全"只有一面性，二者不能呼应。可将"汽车本身的状况"修改为"汽车本身的良好质量"。C项属于结构混乱类语病，前半部分的主语是"人们"，最后一个分句出现了"被"字，反客为主，主语被偷换成了"与这些理论密切相关的逻辑思维训练"。为保持主语"人们"的一贯性，后一分句可修改为"却常常忽视了与这些理论密切相关的逻辑思维训练"。D项表意不明，谁"身患重病"？是"工人"还是"工人的女儿"？有歧义。可修改为"一个工人的女儿身患重病却自强不息、与命运抗争的故事"。故答案为B。

7.下列各句中没有语病的一句是____。（3分）（天津卷第4题）

A."五大道历史体验馆"项目以五大道历史为背景,以洋楼文化为主线,结合历史图片、历史资料、历史物品、历史人物,通过多媒体手段,展现当年的洋楼生活。

B."全民阅读"活动是丰富市民文化生活,引导市民多读书、读好书,使读书成为一种体现百姓精神追求的生活方式。

C.由于自贸区致力于营造国际化、法治化、市场化的营商环境,使更多金融、物流和IT等专业人才有机会不出国门,就能拿到远超同行水平的"国际工资"。

D.一个民族的文明史实质上就是这个民族在漫长的历史长河中,经历了深重灾难,也绝不放弃文化的传承与融合,从而促进自我发展的精神升华历程。

【解析】A句"历史图片、历史资料、历史物品、历史人物"并列不当,"历史图片""历史物品"都可以包括在"历史资料"里面;而"历史人物"并非实际物品,应删去。可修改为"结合历史资料,包括历史图片、历史物品"。B句"生活方式"是"成为"的宾语,而并非"是"的宾语,故去掉"是"。C句成分残缺,去掉"由于"让"自贸区"作主语。故答案为D。

8.下列各句中,没有语病的一项是____。(3分)(四川卷第4题)

A.首届"书香之家"颁奖典礼,是设在杜甫草堂古色古香的仰止堂举行的,当场揭晓了书香家庭、书香校园、书香企业、书香社区等获奖名单。

B.专家强调,必须牢固树立保护生态环境就是保护生产力的理念,形成绿水青山也是金山银山的生态意识,构建与生态文明相适应的发展模式。

C.市旅游局要求各风景区进一步加强对景区厕所、停车场的建设和管理,整治和引导不文明旅游的各种顽疾和陋习,有效提升景区的服务水平。

D.《四川省农村扶贫开发条例》是首次四川针对贫困人群制定

的地方性法规,将精准扶贫确定为重要原则,从最贫困村户入手,让老乡过上好日子。

【解析】:A项将"设在……"和"在……举行",两种句式杂糅在一起。就该句而言,以选择后一种句式为宜,故应删去"设";另外,"书香家庭、书香校园、书香企业、书香社区"作为奖项名称,应分别加上引号,以区别于普通名词。C项"引导"与"顽疾和陋习"搭配不当,删去"和引导";定语"各种"位置不当,应提至"不文明"的前面。D项多重定语排序不当,领属定语"四川"应置前,与"首次"位置对调,让"首次"修饰"针对"而非"四川"。故答案为B。

9 下列各句中,没有语病的一项是____。(3分)(浙江卷第4题)

A. 只有当促进艺术电影繁荣成为社会共识,从源头的创作方到末端的受众方的各环节都得到强有力的支持,艺术电影才能真正实现飞跃。

B. 据说当年徽州男人大多外出经商,家中皆是妇孺及孩童,为了安全,徽州的古村落老宅子大多为高墙深院、重门窄窗的建筑。

C. 工作之余,大家的闲谈话题脱不开子女教育、住房大小、职务升迁,也照样脱不开为饭菜咸淡、暖气冷热、物价高低吐槽发声。

D. 我国重新修订《食品安全法》,目的是用更严格的监管、更严厉的处罚、更严肃的问责,切实保障"舌尖上的安全",被称为"最严食品安全法"。

【解析】B项重复累赘,"妇孺"包括妇女和幼儿,与"孩童"不能并列,可删去"及孩童"或改为"妇女儿童"。C项最后一分句包含"脱不开……"和"为……吐槽发声"两种句式,变成了"脱不开……吐槽发声",这就搭配不当了。该句两个"脱不开"没有必要,既不能构成排比,又造成搭配不当。故应将后一个"脱不开"改为"少不了"。修改为:也照样少不了为饭菜咸淡、暖气冷热、物价高低吐槽发声。D项最后一分句暗换了主语,该句应修改为"这部重新修订的《食品安全法》被称为'最严食品安全法'"。故答案为A。

10. 下列句子中,没有语病的一项是＿＿＿。(3分)(广东卷第3题)

A. 今年五一节前夕,发改委发出紧急通知,禁止空调厂商和经销商不得以价格战的手段进行不正当竞争。

B. 据报道,某市场被发现存在销售假冒伪劣产品,伪造质检报告书,管理部门将对此开展专项检查行动,进一步规范经营行为。

C. 随着个人计算机的广泛应用,互联网以不可阻挡之势在全世界范围内掀起了影响社会不同领域、不同层次的变革浪潮。

D. 打车软件为乘客和司机搭建起沟通平台,方便了市民打车,但出租车无论是否使用打车软件,均应遵守运营规则,这才能维护相关各方的合法权益和合理要求。

【解析】A项,因"禁止"与"不得"语义重复,造成逻辑混乱。修改方法是保留"禁止"则删去"不得";或者删去"禁止",保留"不得"。B项"存在"缺少相应的宾语,应在"伪造质检报告书"的后面补上"的情况"。D项末句存在搭配不当,"维护"可以支配"合法权益",却不能支配"合理要求",须为"合理要求"另外配置动词"满足",该句可修改为"这才能维护相关各方的合法权益并满足各方的合理要求"。故答案应为C。

主观题(2题)

11. 下面一段话有三个句子,其中一句有语病,请指出并针对语病进行修改,修改后的句子要保持原意。(4分)(重庆卷第18题)

①在长江三峡中,瞿塘峡最为雄奇险峻,峡内有不少令人惊叹的名胜古迹。②在瞿塘峡北岸绝壁上,有一条沿江修建、全长65千米的古栈道,连通奉节白帝城与巫山青莲溪,全程异常艰险,这就是著名的夔巫古栈道。③瞿塘峡南岸的白盐山有一处巨大的临江石壁,上面书写着自宋以来的篆、楷、隶、行等字体的数十块摩崖石刻,气势恢宏,与瞿塘峡雄伟的气势相得益彰。

有语病的句子是＿＿＿＿＿＿＿(只填序号)(2分)

针对语病的修改＿＿＿＿＿＿＿(2分)

【解析】有语病的句子是③。"书写着……等字体"搭配不当;"数十块摩崖石刻"缺少能够与之搭配的谓语动词。故该句修改为"上面有刻着自宋以来的篆、楷、隶、行等字体的数十块摩崖石刻"。

12.下面的文字有一处语病,请写出序号并加以修改。(3分)(福建卷第17题)

①某科学研究所后院有座坟,②坟前竖着一块纪念碑,③碑上用中英文镌刻着"谨纪念为生命科学研究而献身的实验动物"的铭文。④善待实验动物的尊严,是科学工作者的责任。

(1)有语病的一处的序号:_____(1分)

(2)修改:_____。(2分)

【解析】(1)④(2)动宾搭配不当。可把"善待"改为"维护",或者删去"的尊严"。

2016年 [7题]

选择题(6题)

1.下列各句中,没有语病的一句是____。(全国卷Ⅰ)(3分)

A.近日刚刚建成的西红门创业大街和青年创新创业大赛同步启动,绿色设计和"互联网+农业"设计是本次赛事的两大主题。

B.最近几年,从中央到地方各级政府出台了一系列新能源汽车扶持政策,节能环保、经济实惠的新能源汽车逐渐进入老百姓的生活。

C.实时性是以互联网为载体的新媒体的重要特点,是通过图片、声音、文字对新近发生和正在发生的事件进行传播的。

D.广西传统文化既具有典型的本土特色,又兼有受中原文化、客家文化、湘楚文化共同影响下形成的其他特点。

【解析】答案为B。A句,联合短语充当主语,其中"西红门创业大街"与谓语"启动"不能搭配。C句,后一分句,按承前省主语是讲不通的。实际上后一分句偷换了主语,主语是"新媒体"。可在"是通过"前加"新媒体"。D句,后一分句结构杂糅,兼用了"受……影响"和"在……影响下"两种格式。删去"下"即可。

2.下列各句中，没有语病的一句是____。（全国卷Ⅱ）（3分）

A.自从我国第一颗人造卫星"东方红一号"成功发射，成为世界上第五个把卫星送上天的国家以来，我国的航天事业取得了巨大的突破。

B.国务院近日发布盐业体制改革方案，提出不再核准新增食盐定点生产批发企业，取消食盐批发企业只能在指定范围内销售，允许它们开展跨区域经营。

C.职业教育的意义不仅在于传授技能，更在于育人，因此有意识地把工匠精神渗透进日常的技能教学中是职业教育改革的重要课题。

D.面对突然发生的灾难，一个地方抗灾能力的强弱既取决于当地经济实力的雄厚，更取决于政府的应急机制和领导人的智慧。

【解析】答案为C。A句"事业取得……突破"，主宾不搭配。一般而言，取得突破，总要说明在什么方面、什么问题上，就"我国的航天事业"整体来说，说取得巨大的进步比较合适。B句成分残缺，"取消"后面缺相应的宾语，在"销售"后面补上"的限制"即可。D句，"强弱"与"雄厚"，属于两面对一面。至于"应急机制和领导人的智慧"，两者本身就包含着两面性，机制有好坏，智慧有高低，无须再加两面性词语。该句只须将"的雄厚"删去即可，因为"实力"本身也隐含雄厚与薄弱两种可能。

3.下列各句中，没有语病的一句是____。（全国卷Ⅲ）（3分）

A.随着技术的进步和经验的积累，再加上政策的扶持，使得我国自主品牌汽车进入快速发展时期，各种创新产品层出不穷。

B.如果有一天科技发展到人们乘宇宙飞船就像今天乘飞机一样方便的时候，银河就不再遥远，宇宙也就不再那么神秘了。

C.首届跨境电商论坛近日在北京举行，来自各知名电商的数十名代表齐聚一堂，分析了电商企业面临的机遇和挑战。

D.在第40个国际博物馆日到来之际，本市历时三年开展的第一次全国可移动文物普查工作，昨日交出了首份答卷。

【解析】答案C。A句成分残缺。或者去掉"随着"，让"技术的进步和经验的积累，再加上政策的扶持"作主语；或者去掉"使得"，让"我国自主品牌汽车"作主语。B句，将"如果有一天科技发展到人们乘宇宙飞船就像今天乘飞机一样方便"和"当科技发展到人们乘宇宙飞船就像今天乘飞机一样方便的时候"两个句子糅成一个句子。只能选取其中一种。D句，"工作……交出了答卷"，搭配并无不当。问题出在"本市历时三年开展的第一次全国可移动文物普查工作"，多重定语排序不当。应改为"本市开展的历时三年的全国第一次可移动文物普查工作"。

4.下列各句中，没有语病、句意明确的一项是____。（山东卷）（3分）

A.从意外致残、生活无望到残奥会夺冠，并获得"中国青年五四奖章"，他走出了一条不平凡的人生道路。

B.该型飞机在运营成本上是其他同级别机型的1.3至2倍，优势明显；在商载、航程、航速等方面也极具竞争力。

C.学校宿舍、教学楼等人群密集区，一旦发生火灾，后果不堪设想，因此学生掌握火灾中自救互救相当重要。

D.央视《大国工匠》系列节目反响巨大，工匠们精益求精、无私奉献的精神引发了人们广泛而热烈的讨论和思考。

【解析】答案A。B项，不合逻辑。"该型飞机在运营成本上是其他同级别机型的1.3至2倍"不是"优势"，而是劣势。C项成分残缺。"掌握"后面缺少与之搭配的宾语，在"自救互救"之后添加"的方法"。D项搭配不当。"广泛而热烈的讨论和思考"应改为"广泛而热烈的讨论和深刻的思考"。

5.下列各句中，没有语病的一项是____。（浙江卷）（3分）

A.面对电商领域投诉激增的现状，政府管理部门和电商平台应及时联手，打击侵权和制售假冒伪劣商品，保护消费者的合法权益。

B. 自开展禁毒斗争以来，我国每年新发现的吸食海洛因人员增幅从 2008 年的 13.7% 降至 2013 年 6.6%，近五年来戒断毒瘾三年以上人员已逾 120 万。

C. 在线教师时薪过万的消息自从引发社会关注后，每一个教育工作者都应意识到，如何与力量巨大的互联网相处正成为教育不得不直面的问题。

D. 英国皇家莎士比亚剧团艺术总监对昆曲《牡丹亭》华美的唱腔和演员娴熟的技巧惊叹不已，赞美昆曲精美绝伦的服装与简洁的舞台设计形成了奇妙的平衡。

【解析】答案 B。A 项，成分残缺。在"商品"后加上"的不法行为"。C 项，语序不当。"自从"应提至句首。D 项，句式杂糅。应在"舞台设计"后面加上逗号，其后再加上"认为这二者"。

6. 下列各句没有语病的一句是____。（天津卷）（3 分）

A. 日前，来自京津冀的近千名鸟类摄影爱好者相聚在北大港湿地，在与可爱的飞翔精灵亲密接触并拍摄了大量照片的同时，还无形中上了一堂爱鸟护鸟知识课。

B. "双创特区"以围绕聚集青年大学生、高校和科研院所科技人才、海外人才、企事业人员四类人才为重点，创新创业。

C. 这场专项整治行动是为规范互联网金融在迅速发展过程中的各种乱象，经过广泛征集意见，酝酿一年之久，形成最终方案。

D. 京剧是中国独有的表演艺术，它的审美情趣和艺术品位，是中国文化的形象代言之一，是世界艺术之林的奇葩。

【解析】答案 A。B 句，句式杂糅。"以围绕……为重点"杂糅。或改为"以聚集……四类人才为重点"，或改为"围绕聚集……四类人才这个重点"。C 句，结构混乱。应把"，形成最终方案"改为"形成的"。D 句，偷换主语。"是中国文化的形象代言之一，是世界艺术之林的奇葩"的主语应该是"京剧"，而不是"它的审美情趣和艺术品位"，应删去该句。

主观题（1题）

7.下面是某中学学生会向各班级班长所发通知的正文，请阅读并按要求完成后面的题目。(4分)(2016年山东卷第18题)

为了进一步弘扬优秀传统文化，提高同学们的国学素养，校学生会定于10月8日下午4点，在报告厅举办"走近孔子"读书交流会。届时在孔子研究领域享有极高盛誉的孙荣教授将光临指导，并向各班奉送其最新研究著作。请拨冗组织班委推荐两名发言的同学，并告知他们一定务必按时到会。

（1）在不改变语意的前提下，为表达简明，文中必须删掉的两个词语，分别是_____和_____。（2分）

（2）文中使用不得体的两个词语，分别是_____和_____。（2分）

【解析】（1）"极高"与"盛誉"的"盛"语义重叠，删去"极高"；"一定"与"务必"也语义重复，应删去其中一个。（2）"奉送"，即赠送、白送，是表敬辞，说邀请来的贵宾向前来听报告的学生"奉送"自己的著作，失礼，不得体。"拨冗"，即从繁忙中抽出时间，富有文言色彩，客套话，"学生会"对其下级"各班班长"如此谦卑，违背常识。

五、2017—2020年全国卷、分省卷高考病句题详解（46题）

2017年 [13题]

选择题（6题）

1.下列各句中，没有语病的一句是_____。（3分）（全国卷Ⅰ，即新课标1卷第18题）

A.根据本报和部分出版机构联合开展的调查显示，儿童的阅读启蒙集中在1~2岁之间，并且阅读时长是随着年龄的增长而增加的。

B.为了培养学生关心他人的美德，我们学校决定组织开展义工服务活动，三个月内要求每名学生完成20个小时的义工服务。

C.在互联网时代，各领域发展都需要速度更快、成本更低的信息网络，网络提速降费能够推动"互联网+"快速发展和企业广泛收益。

D.面对经济全球化带来的机遇和挑战，正确的选择是，充分利用一切机遇，合作应对一切挑战，引导好经济全球化走向。

【解析】答案为D。A句"根据……调查显示"属于结构杂糅，或删去"显示"，或删去"根据"。B句存在语序不当。"三个月内"应属于"要求"的内容，须置于"每名学生"之后，直接修饰限制"完成"。C句"推动"与"企业广泛收益"不能搭配。

2.下列各句中，没有语病的一句是____。（3分）（全国卷Ⅱ，即新课标2卷第18题）

A.截至12月底，我院已经推出了40多次以声光电技术打造的主题鲜明的展览，是建院90年来展览次数最多的一年。

B.书法是我国优秀的传统文化，近年来在教育部门大力扶持下，使得中小学书法教育蓬勃发展，学生水平大幅提高。

C.我国传统的"二十四节气"被列入《人类非物质文化遗产代表作名录》，使得这一古老的文明再次吸引了世人的目光。

D.这家公司虽然待遇一般，发展前景却非常好，许多同学都投了简历，但最后公司只录取了我们学校推荐的两个名额。

【解析】答案为C。A句，"是建院90年来……最多的一年"主语残缺不明。应在"是建院90年来"前面加上"这一年"。B句，滥用使令动词造成主语残缺，去掉"使得"让"中小学书法教育"做主语。D句，"录取"的只能是人员，不可能是"名额"，动宾搭配不当。故应选C。

3.下列各句中，没有语病的一句是____。（3分）（全国卷Ⅲ，即新课标3卷第18题）

A.今天参观的石窟造像群气势宏伟，内容丰富，堪称当时的石刻艺术之冠,被誉为中国古代雕刻艺术的宝库。

B.传统文化中的餐桌礼仪是很受重视的。老人常说,看一个人的吃相,往往会暴露他的性格特点和教养情况。

C.在那些父母性格温和、情绪平和的孩子身上,往往笑容更多,幸福感更强,抗挫折能力更突出,看待世界也更加宽容。

D.经过几代航天人的艰苦奋斗,中国的航天事业开创了以"两弹一星"、载人航天、月球探测为代表的辉煌成就。

【解析】答案为A。B句,暗换主语,陈述角度不一致。或者删去"看",或者将"暴露"改为"看出"。C句"性格温和、情绪平和",二者语意重复,保留其中一个即可。D句,动词"开创"与宾语"成就"搭配不当,应将"开创"改为"取得"。

4.下面各句中,没有语病、句意明确的一项是____。(3分)(2017年山东卷第5题)

A.依托海量的普查成果,我国建成了包括重要地理国情要素、遥感影像及其他相关内容组成的地理国情数据库。

B.情景体验剧《又见敦煌》,昨天在新建的专属剧场首演,该剧以全新的观演模式带领观众进行了一次"古今穿越"。

C.这位前方记者采访到的专家表示,C919的试飞成功,标志着我国大型商用飞机的研制已达到国际先进水平。

D.骑自行车健身时,因为在周期性的有氧运动中使锻炼者能够消耗较多的热量,所以减肥、塑身效果都比较明显。

【解析】答案为B。A句句式杂糅,将"包括重要地理国情要素、遥感影像及其他相关内容的"和"由重要地理国情要素、遥感影像及其他相关内容组成的"糅合到一起。或删去"组成",或将"包括"改换成"由"。C句"达到国际先进水平"的主语应是"能力"之类,属于成分残缺,应补出。D句同时使用了"在……中"和"使",造成主语残缺。或去掉"在……中",或删去"使"。

5.下列各句中没有语病的一句是____。(3分)(2017年天津

卷第3题）

A. 为迎办第十三届全国运动会，市容园林系统集中力量营造整洁有序、大气靓丽、优质宜居的城市形象。

B. 随着厂商陆续推出新车型，消费者又再次将目光聚焦到新能源车上，不少新能源车的增长在15%到30%左右。

C. 河道综合治理工程完成后，将为尽早实现京津冀北运河全线通航打好基础，并将成为北运河的一个重要旅游节点。

D. 当人类信息以指数级别爆炸式增长时，我们需要能深度学习的人工智能为我们提供协助，帮助我们让生活更加便捷轻松。

【解析】答案为D。A句搭配不当，"营造""形象"不当，应该是"营造城市环境"。B句"又"和"再次"语义重复，去掉一个；另外，表增长区间的"15%到30%"后不能再跟"左右"。C句缺少主语，将"河道综合治理工程完成后"改为"完成后的河道综合治理工程"。

6. 下列各句中，没有语病的一项是____。（3分）（2017年浙江卷第4题）

A. 国产大飞机C919首飞成功后，各参研参试单位纷纷表示，要发奋努力把大型客机打造成建设创新型国家和制造强国的标志性工程。

B. 《朗读者》开播后，许多广电名嘴、企业职工、机关干部、退休教师、留学生吟诵社等朗诵爱好者，纷纷加入文化经典诵读的行列。

C. "大众创业、万众创新"活动发展势头迅猛：无论是在大学校园，还是在产业园区，抑或是在街道社区，各类创业创新赛事如火如荼。

D. 桃花乡走可持续发展之路，按照建成生态环境和谐优美、资源集约节约利用、经济社会协调发展的生态乡，制订了五年发展建设规划。

【解析】答案为C。A项，"要发奋努力把……打造成……工程"

存在结构杂糅,其中"大型客机"与"标志性工程"也不能搭配。删去"发奋","大型客机"后面加上"项目",即改为"要努力把大型客机项目打造成……的标志性工程";或将该句分作两个分句,即"要发奋努力,把大型客机项目打造成……的标志性工程"。B项,定语语序不当,"许多"应放到"朗诵爱好者"前,并在"等"后加"的"。D项,"按照"缺少相应的宾语,应在"生态乡"的后面补上"的目标"。

主观题(7题)

7.在下面一段文字横线处补写恰当的语句,使整段文字语意完整连贯,内容贴切,逻辑严密。每处不超过15个字。(6分)(全国卷Ⅰ,即新课标1卷第20题)

药品可以帮我们预防、治疗疾病,但若使用不当,①，以口服药为例,药物进入胃肠道后逐渐被吸进血液,随着时间推移,②，当药物浓度高于某一数值时就开始发挥疗效,然而,③，超过一定限度就可能产生毒性,危害身体健康。

【解析】本题考查语言的连贯性。补写的句子处于句子中间,为了补写后能够"使整段文字语意完整连贯,内容贴切,逻辑严密",补写时就应该既要"瞻前"又要"顾后",兼顾前后语境的要求。前一句"药品可以……"是从正面讲药品的作用,后一句"但若……"则使用假设复句从反面讲药品的作用;从正面讲用"可以"领起,从反面讲就用"也"领起,指出药品使用不当可能产生的后果。故①答案就是:<u>也可能使身体产生损害</u>。由②前后的句子可以知道,这里讲的是血液中的药物浓度,②补写的句子应该说明"随着时间推移"血液中的药物浓度会怎么样,才能与下文衔接。所以②应补写:<u>血液中药物浓度会逐渐提高</u>。③的前面是转折连词"然而","然而"之前是说药物浓度达到一定数值就会发挥疗效,是从正面讲的,③在"然而"之后,③后面的句子正是从反面讲的,所以③补写的句子就应该是:<u>药物浓度并不是越高越好</u>。

8.下面文段有三处推断存在问题,请参照①的方式,说明另外

两处问题。(5分)(全国卷Ⅰ,即新课标1卷第21题)

高考之后,我们将面临大学专业的选择问题,如果有机会,我们要选择工科方面的专业,因为只有学了工科才能激发强烈的好奇心,培养探索未知事物的兴趣,而有了浓厚的兴趣,必将取得好成绩,毕业后也就一定能很好地适应社会需要。

①不是只有学了工科才能激发好奇心。
② _____。
③ _____。

【解析】语言的核心是思维。推断存在问题,实际上是思维出了问题。①是针对"只有学了工科才能激发强烈的好奇心"这一推断而来的,因为学工科并非是激发好奇心的必要条件。下文"有了浓厚的兴趣,必将取得好成绩,毕业后也就一定能很好地适应社会需要",也包含了两个推断:一个是有了浓厚的兴趣必将取得好成绩,另一个是有了好成绩就一定能很好适应社会需要。这两个推断同样存在着想当然、绝对化的错误:因为无论是浓厚的兴趣和好成绩之间,还是好成绩和适应社会需要之间,都只存在或然性,而不存在必然性。所以,参照①的方式,另外的两处的问题分别是:②不是有兴趣就一定能取得好成绩。③不是成绩好就一定能很好地适应社会需要。

9.在下面一段文字横线处补写恰当的语句,使整段文字语意完整连贯,内容贴切,逻辑严密。每处不超过10个字。(6分)(全国卷Ⅱ,即新课标2卷第20题)

为了保护自己,变色龙经常换上与环境接近的颜色。人们对此有一种根深蒂固的看法,以为变色①____,就可以变成什么颜色。其实,②____。蜥蜴类动物的皮肤变色③____,温度和光线是其决定因素,而且每种蜥蜴能变什么颜色也是固定的。

【解析】①处是要求根据上下文解释说明"变色",下文已经说了"变色"的字面意思,横线①处需要补充的只是"变色"需要依据的原则,所以承接前文①处应补写:身处什么颜色的环境。②

处前面"其实",表示转折,后面的文字则以蜥蜴为例说明造成动物皮肤变色的因素并非只有环境的颜色这一种,所以承接前文②处应补入:这是一种错误的认识(不完全是这样)。③处后面说的是影响蜥蜴类动物皮肤变色的其他因素或者说是限制条件,所以承接前文③处应补入:还受一些条件限制(还受其他因素影响)。

10.下面文段有三处推断存在问题,请参考①的方式,说明另外两处问题。(5分)(全国卷Ⅱ,即新课标2卷第21题)

云南的"思茅市"改成"普洱市",四川的南坪县更名为九寨沟县后,城市的知名度都有了很大的提高,经济有了较快发展,可见,更名必然带来城市的发展。我市的名字不够响亮,这严重影响了我们的经济发展。如果更名,就一定会带来我市的经济腾飞,因此,更名的事要尽快提到日程上来。

①更名并不一定能带来城市的发展。

② _____。

③ _____。

【解析】①"更名必然带来城市的发展",这一推断显然失之于武断,犯了绝对化的逻辑错误。实事求是地说,"更名并不一定能带来城市的发展"才是恰当合理的推断。同样的道理,"我市的名字不够响亮,这严重影响了我们的经济发展",也属于推断绝对化,失之于过重:我市名字不够响亮,有可能影响经济发展,但不至于严重影响。表原因时用的是"不够",说结果时却用了"严重",两者严重不对称。这里将或然说成已然,而且在表示原因与结果时修饰的程度未能保持一致。正确地推断应该是:②城市名字不够响亮并不一定会严重影响经济发展。下面"如果更名,就一定会带来我市的经济腾飞",也是错将或然变成了必然,失之于绝对化。恰如其分地推断应该是:③更名不一定会带来我市的经济腾飞。

11.在下面一段文字横线处补写恰当的语句,使整段文字语意完整连贯,内容贴切,逻辑严密,每处不超过16个字。(6分)(全

国卷Ⅲ，即新课标3卷第20题）

太阳能与风能　①　，通常白天阳光强而风小，夜晚光照变得很弱而风力很强；夏季阳光强度大而风小，　②　，这种互补性使风光互补发电系统在资源上具有很好的匹配性。常见的风光互补发电系统有两套发电设备，夜间和阴天由风力发电装置发电，　③　，在既有风又有太阳的情况下，二者同时发挥作用，比单用风力或太阳能发电更经济。

【解析】这道补写题，以考查语言连贯为主，兼有对推断能力的考查。补写句子，通常大都是按照顺序先后进行，其实，也不一定，可以先易后难，先选择容易的下手。比如本题②处，它与前一句要形成对应对举，那就很容易补写：②冬季阳光强度小而风大。回头再看①处如何补写。该段共两层，①②句同处在第一层里。②句后面这句话是这一层的收束句，它用"这种互补性"承接前文，将风光合起来说。再看开头"太阳能与风能"，也是风光合起来，它处于句首，领起下文，应与本层尾句呼应。所以，只要找出"这种互补性"的"这种"指代的什么，就可以知道①处应补写什么了。"这种"是承接上文的，上文说的是风与光在白天和夜晚、夏季和冬季的互补变化。白天夜晚和夏季冬季都属于时间。可见"这种"指的是"时间"。所以①处应该补充：在时间上有很强的互补性。③处在第二层里。③之前说的是"夜间和阴天由风力发电装置发电"，③应该与前文对应并举，所以应补写：晴朗的白天由太阳能发电装置发电。

12.下面文字有三处推断存在问题，请参照①的方式，说明另外两处问题。（5分）（全国卷Ⅲ，即新课标3卷第21题）

"爆竹声声除旧岁"，说的是欢度春节时的传统习俗，春节燃放烟花爆竹虽然喜庆，但是会带来空气、噪音等环境污染问题，还可能引起火灾，一旦引起火灾，势必造成人身伤亡和财产损失，现在很多城市已经限制燃放，这样就可以避免发生火灾，而且只要限制燃放，就能避免环境污染，让空气新鲜、环境优美。

①火灾不一定会造成人身伤亡。
②_____。
③_____。

【解析】根据事实进行推断，必须符合逻辑，掌握分寸，避免绝对化。说"火灾势必造成人员伤亡"就是将事物的或然性说成必然性，言过其实，有失分寸。类似的错误推断后面还有两处：一处是说"限制燃放烟花爆竹就可以避免火灾"，也是推断不当，有失分寸。因为限制燃放只是有助于避免火灾，并不能完全避免火灾，其他原因也可能会引起火灾。所以准确的推断只能是：②限制燃放烟花爆竹并不一定能避免火灾的发生。另一处是说"只要限制燃放，就能避免环境污染"，同样是推断不当。因为燃放烟花爆竹并不是环境污染的唯一原因，其他原因也可以造成环境污染。限制燃放，只是有利于避免环境污染，并不能完全避免环境污染。所以只能推断说：③不是限制燃放烟花爆竹就能避免环境污染。

13.某校举办青少年心理健康讲座，下面是主持人的一段开场白。请在横线处填写句子，使上下文语意连贯。要求使用比喻和排比的修辞手法，不超过60个字。（4分）（2017年山东卷第18题）

人生难免会有不如意，心理健康的青少年面对坎坷时，往往乐观坚强，积极向上。健康的心理对我们有重要的意义。_____
_____。那么，如何拥有健康的心理呢？我们邀请了著名的心理学家王教授给大家谈谈这个问题，请鼓掌欢迎。

【解析】完成此题，填写的句子首先要符合题干对修辞手法的要求，其次要注意与上下文的衔接，只有与前文陈述对象、感情色彩、语气等保持一致，且符合事理，才能符合要求。示例一：它如春风，吹走我们脸上的愁云；如阳光，驱散我们心头的阴霾；如暖流，融化我们心里的坚冰。示例二：它如明亮的灯火，温暖寒冷的暗夜，驱散心头的迷雾，照亮回家的路途。

2018年 [10题]

选择题（5题）

阅读下面的文字，完成文后各题。（2018年全国卷Ⅰ）

"大洋一号"是中国第一艘现代化的综合性远洋科学考察船。自1995年以来，<u>这艘船经历了大洋矿产资源研究开发专项的多个远洋调查航次和大陆架勘查多个航次的任务</u>。今年，它又完成了历时45天、航程6208海里的综合海试任务。对不熟悉的人而言，（　　）。在这里，重力和ADCP实验室、磁力实验室、地震实验室、综合电子实验室、地质实验室、生物基因实验室、深拖和超短基线实验室等各种实验室_____，分布在第三、四层船舱。由于船上配备了很多先进设备，人不用下水就能进行海底勘探。比如，深海可视采样系统可以将海底微地形地貌图像传到科学考察船上，犹如有了千里眼，海底世界可以_____，并可根据需要_____地抓取矿物样品和采集海底水样；深海浅层岩芯取样钻机可以在深海底比较坚硬的岩石上钻取岩芯。

"大洋一号"的远航活动，与郑和下西洋相呼应。600年前，伟大的航海家郑和七下西洋，在世界航海史上留下了光辉的一页。600年后，"大洋一号"不断进步，_____，在《联合国海洋法公约》的法律框架下，探索海洋奥秘，开发海洋资源，以实际行动为人类和平利用海洋作出中国人民的贡献。

1.文中画横线的句子有语病，下列修改最恰当的一项是____。（3分）（2018年全国卷Ⅰ第17题）

A.这艘船经历了大洋矿产资源研究开发专项的多个远洋调查航次和大陆架勘查多个航次的调查。

B.这艘船执行了大洋矿产资源研究开发专项的多个远洋调查航次和多个大陆架勘查航次的任务。

C.这艘船经历了大洋矿产资源研究开发专项的多个远洋调查航次，完成了多个航次大陆勘查任务。

D.这艘船执行了大洋矿产资源研究开发专项的多个远洋调查航次,完成了多个大陆架勘查航次的任务。

【解析】答案为B。本年度语用题一个明显的变化,就是选用一段文字,依次考查词语辨析、修改病句、补写句子,一文三用。该题的语病主要是搭配不当,多数是动宾不能搭配,少数是修饰语与中心语部分重叠不能搭配。A项"经历"的宾语,有两种可能:一是句尾的"调查",可以搭配,但"调查航次"不能修饰"调查",可见此说不能成立;另一种可能是分别与"航次"和"调查"构成动宾关系,但"经历"与"航次"搭配不当。C项"经历"与"航次"搭配不当。D项"执行"与"航次"搭配不当。

阅读下面文字,完成文后各题。(2018年全国卷Ⅱ)

戏曲既需传承也需创新,这是业内的基本共识。然而,近年来由于一些创新尝试未收到理想效果,有人就将创新和继承对立开来,认为戏曲不必创新。尤其是昆曲等戏曲艺术进入世界非物质文化遗产名录之后,创新在某些人那里几乎成了贬义词。(_____)

随着时代的发展变化,戏曲艺术不断被赋予新的内涵。如果一直固守原有形态,只强调复制和模仿,戏曲恐怕早在数百年前就_____了。突破前人、大胆创新,这是各个时代取得伟大成就的艺术家的共性,诚如某戏剧评论家所言,没有一位_____的京剧名伶是靠模仿或重复而成就自己的。京剧大师梅兰芳,以坚定的信念和博大的胸怀为京剧改革作出巨大贡献。他眼界开阔,_____,除唱腔、表演技巧之外,还从化妆、灯光、服装、舞蹈、剧目创作等多个方面进行了大量的探索,可谓"剧剧有创新,剧剧有新腔"。尚小云、荀慧生、于连泉等人,也是因为具有超越前人的理想和切实的努力,不满足于停留在雷池之内_____,才能够在强大的保守情绪的笼罩下突破藩篱,从而成为新流派的创始人。当然,戏曲的创新必须以传承为基础,是传承中的创新，而不是眼花缭乱甚至任性妄为的创新，才能探索出一条能够被大多数观众接受的创新之路来。

2.文中画横线的部分有语病，下列修改最恰当的一项____。（3分）（2018年全国卷Ⅱ第19题）

A.而不是眼花缭乱甚至任性妄为的创新，这样才能探索出一条能够被大多数观众接受的创新之路来。

B.而不是令人眼花缭乱甚至任性妄为的创新，这样才能探索出一条能够被大多数观众接受的创新之路来。

C.而不是令人眼花缭乱甚至任性妄为的创新，才能探索出一条能够被大多数观众接受的创新之路来。

D.而不是眼花缭乱甚至任性妄为的创新，这样我们才能探索出一条能够被大多数观众接受的创新之路来。

【解析】答案为B。该病句是一个复句，AD两项成分都有残缺，"眼花缭乱"前应加"让人"或者"令人"，以此排除AD；BC两项区别在于B项多加了"这样"，C项两个分句，主语都是承前省略主语"戏曲的创新"，显然不能做"探索"的主语，而B项第二个分句"这样"既可以呼应承接前句，又可以做"探索"的主语，所以B项表述最为恰当得体。

阅读下面的文字，完成文后各题。（2018年全国卷Ⅲ）

除了人会为了理想奔波迁徙以外，很多动物也有着自己_____的迁徙盛举，冬季来临，天气寒冷，食物短缺，很多动物选择集体逃离，待到春暖花开、万物复苏再一起回来。动物迁徙是有确定路线的。它们对驻地有着自己的坚守和执着，而不是_____。对于动物究竟如何确定自己的迁徙路线，科学家一直都充满好奇。有科学家认为，迁徙动物都有独特的"助航设施"，它们通过海岸线等作为参照，利用特殊的嗅觉和听觉等获得方向，也有科学家认为，迁徙动物身体中存在磁受体，可以感应地球磁场，它们有自己的生物指南针,更有趣的是,又有科学家发现即使是室内饲养的,从未接触过其他同伴的年轻乌鸦,也会沿着祖辈飞过的路线进行迁徙,也就是说,(　　　　),它们天生就知道去哪里寻找温暖的地方过冬。到目前为止,关于动物迁徙路线确定的问题,科学家仍在　　　　地进行探究,我们期待着更加　　　　的故事出现。

3.文中画横线的句子有语病,下列修改最恰当的一项是　　　。(3分)(2018年全国卷Ⅲ第18题)

A.它们通过海岸线等作为参照,利用特殊的嗅觉和听觉等辨明方向。

B.它们以海岸线等作为参照,利用特殊的嗅觉和听觉等辨别方向。

C.它们以海岸线等作为参照,利用特殊的嗅觉和听觉等辨析方向。

D.它们通过海岸线等作为参照,利用特殊的嗅觉和听觉等辨识方向。

【解析】答案为B。A项"通过海岸线等作为参照",将两种说法杂糅在一起,介词"通过"不能同后面的"作为参照"搭配。C项错误在于"辨析"不能同"方向"搭配,只能说"辨别方向"。D项的错误,既有"通过海岸线等作为参照"的句式杂糅,又有"辨识"不能与"方向"搭配的问题。

4.下列各句中没有语病的一句是　　　。(3分)(2018年天津卷第3题)

A.尤瓦尔·赫拉利写作了《人类简史》一经上市就登上了以色列畅销书排行榜第一名,蝉联榜首长达100周,30多个国家争相购买版权。

B.英国著名物理学家霍金通过自己杰出的大脑,倾尽毕生精力,以整个宇宙为研究对象,试图解开关于时空和存在的本质。

C.文化创意产业属于知识密集型新兴产业,具有高知识、高融合性、高带动性等优势,是创建宜居"智慧新城"的有力推手。

D. 无论是在天津,还是在比赛现场,都有支持热爱天津女排的一批球迷与这支队伍同呼吸共命运。

【解析】答案为 C。A 句,全句陈述的对象应该是"书"而不是作者这个"人"。所以,句中"了"应改为"的",让《人类简史》做主语。B 句,首先语序不当,"倾尽毕生精力"应调至"试图解开关于时空和存在的本质"的前面,直接修饰"试图";其次动词谓语"解开"缺少与之相搭配的宾语,应在"本质"的后面补上"的问题"。D 句,首先语序不当,"无论是在天津,还是在比赛现场"应改为"无论是在比赛现场,还是在天津"。其次关联词语误用,把"无论"改为"不论"。

5. 下列各句中,没有语病的一项是____。(3 分)(2018 年浙江卷第 3 题)

A. 出版社除了将本身的品牌作为吸引受众的内容进行推广,利用直播、短视频等形式传播外,图书营销还有在社交平台做线上活动这个必选项。

B. 运用互联网思维有助于优化治理,比如"最多跑一次"改革,办事程序能删繁就简的原因,仰赖的就是政务数据的互联互通和办事流程的全面再造。

C. 观众跟随着这档浸润理想情怀的节目,回顾科学技术的研发过程,感知科学家的创造力,把握时代的脉搏,激发前进的动力,受到各界一致好评。

D. 该研究团队揭示了用化学方法制备干细胞的科学原理,开发了简单、高效制备干细胞的新技术,为优化制备途径提供了新的科学视角和解决方案。

【解析】答案为 D。A 项,前一句"出版社除了……外"以"出版社"为陈述对象,并未说完,后一句却另起话题,说"图书营销"如何,犯了中途易辙的错误,可将"出版社"放至"除了"之后。B 项句式杂糅,"……的原因"和"仰赖的就是……",看似不同,其实是同义重复，只能取其一种，可删去"仰赖的"。C项"受到各界一致好评"一句的主语应是"这档节目"，不该是"观众"，偷换了主语。

主观题（5题）

6.下面是某校一则启事初稿的片段，其中有五处不合书面语体的要求，请找出并作修改。（5分）（2018年全国卷Ⅰ第20题）

我校学生宿舍下水道时常堵住。后勤处认真调查了原因，发现管子陈旧，需要换掉。学校打算7月15号开始施工。施工期间正遇上暑假，为了安全起见，请全体学生暑假期间不要在校住宿。望大家配合。

【解析】题干要求"找出并作修改""不合书面语体的要求"的"五处"。也就是说启事的初稿里某些用语过于口语化，不够准确庄重，这些用语要用规范的书面语替代。

答案："堵住"改为"堵塞"；"管子"改为"管道"；"换掉"改为"更换"；"打算"改为"计划"。

7.下面是某报社一则启事初稿的片段，其中有五处词语使用不当，请找出并作修改。要求修改后语意准确，语体风格一致。（2018年全国卷Ⅱ第20题）

如果您是重大事件的参加者，事故现场的目击者，业界内幕的打探者，社会热点的关爱者……请与我报"社会深度"栏目联系。本栏目长期公开征询有价值的新闻线索，等着您的支持。

【解析】本题考查语言表达的得体能力。语言表达要符合具体的情境、对象、语体，要求分清不同场合、不同时间、不同目的，选用恰当的语句来表情达意。重大事件需要共同见证，"参加者"可以参加活动，但在此出现不够妥帖；业界内幕需要知情，"打探"的是小道消息，在此出现不能体现业界内幕的公正、公开性；社会热点需要关注，"关爱"的应该是社会的群体；"征询"的含义是征求询问，此处表达含义是对新闻线索的征集，不是对问题的意见询问;"等着"过于口语化,在启事中应该使用双音节词"期待"。

答案:①"参加者"改为"亲历者"或者"参与者";②"打探者"改为"知情者";③"关爱者"改为"关注者";④"征询"改为"征集";⑤"等着"改为"期待"或者"等待"。

8.下面是一封信的主要内容,其中有五处不得体,请找出并作修改。(5分)(2018年全国卷Ⅲ第20题)

获悉文学院下周举办活动,隆重庆贺先生教书50周年,我因俗务缠身,不能光临,特惠赠鲜花一束,以表敬意,随信寄去近期出版的拙著一册,还望先生先睹为快。

盛夏快来了,请先生保重身体。

【解析】此题重点考查语言得体。命题者设计了一封信的主要内容,有意在其中用错部分词语,然后在题干中指出"有五处不得体",答题时一要注意找出不得体之处,二要注意符合"五处"的要求。题干指出这是一封信,就已经在暗示应使用书面语体,加之信一开头使用的"获悉"一词,更明确交代所用语体。又由"隆重庆贺先生"一语可知这是一封写给尊长的信,更明确信中应对对方使用敬词,对己方使用谦辞。

根据这个标准,在信中不难找出答案。"教书"属于口语,同前面的书面色彩较浓的"获悉"不一致,应改为书面语色彩较浓的"从教"或"执教";"光临"是敬词,用在表述对对方的尊重,不能用于自己,应改为"前往"或"参加";"惠赠"也是敬词,不能用于己方,应改为表示尊敬的"敬赠"或"奉上";"先睹为快"只能用在表示自己希望能尽先之意,不能用于对方,可改为使用敬词"斧正"或"指正";"快来了"口语色彩较浓,宜改为同全文书面语体一致的"将至"或"将临"。

9.中学生刘星写给天津滨海新区文化中心图书馆馆长的电子邮件,在语言、逻辑等方面存在若干问题。请找出四个有问题的词或句子,写在答题卡上。(2018年天津卷第21题)

尊敬的馆长

您好！

今天我到贵馆读书，被其别出心裁的外部设计和炫酷的内部场景震慑，"最美图书馆"果然名不虚传。阳光透过玻璃洒满大厅，有人专注选书，有人静静阅读，这真是"书香天津"的最好写照！

为了提升图书馆的品质，更好地服务读者，我提两点建议，请采纳。

首当其冲，希望开展更加丰富多彩的读书活动，读者只有参加图书馆的活动，才能真正实现个人素质的提高。

其次，希望在买书上继续加大投入，增大藏书量就能实现图书馆的内涵发展。

谢谢！

此致

敬礼！

刘 星

2018年3月3日

【解析】本题考查文字修改能力。题干说在语言、逻辑等方面存在若干问题，指明了查找的方向和角度。如"震慑"是指震动使害怕，用在此处不合适，可改为"震撼"。"采纳"指接受（意见、建议、要求），多指主动性行为，此处是要求别人接受的，不准确。"首当其冲"比喻最先受到攻击或遭到灾难，被误用为首先应当做某事了。"读者只有参加图书馆的活动，才能真正实现个人素质的提高""增大藏书量就能实现图书馆的内涵发展"这两句中，"只有……才"和"就能"说法太绝对，存在逻辑错误。

答案是：①震慑 ②采纳 ③首当其冲 ④读者只有参加图书馆的活动，才能真正实现个人素质的提高 ⑤增大藏书量就能实现图书馆的内涵发展（只要求找出四处，④⑤答出任意一个即可）

10. 在下面一段文字横线处补写恰当的语句，使整段文字语意完

整连贯,内容贴切,逻辑严密。每处不超过15个字。(3分)(2018年浙江卷第4题)

植物的生长与光合作用、呼吸作用及蒸腾作用有关,①_____,所以温度直接影响植物的生长。温度的变化,既影响植物吸收肥料的程度,也影响植物的新陈代谢过程,②_____,都会使植物新陈代谢的酶活性度发生变化,只有适宜的温度才能使新陈代谢达到最佳状态,利于植物的快速成长。据研究,③_____,即根、冠、叶的温度都有差异,而根温对植物的生长影响最直接。

【解析】要求补写句子,就是考查语言的连贯性。首先是整体把握语段的大意,即温度直接影响植物的生长;然后结合上下文语境,补写句子。①承接"植物的生长与光合作用、呼吸作用及蒸腾作用有关",后句"所以温度直接影响植物的生长"是本句的结论,此处应是:这三种作用都受温度影响;②承接上句"温度的变化,既影响植物吸收肥料的程度,也影响植物的新陈代谢过程",后句"都会使植物新陈代谢的酶活性度发生变化,只有适宜的温度才能使新陈代谢达到最佳状态,利于植物的快速成长"是对本句的进一步解释,此处应指出:温度过高或过低;③根据后句"即根、冠、叶的温度都有差异,而根温对植物的生长影响最直接",此处应是:植物各部位的温度是不同的。

2019年 [9题]

选择题(5题)

阅读下面的文字,完成文后各题。(2019年全国卷Ⅰ)

中国传统音乐包括民间音乐、宗教音乐、文人音乐、宫廷音乐等类别,其中文人音乐的代表主要就是古琴艺术,但随着传统文人阶层在中国的消失,古琴艺术逐渐_____、甚至被社会遗忘,直到2003年,中国的古琴艺术被联合国教科文组织列入"人类口头和非物质遗产代表作名录"，这种过去对文化有着深刻影响的艺术形式，才重新____了生机。（　　），但我认为这恰恰是它的一个特点。<u>正因为古琴音量小，使得它是直接和你的心进行交流的乐器，是最个人化的乐器</u>，我国古代就有"琴者，心也""琴者，禁也"的说法。"琴者，心也"即弹琴是为了和自己的心灵对话，与大自然交流，与三五"知音"互相欣赏；"琴者，禁也"即弹琴是为了____自己，也说明在古人心目中，琴不仅是一件乐器，也是____的工具。…

1. 文中画横线的句子有语病，下列修改最恰当的一项是____。（3分）（2019年全国卷Ⅰ第19题）

A. 正因为古琴音量小，所以使得它是直接和你的心进行交流的最个人化的乐器。

B. 正是古琴音量小，使得它是直接和你的心进行交流的乐器，是最个人化的乐器。

C. 正是音量小，使得古琴成为直接和你的心进行交流的乐器，是最个人化的乐器。

D. 正因为音量小，使得古琴成为直接和你的心进行交流的最个人化的乐器。

【解析】答案为C。画线句有两处语病：一是句中"因为"后面跟的"古琴音量小"，并非名词或名词性结构，而是一个主谓结构，可见这个"因为"不是介词而是关联词，理应与"所以"搭配组成因果关系的复句，但该句后一部分却缺少"所以"与之呼应；二是"使得"缺少主语，"使得它"也和"是"不能搭配，"是"表明古琴作为"和你的心进行交流的乐器"是既成的事实，而实际上是因为"音量小"，所以人们认为古琴能"和你的心交流"。四个选项中，A项，添加了"所以"构成因果关系，但"使得"缺少主语；B项，"使得它"和"是"不能搭配；D项，"正因为……使得……"没有修改；C项，两处语病都得到了修改。故答案为C。

阅读下面的文字，完成文后各题。（2019年全国卷Ⅱ）

中国画是融中国哲学思想、美学精神、绘画理念于一体的民族艺术。20世纪以来，新的文化思潮和艺术观念不断对中国化领域产生冲击，画家们既要突破传统观念推陈出新，又要继承传统发扬光大中国文化精神，（　　），也造就了当今画坛的各种风格。

作为中华文化的传统瑰宝，中国画的笔墨纸砚等工具材料和表现方式有着其他画种无法比拟的特殊性。为历代画家崇尚与传承，其伟大而完整的绘画体系，成就了一代代宗师。然而，也正是这千百年来逐渐趋于完美的绘画准则，让一些画家"长跪不起"，不敢轻易逾越雷池，仍在使用今日的笔墨纸张道说古人程式化的话语。事实上，单凭笔墨功力，是无法成就作品艺术灵魂的，画家能否凭借自己的生活积累和艺术感受，让传统文化内涵及现代人文精神在画面上得到充分体现，是新时代美术创作并行不悖的艺术法则。新时代的中国画创作者，应该以笔墨激扬时代精神，让中国画在多元共融的艺术格局中保持鲜活的生命力。

2. 文中画横线的句子有语病，下列修改最恰当的一项是＿＿＿。（3分）（2019年全国卷Ⅱ第19题）

A. 画家凭借自己的生活积累和艺术感觉，让传统文化内涵及现代人文精神在画面上得到充分体现，是新时代美术创作至关重要的艺术法则。

B. 画家能否凭借自己的生活积累和艺术感觉，让传统文化内涵及现代人文精神在画面上得到充分呈现，是新时代美术创作并行不悖的艺术法则。

C. 画家凭借自己的生活积累和艺术感觉，让传统文化内涵及现代人文精神在画面上得到充分呈现，是新时代美术创作并行不悖的艺术法则。

D. 画家能否凭借自己的生活积累和艺术感觉，让传统文化内涵及现代人文精神在画面上得到充分体现，是新时代美术创作至关重要的艺术法则。

【解析】答案为A。原文画线句,一是存在"两面对一面"的错误,因此应该删掉语句中的"是否",故排除B、D两项。二是"并行不悖的艺术法则"其中定语与中心词搭配不当。"并行不悖"是指同时进行而互不抵触。选项中的"艺术法则"只有"让传统文化内涵及现代人文精神在画面上得到充分体现"这一条,并不存在与其他法则"同时进行"的语境;此外,"呈现"多指具体的事物在眼前显现出来,"体现"指某种性质或现象通过某一事物具体表现出来。画线句使用"体现"是恰当的。据此可排除C项,故选A。

阅读下面的文字,完成文后各题。(2019年全国卷Ⅲ)

有一个大坑,看着很松软,有点像巧克力蛋糕——这是北京时间2019年1月3日上午11时40分,"嫦娥四号"传回的月背影像图带给人们的____。这张在网络上刷屏的图片,拍自月球背面南极-艾特肯盆地中的冯·卡门撞击坑。这一盆地是在40亿年前被小天体砸出来的。

到月球背面去看看,一直是人类的梦想,但由于潮汐锁定的关系,月球的自转和公转周期几乎相等,( )。同样,从地球发射的电磁波也只能到达月球正面的半球,使得人类无法对欲求背面的探测器进行远程操控。这大大____了人类对于月球背面的探索。月球正面的历史,科学家已经大致研究得清楚了,但最古老的那一段历史却是仍藏在月球背面的深坑。此前,有关月球背面的信息主要来自遥感探测。此次,"嫦娥四号"携带月球车在月球背面成功软着陆,是中国航天创造的又一个人类"第一次",是中国为全人类科技发展作出的一个重大贡献。……当月球车正式开始巡视,将会有更多科学数据____地通过地月之间的中继星"鹊桥"传回地面。有关月背的研究才刚刚开始。

3.文中画横线的句子有语病,下列修改最恰当的一项是____。(3

分）（2019年全国卷Ⅲ第19题）

A.月球正面的历史，科学家已经大致研究清楚了，但最古老的那一段历史却仍藏在月球背面的深坑中。

B.月球正面的历史，科学家已经大致研究得清楚了，但最古老的那一段历史却仍藏在月球背面的深坑中。

C.科学家已经大致把月球正面的历史研究清楚了，但最古老的那一段历史却仍是藏在月球背面的深坑。

D.科学家已经大致把月球正面的历史研究得清楚了，但最古老的那一段历史却仍是藏在月球背面的深坑。

【解析】答案为A。画线句子有两处语病，其一是"藏在"应搭配"深坑中"，据此排除CD两项；其二是"研究"与"清楚"之间不需要加"得"，以此排除B项。由以上分析可知A项修改的最恰当。

4.下列各句中没有语病的一句是____。（2019年天津卷第3题）

A.在游客文化体验、特色旅游活动需求日益明显的背景下，利用科技创新对外宣传、深度挖掘旅游文化内涵，扩大我市旅游业的吸引力与知名度。

B.全球2000多位科学家经过跨国的联合攻关和数年的不懈努力，人类史上首张清晰的超级黑洞照片终于在今年面世，引起广泛关注。

C."高雅艺术进校园"活动旨在提高学生们的审美素养为目的，引导学生树立正确的文化观，增强学生的文化自信，提升校园文化品位，优化育人环境。

D.琳琅满目的远古海洋生物化石、承载"海上丝绸之路"辉煌的"宋元福船"复原模型等珍宝，将在坐落于天津的国家海洋博物馆集中展示。

【解析】答案为D。A句，首先"扩大"与"吸引力"不能搭配，可将"扩大"改为"提高"，既可支配"吸引力"又可支配"知名度"。

其次，"利用科技创新对外宣传、深度挖掘旅游文化内涵，扩大我市旅游业的吸引力与知名度"，似乎意犹未尽，并不完整：要么缺少主语，要么缺少谓语对其进行陈述；如果无须说出主语，至少"利用"的前面需要加上"必须"之类的词语作状语，才能完整。最后，语序也有不当，"利用科技创新对外宣传"（照应"知名度"）和"深度挖掘旅游文化内涵"（照应"吸引力"）应调换顺序。B句开头提出主语"科学家"，但未加以陈述，却又另外起头以"照片"为主语加以陈述，犯了中途易辙的错误。C句句式杂糅，或者说"旨在……"或者说"以……为目的"，不能嫁接在一起，造成结构混乱。D句正确无误。

5.下列各句中，没有语病的一项是____。（2019年浙江卷第4题）

A.当人体免疫力大幅受损的情况下，"超级真菌"会乘虚而入，使病情雪上加霜，加速病人死亡，因此它被贴上了"高致死率"的标签，使人闻之色变。

B.近年来，《战狼Ⅱ》《流浪地球》等一批精良艺术品质和积极价值取向的文艺作品受到观众广泛认可，这充分证明过硬品质是新时代文艺实现文化引领的基本条件。

C.中国的哲学蕴含于人伦日用之中，中国建筑处处体现着人伦秩序与和而不同的东方智慧，五千年前的中华文明正是良渚大量建筑遗址的见证者。

D.当前，以芬太尼类物质为代表的新型毒品来势凶猛，已在一些国家引发严重的社会问题；将芬太尼类物质整类列入管制，是中国政府处理毒品问题的创新性举措。

【解析】答案为D。A项，"当……的情况下"结构混乱，句式杂糅，应改为"在……的情况下"或"当……的时候"。B项，谓语残缺，"精良艺术品质"前应加"具有"。C项，"文明是遗址的见证者"不合逻辑，应是"遗址是文明的见证者"。

主观题（4题）

6.在下面一段文字横线处补写恰当的语句，使整段文字语意完整连贯，内容贴切，逻辑严密，每处不超过12个字。（6分）（2019年全国卷Ⅰ第20题）

研究发现，人们所受压力会增加血液中糖皮质激素的含量，而糖皮质激素可将前体细胞变为脂肪细胞，所以 ① 。但人们过去不清楚，为什么白天压力大不一定会变胖，而上夜班之类的压力则常与肥胖相联系。最近一项研究揭开了谜底：健康人的糖皮质激素水平在24小时内呈节律性涨落，早8点最高，凌晨3点最低，如果打破节律，在糖皮质激素水平 ② ，糖皮质激素的增加就会导致更多前体细胞变为脂肪细胞，如果顺应节律，在糖皮质激素水平本来就是峰值时，即使增加很多糖皮质激素，也不易引起脂肪细胞增加。可见， ③ 非常重要，夜间长期经历持续性压力体重会明显增加。

【解析】解答此类题，上下文是最重要的已知条件，充分挖掘并最大限度利用上下文包含的信息，是关键。根据前文，可以确定所填的是短语还是句子；再看后文，确定所填的具体内容。第①空，据"所以"一词可知，应填一个句子，且通过把前句压缩，一定与"压力""脂肪细胞"有关系。再结合后句应填"压力与肥胖有某种关系"之类的话，但很容易误写成"压力与肥胖成正比"，因为后一句没有这种关系，只表明彼此"有联系"。第②空应填一个动词短语，与"在糖皮质激素水平"组合成为一个完整的句子，然后参照后句"在糖皮质激素水平本来就是峰值时"即可得出。第③空应填一个名词短语，与"非常重要"形成完整的句子，结合"可见"这个总结语，与后文的"夜间……"说明应填"压力的时间"之类的名词短语。答案示例：①压力与肥胖有联系；②本来应该是低谷时；③压力产生的时间。

7.在下面一段文字横线处补写恰当的语句，使整段文字语意完整连贯，内容贴切，逻辑严密，每处不超过12个字。（6分）（2019

年全国卷Ⅱ第20题）

在奇妙的植物王国，春天来临之时，有些植物先开花后长叶，①，还有些花叶同时生长，为什么呢？我们知道，植物的芽有叶芽、花芽和混合芽三种，叶芽发育为枝和叶，花芽发育成花或者花序，混合芽则发育成既长叶花又开花的枝条。而先开花还是先长叶，与②密切相关。如果花芽生长所需温度比较低，叶芽所需温度较高，则先花后叶；如果花芽③，则先叶后花。而那些叶芽与花芽对温度要求相似的植物，花叶便会同时发育，形成花叶同现的景象。

【解析】①根据前后文"有些植物先开花后长叶""还有些花叶同时生长"等信息推断，此处应填：有些先长叶后开花；②根据后文"如果花芽生长所需温度比较低，叶芽所需温度较高，则先花后叶""而那些叶芽与花芽对温度要求相似的植物，花叶便会同时发育"可推断，此处应填：植物的芽生长所需温度；"植物的芽"是合并了"叶芽"和"花芽"，简洁准确。③处从后文信息推断可知，应填写：生长所需温度比叶芽高。

8. 在下面一段文字横线处补写恰当的语句，使整段文字语意完整连贯，内容贴切，逻辑严密，每处不超过12个字。（6分）（2019年全国卷Ⅲ第20题）

人体内有两种生物酶同酒精代谢相关。一种叫乙醇脱氢酶，能使酒精转化为乙醛；①，能使乙醛转化为乙酸，最终分解为水和二氧化碳，排出体外。决定人的酒量大小的是乙醛脱氢酶。如果一个人的乙醛脱氢酶活性较低，②，乙醛容易蓄积在体内，少量饮酒就会出现脸红、心跳加速等现象。而那些酒量大的人，③，能迅速将乙醛代谢。他们少量饮酒后，脸色并无变化；但若过量饮酒，脸色会发青，身体也会受到很大伤害。

【解析】①根据上句"人体内有两种生物酶""一种叫乙醇脱氢酶"和下句"决定人的酒量大小的是乙醛脱氢酶"，可以推测此处应填写：另一种叫乙醛脱氢酶；②根据"乙醛容易蓄积在体内"和下句"而那些酒量大的人，……能迅速将乙醛代谢"，可推测此处应填写：代谢乙醛的能力较差；③处则与上句"如果一个人的乙醛脱氢酶活性较低"相比较得出，应填写：体内乙醛脱氢酶活性较高。

9. 在下面一段文字横线处补写恰当的语句，使整段文字语意完整连贯，内容贴切，逻辑严密。每处不超过15个字。（2019年浙江卷第5题）

考古学是利用古人遗迹遗物重建古代历史的学科，尽管先民的物质遗存作为古史研究的直接史料有益于重建古代物质文化的历史，但仅满足于人类物质文化历史的建设，①_____。理由很简单，人类社会的历史不仅包括物质文化历史，也应包括精神文化的历史，我们不仅要关心古人是如何生活的，②_____。这意味着真正的考古学研究，③_____，同时更要通过这些物质遗存研究先民精神文化的成果。

【解析】本段主要阐述的是我们不仅应该关注物质文化历史，也应该关注精神文化历史。根据横线前的"但仅满足于人类物质文化历史的建设"以及横线后的"人类社会的历史不仅包括物质文化历史，也应包括精神文化的历史"，可知第一空就应填写"显然不足以重建一部完整的历史"之类句子；第二空，据"我们不仅要关心古人是如何生活的"可知，后面应用"更"呼应"不仅"，用"思想"呼应"生活"，因此就应填写"更要关心他们是如何思想的"之类句子；第三空，据"同时更要通过这些物质遗存研究先民精神文化的成果"可知，要用"既要"呼应"更要"，用"物质"呼应"精神"，因此就应填写"既要揭示先民的物质创造"之类句子。

2020年［14题］

选择题（9题）

阅读下面的文字，完成文后各题。（全国卷Ⅰ）

在中国各种艺术形式中，篆刻是一个_____的门类。篆刻是从实用印章的应用中发展而来的,中国的印章最初用在制陶工艺方面,上面镌刻的是图案,花纹或族徽。到春秋战国时期,刻有官职名或人名的文字印章得到普遍使用。唐宋以后,<u>由于文人士大夫参与到印章的创作中,使这门从前主要由工匠承揽的技艺,增加人文意味</u>,印章不再局限于用来昭示身份与权力,而是通过镌刻人名字号,斋馆名称、成语警句等来表达情趣志向。印章也就超越实用功能,成为文人表达自己审美追求的独特方式。中国印章艺术由此实现了一次完美的升华——演变为中国文化特有的篆刻艺术,明清时期,众多_____的艺术家在篆刻上融入了对汉字形体的研究和理解,再加上他们对印面布局的精心设计,对各种刀法的熟练掌握,篆刻艺术迅速走向成熟并孕育出_____的流派风格。篆刻艺术的发展及成就,使印章成为与中国画、中国书法紧密结合的艺术形式,同时也是中国画和书法作品中_____的组成部分。

1. 文中画横线的句子有语病,下列修改最恰当的一项是____。(3分)(全国卷Ⅰ第18题)

A. 由于文人士大夫参与到印章的创作中,使这门从前主要由工匠传承的技艺,增加了人文意味

B. 由于文人士大夫参与到印章的创作中,这门从前主要由工匠承揽的技艺,增加了人文意味

C. 文人士大夫参与到印章的创作中,使这门从前主要由工匠承揽的技艺,增加了人文意味

D. 文人士大夫参与到印章的创作中,使这门从前主要由工匠传承的技艺,增加了人文意味

【解析】答案为D。原句的错误,首先是用词失当。"承揽"多指接受揽下某项工程或业务,"传承"则是指继承传递某种工艺、某种文化。该句所说的是印章创作,往小说是工艺;往大说,就是文化。故应该使用"传承"。据此,排除B、C两项。其次,如果同时使用"由于……"和"使……",就会造成主语残缺。有人戏

称这种病句是"介"掉主语,"使"掉主语。A 项就属于此种错误。所以只有 D 项正确。

阅读下面的文字,完成文后各题。(全国卷Ⅱ)

1899 年发现的殷墟甲骨文,是近代中国史料"四大发现"之一。殷墟甲骨文内容丰富,甲骨刻辞大多是占卜的记录,但占卜的范围很广,涉及祭祀、征伐、农业、田猎、气象、疾病等等,能够在一定程度上反映商代的社会生活。从目前的发掘情况看,甲骨文不止出现在殷墟,在北京、山西、陕西、山东、湖北、_____、宁夏都发现了刻有卜辞的甲骨。殷墟甲骨文年代最早,数量最多。但它不是当时唯一的文字。《尚书·多士》记载"惟殷先人,有册有典",甲骨文有"典""册""聿(笔)"这样的文字,说明殷人祖先常规的书写材料是简册,书写工具是毛笔。只是用竹木做成的简册_____腐烂,似乎无法在北方的地下长期保存,所以至今_____没有发现商代的竹简。从出土材料看,甲骨文是商代晚期商王武丁以后才出现的,而商代早期、中期的青铜器上已有少量铭文。( ),甲骨文字体简化较多。对于文字本身来说,汉代学者总结的"六书"的方法在甲骨文基本都已出现,已经说明它是成熟的文字。文字本质上是记录语言的,_____受书写材质和体裁所限,甲骨文不能全面记录当时的语言现象,但是已经能够反映汉语的基本语法、词汇系统。

2.下列填入文中括号内的语句,衔接最恰当的一项是____。(3 分)(全国卷Ⅱ第 18 题)

A.由于相较于铸造的青铜器铭文,用刀在龟甲和兽骨上刻字比较困难

B.用刀在龟甲和兽骨上刻字比较困难,这是相较于铸造青铜器铭文而言的

C.由于用刀在龟甲和兽骨上刻字比较困难,所以相较于铸造的

青铜器铭文

D.用刀在龟甲和兽骨上刻字，相较于铸造青铜器铭文而言，比较困难

【解析】答案为C。语句衔接补写，主要依据上下文语境和语段的中心思想。根据后面的文字"甲骨文字体简化较多"，可以推知括号里是写甲骨文相对于铭文简化的原因，因此句式选用"由于……所以……"更好，且主语应当是"甲骨文"，排除BD项；句子强调的应当是在龟甲兽骨上刻字困难，所以相较于铭文来说，甲骨文的字体简化较多，A项把"相较于铸造的铭文"放在前面不恰当，排除A项。故选C。

3.文中画横线的句子有语病，下列修改最恰当的一项是____。（3分）（全国卷Ⅱ第19题）

A.就文字本身来说，汉代学者总结的"六书"的方法在甲骨文基本都已出现，已经说明它是成熟的文字。

B.对于文字本身来说，汉代学者总结的"六书"的方法在甲骨文中基本都已出现，已经说明它是成熟的文字。

C.对于文字本身来说，汉代学者总结的"六书"的方法在甲骨文基本都已出现，说明它已经是成熟的文字。

D.就文字本身来说，汉代学者总结的"六书"的方法在甲骨文中基本都已出现，说明它已经是成熟的文字。

【解析】答案为D。原句"对于文字本身来说"，属于句式杂糅，应当改成"对于文字本身"或"就文字本身来说"，据此排除BC项；原句"在甲骨文"，成分残缺，应在后面加上"中"，即"在甲骨文中"，由此排除AC项；原句"已经说明它是成熟的文字"中"已经"语序不当，放到"它"后面，可排除AB项。

阅读下面的文字，完成文后各题。（全国卷Ⅲ）

文化是一个民族的灵魂。五千年的中华文化体现的中华民族的

精神追求，已成为中华民族区别于其他民族的精神标识。而其基本价值已积淀为中华民族的文化基因，成为中华民族的精神命脉。(　　)。中华文化与中华民族_____，中国人之所以为中国人的特征，<u>不是生理的，而是文化的、精神的因素</u>；没有中华文化，中国人就不成其为中国人，中华民族就不成其为中华民族。中华文化的精神品格与价值追求，支撑了几千年来中华民族的繁衍生息和_____，今天仍然是而且未来必将还是我们发展壮大的强大精神力量。中华文明的精神特质就是我们今天要大力弘扬的"中国精神"，而弘扬中国精神，是凝聚中国力量、走稳中国道路的关键。没有中华文化的_____，就没有中华民族的伟大复兴。放到世界文明史中看，中华民族创造的_____的中华文化具有独特的文化传统，独特的价值体系，独特的民族色彩，独特的历史进程。其长期的演化过程造就了我们的文化认同，赋予我们生命力和创造力，也决定了我们独特的发展路径。

4.下列在文中括号内补写的语句，最恰当的一项是____。（3分）（全国卷Ⅲ 第17题）

A.传承中华文化就是维系中华民族的精神命脉

B.传承中华文化必须维系中华民族的精神命脉

C.维系中华民族的精神命脉就是传承中华文化

D.维系中华民族的精神命脉就能传承中华文化

【解析】答案为A。填写衔接句主要从陈述对象的一致、虚词的运用、句式选用、情感基调、前后的逻辑顺序和音韵和谐的角度选择。该文段论述中华文化和中华民族的关系，根据后文"中华文化与中华民族"可知，文化在前，民族在后，据此排除CD；再根据后文"中华文化与中华民族互为一体"，说明二者是对等关系，即"传承中华文化就是维系中华民族的精神命脉"，排除B。故选A。

5.文中画横线的部分有语病，下列修改最恰当的一项是____。（3分）（全国卷Ⅲ 第19题）

A.不是生理的因素，而是文化的、精神的

B. 不是生理的，而是文化的、精神的

C. 不仅是生理的，而是文化的、精神的

D. 不仅是生理的因素，而是文化的、精神的

【解析】原句关联词搭配不当，应为"不是……而是"，"不仅……而且"，据此排除CD；文段强调中华文化是中国人的精神命脉，因此，应为"不是生理的，而是文化的、精神的"，C项"因素"属于赘余，排除C。故选B。

阅读下面一段文字，完成文后各题。（天津卷）

"世界那么大，我想去看看"——这句流行语生动反映出人们在精神消费方面的愿望。纵观古今，人类从没有像今天这样（　）于旅游。一场完美的旅行，必须要选择一家称心如意的酒店。那么在古代，外出旅行或者出门办事，人们如何解决住宿问题呢？

西周早期，统治者在通往都城的道路上广修客舍，便于各地诸侯入朝纳贡和朝觐时休息。春秋战国时期，名为"传舍"或"逆旅"的客舍也出现了。西汉初期，各地均在交通要道上设立驿馆。南北朝时，许多王公贵族发现经营旅馆存在巨大商机，竞相建置，旅馆林立城中。唐朝繁盛，各国使者纷纷到大唐学习、取经。为了彰显唐人风度，官方旅馆的建设被提上日程。与此同时，民间旅馆的发展也相当可观。<u>据《太平广记》记载了岐州富豪开设的私家旅馆，可以容纳千人食宿，不可谓世所罕见。</u>宋朝商品经济发达，在临安，私营旅馆临街而立，热闹非凡，尤其是西湖岸边的湖景旅馆，密密匝匝，令人（　）。陆游那句"小楼一夜听春雨，深巷明朝卖杏花"，就是在杭州西湖砖街巷的一家湖景旅馆里写的。明初，全国要冲均设驿馆、递铺，"十里一铺、六十里一驿"的（　）最常见。至晚清，中国的旅馆业走上了近代化之路。

（取材于刘中才《回到古代住旅馆》）

6. 文中画线句子有语病，下列修改正确的一项是____。（3分）（天津卷第2题）

A. 据《太平广记》记载，岐州富豪开设的私家旅馆可以容纳千人食宿，不可谓世所罕见。

B.《太平广记》记载了岐州富豪开设私家旅馆，可以容纳千人食宿，不可谓世所罕见。

C.《太平广记》记载的岐州富豪开设私家旅馆，可以容纳千人食宿，可谓世所罕见。

D. 据《太平广记》记载，岐州富豪开设的私家旅馆可以容纳千人食宿，可谓世所罕见。

【解析】答案为D。文中画线句是"据《太平广记》记载了岐州富豪开设的私家旅馆，可以容纳千人食宿，不可谓世所罕见"。第一个问题，成分残缺，"可以容纳……"缺少主语，可以删除"据"，并把"了"改为"的"，让"私家旅馆"做后面句子的主语；第二个问题，"不可谓世所罕见"滥用否定词导致语义表达反了，"不可谓"意思是"不可以说是、不可以称为"，"世所罕见"意思是"在整个世界上都很少看到过。比喻特别稀有，非常珍贵"，语境要表达的意思是岐州富豪所开的私家旅馆是世所罕见的，但多了"不"，让句意表达反了，可以删除"不"。A项，"不可谓世所罕见"滥用否定词导致语义表达反了；B项，结构混乱，前面句子的主语是《太平广记》，而"可以容纳"的主语应是"私家旅馆"，偷换主语；"不可谓世所罕见"滥用否定词导致语义表达反了；C项，"岐州富豪开设私家旅馆，可以容纳千人食宿"搭配不当，前一句的主语是"岐州富豪"，而"容纳千人食宿"的应该是"私家旅馆"，可以在"开设"后面添加"的"。故选D。

7. 下列各句中，没有语病的一项是____。（3分）（浙江卷第4题）

A. 新冠肺炎疫情来势汹汹，严重威胁全人类的健康与福祉，也暴露了全球公共卫生治理上的短板，推进全球公共卫生治理体系改革的必要性。

B. 长征五号B运载火箭自从首次飞行任务展开以来，各参研参试单位和全体同志团结拼搏，经历严峻考验，克服重重困难，获得了最后的胜利。

C. 互联网的快速发展为打赢脱贫攻坚战提供了新思路，各地广泛开展的网络扶贫活动，让扶贫工作受益范围更广，使更多的群众有了存在感。

D. 汽车影院以停车空间为电影放映场地，通常设置超大银幕，观众坐在私家车内就可以看到大银幕上清晰稳定的图像和车内收音机上接收的电影原声。

【解析】答案为C。A项成分残缺，"推进全球公共卫生治理体系改革的必要性"一句中，"必要性"缺乏动词谓语搭配，应在该句前面加上"凸显"。B项结构混乱，中途易辙，"长征五号B运载火箭自从首次飞行任务展开以来"主语是"长征五号B运载火箭"，此句没有说完，后面又说"各参研参试单位和全体同志团结拼搏"。可将"自从"调整到句子最前面，让"自从长征五号B运载火箭首次飞行任务展开以来"做状语。D项搭配不当，"看到……电影原声"搭配不当，可在"和"字后面加"收听到"。

8.为使文段语意连贯，逻辑严密，请选择最恰当选项，填写在序号处的横线上。（4分）（天津卷第22题）

"天河一号"超级计算机落户天津，命名为"天河"，取天津与"银河团队"合作发展之意。如今，新一代百亿亿次超级计算机"天河三号"已进入开放应用阶段。近年来，创新团队在"卡脖子"处下功夫，在关键处尽全力应对：身处世界前所未有的大变局时代——①＿＿＿＿；身处全球新一轮科技革命前夜——②＿＿＿＿；身处国家民族决战决胜时期——③＿＿＿＿；身处随时竞争的拼杀时刻——④＿＿＿＿＿。

（取材于余艳《大国引擎》）

A. 以我为主，在战略必争领域强势崛起
B. 全方位研判，高标准筹划，破解突出矛盾
C. 创新驱动，以崭新的"中国速度"冲锋
D. 聚焦前沿，瞄准核心技术制高点和突破口

答：（1）____（2）____（3）____（4）____

【解析】第一处，前面说"身处世界前所未有的大变局时代"，这里要抓住"世界""前所未有""大变局"这些信息，因为是前所未有的，且是大变局时代，所以需要"全方位研判"，需要"高标准筹划"，要"破解突出矛盾"，所以确定是B。第二处，前面说"身处全球新一轮科技革命前夜"，这里要抓住"新一轮科技革命前夜"这一信息，因为是"新一轮"，且是"前夜"，所以需要"聚焦前沿"，需要"瞄准核心技术的制高点和突破口"，所以确定D。第三处，前面说"身处国家民族决战决胜时期"，这里要抓住"国家民族""决战决胜时期"，因为是"决战决胜时期"，所以需要"强势崛起"，故确定A。第四处，前面说"身处随时竞争的拼杀时刻"，这里要抓住"拼杀时刻"这一关键信息，可见是极为关键的时刻，需要的是"速度"，是"冲锋"，所以确定C。

9.在下面的一段文字横线处填入语句，衔接最恰当的一项是____。（3分）（江苏卷第2题）

瘦西湖的景妙在巧。_____，_____，_____，_____，_____。而雨丝风片，烟波画船，人影衣香，赤栏小桥，游览应以舟行最能体会到其中妙处。

①白塔与五亭桥分占圆拱门内
②回视小金山
③所谓面面有情，于此方得
④最巧是从小金山下沿堤至"钓鱼台"
⑤又在另一拱门中

A.②③④①⑤　B.②⑤④①③　C.④①②⑤③　D.④③②⑤①

【解析】答案为C。语言连贯题，本不属于病句的范畴。但考虑到高考出现过将病句与连贯合为一题考查的情况，故将某些连贯题也适当纳入。解答此类衔接排序题，前提是明确体裁和中心，理清思路结构；接下来要注意上下文之间的关系，特别是句子间的逻辑关系，善于发现前后文之间相互的提示和照应，抓住语言标志。解答排序类选择题，也有不少技巧。首先要分析判断哪两个或者三个句子是不能分开的，要抱成一团的；然后再看"团"与"团"之间存在怎样的先后顺序；还要做到语句之间关联、照应恰当，语句与所在语境协调。即如本题，④"最巧"与前句"妙在巧"承接很紧，有呼应关系，要排在第一位；②有"回视"，可见要先看了正面的景物才能有"回视"，不能排在第一位；据此排除AB；①中的"圆拱门"与②"回视小金山"、⑤"又在另一拱门中"语意连贯，即先看"圆拱门内"白塔与五亭桥二景，再回看"另一拱门中"的小金山一景，这三者必须连接在一起；③中"于此方得"是对前文的总结，应排在最后，排除D项。故选C。

主观题（5题）

10. 在下面一段文字横线处补写恰当的语句，使整段文字语意完整连贯，内容贴切，逻辑严密，每处不超过15个字。（6分）（全国卷Ⅰ第20题）

研究发现，有氧运动能增加流向与记忆有关的大脑区域的血流量，从而改善记忆力。任何时候开始锻炼都不会太晚，即使进入老年阶段，①，你仍然可以通过适当增加有氧运动来加以改善。有30名被试人员（平均年龄66岁）参与了研究，②，这两组人都没有定期锻炼的习惯，也没有记忆障碍的迹象。其中一组每周完成数次有氧运动的任务，而另一组只进行拉伸和平衡训练，同时保持较低的心率。12个月后，与拉伸平衡组相比，有氧运动组流向与记忆有关的大脑区域的血流量增加了。研究开始和结束时进行的记忆力测试显示，③，而拉伸平衡组的成绩提高不明显。

① _____
② _____
③ _____

【解析】从首句可知,有氧运动可改善记忆力是该文段的中心思想。第①处语句紧承首句,关注点是记忆力。根据其前面"任何时候开始锻炼都不会太晚,即使进入老年阶段",以及后文"你仍然可以通过适当增加有氧运动来加以改善",所以此处应该补写:记忆力已经开始衰退;第②处,内容是研究过程。前文说有30名被试人员参与了研究,后文又说"这两组人"如何,可见此处应补上:他们被随机分成两组;第③处,是做出结论,关注点是成绩。根据前后文,此处应该补写的是:有氧运动组的成绩有显著提高。

11.在下面一段文字横线处补写恰当的语句,使整段文字语意完整连贯,内容贴切,逻辑严密,每处不超过10个字。(6分)(全国卷Ⅱ第20题)

无论生产、生活还是娱乐,当人暴露在噪声环境中时,健康就会受到威胁。暴露时间短,会产生焦虑与精神压力;暴露时间长,_____,甚至失聪。听力损失程度与音量和暴露时长相关。然而,当噪声级达到一定高度时,_____,均会产生永久性听力损害。而单从听力保护角度来说,即使是乐音,_____,时间过久,也会对听力造成不可逆的损害。

【解析】补写句子,需要"瞻前顾后",充分利用上下文。第①空,前句为"暴露时间短,会产生焦虑与精神压力";后句为"甚至失聪。听力损失程度与音量和暴露时长相关",据此可知此处应填"则会造成听力损失"。第②空,前文为"听力损失程度与音量和暴露时长相关。然而,当噪声级达到一定高度时",后文为"均会产生永久性听力损害",分析可知此处应填"无论暴露时间长短"。第③空,根据前文"即使是乐音""时间过久"以及前文对"噪声、音量、时间"的分析可知,此处应填"如果音量过大"。

12. 在下面一段文字横线处补写恰当的语句，使整段文字语意完整连贯，内容贴切，逻辑严密，每处不超过8个字。（6分）（全国卷Ⅲ第20题）

食物的基本功能之一是给人体提供日常所需的能量。我们的一举一动，大到跑步，小到眨眼，___①___。食物中提供能量的三大营养素，即蛋白质、碳水化合物和脂肪，人体不能___②___，因为它们均以大分子形式存在，必须消化分解成小分子才能吸收利用。这一过程中的能量消耗就是___③___，又称为膳食生热作用。我们吃完饭后会有发热的感觉，这就是食物热效应的外在表现。

【解析】补写句子，上下文语境就是求解的依据。善于分析上下文，答案就不难得出。第①空，前句为"食物的基本功能之一是给人体提供日常所需的能量。我们的一举一动，大到跑步，小到眨眼"；下文为"这一过程中的能量消耗"，可见运动需要消耗能量，据此可知此处应补写"都要消耗能量"。第②空，前文为"蛋白质、碳水化合物和脂肪，人体不能"，后文为"因为它们均以大分子形式存在，必须消化分解成小分子才能吸收利用"，分析可知此处应补写"直接吸收利用"。第③空，根据前文"这一过程中的能量消耗就是"和"又称为膳食生热作用"说明该句是下定义的句子，再根据"这就是食物热效应的外在表现"可知，此处应补写"食物热效应"。

13. 下面文段有四处语病，请指出其序号并做修改，使语言表达准确流畅。（4分）（新高考1卷第21题）

近年来，①我国的电子书阅读率发生了快速增长，②呈现出良好的发展态势。③根据统计数据显示，④2000年国内网上的阅读率仅为3.9%，⑤2012年上升到41.7%，⑥电子书的阅读人数更是达到了2.95亿。⑦截止目前，⑧我国已经有接近20%的网民养成了通过互联网阅读时事新闻的习惯，⑨16%的人群养成了电子阅读的习惯，⑩而且有越来越多的读者开始将注意力转移到电子书上。

【解析】①句,谓语部分累赘多余,修改为:"我国的电子书阅读率快速增长";③句,句式杂糅,修改为:"统计数据显示"或者"根据统计数据";⑦句同义词混用,修改为:"截至目前"或者"截止到目前";⑨句"16%的人群"费解,修改为:"16%的人养成了电子阅读的习惯"。

14.在下面一段文字横线处补写恰当的语句,使整段文字语意完整连贯,内容贴切,逻辑严密。每处不超过15个字。(3分)(浙江卷第5题)

在出生20天左右,比目鱼的眼睛开始搬家,一只眼睛向上移动,越过头部上缘到身体另一侧。眼睛之所以能够这样,__①__。比目鱼的头骨,不是坚硬的骨头,而是软骨。眼睛移动时,双眼间的软骨会被身体吸收,眼睛的移动失去了障碍,移动也就更加自如了。除了身体的构造发生改变,__②__。比目鱼刚出生的时候,是在水面附近活动;当眼睛同处一侧时,比目鱼就转而在海底活动了。比目鱼一般是侧着身子游泳,而且经常平卧在海底。为了能够更快地发现敌人,两只眼睛长在一起无疑是最好的选择。所以说,比目鱼发育过程中的这些改变,其实是__③__。

【解析】补写什么,取决于上下文说了什么。首句说的是比目鱼眼睛能够移动的事实,①处是要探究比目鱼眼睛移动的原因,接下来介绍比目鱼独特的身体构造,可见①处应该补写:是借助了比目鱼独特的身体构造;②处前一句"除了身体的构造发生改变",属于承接上文,接下来说明了造成比目鱼眼睛移动的其他原因,即生存环境。所以②处就应该补写:比目鱼生存的环境也不一样了;③处以"所以说"领起,目的在于总结,需要概括。因此该处应该补写:自然选择(或自身演化)的结果。

下 编

标点符号用法详解

导　语

一、"新国标"：想说爱你不容易

郭沫若早在 1934 年就说过："标点之于言文有同等的重要，甚至有时还在其上。言文而无标点，在现在是等于人而无眉目。"（《沸羹集·正标点》）吕叔湘和朱德熙两位先生也说过："每一个标点符号都有一个独特的作用，说它们是另一形式的虚字，也不为过分。"（《语法修辞讲话》）足见标点符号是现代汉语不可或缺的"部件"，它是不是文字的"文字"。多年来，年轻一点的报刊编辑询问我标点用法远远超过于词语的运用，就是一个证明。

标点符号是现代汉语才有的。文言文是没有标点的，但是没有标点，不等于不需要标点。无论说话还是读书，都需要有停顿，这就需要标点。阅读的停顿，文言文称之为断句，一句话完了的停顿叫句，一句话未完的停顿则叫读(dòu)。东汉许慎《说文》有ㄑ(jué)字，用于钩识；又有丶(zhǔ)字，用于绝止。这些就是当时的句读符号。到宋代，开始使用圈点。在相当于句号的地方用圈（。），在相当于逗号的地方用点（、）。到明代，又出现｜和‖，分别用来表示人名和地名。这就是文言时代的"标点"。所以，文言文缺少标点，不是它的优点，而是它的缺欠。进入 20 世纪，现代白话文日趋广泛，一批学人根据古代的句读，参考西洋方法，研究制定出了适合中国文字需要的我国最早的新式标点符号。1919 年马裕藻、周作人、朱希祖、刘复、钱玄同、胡适等六人联名提出《请颁行新式标点符号议案》，并获国语统一筹备会第一次大会议决通过。这是我国第一套法定的新式标点符号。

1951年9月政务院批准颁布了《标点符号用法》，这是新中国公布的第一个标点符号方案。从1987年初开始有关部门对1951年的《标点符号用法》进行修订，历时三年，制定了新的《标点符号用法》，1990年3月由国家语委和国家新闻出版署发布，1995年12月国家技术监督局将其认定为"国家标准"，即 GB／T 15834—1995《标点符号用法》（简称旧国标《用法》，下同）。自2005年起，历经八年讨论研究，对1990年发布的《标点符号用法》作了修订，于2011年12月30日发布了新的《标点符号用法》国家标准，即 GB／T15834—2011《标点符号用法》（简称新国标《用法》，下同），同时宣布本标准代替旧标准，2012年6月1日开始实施。

新国标《标点符号用法》公布以后，随即由教育部语言文字信息管理司组编了《〈标点符号用法〉解读》（简称《解读》），并于2012年9月由语文出版社出版。按理说，有了与之配套的《解读》的辅助，新国标《用法》的实施，就应该没有问题了。可是实际上没有这么简单。

首先，新国标《用法》的研究制定，耗时八年，参与者众，也许是百密一疏，在笔者看来仍然有值得商榷的地方。请看第6页原文：

"4.7.3.3 用在需要说明的词语之后，表示注释和说明。

示例1：（本市将举办首届大型书市。）主办单位：市文化局；承办单位：市图书进出口公司；时间：8月15日—20日；地点：市体育馆观众休息厅。"

这里说的是冒号的一种"基本用法"，即"用在需要说明的词语之后，表示注释和说明"。这个"用法"说的并没有错。问题在它下面的"示例"。此例如果只注释和说明一个对象，只用一个冒号领起，当然可以。但是，这里要"注释和说明"的对象不是一个而是四个，即"主办单位""承办单位""时间""地点"，每个对象后面都分别用了冒号。众所周知，冒号领起的可以是词、短语，也可以是句子，甚至可以是句群。冒号管辖的范围可大可小，但都必须以句末点号结尾。而此例中，前三个冒号均是以分号结尾，显然有悖于这一原则。此例或者将前三个分号改为句号；若是觉得句号用得过频，也可以将所有四个冒号都换成破折号，抑或将全部四个冒号均改为逗号，亦无不可。只是由于此处是为冒号用法举例，所以后两种修改并不适合。

新国标《用法》的疏漏，《解读》亦予以指正过（见该书第95—96页）。

新国标《用法》第13页原文：

4.17.3.5 分隔层级或类别。

示例：我国的行政区划分为：省（直辖市、自治区）／省辖市（地级市）／县（县级市、区、自治州）／乡（镇）／村（居委会）。

《解读》认为，该示例中分隔号的用法无误，但对于我国行政区划的文字表达内容有误。故应改为：

我国的行政区划分为：省（自治区、直辖市、特别行政区）／县（自治州、自治县、市）／乡（民族乡、镇）。

其实，新国标《用法》此示例的错误，一是错将"村（居委会）"列入行政区划，二是省级区划里漏掉了"特别行政区"。"省辖市（地级市）"并无大错，因为至今仍还存在。因此，《解读》更正的例子中，删去"省辖市（地级市）"亦无必要。

新国标《用法》的正面意义自不待言，但诸如此类的瑕疵，也终归留下了遗憾。

再看与之配套的《解读》。《解读》对新国标《用法》进行了阐释、细化、补充，作了大量释疑解难的工作。客观地说，《解读》所作的努力是有益的，但是也有某些遗憾。也许只是语言表达问题，《解读》的某些地方是"说"而未"明"，有的甚至越说越让人糊涂。按理说《用法》和《解读》应该一致，但是仔细比照，并非如此，比如新国标《用法》规定句号可用于"表示较缓和的祈使语气和感叹语气"，但《解读》却将句号的使用范围扩大到了"语气舒缓的反问句"。（见《解

读》第22—23页）

即使新国标《用法》和《解读》都不存在任何瑕疵，单是新国标《用法》，就不但有正文，还有两个附录，再加上一本多达五章的《解读》，使用起来也会相当费事。同一标点符号的用法分散在三四个地方，让读者东翻西找，难免顾此失彼，使用的不便可想而知。

有鉴于此，笔者将新国标《用法》和《解读》，在反复比照、仔细斟酌以后，融会贯通，加以整合，合为一体，力求一本贯通，为读者免去翻检之劳，应该是一个善举。本书对标点符号用法的解说，以科学严谨、合理实用为准则。全书既遵循新国标《用法》，又广泛吸纳《解读》以及其他著述的合理成分，条分缕析，辨幽析微，突出重点，破解难点，力求做到准确详明、方便实用，让读者一册在手，尽在其中，得心应手。

二、标点符号的功能

现代汉语书面语是由文字和标点两部分组成的。虽然以文字为主、标点为辅，但是标点所起的辅助作用，却不是可有可无，而是不可或缺的。

人在口语表达中，显然是不需要标点符号的。因为语言表达中所需要的停顿功能、语气功能和定性功能，在口语中很容易通过时间节奏、语音语调、现场指示等手段加以实现。但是，到了书面语表达时，这些手段都没有了，因为用书面语交际是单向和无声的。缘于此，书面语表达所需要的停顿功能、语气功能和定性功能，就只能借助于一套符号加以实现，这套符号就是标点符号。这些符号能让人从视觉上"看"出停顿、语气和某些词语的特定性质和作用，辅助文字完成表达。

语言实践中，目前标点符号的使用各行其是，乱象丛生，主要不是不懂标点符号的用法、未能记住规则，而是对标点符号的性质、功能，包括所起的作用，缺乏比较深入的了解和认识。如果说了解用法规则，只是治标，那么充分认识其性质、功能，才是治本。因为用法规则从根本上说还是由它的性质和功能决定的。

这里重点谈谈功能。

标点符号的功能，总而言之，就是辅助文字记录语言；分而言之，就是表示书面语的停顿、语气以及标示某些成分（主要是词语）的特定性质和作用。具体地说，存在六种功能：停顿功能、语气功能、定性功能、简化功能、修辞功能和审美功能。前三种是基本功能，后三种是辅助功能。

三种基本功能，就是帮助书面语实现口语中通过时间节奏、语音语调、现场指示等手段才能实现的停顿功能、语气功能和定性功能。

先说停顿功能。本来，停顿在语言活动中既是生理的需要，比如换气或视觉间歇，又是区分结构层次的需要。但是，用标点符号标示的书面语停顿，是着眼于结构层次，和表情达意及语法逻辑相关，服务于语言的结构，而非生理需要。因此，标点符号标示出来的停顿总是少于实际发生的停顿。所谓服从于语言结构，就是说，停顿的有无与停顿的长短，都要服务于话语内容有层次地展开，是同语言单位相配合的。层次高的语言单位的停顿大于层次低的语言单位的停顿，段落与段落之间的停顿大于句子与句子之间的停顿，句间停顿又大于句内停顿。于是，同样是表示停顿的标点符号，由于所表示停顿的长短不同，它们在书面语中所处的位置也就不一样。如句号表示的停顿长，因而处于句末，表示句间停顿；而逗号表示的停顿短，因而处于句中，表示句内停顿；顿号表示的停顿更短，处于词与词之间或短语与短语之间，表示词语之间的停顿。

再说语气功能。语言学上依据说话的目的不同，将语气分为四种：陈述语气，即告诉他人某件事，描述事态、行动、感情或意见，或者对其表示肯定或否定；祈使语气，即要求或制止别人做某件事；疑问语气，即用来提出某个问题，有的要求回答，有的不要求回答；

感叹语气，即用来抒发某种感情，如喜悦、愤怒、悲痛等。通过使用不同的标点符号，可以把说话人不同的语气借助书面形式表达出来，这就是标点符号的语气功能。

最后说说定性功能。书面语中有些语言单位具有特定的性质和作用，而这些性质和作用，依靠文字自身是体现不出来的，就需要依靠标点符号的帮助，来标明这个语言单位的性质和作用等。比如，着重号用来标示被强调的语言单位，引号用来区分直接引语和间接引语，括号表示被括起来的话是注释性文字，等等。标点符号在书面语中标明语句的性质、作用和关系等这种作用，称之为定性功能。

随着书面语的发展，标点符号的使用还产生了三种辅助功能。

首先是简化功能。在书写过程中使用标点符号能够使书面内容的表达更简便更快捷，这就使标点符号具有了简化功能。比如：用了问号，可以少用许多"吗""呢"；用了引号，可以少用一些"某某说"；用了破折号，可以省去不少"即""就是"；用了省略号，可以省去许多文字不写，等等。

其次，灵活巧妙地运用标点符号往往还可以使读者产生听觉或视觉上的丰富联想，起到突出语意、增强节奏、使语言表达更为形象生动的作用。这就是标点符号的修辞功能。据说，一个美国青年曾用三个标点概括了自己的一生：破折号表示"一阵横冲直闯"，叹号表示"落了个伤心自叹"，句号则表示"到头来只有完蛋"。有人看了后，也用三个标点对其进行了劝勉：青年时期只是人生中的一个小站（顿号），以后道路漫长，希望无限（省略号），谁知你将来会有多么巨大的发展（问号）。这个故事以标点比喻人生，既生动形象又意味深长。

再如，唐代杜牧的绝句诗《清明》，改动一下标点可以变成一首词："清明时节雨，纷纷路上行人。欲断魂，借问酒家何处？有牧童，遥指杏花村。"还可以改变标点再将它改成一出独幕剧："（清明时节。雨纷纷）／（路上）／行人：（欲断魂）借问酒家何处有？

/牧童：（遥指）杏花村！"

  标点符号的使用还具有审美功能，具体表现在两个方面：一是因为标点符号本身的形体特征具有表形功能，被人们用来描述事物的形体特点，使得标点符号的形体成为审美对象。比如刘白羽《长江三日》："突然是深灰色石岩从高空垂直而下，浸入江心，令人想起一个巨大的惊叹号。"再如："雨后的一弯新月，像童心里的问号，斜挂在西天。"（《山泉》1982年第1期）二是因为标点符号的使用，除了帮助书面语正确表达意义，还可以产生书面形式上是否美观的区别。

  简化功能、修辞功能和审美功能，标点符号的这三种辅助功能，不仅存在，而且还会不断演化，还有很大的延伸、扩展空间，很值得重视和研究。

三、标点的使用，既有确定性也有灵活性

  标点符号的使用，既有确定性，也有灵活性。没有确定性，各行其是，用法混乱，必然会造成阅读理解的困难，妨碍语言的正常交流。比如，标题作为作品的组成部分，作品（文章）就在标题下面，这时标题就不能加书名号，加了书名号就错了。标题加书名号，都是用来指代作品的，前提是作品存在却没有出现。

  除了确定性，标点的使用还需要有一定的灵活性。这是因为作者的着眼点、写作习惯、追求的风格都不会相同；如果没有某些灵活性，就可能会妨碍作者写作意图的实现和独特风格的表达。再说，一种标点符号也往往不止一种用法，有些标点符号之间的界限也不是绝对的，有时用这种还是用那种要根据情况而定。

  比如，句号和逗号有时就可以换用，只是侧重点不同。例如："语言使人类有别于禽兽。文字使文明有别于野蛮。教育使进步有别于落后。"这段文字，三个句子之间有一定的关系，可分可连，如果

着眼于分,就用句号;着眼于连,就用逗号。如果前两个句号改用逗号,联系会更紧密,但使用句号则使语气更肯定,主旨更突出。

再如,用于句内停顿的逗号,也很有灵活性。例如:"做要靠想来指导,想要靠做来证明。"也可以分别在"做"和"想"的后面分别加上逗号,标成"做,要靠想来指导;想,要靠做来证明。"两种标点都是正确的,但后者显然更好,突出语意,改变节奏,层次也更为清晰。

可见,所谓灵活性,就是根据文体的性质、作者的情感表达需要或特殊偏好而进行一定程度的活用。

这里也必须强调,标点符号用法的确定性和灵活性,是就整体而言,并非每一种标点的使用都存在确定性和灵活性两个方面。其次,标点使用的灵活性,是有"边界"、有限度的活用。前提是不能影响对文意的理解,不能造成歧义。

正确使用标点符号就是要协调好确定性和灵活性之间的关系。新国标《标点符号用法》,充分体现了确定性与灵活性兼顾的原则。凡为"标准",总以规范为先,而规范在相当大的程度上就意味着确定性。新国标《用法》的各种"规定性"要求,不但解决了标点使用的"是与非"的问题,同时还为各种"灵活性"用法划定了"边界"。本书的"详解"同样是从这两方面入手,首先着重讲规定性,即确定性,其次再讲灵活性,明确分际,目的在于方便读者的使用。

标点符号有狭义和广义之分：狭义标点符号是指起标点作用的具体符号，如句号、问号、逗号、引号、括号等；广义标点符号除了上述具体的符号外，还包括起标点作用的技术手段，如字形的斜体形式、字号加大、空格等。至于数学符号、货币符号、校勘符号、辞书符号、注音符号等特殊领域的专门符号不属于标点符号。本书主要解说狭义标点符号的用法。通常说的标点符号，一般指的都是狭义标点符号。

标点符号，依据其功能，分为点号和标号两大类。

点　号

点号的作用在于点断，主要表示停顿和语气。点号分为句内点号和句末点号。

点号表示的停顿，涉及两个问题：一是停顿的位置，二是停顿的时间。

依据停顿的位置，点号分为句内点号和句末点号。句内点号表示句内各种不同性质的停顿，即顿号、逗号、分号和冒号；句末点号表示句末停顿和句子的语气，即句号、问号和叹号。

按照停顿的时间，三种句末点号表示句子完结，停顿时间最长。其次是分号，表示复句中分句之间的停顿，停顿长度介于句末点号和逗号之间，而短于冒号。再次是逗号，表示一句话中间的停顿又短于分号。顿号用于并列词语之间，停顿最短。通常情况下，各种点号表示的停顿由长到短为：句号＝问号＝叹号＞冒号（指涵盖范围为一句话的冒号）＞分号＞逗号＞顿号。其中冒号比较特别，它的停顿时间有弹性，多数情况下是句内停顿，少数情况下停顿大于句甚至于段。

各种点号都表示停顿，但是只有句末三种点号同时还表示语气。

一、句　号

句号，句末点号的一种，句号点断即为一句，主要表示句子的陈述语气。按新标准句号的书写形式统一规范为小圆圈，即"。"，废止旧标准的小圆点。句号置于相应文字之后，占一个字的位置，居左下，不能出现于一行之首。

（一）用于陈述句的末尾是句号的主要用途。

使用句号的基本依据，一是具有陈述语气，二是能够独立表达一个相对完整的意思，有较大停顿。句号属于句末点号，使用句号点断的就算是一个句子。

1.只要是陈述语气，且意思独立完整，那么不论长短，都应使用句号。如：

（1）手机响了。

（2）诗人大多是没有长大的儿童，保持童真和童心，于是诗人时常是被嘲笑的对象，所以诗人越来越少。

例（1）句子虽短，但独立陈述了一个事实，结构完整，句末就要使用句号。例（2）句子较长，是一个因果复句，对诗人越来越少的成因进行了说明，语意连贯，独立完整，句末也需要使用句号。

2.陈述句有不同的结构类型，可以是单句，也可以是复句；可以是完全句，也可以是省略句；可以是主谓句，也可以是非主谓句，还可以是独词句。也就是说，只要是陈述句，句意完整，不论何种结构类型，都应使用句号。如：

（1）这是我的一片心意。

（2）村里发生了一场斗殴，两家为了争夺一条水渠，竟然到了大打出手的地步。

（3）公司经理把这个项目交给了我。

（4）来快递了。

（5）秋天。古旧的城墙下。

（6）谁去？他。

例（1）是单句，例（2）是复句，两句末尾都要使用句号。例（3）是主谓句，例（4）是非主谓句，其末尾也都需要用句号。例（5）是两个独词句，各自独立，简洁明了，分别使用句号，适合某种特定的表达需要，两句末尾也都需要用句号，如果改成逗号反而不好。例（6）中后一句是省略句，省略了谓语，句意完整，也应使用句号。

3.陈述句，即使具有强调意味的陈述句，也仍然要用句号，而不能用感叹号。如：

（1）我们必须准时完成任务。

（2）作业题有五十多道呢。

例（1）陈述"我们"的态度和主张，已经用"必须"加以强调，一般没有必要再去改变句末点号来强调。例（2）陈述作业题很多，已经使用数字予以强调，也没有必要句末使用感叹号强调。

（二）祈使句、感叹句，如果语气平和舒缓，或者表达的感情比较持重沉稳，也应该使用句号。如：

（1）时候不早了，你先歇歇吧。

（2）我还有点事，容我先走一步。

（3）隔壁老王家那小子最近还真的表现不错。

（4）我深深地感到，平凡孕育着伟大，这些普通劳动者是很值得尊敬的。

例（1）（2）是祈使句，例（3）（4）是感叹句，各句的语气都较为平和舒缓，感情表达比较持重沉稳，句末也都应该使用句号。

（三）下列情形也应使用句号。

1.关联词成对使用时，连接的是复句内部的分句与分句，句末才能用句号，第二个连词之前，即复句中间是不能使用句号的。但是，当关联词单用时，如果前面连接的是两个或两个以上的句子，且相对独立完整，关联词之前就需要用句号。关联词前面使用了句号，这个语段就不再是复句，而是句群了。如：

（1）一个女人在大学里当老师，工作既体面又轻松，很多人都羡慕我。但是我觉得自己是学新闻的，更应该到一线去做更有挑战性的工作。

（2）看到人家推石磨，脑海里竟是"好幸福啊，居然可以过这种悠闲的生活"。而你呢，连用豆浆机的时间都没有，只能在路边买一袋冲好的简易豆浆。

例（1）"但是"前面三个句子组成一个复句，独立完整，应该用句号；其次，这里使用句号，表示"但是"和前面的三句话构成转折，而不是只跟紧挨它的这个句子构成转折。例（2）前面也是两个句子组成一个复句，"而"也是承接前面两个句子转折的，所以"而"前面应使用句号；如果"而"前面用逗号，那么"而"这一句是跟前面的一句构成转折还是跟前面的两句构成转折，就让人捉摸不定了。

2.当"某某说"出现在引语后面的句末，应该使用句号。如：

（1）"王老师，校长正在找您呢！"我说。

（2）"大伯，您需要办理什么业务？"志愿者赶上前去问道。

3.当段首的词语相当于小标题，具有首括性质时，后面应该用句号。如：

（1）汉代陶器的造型与装饰

汉代陶器的造型与汉代其他工艺造型有着共同的特征——单纯、朴素、敦厚。……常见的有炫纹、划纹、篦纹、印纹、堆贴文等。

炫纹。……

划纹。……

篦纹。……

印纹。……

堆贴文。……

（2）高考理科综合卷科目划分应注意以下几点：

第一，物理。……

第二，化学。……

第三，生物。……

4. 当说明文字出现在图片或表格的正下方时，与一般文段句号用法相同，句末使用句号。如：

（此处附图略）

1900年7月14日被联军攻陷后的天津城南门。远处的城楼已毁于战火，马道上有巨大的弹坑，近处是两具清兵尸体。

5. 句外括号内的文字，如果句子中间有停顿或不止一个句子，末尾可以用句号。如：

（1）后来我们回京虽不走山西，但舟经山西，特别登岸参观。（舟行山西河南之间，一望便显出优劣，山西一面果木森森，河南一面牛山濯濯。）

（2）《献给莫扎特》这幅画与他一以贯之的彬彬有礼、温情脉脉截然不同，是音乐家那动人心魄的乐曲打破了画家内心的平衡，还是这位音乐英才悲惨的结局令画家难以平静？（莫扎特是西方音乐史上第一位摆脱低眉俯首地受宫廷庇护而寻求独立生活的作曲家。他身后凄清，竟至无人送葬，没有墓碑的贫民公墓是他最后的栖身之地。）

（四）下列情形不能使用句号。

1. 复句内部，尤其是成对使用关联词的复句内部，它们连接的分句与分句，前后相连表达完整的意思，各自并不独立，中间只能使用逗号或分号，不能使用句号。如：

（1）真话不一定正确，但追求真理必须从讲真话开始。

（2）因为时间是组成生命的材料，所以浪费时间就是耗费生命。

（3）由于市公安局领导带头转变工作作风，市公安机关各级领导纷纷走向治安复杂的第一线，因而出现了全局上下步调一致向治安顽症开战的良好局面。

2. 调查问卷或者考试题目等的选项，有的只是短语，也有是句子的，如果并不独立完整，末尾就无须使用句号。如：

（1）下面几句修改时都增添了四个字，试指出这样改的好处____。

  A. 符合规范   B. 突出褒奖

  C. 生动反映事实 D. 增强科学性

（2）下列各个句子在文中的意思，正确的一项是____。

  A. 在郡多有出息——在郡中有多方面的发展前途

  B. 径将我入青云间——直接把我带入缥缈的云天中

  C. 启听淮北取籴——向上报告说应当听任淮北民众来购买粮食

  D. 遂得商估往还——于是使得商贩之间能够自由交往

3. 图或表的说明文字，当出现在上一段文字的末尾时，说明文字的末尾通常不加句号。有时说明文字是一段话，中间可用逗号，甚至还可以使用句号，但最后结尾处仍不使用句号。这种说明文字属于短语式说明文字。如：

（1）行进中的女兵方队

（此处附图略）

（2）经过生态治理，运河两岸面貌焕然一新。这是某段河道一景

（此处附图略）

（3）70年大庆阅兵是新中国成立70周年盛大庆典活动的重要组成部分，主要目的是展示新世纪新阶段国防和军队建设的成果，显示中国维护世界和地区和平稳定的坚定决心和意志，展现人民军队威武之师、文明之师的良好精神风貌。火箭军方阵通过天安门前接受检阅

（此处附图略）

4. 句内括号里的文字，如果不长，中间没有停顿，就什么点号也不用；如果有停顿，中间可以使用各种点号，但末尾除了问号、叹号外不再使用点号。如：

好几年前，一位先生写过《差不多先生传》（我记得是胡适写的，问过几个六十几岁的人都说是，可就是至今未查出原文，所以这里不做肯定），也是杂文，影响颇大。

5. 句外括号里的文字，如果是注明文句出处，句末不用句号。如：

"难兄难弟"原形容兄弟同样好，后又引申指同类相当的两个事物都同样好。例如："太室之胜山内藏，少室之奇山外仰。难弟难兄孰相让？"（清·魏源《七言古诗·二室行》，见《魏源集》695页，中华书局，1976）

6. 文末注明时间、地点、署名的后面，早先使用句号较多，现在一般不用。如：

（28）…………
　　2011年12月，博微斋

（29）…………
　　　王　鹏
　　2012年4月

（五）语言里陈述句最多，所以句号是三种句末点号里使用最多的。句号的使用，常犯两种错误：一种是使用太少，经常一逗到底，到最后才用一个句号打住；另一种是使用过多，句号多用。

1. "一逗到底"，就是不管多少句子，一律用逗号，到最后才用句号。将本应用句号的地方都用逗号，等于把几个句子合为一个句子。如：

（1）许多有分量高质量的学术著作目前见不到书评，这不利于学术思想的传播，学术著作书评缺乏的现象，应该尽快改变，我们期待在新的一年里，书评市场能把成熟和繁荣同时呈现在读着面前。

（2）你要是最近来我家，很可能认不出我来了，十多年没见，我已经成了中年人，现在已是一个孩子的父亲，我脸上开始有了皱纹，嘴上也留了点胡子，动作也变得缓慢了。

例（1）因为一逗到底，造成层次不清。其实这段话包含了三个互相联系的句子，开头到"传播"是第一层，此处逗号应改为分号；"学术"到"改变"是第二层，此处逗号也应改为分号；"我们"到结尾是第三层。例（2）也是一逗到底，毫无层次感。"了"后面应该为句号，第一层，概述；"父亲"之后可以改为分号或句号，是第二层，身份的变化；余下的第三层，面貌的变化。这样才条理清楚，不至于一锅粥。

2．"句号多用"，则是把本应使用逗号的地方使用了句号，等于把一个句子拆成了几个句子。如：

（1）当他得意地提到有限的几次宴会时——志摩、陆小曼结婚时算一次，郁达夫请他吃过一次什么饭算一次，另一次是他自己结婚。我没有听过这方面再多的回忆。

（2）最近，我写了几篇好作文。老师在班上念了。又送到《作文通讯》去发表了。可是，我知道，我决不可能每次都写出好文章来。因此，我应当正确地估计自己，不能估计过高。否则会故步自封，自满自足。那可是失败的先兆。

例（1）中，第一个句号要改成逗号，因为这个句号之前都属于全句的状语部分，句意并不完整，与下一句连起来才能构成一个完整的句子。例（2）句号使用过多，造成层次不清。"念了"之后的句号，"否则"之前的句号，都应该改为逗号。

二、问 号

问号，也是句末点号，问号点断即为一句，主要表示句子的疑问语气。问号的书写形式是"？"，问号置于相应文字之后，占一个字的位置，居左，不能出现在一行之首。两个问号叠用时，占一个字位置；三个问号叠用时，占两个字位置。

（一）用在疑问句的末尾，表示疑问语气，是问号的主要作用。

1.疑问句，从结构上看，分为四种类型：是非问句、特指问句、选择问句和反复问句。无论哪一种疑问句，也不管句子长短，句末都需要用问号。如：

（1）妈妈知道我在等你吗？

（2）第三排那位穿红色上衣的女士还有什么话要说吗？

（3）喀什路东延工程是在本月完工呢，还是下个月？

（4）老师，您看我这样回答是不是合适？

（5）哎？大爷怎么走了？

例（1）是是非问句，说话人提出一种看法或判断，希望对方作出肯定或否定的回答。例（2）是特指问句，用疑问词提出疑问点，希望对方针对疑问点作出回答。例（3）是选择问句，说话人提出几种可能的情况，希望对方加以选择作出回答。例（4）是反复问句，也叫正反问句，说话人用肯定和否定重叠的方式提出问题进行询问，希望对方作出回答。例（5）中的"哎？"是由叹词单独构成的疑问句。

可见，问号的使用与句子的结构类型和长短无关。只要一个句子表达了疑问语气，句末有一个较大的停顿，就应该使用问号。

2.选择问句使用问号，分为三种不同的情况。

首先，一般的选择问句，各个选项中间停顿都用逗号，句末才用问号。如：

（1）你是继续留在一线城市打拼，还是回到家乡创业？

（2）瞧，那群骑自行车翩翩而来的身着风衣的少女，是红蝴蝶，是绿鹦鹉，还是蓝孔雀？

其次，如果作者着意强调选择问句每个选项的独立性，也可以在每个选项后都使用问号。不过，这样该语言单位就不再是一个复句而是变为一个句群了。如：

（1）是开玩笑随便说说？还是真想那么做？

（2）这一切是由于客观的条件？由于行为的惯性？还是由于观念的束缚？

（3）网络技术对艺术传统的冲击不容忽视，对新艺术形式的催生已初露端倪。人们不得不思考，高科技的发展将导致艺术的沉沦？还是会迎来新时代的文艺复兴？

最后，如果选择问句的选项都比较短，选项之间停顿也很短，甚至没有停顿，选项之间也可以不用逗号，只在句末使用问号。如：

（1）你是女嘉宾的母亲还是姨姨？

（2）这是误伤还是有意伤害？

3.设问句和反问句，句末都要使用问号。疑问句有广狭之分。狭义疑问句单指有疑而问的疑问句，广义疑问句还包括无疑而问的设问句和反问句。

设问是自问自答，是一种修辞手法。说话人为了引起注意，启发思考，使内容突出、行文富于变化而设。由于形式是疑问句，句末就应使用问号。如：

（1）是谁创造了人类世界？是我们劳动群众。

（2）卖炭得钱何所营？身上衣裳口中食。

反问是明知故问，也是一种修辞方法。说话人为了强化语势，更有力地表达本意而设的。它形式上是问句，意思却是肯定的，其本意与字面意思相反，并且比陈述句表达的肯定更坚定，语气更强烈。既然形式是疑问句，句末就要使用问号。如：

（1）三十块钱一斤猪肉，还算便宜吗？

（2）姑娘家，谁愿意落下这个名声？

（二）问号的其他用法。

1.有的祈使句为了表示委婉的语气，采用疑问句的形式，句末就要用问号。如：

（1）请你们说话小声一点好不好？

（2）麻烦您帮个忙可以吗？

2.文章的题目或小标题后面，常用问号。如：

（1）中国的红色政权为什么能够存在？（《毛泽东选集》文章标题）

（2）手机"三包"咋兑现？（人民日报2001年11月30日文章标题）

标题中常常使用问号，当然也可以不用。使用问号，可以突出疑问的语气，使标题更加醒目，引人注意。

3.问号有时只表示疑问语气，不表示句末停顿。这就是当问号跟随疑问句作为引语保留在句中的时候。这种问号，只保留了表示疑问语气的作用，而失去表示句末停顿的作用。如：

（1）车子开走了，再也听不见女儿呼喊"妈妈你在哪儿？在哪儿呀？"的声音了。

（2）王伟仿佛没有看到教练问"这次比赛为什么会失败？"时脸上的愤怒，只是转过头一个劲地抹眼泪。

（三）使用疑问词的句子不一定都要用问号。因为使用不使用问号是以句子有无疑问语气为依据，并不根据句子中包含不包含有疑问词。

1.使用了疑问词的语段，如果只是充当句中某种成分，并未单独成句，也无疑问语气，句末就不用问号。如：

（1）谁采购，谁运输，谁通知用户，都已经分工明确。

（2）早上醒来，我一点也不记得昨晚自己做了什么梦。

（3）谁也不见，什么也不吃，哪儿也不去。

例（1）三次使用疑问代词"谁"，但这三个分句都未能单独成句，而是作了全句的主语，是陈述语气，所以都只能用逗号，而不能用问号。例（2）使用疑问代词"什么"，但该句"昨晚自己做了什么梦"也未单独成句，而是作了"不记得"的宾语，全句也是陈述句，所以句末也应该使用句号，如果用问号就错了。例（3）疑问词"谁""什么""哪儿"分别充当主语,三个分句分别陈述了三个事实,是陈述语气,所以不用问号。

2.没有使用疑问词,但表示疑问,有疑问语气,就要使用问号。如:

(1)神农架到底有没有"野人"?

(2)咱们是坐高铁,还是飞机?

例(1)(2)都没有使用疑问词,但都表示疑问,都有疑问语气,所以句末均应使用问号。

3.使用了疑问词,单独成句,又有疑问语气,句末当然更要使用问号。如:

(1)哲学与生活毫无关系吗?哲学对生活有没有一点用呢?我的回答是:哲学本身就是生活,是一种生活方式。

(2)一个社会的政治权威怎样才能使法律语言具有约束力?对谁具有约束力?有多大程度的约束力?这不是法律条文本身所能回答的问题,而是需要法律哲学和政治哲学回答的问题。

例(1)使用了疑问词"吗""呢",两个分句都能单独成句,且有疑问语气,所以句末都要用问号。例(2)中使用了疑问词"怎样""谁""多",三个分句都能单独成句,都有疑问语气,所以句末都要使用问号。

4.少数陈述句兼有疑问语气,如果疑问语气较为明显,也可以考虑使用问号。如:

(1)夜阑人静,望着窗外的万家灯火,我不禁想到:我们享用现代文明,我们是否带给未来以文明?

(2)在一个人的成年之路上,年龄是最不可抗拒的,却也是最不可靠的评判标准。年轻人应该好好想想:到底是什么让你成为一个成年人?

例(1)"我们享用现代文明,我们是否带给未来以文明?"在句中作"想到"的宾语,其结构具有陈述属性,但该句为引人思考,其疑问语气也是显而易见的,故句末适宜使用问号。不过,需要强调的是，对于陈述句兼具疑问语气，要特别审慎，只有疑问语气相当明显时才可以使用问号。例（2）也是同样的情形。

（四）问号是表示句末停顿的点号，一定要置于句尾。

1. 在有称呼语的疑问句里，无论先呼名还是先问话，问号都要放在句末，不能紧跟称呼语或问话而置于句中。如：

（1）小李，你把行李箱放哪儿了？（对）

小李？你把行李箱放哪儿了。（错）

（2）这个活儿你干过吗，小王？（对）

这个活儿你干过吗？小王。（错）

2. 在主谓倒置的疑问句里，问号也是只能置于句尾，不能放在中间。如：

（1）水生笑了一下。女人看出他笑的不像平常。"怎么了，你？"水生小声说："明天我就到大部队去了。"

（2）大家想想，应该这样做吗，这件事情？

例（1）中"怎么了，你？"是主谓倒置的疑问句。如果谓语"怎么了"后面用了问号，就会把一个完整的句子一分为二，变成两个句子，破坏了句子的完整性。例（2），也很容易误将问号用在谓语"应该这样做吗"之后，将一个句子拆分为两个句子。

（五）问号的叠用。在多个问句连用或表达的疑问语气加重时，可叠用问号。

通常应先单用，再叠用，最多叠用三个问号。在没有异常强烈的情感表达需要时，不宜叠用问号。如：

你这个保姆是怎么当的？你怎么敢这样对待我们的孩子？？这是人干的事吗？？？

问号的叠用，一定要适当，过多就变成了滥用。感情不强烈、疑问语气不是很重，就不能叠用问号。下面的例子，两处叠用的问号均应改为单用。

老屋依旧，主人却早已长逝。自己贸然去拜访新主人合适吗？

她若追根究底问起我和故人的关系,我该怎么说呢??碰到小楠,我又怎么说呢??

(六)问号的标号用法。

问号主要是点号用法,有时也发挥标号的作用。这种问号既不表示停顿,也不表示全句的疑问语气,而是用于句内,表示对它前面词语的怀疑或不确定,还可以用作疑问的代号,代替词语表示特定的含义。

1.用于某个词语之后,表示对它前面词语的怀疑或不确定。如:

(1)"身轻一鸟过(?),枪急万人呼。"

(2)珐琅彩瓷,又称"古月轩"瓷,是以珐琅釉色描绘瓷器。清朝康熙时期烧制成功,以乾隆时期最盛。珐琅彩瓷的制作,最早是用进口原料,所以也叫"洋瓷",雍正(乾隆?)时期,用料已能自己烧制。

例(1)"过"字后的"(?)"表示不确定该字是否正确,用问号表示存疑。例(2)对珐琅彩瓷用料的断代不确定,"(乾隆?)"表示有可能不是雍正而是乾隆年间。

2.用于人物生卒年月不详或有疑问。如:

(1)郦道元(?—527)北魏地理学家,散文家。字善长,范阳涿鹿人。

(2)马致远(1250?—1321),大都人,元代戏曲家、散曲家。

例(1)括号内生年位置的问号,表示郦道元的生年不详。例(2)括号内生年"1250"后面的问号,表示对于"1250"这一生年的说法尚有疑问,不确定。

3.用作疑问的代号,代替词语表示特定的含义。如:

(1)698+302−67=?

(2)看到那两个声称因为贫困辍学而在街上行乞的"大学生",我的脑海里产生了挥之不去的"?"。

例(1)中的"?"代表词语"多少"。例(2)中的"?"就代表"疑问"。

三、叹　号

叹号，也属于句末点号，叹号点断即为一句，主要表示句子的感叹语气。叹号的书写形式是"！"，叹号置于相应文字之后，占一个字的位置，居左，不能出现在一行之首。两个叹号叠用时，占一个字位置；三个叹号叠用时，占两个字位置。问号和叹号连用时，占一个字的位置。

（一）叹号主要表示句子的感叹语气，有时也可以表示强烈的祈使语气、反问语气等。

使用叹号，主要根据语段前后有较大停顿，带有感叹语气或带有强烈的祈使、反问语气，并不取决于句子的长短和结构。

1.用于感叹句的末尾，是叹号最主要的用法。如：

（1）这个小区，真让人喜欢！

（2）全国各族人民大团结万岁！

（3）啊，蟑螂！

（4）你太没有责任心了！

（5）哇！竟然这么快就到了！

（6）哎！你又迟到了！

（7）妈！我都要饿死了。

例（1）是表达喜悦之情的感叹句。例（2）是表达欢呼的标语口号式感叹句。例（3）是表示事物出现的感叹句。例（4）是表示斥责的感叹句。例（5）是表示惊讶的感叹句。例（6）是表达不满的感叹句。例（7）是表达难受的感叹句。其中例（3）（5）（6）（7）都是含有独词句的感叹句。如果语气不强烈，最后三个也可将叹号改为逗号。

2.叹号也常用于语气强烈的祈使句的末尾。如：

（1）你给我站住！

（2）滚！滚！滚！我叫你滚！

例(1)和例(2)都是祈使句,因为语气强烈,句末使用叹号才能表达。如使用句号语气就弱了。

3.叹号有时也用于语气强烈的反问句的末尾。由于反问句比陈述句的语气更强烈,可以抒发强烈的思想感情,所以具有感叹句的性质。这种情况,反问句句末也可以直接使用感叹号。如：

（1）谁还能靠父母养活一辈子！

（2）咱们中国人死都不怕,还怕困难！

（3）可怜的人悲愤交加,眼望苍天,大声哭诉：我的上帝啊,你为什么这样对我！

例（1）例（2）例（3）都是反问句,语气都很强烈,句末使用叹号取代问号,就很恰当。

（二）叹号可以用在由各种词语构成的独词句的末尾,以加重语气。

1.用在拟声词构成的独词句末尾,表示声音短促或突然。如：

（1）咔嚓！一道闪电划破了夜空。

（2）咚！咚咚！突然传来一阵急促的敲门声。

如果拟声词作了某种句子成分,不独立成句,则无须用叹号。如：

（3）水哗啦啦地流了下来,溅湿了好大一块地方。

2.用在称呼语构成的独词句末尾,加重语气。如：

（1）王掌柜！听说明天开张,我来道喜！

（2）阿Q！你说我是你的本家么？

3.用在叹词构成的独词句末尾。如：

（1）啊！好一派迷人的秋色！

（2）哎呀！那边过来了一只船。

4.用在名词、形容词等构成的独词句末尾。如：

（1）船上的人喜极欲狂,他们喊叫着："海！海！我们看到了,它就在那儿！"

（2）"好！"他爽快地答应道。

（三）叹号的其他用法。

1. 有时也用在感情强烈的陈述句的末尾。陈述句的末尾一般用句号，但有的陈述句表达的感情很强烈，它们看似是陈述，实际上是感叹。如：

（1）小孙兴奋极了，高声喊道："我成功了！"

（2）吃人的是我哥哥！我是吃人的人的兄弟！我自己被人吃了，可仍然是吃人的人的兄弟！

（3）澳星保住了！火箭保住了！发射场保住了！所有参加发射的人员也全部脱离了危险！

2. 文章标题和口号的后面常用叹号。如：

（1）地球，我的母亲！

（2）中华人民共和国万岁！

标题中的叹号也可以不用，但用了可以加强语气，使标题更加醒目，引人关注。

3. 叹号还有一种特殊用法，即只表示感叹语气，不表示句末停顿。通常有两种情况，一是当语言片段带叹号却又并不独立成句，而是作为句子成分的时候；二是当叹号跟随感叹句作为引语保留在句中的时候。如：

（1）人生际遇一杯酒——一杯苦酒！——总也体味不尽。

（2）范进不看便罢，看了一遍，又念一遍，自己把两手拍了一下，就在"噫！我中了！我中了！"的声音中，往后一跤跌倒，牙关咬紧，不省人事。

（四）叹号也是句末点号，必须置于句尾。

当感叹句和祈使句主谓倒置时，叹号应该放在句末，不能放在中间。如：

（1）多美啊，初冬的西湖！

（2）加油吧，同志们！

（五）叹号的叠用，要在必需时使用，不宜多用。

所谓必需，即表示声音巨大或声音不断加大，或表达强烈语气时。如果已经有文字表达了感情的强烈、声音的巨大等，就不一定要再以叠用叹号表示了。如果要用，通常是先单用，再叠用，叠用以三个为限，没必要再多。如：

（1）他怎么一个星期就瘦成这样了！！

（2）哗！！！刚刚堆放整齐的木料全倒了下来。

（3）我要揭露！我要控诉！！我要以死抗争！！！

例（1）表示极其强烈的语气。例（2）是拟声词成句，表示声音巨大。例（3）通过叹号的增加表示声音逐渐增大。

（六）问号和叹号的连用，是在句子包含疑问、感叹两种语气而且都比较强烈的时候。比如兼具强烈感情的反问和带有惊愕语气的疑问。

这些句子以疑问语气多于感叹语气为常，因此连用时以问号在前、叹号在后为宜。如：

（1）你也不想想，这种东西也能吃？！

（2）他连标点符号的这些最起码的常识都不懂，还敢当编辑？！

（3）"你和大毛收拾一下。我们今晚下山。""今晚？！"小毛兴奋得简直要跳起来了。

例（1）表示反问，兼具感叹，感情和语气都很强烈。例（2）既是强烈的反问同时又表达惊愕。例（3）中的"今晚？！"既是疑问，同时又表示特别惊喜和激动。

（七）和问号相似，叹号也有标号的用法。这种用法的叹号，出现在句中，既不表示停顿，也不表示全句的感叹语气。

1.在特定情况下，叹号可以单独作为惊叹的代号，未必都是接在词语的后面使用。如：

（1）"！"一元钱竟然秒杀了一台电脑。

（2）"！"他被三维数字视频中突然扑过来的猫头鹰吓了一跳。

2.叹号外加括号，可以用在某些词语或某种说法的后面，对这些词语或说法的意义表示愤慨、憎恶、惊诧、感叹等各种意味。这种用法的叹号，就具有标号的性质和作用。如：

（1）智识高超而眼光远大的先生们开导我们：生下来的倘不是圣贤，豪杰，天才，就不要生；写出来的倘不是不朽之作，就不要写；改革的事倘不是一下子就变成极乐世界，或者，至少能给我（！）有更多的好处，就万万不要动！

（2）如果看到别人受难却不伸手援助，反而认为这是可以理解的（！），那么这个社会就真的病得不轻了。

例（1）强调了"我"，揭示了"智识高超而眼光远大的先生们"只是考虑自己，是何等的自私。叹号清楚地表现了作者所要强调的意思和说话的意图，既精炼又醒目。例（2）中的叹号表示它前面"可以理解的"这一说法非常荒谬。

这种加在句子内部标明作者看法的叹号以及问号，是一种比较特殊的用法。一般在杂文、随笔等类文章中可见，而政论性文章、法律文件等不宜使用。

四、逗 号

逗号，属于句内点号。它表示的停顿大于顿号，广泛运用于句子或语段内部的一般性停顿。其书写形式是"，"置于相应文字之后，占一个字的位置，居左下，不能出现在一行之首。

逗号的功能是表示句子内部的停顿，只能用于句子内部，或者单句内部或者复句内部。因此，逗号的使用范围，一是用在单句的各种成分内部和各种成分之间；二是用在复句的各个分句之间。

所谓一般性停顿，是针对其他三种句内点号而言的。顿号表示句子内部并列词语之间的停顿，分号表示复句内并列分句之间的停顿，冒号表示提示性话语之后的停顿。如果句子内部的停顿不适于使用这三种句内点号，就可以使用逗号。可以说，逗号是所有点号中使用最频繁的一种。

（一）下列各种语法位置都需要使用逗号。

1. 用于虽然短但需要强调的主语之后。如：

（1）她，就是这次大赛中唯一的女冠军。

（2）实践，是检验真理的唯一标准。

（3）雨，有时是会引起人一点淡淡的乡愁的。

2. 用于比较长的主语之后。如：

（1）这巨大的打击和难言的悲痛，几乎把吴古昌击倒了。

（2）人要想改变自己，什么时候都不晚。

（3）教育是对人的塑造，任何时代都不会变。

3. 用于谓语是主谓短语的主语之后。如：

（1）你的申请，厂长已经同意了。

（2）这部著作，资料非常详实。

4. 用于带语气词的主语（或其他成分）之后，或带语气词的并列成分之间。如：

（1）你啊，还是这个老脾气。

（2）一夜大雪之后，山啊，树啊，毡房啊，道路啊，全都白了。

（3）多年不见，老家伙们在一起，说啊，笑啊，唱啊，你瞧，那个热闹劲。

5. 用于句首状语之后。如：

（1）忽然，包里的手机响起了急促的铃声。

（2）在辽阔的草原上，牛羊悠闲地吃着草。

6. 用于较长的宾语之前。如：

（1）我记得，他当时只有十七八岁。

（2）司机答应，把这批大学生尽快送到火车站。

7. 用于较长的主语中间、谓语中间或宾语中间。如：

（1）和平而不是战争，合作而不是对抗，才是人类社会进步的永恒主题。

（2）这位老人头戴一顶毡帽，身穿一件大棉袄，腰间还系着一条褐色的腰带。

（3）我们需要了解全局和局部的统一，必然和偶然的统一，本质和现象的统一。

8. 用于前置的谓语之后或后置的状语、定语之前。如：

（1）出来吧，你们！

（2）藏羚羊吃力地站立起来，颤颤巍巍地。

（3）荷塘四面，长着许多树，蓊蓊郁郁的。

（4）他们应该有新的生活，为我们所未经生活过的。

（二）下列各种停顿处也需要使用逗号。

1. 用于复指成分或插说成分前后。如：

（1）哈尔滨，我的故乡，是一座美丽的城市。

（2）车，不用说，当然是头等。

（3）最近这儿，听说，又要修立交桥了。

2. 用于语气缓和的感叹语、称呼语或呼唤语之后。如：

（1）哎哟，在哪儿？快给我找找。

（2）大爷，您这是要干啥啊？

（3）喂，你是哪个部门的代表？

3. 反复的词语之间要用逗号；并列词语之间停顿一般用顿号，如果并列词语较长，它们之间就要用逗号；如果要把简短的并列词语加以强调，这些并列词语之间就不再用顿号而是要用逗号。如：

（1）水，水，我要喝水。

（2）从前教我们作文的先生，并不传授什么《马氏文通》《文章作法》之类，一天到晚，只是读，做，读，做；做得不好，又读，又做。他却决不说坏处在那里，作文要怎样。

（3）政治的黑暗，阶级的矛盾，人民的疾苦，在他的作品里都充分地反映出来了。

（4）这次旅游，你必须带三样东西：风雨衣，游泳衣，防晒护肤用品。

4. 用于某些序次语（"第"字头、"其"字头以及"首先"类序次语）的后面。如：

（1）语言的社会功能通常有哪些呢？第一，传递信息，交流思想；第二，确定关系，调节关系；第三，组织生活，组织生产。

（2）我们通常讲的停顿，不外乎以下三个：其一，生理停顿；其二，逻辑停顿；其三，语法停顿。

（3）目前的语言污染问题主要有三个方面：首先，是特殊语言环境中的语言污染问题；其次，是滥用缩略语引起的语言污染问题；再次，是空话和废话引起的语言污染问题。

5. 用于插在同一人话语之间的"说""道"类词语之后。如：

（1）"快换下湿衣服，"奶奶说，"别着凉了。"

（2）"你们不是自称爷们吗？不是自称汉子吗？"许琪用调侃的语气说道，"我一个女人家都能学会，汉子们爷们倒夹着屁股溜了！"

6. 当"某某说"后面不是直接引用，而是转述说话的大意时，其后也使用逗号。如：

（1）他一再对子女说，得失不在一朝一夕，可是努力却要只争朝夕。

（2）那些投票给他的学生们说，他们相信，只有内心真正强大的人，才会追求公平和公正。

（3）赫胥黎说过，科学家是在理性的最高法庭上对自然界最忠实的诠释者。

（4）导游解释，德国法律规定，司机每天工作不可超过9小时，包括景点参观和用餐时间。

7. 并列的汉字数字之间用顿号，阿拉伯数字之间用逗号。如：

（1）第一、二、三、四次冲锋胜利了，第五次冲锋却失败了。

（2）现在人们最熟悉的1，2，3，4，5，6，7，8，9，0十个数字，是古代阿拉伯人对数学的贡献，所以被称为阿拉伯数字。

8.由于英文中没有顿号，因此，当相连的并列项都为中文或都为英文时，在中文并列成分之间使用顿号，英文并列成分之间使用逗号。如：

（1）其中a,b,c分别是这个长方体的长、宽、高。

但是如果并列项是中英文夹杂的情况，出于美观的考虑，可一律使用顿号。如：

（2）参加本届中韩歌会的韩方艺人有安七炫、东方神起、Maya、酷龙、Wax、仁顺伊、天上智喜等。

（三）用顿号表示较长、较多或较复杂的并列成分之间的停顿时，最后一个成分前或用"以及"连接，或用"及"连接，情况不同，标点也自有不同。

1.用"以及"连接的成分，在意义上往往有主次之分，位于后面的往往是比较次要的。用"以及"连接的，"以及"前面是否使用逗号停顿，具有灵活性，往往和"以及"所连接的词语的长短有关。如：

（1）这本书在淘宝、京东、亚马逊各大网站以及各地分销店都可以买到。

（2）问题的酝酿提出、深入探讨，以及最后如何顺利解决，都得到全体员工的充分合作。

例（1）"以及"之后的词语"各地分销店……"较短，"以及"前面就未用逗号停顿。例（2）"以及"之后的词语"最后如何顺利解决……"比较长，"以及"前面就使用逗号停顿。

2.用"及"连接的,只能是词或短语,不能连接分句和分句,故"及"的前面不能使用逗号停顿。如：

（1）纸、印刷术、指南针及火药，是中国古代的四大发明。

（2）我选择就业的是一家商行，跟银行、酒店及商住小区临近。

（四）逗号、顿号在表列举省略的"等""等等"之类词语前的使用，分为三种情况。

1. 并列成分之间用顿号，末尾的并列成分之后用"等""等等"之类词语时，"等"类词的前面不用顿号或其他点号。如：

（1）我家阳台上种有迎春、石榴、木桃、月季等，花开不断。

（2）医学科学的进步，有赖于现代生物学、物理学、化学、数学等基础学科的发展。

（3）在社会生活和思想文化领域，由于立场的偏颇、利益的偏执、认识的偏离、情感的偏好等多种复杂原因，人们时有自觉不自觉地背离真理、陷入谬误的情况，甚至滑落到"誓死捍卫谬误"的境地。

2. 并列成分之间用逗号，末尾的并列成分之后用"等"类词时，"等"类词的前面也同样应用逗号。如：

（1）文章主题是什么，用哪些材料，哪些详写，哪些略写，等等，都要在写文章前想好。

（2）"朝东走、朝南开门"的"朝"，"为人民服务、为祖国献身"的"为"，"把工作搞好、把敌人打垮"的"把"，等等，都是介词。

3. 当"等"或"等等"之前不是几个并列成分，只是列举了一项时，"等"或"等等"之前不用任何标点符号。如：

（1）外出旅游，毛巾等盥洗用品，必须随身携带。

（2）这次受到查处的，除了领导之外，还有刘刚等普通职员。

（3）所说购买电脑等等，公司可以同意。

（五）复句内的停顿，使用逗号，分为两种情况。

1. 如果复句的表述和层次都比较简单，分句之间连接紧密，且分句内也没有使用逗号，或者只有顿号，那么分句之间就可以都用逗号。如：

（1）发展才是硬道理，民生是最大的政治。

（2）山朗润起来了，水涨起来了，太阳的脸红起来了。

（3）中国一向是所谓"闭关主义"，自己不去，别人也不许来。

（4）我们约好清晨出发，人齐了，雨却越下越大。

（5）幸福必须是单纯的，单纯一点，欲望就可以少一点。

例（1）和例（2）都只有一个层次，即各分句同处一个层次上，自然使用逗号即可。例（3）例（4）例（5）虽然都有两个层次，却也相对简单，且分句连接紧密，如果在第一层使用分号，反而有点阻隔，不如都用逗号的好。

2.有些关联词之后需要停顿时，要用逗号。如：

（1）祖冲之虽然驳斥了戴法兴的谬论，但是，他所编制的《大明历》还是被搁置了。

（2）可是，为人世留下美妙乐章的人，却大多生命短暂。十八、十九世纪的音乐家成就辉煌，却命运坎坷、穷途潦倒。

（3）世界上的国家富的愈富，穷的愈穷，解决这个问题是国际舞台上的一个重要课题。但是，看来这个问题很难解决。

（六）使用逗号需要注意的问题。

1.逗号虽然用途广泛，但必须注意用得恰当。用不用逗号，既要看是否需要停顿，更要看结构上能否断开。有的句子很长，读起来需要停顿，但结构上不能断开，也就不能加逗号。下面这句就是这样：

它是站在海岸遥望海中已经看得见桅杆尖头了的一只帆船，它是立于高山之巅远看东方已见光芒四射喷薄欲出的一轮朝日，它是躁动于母腹之中的快要成熟了的一个婴儿。

2.由"把""被"字组成的介宾短语和中心语，兼语和前面的动词联系都很紧密，因此，介宾短语后面，兼语前后都不能用逗号。例如：

（1）我们一定要把党风建设作为头等大事来抓。

（2）主犯已被人民法院依法判处有期徒刑八年。

（3）我们必须帮助青年人努力提高自己的人文修养和科学修养。

（4）喝醉了酒的七斤，曾经骂过赵七爷是"贱胎"。

五、顿　号

顿号是停顿最小的句内点号，一般只能表示并列词语之间的停顿，不能表示并列分句之间的停顿。所以，只能放在句子内部，不能放在句子末尾。顿号，书写形式是"、"，占一个字的位置，居左下，不能出现于一行之首。

表示句子内部并列词语之间的停顿是顿号的基本功能。

（一）下列情况需要使用顿号：

1．用于作为各种成分的并列词语之间。如：

（1）这个时期，煮盐业、纺织业、制陶业、漆器业、皮革业、玉器琉璃业等都有了普遍的发展。

（2）他引用了传说、民谣、古诗。

（3）幸福的家庭里总是有民主、自由、平等、和睦的风气和氛围。

（4）他真实、准确、完整地讲述了事情的原委。

上述四个例句里都有使用顿号的并列词语，例（1）中"煮盐业、纺织业、制陶业、漆器业、皮革业、玉器琉璃业等"作全句的主语，例（2）中"传说、民谣、古诗"作全句的宾语，例（3）中"民主、自由、平等、和睦"作"风气和氛围"的定语，例（4）中"真实、准确、完整"作"讲述"的状语。

2．用于小的并列词语之间。如果并列短语是多层次的，也就是当句子中并列词语中还有并列词语时，大的并列词语之间用逗号，小的并列词语之间用顿号。如：

（1）大陆同胞，台湾、香港、澳门的同胞，还有海外华侨，大家都是中华民族的子孙。

（2）颜色本是客观的，但一经人的使用，就附加了含义。比如，白色表示纯洁、神圣、清白，蓝色表示宁静、深沉、博大，紫色被看作高贵、华丽、典雅。

3.用于需要停顿的重复词语之间。如：

（1）女人在梦里还"阿毛、阿毛"地叫着。

（2）雨后的青石街上，华罗庚的脚一瘸一瘸、一瘸一瘸地走着。

4.用于不带括号的汉字数字或"天干地支"等序次语之后。如：

（1）文章的构成有三个方面：一、思想内容；二、结构组织；三、遣词造句。

（2）句子按交际功能可分为四种：甲、陈述句；乙、疑问句；丙、祈使句；丁、感叹句。

5.相邻两个数字连用，表示概数的无须加顿号；不表示概数而是指并列关系的两项内容，作为一种缩略形式，这时两个数字中间需要使用顿号。如：

（1）老人的儿子少说也有三十四五岁了。

（2）老板今天十之八九不会来了。

（3）他的第一本书一度难产，第二、三本书写作出版都很顺利。

（4）下午课外活动时间，一、二组的同学打扫教室，三、四组的同学打扫篮球场。

例（1）"三十四五"和例（2）"十之八九"都是相邻两个数字连用表示概数，不必加顿号；若是标为"三十四、五"和"十之八、九"，反而错了。例（3）中的"第二、三本书"是确指，表示并列关系的两项内容，是"第二本书、第三本书"的缩略形式，中间必须加顿号。例（4）中的"一、二组""三、四组"同样也都是确指并列的两项内容，即"第一组、第二组"和"第三组、第四组"的缩略形式，所以两者之间都必须加顿号。

6.标有引号或书名号的并列成分之间，通常无须使用顿号，但如果插有其他成分，比如还有括注，就要使用顿号。如：

（1）社区阅览室里订有《人民日报》（海外版）、《报刊文摘》和《读者》等报刊。

（2）杜甫的"会当凌绝顶，一览众山小"（《望岳》）、"丹青不知老将至，富贵于我如浮云"（《丹青引赠曹将军霸》）都是传诵千古的名句。

7. 表示含有顺序关系的并列各项之间的停顿，应使用顿号，不用逗号。如：

（1）〔对于〕表示人、事物、行为之间的相互对待关系。

该例解释"对于"一词的用法，"人""事物""行为"之间有顺序关系，即人和人、人和事物、人和行为、事物和事物、事物和行为、行为和行为等六种对待关系，各项之间应用顿号。例子中两处顿号如果使用逗号，就是错误的。

（二）下列情况不能使用顿号：

1. 不是并列词语之间不应使用顿号。如：

（1）我家住在北京朝阳区、和平里。

（2）乌鲁木齐市、达坂城区，近几年变化都很大。

例（1）中"朝阳区"与"和平里"之间是领属关系而不是并列关系，中间没有停顿，使用顿号会造成误解，应去掉顿号。例（2）"乌鲁木齐市"和"达坂城区"也是领属关系，说乌鲁木齐市就已经包含了达坂城区，大小概念不能并列，使用顿号造成误解。

2. 并列词语中如果使用了连词"和""与""及""或者"等，就不能再用顿号；尤其是只有两项的并列词语之间，一般使用"和""及""或"等连词，不用顿号；多项并列词语的最后两项之间也多用"和"一类连词，而不是顿号。如：

（1）春节长假是人们探家或者旅游的好机会。

（2）电子计算机由运算器、存储器、控制器、输入设备和输出设备五部分组成。

3. 如果并列短语用作句子的谓语或补语，则往往使用逗号，而不是顿号。如：

（1）这种机器结构简单，制造容易，性能稳定，操纵方便。

（2）这些石狮、石马、石龟都雕刻得造型科学，技艺精湛，气韵生动，充满激情。

例（1）句中并列短语"结构简单，制造容易，性能稳定，操纵方便"，都是对主语"这种机器"所作的陈述，共同作谓语；这种较长的谓语之间须用逗号停顿。换一个角度，该句也可看作是这个并列短语承前与主语分别组成四个分句，所以使用逗号。例（2）句中则是并列短语作补语，中间使用逗号，也可看作是分别组成几个分句。

4. 有些并列词语，读起来并不停顿，又不会产生歧义，尤其是当它们已经凝固成为一个缩略语使用时，中间就无须使用顿号。如"他的父母""工农业""中外记者""东西南北""中小学生""公安干警""考上清华北大"等。习用常见的联合短语也可以不加顿号，如"交通运输""干部战士"等。再如：

（1）这在母亲心里是多么惨痛悲哀和无可奈何的事啊！

（2）这个社区坚持开展五讲四美三热爱活动，社区面貌有了明显改变。

（3）阿Q不独是姓名籍贯有些渺茫，连他先前的"行状"也渺茫。

例（1）中的"惨痛悲哀"，例（2）中的"五讲四美三热爱'"，例（3）中的"姓名籍贯"，都是并列词语，中间无须用顿号隔开。

5. 相邻或相近两数字连用表示概数，两个数字之间通常不用顿号。如：

（1）近几年，保护区里的藏羚羊开始三五成群地外出觅食和活动。

（2）他每天都坚持走路，或四五里，或六七里、九十里不等。

6. 标有引号或书名号的并列成分之间，且没有其他成分插在并列的引号之间或并列的书名号之间，这时通常不再使用顿号。如：

（1）"月""会"构成"脍"字。

（2）客厅的墙上挂着"坐看云起时""花开花落两由之"等条幅。

（3）《红岩》《青春之歌》《牛虻》《钢铁是怎样炼成的》，都是中学时代读过的，印象很深。

7.用阿拉伯数字表示年月日的简写形式时，用短横线连接，不用顿号。如：

2010-03-02

该例的年月日如果写成"2010、03、02"或"2010.03.02"，都是错误的。

8.不带括号的阿拉伯数字、拉丁字母或罗马数字做序次语时，后面用下脚点，不用顿号。如：

（1）词语重在积累。积累的方法有四种：1.善听；2.善读；3.善于扩展；4.善于记忆。

（2）词语的扩展，有四个方面：A.同类联想；B.词义联想；C.引申联想；D.词面联想。

六、分　号

分号，也是句内点号的一种，其作用重在分清句子或语段内部的结构层次。其书写形式是"；"，置于相应文字之后，占一个字的位置，居左下。

分号表示的停顿比逗号长，主要用于表示复句内部并列关系分句之间的停顿。由于多重复句内部的分句多，层次复杂，关系多样，为了体现各分句组之间的层次关系，非并列分句之间也可以使用分号，尤其是第一层分句之间的停顿。

（一）分号主要用于单重复句内部分句之间的停顿。

1.如果分句内部使用了逗号，那么分句之间就一定要用分号。如：

（1）做，要靠想来指导；想，要靠做来证明。

（2）旅行，是身体的阅读；阅读，是精神的旅行。

（3）风声、雨声、读书声，声声入耳；家事、国事、天下事，事事关心。

2. 无论并列关系还是非并列关系，即使分句内部没有使用逗号，分句之间也可以使用分号。比起使用逗号来，分号停顿时间更长，分句的独立性也更强，更能得到强调和突出。这种情况不是很多，但毕竟还是有。如：

（1）我们还在这样的世界上活着；我也早觉得有写一点东西的必要了。

（2）梧桐虽有你的端直而没有你的坚牢；白杨虽有你的葱茏而没有你的庄重。

（3）其中一个就是她；但是我不认识。

（4）没有人想死；即使想去天堂的人，也希望能活着进去。

例（1）例（2）是并列关系分句之间使用分号，例（3）例（4）则是非并列关系分句之间使用分号，它们也都可以使用逗号，但没有使用分号独立性强，使用分号意在强调和突出。

（二）分号还常用于多重复句第一层分句之间的停顿。

1. 多重复句第一层并列的分句之间必须使用分号。如：

（1）长相知，才能不相疑；不相疑，才能长相知。

（2）我想喊他等等我，却又怕他笑我胆小害怕；不叫他，我又真怕一个人摸不到那个包扎所。

（3）如果整个陕北是个秃头皱额的老人，这里就该是个灵光秀气的女子；如果黄土高原是个光面羊皮大衣，清涧就该是大袄上一枚晶亮的玉扣了。

（4）语言可以一视同仁地既为旧的衰亡的制度服务，也为新的上升的制度服务；既为旧的基础服务，也为新的基础服务；既为剥削者服务，也为被剥削者服务。

2. 非并列关系的多重复句中的第一层分句（诸如选择、转折、因果等关系）之间，适当使用分号，可以使分句之间的逻辑关系更清晰，语意更严密。如：

（1）本科毕业，招聘的单位好，就先工作；或者就去考研读硕读博，着眼于长远。

（2）我本来打算趁这一阵乱糟糟，不被人注意就溜到座位上去；但是，恰巧那一天全都安安静静，像是星期天的早晨一样。

（3）一个人无论怎样伟大，他也总是生活在一定的环境和条件下；因此，个人的见解总难免带有某些局限性。

（4）韩国人很爱国，很团结；只要你称赞韩国任何一样东西，他们就认为你在称赞他们整个民族。

例（1）第一层使用分号停顿，说明前两句已经是一个相对独立的整体，跟后两句形成选择关系；若用了逗号，就不知道后面两句是跟前面两句还是只跟紧挨的一句构成选择关系。例（2）第一层使用分号停顿，说明"但是"领起的后面分句是跟前面两个句子一起构成转折关系，而不是只跟前面紧挨着的一句组成转折关系。例（3）第一层使用分号，说明后面的结论是针对前面两句而言，而不是只针对其中的一句。例（4）使用分号，将前面的概括说明与其后的具体说明加以区分；若使用逗号，层次就不够清晰。

（三）分号也用于多重复句第二层分句之间，即分项列举的各项之间的停顿。

总分复句中，总句用了冒号，各分句之间需要用分号隔开。如：

（1）总起来讲，商代文字的情况大致是这样：一是表形字保持了记事图画的笔法；二是大量使用假借字，成为商代文字的主体；三是有了形声字这种新生的造字法。

（2）她手提着竹篮，内中一个破碗，空的；一手拄着一支比她更长的竹竿，下端开了裂：她分明已经纯乎是一个乞丐了。

例（1）是总分复句，第一层是冒号处，表示解说关系；两个分号处是第二层，表示分项列举，并列关系。例（2）是分总复句，第一层也是冒号处，表示总括关系；分号处是第二层，表示分项叙述，并列关系。

当分号用于分项列举时，必须注意以下两种情况。

1. 用分号隔开的几个并列分句不能由逗号统领或总结。下面这个例子就是错误的。

（1）读书的方式多种多样，有的是整本地读；有的是选择自己需要的部分，做局部阅读；有的是深读精读，如少数经典著作；有的书则是备查的。

（2）学习应该既学又习，光学不习者，学而不固；只习不学者，所知寥寥；学而时习者，乃是治学正道。

例（1）例（2）都是二重复句，第一层次都在第一个逗号的后面，下面用分号隔开的几个并列分句之间都是第二层次。既然第二层次使用了分号，那么第一层次使用逗号就统领不了使用分号并列的第二层次。因此，这两例第一层次的逗号都只能改为冒号。

2. 分项列举的各项中若有一项或多项已经包含句号时，各项的末尾就不能再用分号。下面的例子分号的使用是错误的。

（1）本市先后建立起三大农业生产体系：一是建立甘蔗生产服务体系。成立糖业服务公司，主要给农民提供机耕等服务；二是建立蚕桑生产服务体系。……；三是建立热作服务体系。……。

这个例子正确的标点应该是：

（2）本市先后建立起三大农业生产体系：一是建立甘蔗生产服务体系。成立糖业服务公司，主要给农民提供机耕等服务。二是建立蚕桑生产服务体系。……。三是建立热作服务体系。……。

（四）当多重复句第一层分句之间使用逗号时，第二层以下各层分句之间也只能使用逗号，而不能使用分号。

例如：

（1）因为缺少网上营销能力，农户有的牛奶卖不出去，有的烂了大批柑橘，有的烂了成堆的香蕉。

（2）生命是美丽的，也是宝贵的，在人类的发展史上，有多少勤劳的人们在不知疲倦地工作着，他们在为人类造福，自己却透支了生命。

例（1）是一个二重复句，第一层是因果关系，由于第一层"能力"之后使用的是逗号，因此后面表示结果的三个分句之间，即第二层，虽说是并列关系也只能使用逗号。例（2）是一个三重复句，因为第一层即第二个逗号处未用分号，所以后面第二层，即第一个逗号处和第四个逗号处，还有第三层，即第五个逗号处，也都只能使用逗号，而不能用分号。

（五）单句有时也会使用分号。

照理说，分号只能用在复句中，不能用在单句中。一个单句，无论并列项有多少，结构怎么复杂，一般都不宜使用分号，否则，就会出现逗号中包含分号，分号中又包含逗号的现象。那么，什么情况下分号会进入单句呢？有两种情况可以。

1. 当带有分号的复句作为一个整体充当单句的宾语时，复句中原有的分号也就进入了单句。为了分清语句的结构，由复句形式构成的整体要有一个外部标志，而最好的标志就是它前面的冒号。如：

所以我要劝人：你可以自得，但不应自傲；你可以自守，但不应自卑；你可以自爱，但不应自恋；你可以自伤，但不应自弃。

该例是一个带双宾语的单句，"人"是近宾语，即"劝"的对象；"你可以自得"以下这个复句是远宾语，即"劝"的内容。

2. 当单句中的并列词语带有序次语或者破折号的时候，各并列项之间就可以使用分号。也就是说，并列词语之间使用分号停顿，必须是带有序次语或者破折号的并列项。如：

（1）这些磨炼使杨锦麟明白了三个道理：一、珍惜机会；二、勤劳肯干；三、自信人生。

（2）有下列情形之一的，法定代理终止：

——被代理人取得或者恢复完全民事行为能力；

——代理人丧失民事行为能力；

——代理人或者被代理人死亡；

——法律规定的其他情形。

例（1）是单句，三个序次语领起的并列短语复指"三个道理"，组成同位短语，共同作动词谓语"明白"的宾语。例（2）也许会被认为是条件关系复句，其实也是单句。"有下列情形之一的"是主语部分，"法定代理终止"则是谓语部分，四个带破折号的并列短语，则是对"下列情形之一"作出的补充说明。

七、冒　号

冒号，也是一种句内点号。冒号表示的停顿有较大的伸缩性：一般情况下大于分号，小于句号；有时也大于句号。书写形式是上下排列的两个小圆点"："，占一个字的位置，居左下，也不能出现在一行之首。必须注意的是，它和表示比例、比分的比号有所不同，比号也是上下排列的两个小圆点，但位置居中。

冒号，用于提示下文和总结上文的停顿。无论用于提示还是总结，也不管范围大小，末尾都必须用句末点号结束。

提示有各种各样，也大都有相应的提示语，比如书信、报告开头的称呼语和"说、证明、指出、认为"等，都属于提示语。

（一）称呼语大都在开头，具有提示下文的作用。称呼语后面，有用冒号的，也有用其他点号的，应区分情况。

1.书信、报告等开头的称呼语，后面应该使用冒号。称呼语之后用冒号的，通常后面有较长的话，如报告、演讲、书信等。称呼语，既可以退后两格，后面的话紧接着称呼语，也可以顶格单占一行，后面的话另起一行。如：

（1）小燕：你看到这封信时，我已经登上开往广州方向的高铁。我要去南方打拼，不要找我。

（2）女士们，先生们：

　　今天是一个不寻常的日子。……

2.常见对话中的称呼语，语气平缓时后面用逗号；语气加重、感情强烈时，后面用叹号。如：

（1）大娘，您到哪儿去啊？

（2）大爷！您咋能这样啊？

（二）"××说"，属于提示语，一般表示有引用的话。"××说"之后使用的点号根据所在位置决定。

"××说"位于引语前面时，其后用冒号；当它插在两段引语中间时，后面只能使用逗号；当它置于引语之后处于句末时，其后用句号；如果它后面还有其他成分时，其后用逗号。如：

（1）他说："明早我们一起去吧。"

（2）"人都到齐了，"秘书说，"会议可以开始了。"

（3）"一切都过去了。"他说。

（4）"丁先生，有件事我忘了说……"他说，表情有点为难。

有时候，也可以不出现"说"之类的提示语，直接对说话人的动作行为加以描写，由冒号引出所说的话。如：

妈妈笑着点了点头："我还猜对了。"

（三）冒号用于"说、想、认为、指出、相信、证明"等提示语之后，表示后面有意思要表达。这些表达的内容，一般都是转述大意不是原文，故都不加引号。

例如：

（1）我已经说过：我向来是不惮以最坏的恶意来推测中国人的。

（2）她疑惑半天，心想：这样能完全解决问题吗？

（3）这一事实证明：改变自己，什么时候都不晚。

（4）记得一位现代作家讲过优雅的生活和优雅的趣味之于生活、人生的意义：我们于日用必需的东西以外，必须还要有一点无用的游戏和享乐，生活才会觉得有意思。

需要指出的是，并非"说、想、认为、指出、相信、证明"等的后面都要用冒号，如果跟后面的文字连接紧凑，没有什么停顿，就什么点号都不用。如：

（1）苏轼作《贾谊论》，说贾谊才学虽高，但不善于分析和利用当前的形势，急于求成，终不为当世所用。

（2）他认为经验科学的发展过程就是不断归纳的过程，其实这是不够的。

另外，如果使用"说、想、指出、认为、证明"等，并不特别强调提示性，只是一般性的停顿，那么它们的后面，也可以使用逗号。如：

（1）这些事例说明，对待年轻人的发现、发明和创造，必须慎重对待，不要因为自己暂时不能理解就轻易否定。

（2）爱因斯坦认为，科学家的工作可以分为发现公理和从公理推出结论这样两步。

（四）冒号用于总说性提示语之后，引出分说的内容，构成总分式复句。

这种总分式复句有以下几种方式。

1. 分说的各项是词或短语，比较短，语气接得比较紧，停顿小，这时各项之间就可以用顿号。如：

（1）热的传输主要有三种：热传导、光直射和热辐射。

（2）所谓"八股"，是一篇文章分为八个部分：破题、承题、起讲、提比、虚比、中比、后比、大结。

2. 如果分说的各项稍长，停顿稍大些，各项之间就可以用逗号。如：

（1）对于诗人来说，有两方面的事情要做：一是要好好做人，一是要好好说话。

（2）纺线有几种姿势：可以坐着蒲团纺，可以坐着矮凳纺，也可以把纺车垫得高高地站着纺。

（3）希望余生的你，修炼五样东西：扬在脸上的自信，长在心里的善良，融进血液里的骨气，春风拂面的温柔，刻在命里的坚强。

这种分说的各项之间使用顿号或逗号的，如以上例子，总说之后也可以使用逗号，不用冒号。

3. 分说的各项比较长，各项之间可以使用分号；如果其中一项或多项内部使用了逗号，各项之间就更应该使用分号。如：

（1）宋代科举制度的改革主要表现为：一、放宽录取和任用范围；二、建立殿试制度；三、改革考试内容；四、采用密封和誊录等制度。

（2）终身教育有其特点：其一，教育被视为贯穿生活的活动，生命不息，学习不止；其二，教育方式、时间、内容重在知识和技能的更新与提高，不强调各种文凭的作用；其三，体现"大教育"观念，办学渠道和形式不拘一格。

例（1）分说的各项内部并未使用逗号，各项之间直接使用分号，以强调各个分项的独立性。例（2）分说的四个并列项，每个并列项的内部都使用了逗号，那么各项之间使用分号，就更是顺理成章的事了。

分说的各项之间使用分号停顿的，总说之后只能使用冒号，不能用逗号。因为逗号统领不了后面使用分号的并列各项。

4. 分说的各项之前还可以使用破折号，作用相当于序次语，以示突出。如：

我们的城市社会还面临其他一系列问题：

——单位职能外移；

——城市管理任务加重；

——城市人口结构性变动。

5. 分说的各项如果比较长，尤其是其中一项或多项内部已经使用了句号，那么各项之间就更要使用句号。如：

很明显，这种资本的经营与我们通常所说的投资有三个显著的区别：一是它不仅仅是货币形态的投资，也包含实物形态（包括土地、厂房、机器设备等）、科技形态（包含专利、品牌等）的转让、参与、合并等。二是它与我们过去在计划经济条件下的投资是不同的。过去的投资是不讲效益、不计效果的，只讲所谓的需要，因此许多投资实际上是浪费；而资本经营的目的很明确，就是要追求效益的最大化。三是投资是资本经营中的重要内容，但不等于所有投资都是资本经营。因此，它与在市场经济条件下存在的不以赚钱为目的的投资也是不同的。

需要说明的是，这种分说各项之间使用了句号的语段，已经不再是总分式复句，而是总分式句群了。这种情况下，在总说之后，不仅可以使用冒号，还可以使用句号，甚至使用句号比用冒号还更主动，也更妥帖。

6. 还有一种用设问形式的总提，引出下面的分说。这种用法有引起注意的作用。如：

传入中国已近一个世纪的人类学，在新的一个世纪里的走向如何呢？

第一，中国的人类学者将走向联合。

第二，应用人类学将得到大发展。

第三，人类学的知识将会越来越普及。

第四，人类学的中国化或本土化将使现代人类学受到一次洗礼而更具有国际性。

（五）冒号用于总括语之前。

例如：

（1）老师爱护学生，学生尊敬老师：师生关系非常融洽。

（2）直到十几天之后，这才陆续的知道她家里还有严厉的婆婆；一个小叔子，十多岁，能打柴了；她是春天没了丈夫的；他本来也打柴为生，比她小十岁：大家所知道的就只是这一点。

（六）举例说明，有时也会使用冒号。

举例的提示语"例如、譬如、如"等的后面可以无停顿，也可以有停顿。有停顿时，可以用逗号。如果列举项目较多，语句较长，或列举内容需要另起一行时，"例如"等的后面，就要用冒号加以提示。例如：

（1）治安模范村建立的一些群众组织，如调解会、禁毒会、红白理事会等，不仅成为村民自我管理的工具，也成为维护治安的有力工具。

（2）从汉代开始外来词就已经出现在汉语中了。例如，"琵琶、骆驼"来自匈奴，"琉璃、狮"来自西域。

（3）由笔画直接组合而成的字叫独体字，独体字的字形具有整体性，从结构上不能分析，是单结构汉字。如：人、口、目、手、牛、羊、山、水、火、日、月、上、下、大、中、小等。

（4）用文言词语要看是否需要，是否协调，下列各句中的文言词语使用不当：

①那时候，我年幼，尚不省事，每天只知道玩。

②他虽有过人的天资，但得不到培养，结果真才能与众人一也。

例（1）"如"后没有停顿。例（2）"例如"后面使用逗号停顿。例（3）列举较多、语句也较长，"如"后面使用冒号停顿。例(4)分说内容另起一行分项排列，总说与分说之间有较大停顿，所以使用冒号停顿。

（七）冒号的其他用法。

1.用在需要说明的词语之后，表示注释和说明。如：

（1）生得：被活捉。

（2）与表面现象的骄傲和自负相联系的，往往是北大学生心理上潜在的社会精英意识：一旦佩上北大校徽，每个人顿时便具有被选择的庄严感。

（3）正像达尔文发现有机界的发展规律一样，马克思发现了人类历史的发展规律，即历来为繁芜丛杂的意识形态所掩盖着的一个简单事实：人们首先必须吃、喝、住、穿，然后才能从事政治、科学、艺术、宗教等等；……

2.用来隔开作者和书名或篇名。如：

（1）钱钟书：《围城》

（2）张岱：《西湖七月半》

3.用来隔开时间里的时、分、秒。如：

（1）本店营业时间 9:00—21:00

（2）14:36:20（14时36分20秒）

有论者认为这种起分隔作用的符号，只是形同冒号，本质上不是冒号。但是它到底是什么号，又语焉不详。笔者还是倾向于先将它归入冒号。

4.用在标题的前后两部分之间。现在越来越时兴这种"A:B"式标题，即所谓话题式标题。这种标题表现力很强，它把最能体现主题的关键词语放在显著位置，既增加了信息量、提升了标题的概括能力，又简明醒目，容易吸引人。如：

（1）《台湾问题：影响中美关系的重要因素》

（2）《探索中国特色：中国与西欧经济、政治、社会变迁的历史比较》

（3）《"信息边界"：一个必须关注的战略话题》

（4）《柏辽兹：十九世纪的音乐"鬼才"》

这些例子，冒号前面的词语，带有话题的性质，冒号之后的词语则是对前面话题的延伸、演绎和诠释。这有点先"画龙"，后"点睛"的味道。也有相反的情况，即先"点睛"，后"画龙"。如：

（1）《看见未来：赖清德的新政实践》

（2）《又见硝烟：中东局势的新发展》

（3）《敬畏民意：中国的民主治理与政治改革》

（4）《天安门：知识分子与中国革命》

这种使用冒号的标题，前后两部分，互为补充，相辅相成，颇有点正标题和副标题的意味。使用得好，相得益彰；用得不好，一头雾水。不可滥用。

（八）使用冒号必须注意以下几点。

1. 冒号作为句内点号，通常管到一个句子的末尾，如果管辖的不是句子，那就必须是数项并列成分。如：

北京紫禁城有四座城门：午门、神武门、东华门和西华门。

2. 冒号的管辖范围，有时也可以大于一个句子，甚至大到几个句子、一个自然段、几个自然段等。如：

（1）在座的有些同学可能还没有想明白以后要做什么，会感到焦虑：如果对科研不感兴趣，没想好未来发展该怎么办？如果选了一个研究方向，做了很长时间，没有进展，又怎么办？

（2）"胡同"一词怎么来的呢？这里有几种说法：

一、"胡同"一词出现在金、元时代。……

二、"胡同"的本义是蒙古语"井"意思。……

三、在东汉许慎（北宋初年徐铉校订）的《说文解字》一书里，就有"衖"字，解释是"衖，通街也。"……

四、明朝沈榜的《苑署杂记》中，对"胡同"有这样的解释："胡同"一词是元朝的语言，系"胡人大同"的意思。……

3. 冒号管辖的范围无论大小，都应该与提示性话语保持一致，并在该范围的末尾用句号点断。冒号管辖范围大于或小于提示语的范围，都可能造成误解。如：

（1）这些事实证明：人如果只想着钱，以为钱就是一切，就会走入歧途，这些事实可以用作活教材以警示人。

（2）进入高三阶段，我给自己下了禁令：不用手机，不上网，不交朋友，经过大半年的努力，成绩得到全面提升。

例（1）冒号的管辖范围应一直到末尾的句号，可是提示语"证明"所指的道理，其范围只能到"歧途"，小于冒号的范围，故应将"歧途"之后的逗号改为句号。例（2）提示语"禁令"只管到"不交朋友"，也是提示语范围小于冒号管辖范围，应将"不交朋友"之后的逗号改为句号。

4. 冒号用在提示性话语之后引起下文，表面上类似但实际不是提示性话语的，其后用逗号。如：

（1）明人莫照《苏州赋》记载："苏州拱京师以直隶，据江浙之上游，擅田土之膏腴，绕户口之富稠；文物萃东南之佳丽，诗书衍邹鲁之源流，实东南之大郡。"

（2）据《汉书·朱买臣传》载，朱买臣没做官时，砍柴为生，讴歌道中，他的妻子感到没有面子，多次劝他，他更加高唱不止。他的妻子就离开他，改嫁别人。等到朱买臣当上会稽太守，衣锦还乡，官府为迎接他差遣人打扫道路，他的前妻和她现在的丈夫也在其中。朱买臣收养了他们，一个月后，他的前妻上吊而死。

例（1）中"记载"是提示语，其后用冒号正确，因为后面的引文出自《苏州赋》；而例（2）中"据……载"属于非提示性话语，其后只是一般性停顿，故应用逗号，因为后面的文字是作者根据《汉书·朱买臣传》所作的转述。

5. 冒号应该用在有停顿处，无停顿处不应该用冒号。如：

（1）门卫连头也不抬，不耐烦地问："你要找谁？"

（2）小刘走进来，说了声"谢谢"，就匆匆忙忙地走了。

（3）王老师批评他：不遵守课堂纪律。

例（1）"问"之后有停顿，使用冒号是正确的。例（2）"说了声"与"谢谢"之间无停顿，所以不用加冒号，加了就错了。例（3）"他"和"不遵守课堂纪律"之间也连得很紧，无停顿，冒号应该去掉。

6. 尽量避免冒号的套用。同一个句子里，一般不应套用冒号。如：

（1）母亲在电话里说：近来农村里出现了三多现象：小企业多了，使用家用电器的多了，骑摩托车的多了。

在同一个句子里，先后两次使用冒号，造成结构层次混乱。该

句将前一个冒号改为逗号,变成一般性停顿;保留后一个分号,反而层次清晰:

母亲在电话里说,近来农村里出现了三多现象:小企业多了,使用家用电器的多了,骑摩托车的多了。

在列举式或条文式表述中,如果不得不套用冒号时,宜另起段落来显示各个层次。如:

(2)第十条 遗产按照下列顺序继承:

第一顺序:配偶、子女、父母。

第二顺序:兄弟姐妹、祖父母、外祖父母。

该例第一个冒号用于总说之后,后两个冒号分别用于下一层次的两个提示语之后,都是应当使用的。这种不得不套用的冒号,多采用另起段落分项列举,以显示各个不同层次。

标　号

标号的作用在于标明。标明词语的性质和作用，明确所指的是什么，便于读者理解，避免歧义和误解。常用的标号有十种，即引号、括号、破折号、省略号、着重号、连接号、间隔号、书名号、专名号、分隔号。

一、引　号

引号，标号的一种，用来标示语段中直接引用的内容或需要特别指出的成分。引号的书写形式有双引号""和单引号''两种。引号的两部分，标在相应项目的两端，各占一个字的位置，其中前一半不出现在一行之末，后一半不出现在一行之首。

（一）引号用来标示语段中直接引用的内容，而转述大意则无须加引号。

1.直接引用均须加引号。用引号标出引用的话，目的是为了醒目，将引文与其他叙述性的话语加以区分，以避免混淆，便于理解。引用的内容可以是一个词、一句话或整段的话。如：

（1）李白的诗中不乏"天生我材必有用""白发三千丈"这类豪情万丈的惊人之句。

（2）"言之无文，行而不远。"许多科学名著都写得既漂亮又好懂，所以才能广泛流传。

（3）巴斯德说："科学虽然没有国界，但是学者却有自己的祖国。"这句话，影响了他一辈子。

2.转述别人说话的大意,属于间接引语,不用加引号。如:

(1)王小波曾说,古往今来最大的一个弱势群体,是沉默的大多数。

(2)歌德说过,一个人无论往哪里走,无论从事什么事业,他终将回到本性指给他的路上。

3.有时一段文字中,既有引用又有转述,那就引用部分加引号,转述部分不加引号。如:

爱因斯坦说,科学家在探讨自然的秘密时,"多少有一点像一个人在猜一个设计得很巧妙的字谜时那种自由",他需要极大的想象力。

(二)引用分为独立引用和非独立引用。

独立引用,也称为独立完整引用,就是将他人的话,包括文字和标点加上引号完整引用,引文末尾点号也一律保留,后引号之外无须另加点号。独立引用的引文都是完整的。所谓完整,一是内容上语意表达完整,能够独立使用;二是形式上前有冒号提示,句末点号在引号之内。唯其完整,所以独立。

独立引用主要有以下几种形式。

1.前有"某某说"等,并使用冒号,引文在后。如:

(1)她高兴地说:"咱们去好好庆祝一下吧!"

(2)贾琏的心腹小厮兴儿形容王熙凤:"嘴甜心苦,两面三刀;上头笑,脚底下就使绊子;明是一盆火,暗是一把刀。"真是再恰当也没有了。

(3)中国古代的选官制度,历史上不少学者作过总结,苏轼就指出:"三代以上出于学,战国至秦出于客。汉以后出于郡县吏,魏晋以来出于九品中正。隋唐至今出于科举。"

2.引文在前,有的注明出处,有的不注明出处。如:

(1)"人生自古谁无死,留取丹心照汗青!"(宋·文天祥《过零丁洋》)为了正义的事业,他早已将生死置之度外了。

（2）"金钱不是万能的，没有钱也是万万不能的。"他不止一次地调侃着这句流行语。

非独立引用，就是引用的话与作者的话合起来表达一个完整的意思。引用的话，可以是完整的，也可以是不完整的。无论完整与否，引文只是整个话语的一部分，不具有独立性。引文的句末点号，除了叹号和问号保留外，其余点号一律去掉，如需停顿，则在后引号之外由作者根据需要另外加上。如果引文的句末是问号或叹号，又遇到停顿处，此时后引号外面，无须再加其他点号。非独立引用，主要有以下几种形式。

1.引文在开头，如：

（1）"满招损，谦受益"这句格言，流传到今天至少有两千年了。

（2）"你俩说话小声点好不好？"是个祈使句。

例（1）引文完整，不独立，位于非停顿处，引文末尾又非问号和叹号，故引文末尾点号不保留，引号外无点号。例（2）引文完整，不独立，位于非停顿处，只因引文末尾是问号，予以保留，引号外无点号。

2.引文在中间，又可以分为以下几种情况。如：

（1）他以"年事已高，精力不济"为由，婉拒了单位的聘请。

（2）今夏猪肉价格上涨令许多市民难以接受，有些人甚至发出"这是天价肉吗？"的疑问。

（3）如今"您好！"已经取代"吃了吗？"成为人们见面打招呼时的惯用语。

（4）来到长沙的杜甫确实已经老了，"此身漂泊苦西东，右臂偏枯耳半聋"，五十七岁的他就已经过早地跌入了生命的暮年。

（5）我们别忘了"人贵有自知之明"，懂得反省才能不断进步。

例（1）引文不完整也不独立，句末也非问号或叹号，所以引文句末不保留点号，又位于非停顿处，此时引号内外均无点号。例（2）引文完整，但非独立使用，由于引文末尾是问号，问号含有强烈的感情，去掉会在一定程度上影响语意的表达，故保留句末的问号；又因位于非停顿处，所以引号外无须点号。例（3）两处引文完整，但都不是独立使用，只因叹号和问号一样，含有强烈感情，所以均应保留；两个引文处均可停顿，只因引号内有了叹号和问号，故引号外停顿亦无须再加点号。例(4)引文尚属完整却非独立使用，且句末亦非问号和叹号，所以引文句末也不保留点号；因引文结束恰在停顿处，故后引号外须加点号。例(5)引文完整，不独立，引文末尾亦非问号或叹号，故引号内无须保留点号；因引文也处于停顿处，故引号外须加点号。

3. 引文在末尾。如：

（1）常香玉把演出看成命根子，始终坚持"戏比天大"。

（2）苏东坡自道平生赏心乐事有十六种，没有一种及于太阳，但其中之一却是"月下东邻吹箫"。这，是否因为世上劳劳碌碌不胜其苦的众生，更需要柔性的月亮的照耀和抚慰呢？

例（1）例（2）引文都不完整也不是独立使用，末尾亦非问号或叹号，因此引号内均不保留点号；因引文位于停顿处，所以引号外均须另加点号。

非独立引用，后引号外的标点用法可以归纳为：引号内未保留点号，引文处于非停顿处，后引号外不用点号；引文句末保留了问号或叹号，无论引文位于非停顿处还是停顿处，后引号外均不再使用点号；引号内未保留句末点号，引文处于停顿处（包括句子末尾）时，后引号外就应使用点号。

（三）独立成段的引文，使用引号须根据不同情况加以区别。

1. 引文只有一段时，段首和段尾都用引号。如：

人生来并非是为了受苦，但人的提升却必须经过苦的淬炼。所以我总是以孟子这段话激励自己："天将降大任于斯人也，必先苦其心志，劳其筋骨，饿其体肤，空乏其身，行拂乱其所为，所以动心忍性，曾益其所不能。"

2.独立成段的引文，还可以采用缩排不加引号的方法来表示。这时，引文要比正文多缩进两格，即第一行开头空四格，转行空两格，可不加引号，但引文前的正文末尾应有冒号或破折号。如：

（1）关于海南岛烧荒开山破坏自然资源的最近一篇报道，刊登于《中国法制报》1987年5月26日3版上，读后，心情久久不能平静。现将此文实录于后——

　　五指山位于海南岛中部。五指山绵延百里，珍贵的野生动物资源十分丰富，是个闻名的绿色王国。4月上旬的一天，我们驱车向五指山的主峰驶去。

3.引文不止一段时，每段开头加前引号表示后面的文字是引文，只在最后一段末尾用后引号表示引文结束。如：

什么是智慧？我以为：

"知识多，是渊博，是活字典，未必就是智慧。……

"掉书袋的人，学贯中西、文通古今的人，是学问大家，但未必是最好的智者。……

"仅仅有一种绝活，人们会称赞你心灵手巧，称呼你是能工巧匠，却不一定认为你很智慧。……

"智慧要求远见，要求眼光，要求对于对象的整体性把握……"

（四）当引号中还需要使用引号时，外面一层用双引号，里面一层用单引号。

如：

（1）"你教的是'子曰诗云'么？"我觉得奇异，便问。

（2）我父亲笑说："别'博士'了，头发都白了，越读越不合时宜了。"我在旁看见她头上果然有几茎白发。

（五）引号的其他用法。

1.标示需要着重论述或强调的内容。如：

（1）我以为世间最可宝贵的就是"今"，最易丧失的也是"今"。

（2）古人对于写文章有两个基本要求，叫做"有物有序"。

2.标示语段中具有特殊含义而需要特别指出的成分，如别称、简称、反语等。如：

（1）近几年有论者称汉字为中国"第五大发明"。

（2）农业、农村、农民，简称"三农"。奔小康首先要解决"三农"问题。

（3）有几个"慈祥"的老板到菜场去收集一些菜叶，用盐一浸，就算作包身工难得的佳肴。

3.在书写带月、日的事件、节日或其他特定意义的短语（含简称）时，通常只标引其中的月和日；需要突出和强调该事件或节日本身时，也可连同事件或节日一起标引。如：

（1）"5·12"汶川大地震三周年之后，灾区重建全面完成，向世人展现了一幅全新的面貌。

（2）"五·四"以来的一百年，我国发生了翻天覆地的巨大变化。

（3）这场学生运动和它前后数年的新文化运动合流，被后人从广义上统称为"五·四运动"。

4.火车、轮船、飞机、航天器具等运载工具的名称加引号时要把"号"字放在引号之内。如：

（1）"和谐号"通常是指2007年4月18日起在中国铁路第六次提速调图后开行的CRH动车组列车。

（2）"克莱蒙特号"轮船是世界上最早出现的蒸汽机轮船，是现代轮船的鼻祖。1807年，"克莱蒙特号"在美国哈德逊河上试航成功，它以每小时6.4公里的速度航行了91.4公里。

5."丛刊""文库""系列""书系"等作为系列著作的选题名，宜用引号标引。当"丛刊"等为选题名的一部分时，放在引号之内，反之则放在引号之外。如：

（1）"中国哲学典籍文库"

（2）"汉译世界学术名著丛书"

（3）"20世纪心理学通览"丛书

6. 引号在"题为……""以……为题"格式中的使用。如果其中的"题"只是写作、科研、辩论、谈话的主题或话题，并未成为作品，这样的标题，应当使用引号；如果是诗文、图书、报告或其他的，已经成为作品，其题目可以作为篇名、书名看待，则应当使用书名号。如：

（1）请以"我的职业选择"为题作文，字数不得少于800。

（2）今天一个主题为"让科学警醒吸烟之害"的大型宣传活动在北京举行。

（3）李元洛的《凤凰游》出版于1995年，是作者"和散文琴瑟友之的记录"。

（4）余秋雨《谢家门孔》一文，写的是谢晋和儿子阿三的事，感动得我心里隐隐发痛。

（5）正在埃及访问的中国国务院总理温家宝于11月7日在开罗阿拉伯国家联盟总部发表了题为《尊重文明的多样性》的重要演讲。

例（1）"我的职业选择"只是题目，尚未成为作品，只能加引号。例（2）"让科学警醒吸烟之害"只是活动的主题，而非作品篇名，也只能使用引号。例（3）（4）（5）加书名号的都是实际作品的篇名，就应该使用书名号。

二、括　号

括号，标号的一种，用来标示语段中的注释内容、补充说明或其他特定意义的语句。

括号的主要书写形式是圆括号"（）"，其他形式还有方括号"[ ]"、六角括号"〔 〕"和方头括号"【 】"等。括号中的两部分，标在相应项目的两端，各占一个字的位置，其中前一半不出现在一行之末，后一半不出现在一行之首。

括号的各种形式并不是可以自由选用的，而是各有自己的使用范围。

（一）圆括号是括号的主要形式，使用频率最高，适用于下列五种情况。

1. 标示注释内容或补充说明。如：

（1）目前这所学校拥有正高的高级教师（含外聘的）10人。

（2）汉语辞书正文采用的编排方式，目前比较通行的有部首法、笔画笔形法（简称"笔画法"）、拼音字母顺序法（简称"音序法"）以及分类法。

（3）如果有人胆敢把台湾从中国分裂出去，中国军队别无选择，必将不惜一战。（热烈鼓掌）

2. 标示订正或补加的文字。如：

（1）女儿歪歪扭扭地给妈妈写了一张纸条："街上有很多有意识（思）的东西，可是我不想乱化（花）钱。"

（2）这家建筑公司负责的港珠澳跨海大桥建设工程达到优良工程（的标准）。

3. 标示序次语，后面不用任何点号。如：

（1）文字都包含三个要素：（一）形体；（二）声音；（三）意义。

（2）自然选择说主要包括以下三个内容：①生存斗争的理论；②遗传发生变异的理论；③适者生存的理论。

4. 标示引语的出处。

（1）这里也是科举制度的最高一级考试——殿试的地方。（黄传惕《故宫博物院》）

（2）还是他说得好："凡物皆有可观。苟有可观，皆有可乐，非必怪奇伟丽者也。"（苏轼《超然台记》）

5. 标示汉语拼音注音。

（1）很多留学生在造句的时候都喜欢加个"是（shì）"。

（2）现代汉语中使用最多的是"的（de）"这个字。

（二）其他形式括号的适用范围。

1. 标示作者国籍或所属朝代时，可用方括号或六角括号。如：

（1）［法］拉马克《动物哲学》

（2）〔宋〕苏轼著

2. 报刊标示电讯、报道的开头，可用方头括号。如：

（1）【新华社南京消息】

（2）【塔斯社巴黎消息】

3. 标示公文发文字号中的发文年份时，可用六角括号。如：

国发〔2011〕3号文件

4. 标示被注释的词语时，可用六角括号或方头括号。如：

（1）〔黔首〕战国及秦代称百姓为黔首。

（2）【卡尔·萨根】美国天文学家，曾获普利策奖和阿西莫夫奖。

5. 除科技书刊中的数学、逻辑公式外，所有括号（特别是同一形式的括号）应尽量避免套用。必须套用括号时，宜采用不同的括号形式配合使用。如：

（1）〔瓮（wèng）〕一种腹部鼓起的陶制盛器。

（2）〔司汤达（1873—1842）〕法国小说家。代表作有长篇小说《红与黑》。

（三）句内括号和句外括号及其标点的处理。

1. 句内括号和句外括号的功能。

括号分为句内括号和句外括号，各有不同的功能。句内括号用于注释句子里的某些词语，即本身就是句子的一部分，应紧跟在被注释的词语之后。句外括号则用于注释句子、句群或段落，即本身结构独立，不属于前面的句子、句群或段落，应位于所注释语段的句末点号之后。

有时，一段文字里，既使用句内括号，又使用句外括号。如：

在很多人（包括很多学生和学生家长）的心目中，上大学，就是学一门专业，掌握一门技能，毕业后能找到一个好的职业（工资高，

待遇好）。（高中语文读本《重视人文学科的教化作用》）

该例第一个括号是句内括号，用来注释它前面的"很多人"；第二个括号也是句内括号，注释"好的职业"的含义；第三个括号则是句外括号，注释说明全段文字的出处。

2.括号内外标点的处理。

不论句内括号还是句外括号，括号内行文末尾需要时都可以使用问号、叹号和省略号。除此之外，句内括号行文末尾通常不用标点符号，即使句内括号中不止一个句子，行文中间已经用到了句号，其末尾仍然不用任何点号。句外括号行文末尾是否用句号由括号内的语段结构决定：如果括号里的内容简短，只是词语，不是句子，末尾不用句号；若语段较长、内容复杂，应用句号。句内括号外是否用点号取决于括号所处位置：若句内括号处于句子停顿处，括号外应用点号；不处于停顿处，括号外就不用点号。句外括号外通常都不用点号。如：

（1）要是再想不出（但又能想出什么呢？）办法，问题将会进一步严重。

（2）6分钟过去了（仅仅才6分钟！），泥石流已经毁掉了半个村子！

（3）这段话用了一连串比喻（有的气壮如牛，有的胆小如鼠……），十分的生动传神。

（4）文言文知识（包括古今字、通假字、实词活用、虚词用法、特殊句式等）的学习，都需要按部就班、循序渐进，逐一落实。

（5）俄罗斯的小说（特别是列夫·托尔斯泰的小说），对于许多中国读者来说，有着无法抗拒的吸引力。

（6）根据日本不动产证券经纪人协会的材料，日本去年新发行的武士债券（指外国发行者在日本债券市场上发行的以日元计价的中长期债券——本报注）大约为197亿美元，比上年增加两倍。

（7）问：你对你不喜欢的上司是什么态度？

答：感情上疏远，组织上服从。（掌声，笑声）

（8）什么叫做双声、叠韵？用现在的名词来解释，双声就是两个字的声母相同，叠韵就是两个字的韵母和声调都相同。（如果不是完全相同，而只是相近，就只能叫做准双声、准叠韵。也有人不加分别。）

（9）中华民族从夏朝开始（或更早）已经形成了以华夏（或称诸夏）为核心的格局，四五千年来，不断融合周围各族的一部分（或大部分），就像滚雪球一样，越来越大。

例（1）是句内括号，括号内行文有疑问语气，需要用问号；括号未处于停顿处，故括号外不用点号。例（2）是句内括号，括号内行文有感叹语气，需要用叹号；且括号处于停顿处，故括号外使用了逗号。例（3）是句内括号，括号内行文有省略，故使用了省略号；因括号处于停顿处，所以括号外使用了逗号。例（4）是句内括号，括号内行文末尾不用标点，括号也未处于停顿处，故括号外不用点号。例（5）是句内括号，括号内文字末尾不用标点，因括号处于句子停顿处，故括号外使用了逗号。例（6）是句内括号，括号内注释的内容，不是作者原文所具有的，而是引用者加上的，故须说明。括号也未处于停顿处，故括号外不用点号。例（7）是句外括号，因括号内行文简短，是词语，不是句子，故句末无须用点号。句外括号外均无须使用点号。例（8）是句外括号，括号内行文较长、根据需要使用了句号。句外括号外都无须使用点号。例（9）三个都是句内括号，第一、第二个不在停顿处，括号外无须加点号；第三个处于停顿处，括号外须加上点号。

这里需要说明的是，句内括号中行文末尾的点号，并不表示括号外的文句的语气或停顿。因此，括号外是否使用点号，并不受括号内行文标点的影响，应该按照括号外文句的语气或停顿使用点号。如例（2）和例（3）。

三、破折号

破折号,标号的一种,标示语段中某些成分的注释、补充说明或语音、意义的变化。

破折号只有一种书写形式:"——"。一个长横线,上下居中,标在相应项目之间,占两个字位置,不能中间断开,分处上行末尾和下行开头。可以调整字距置于上一行,或者将其转入下一行。

(一)标示注释内容或补充说明是破折号的主要用法。

1.标示注释内容,有时使用单破折号,有时使用双破折号。当注释部分在句末时,使用单破折号;当注释内容在句中时,如果注释部分界限不清或者在语法上不能与下文直接衔接,可以使用双破折号,也可以在注释之后加逗号。如:

(1)天气冷得可怕。天正下着雪,黑暗的夜幕开始垂下来了。这是一年中最后的一夜——新年的前夕。

(2)智力竞争主要表现为对它的重要载体——人才的竞争,这就是引进智力。引进智力早就成了一股世界潮流,甚至成了许多国家的一项基本国策。

(3)你的生日——四月十八——每年我总记得。

(4)年年如此,家家如此,——只要买得起福礼和爆竹之类的,——今年自然也如此。

(5)人类对生命的理解已经跨出了沙龙式的探讨。在北欧那个盛开着郁金香的浪漫国家——荷兰,法律已经以其庄严的名义确定了濒死病人有对死亡做出选择的权利。

例(1)注释部分在句末,故使用了单破折号。例(2)注释内容在句中,但注释部分界限清楚且能与下文直接衔接,使用单破折号即可。例(3)例(4)注释内容都在句中,注释部分界限清楚但语法上不能与下文直接衔接,故需要使用双破折号。例(5)注释内容在句中,注释部分界限清楚但语法上也不能与下文直接衔接,所以在注释之后加逗号，作用与破折号相当。

2.标示注释内容的破折号，它的前后是被注释语和注释语的关系，两者要能互相对应。比如："他的家乡在秀美的长江下游沿岸——南京市。"这个句子破折号就用得不对。因为"南京市"不是对"长江下游沿岸"的注释，"长江下游沿岸"这个区域显然要比"南京市"范围大得多，两者没有对应关系，所以不应使用破折号，此处应该把破折号改为"的"。

3.表示注释内容，可以使用破折号，也可以使用括号。使用破折号表示的解释说明通常比较重要，它是正文的一部分，一般不能缺少，应与前后文连读；而用括号表示比较一般的解释说明，只是补充注释，不是正文的一部分，无须与前后文连读。如：

（1）今年——农历狗年，将要纪念这位老人的七十寿辰。

（2）荷马——据说是一个古希腊的盲人——的两大史诗，一个是《伊利亚特》，一个是《奥德赛》，包括了迈锡尼文明以来的多少世纪的口头传说，具有珍贵的史料价值。

（3）一个人倘不把自己的文化积累——包括语言——尽可能地占为己有，并且从这个基础上跨开步去，那他实际上是不懂得利用条件，让自己处于优势的地位。

（4）邓小平和李光耀今年秋天被《亚洲周刊》（香港英文版）选为本世纪最有影响的亚洲人物，绝非偶然。

（5）三姑母由我父亲资助，在苏州景海女中上学。我亲戚家有一位小姐和她同学。那姑娘有点"着三不着两"，无锡土话称为"开盖"（略似上海人所谓"十三点"，北方人所谓"二百五"）。

例（1）（2）（3）使用破折号表示的注释内容，属于正文的一部分，不可或缺，且要与前后文连读；例（4）（5）使用括号表示的注释内容，只是附带性的文字，不是正文，少了它，不影响句子的基本意思，阅读时不用读出来。

4.标示补充内容，如同标示注释内容一样，一般使用单破折号，也可以使用双破折号。如：

（1）这一切都像在提醒这位声学专家，不能用任何简单的方式对待一个人——一个有活力、有思想、有感情的人。

（2）一时众人慢慢解劝住了，黛玉方拜见了外祖母。——此即冷子兴所云之史氏太君，贾赦贾政之母也。

（3）多年来，他一直坚持读书，希望从书中寻求慰藉，寻求温暖，寻求希望——无论环境有多么困难。

（4）任何一门理论科学中的每一个新发现——它的实际应用也许还根本无法预见——都使马克思感到衷心喜悦……

（二）破折号的其他用法。

1. 标示总结上文或提示下文，这种用法与冒号相类。如：

（1）她的坚强，她的意志的纯洁，她的律己之严，她的客观，她的公正不阿的判断——所有这一切都难得地集中在一个人身上。

（2）巴尔扎克的最大特长表现在他对于文明的底层种种可怕场面的揭露上面——穷困之中的委屈与侮辱，无聊食客们的勾心斗角，种种摧残甚至毁掉人的一生的无止无休的细小痛楚。

2. 标示话题的转换或意思的转折。如：

（1）"一斤绍酒。——菜？十个油豆腐，辣酱要多！"

（2）"我本来不想去，可是俺婆婆非叫我去看他——有什么看头啊！"

（3）"李老师在我们学校工作的时间最长，这一班，她由一年级一直教到五年级，感情当然会更深些。——怎么样？昨天夜里李老师把情况都给你介绍了吧？"

（4）文远说："村里人怎么看我无所谓。村里人说我好我也好不了，村里人说我坏我也未必坏。——爹，你今天是为白朝生来讲话的吧？"

（5）我被这歌声的震颤弄得浑身哆嗦，好像天气很冷——其实屋子里弥漫着那个季节所能赋予的最大温暖。

（6）我想，生活的路还很多，——但是，现在这样也还是不行的。

例（1）正说到酒，突然听到对方问话，立即将话题转到"菜"上来。例（2）本来说的是要去看望自己的丈夫，突然变换话题，说出自己的想法"有什么看头啊！"掩饰自己的真实情感。例（3）先介绍李老师的情况，然后话题转向询问对方和李老师交谈的情况。例（4）先表明"我"对村里人议论自己的态度，然后话题转到询问父亲今天来的目的。例（5）例（6）的破折号则都是表示意思的转折。

3. 标示插入语。如：

（1）姓王的简直就是——说得难听点——骗子！

（2）宣统三年九月十四日——即阿Q将褡裢卖给赵白眼的这一天——三更四点，有一只大乌篷船到了赵府上的河埠头。

例（1）属于使用双破折号引入插说。插说在句中的位置通常都很灵活，该句插说"说得难听点"置于句中，其实放到句首或句尾也都是可以的。标示注释内容和补充说明时也有使用双破折号的，只是使用双破折号的注释内容和补充说明，就不一定能变换在句中的位置了。例（2）就是这种情况。该句"即阿Q将褡裢卖给赵白眼的这一天"就只是注释，只做补充说明，其位置固定，不能移动，所以不是插说。

另外，插说除了使用双破折号，还可以使用逗号标示。如：

（3）演出，不用说，当然是一流。

4. 标示声音的延长。如：

（1）"呜——"弟弟大哭了起来。

（2）"顺——山——倒——"林子里传出我们伐木连小伙子的喊声。

（3）我们对着大海喊：周总理——

5. 标示话语的中断或间隔。如：

（1）"团长他牺——"通讯员伤心得话都说不下去。

（2）"可慌哩！比什么也慌，比过新年，娶新——也没见他这么慌过！"

（3）"亲爱的妈妈，你不知道我多爱您。——还有你，我的孩子！"

（4）"也许有罢，——我想。"我于是吞吞吐吐地说。

6. 标示引出对话。如：

——你长大后想成为科学家吗？

——当然想了！

7. 标示事项的列举分承。如：

汉语的句式多种多样。不同的句式可以表达相同或相近的意思，但语意的轻重或语气的强弱就会有差别，表达的效果也会不一样。这些句式称为同义句式。汉语的同义句式，主要有：

——主动句和被动句；

——肯定句和否定句；

——常式句和变式句；

——长句和短句；

——陈述句、疑问句、祈使句、感叹句。

8. 常用于副标题之前，有时也用于标题之中。如：

（1）捉不住的鼬鼠

　　——时间漫笔

（2）大堰河——我的保姆

9. 用于引文、注文后，标示作者、出处或注释者。如：

（1）海上生明月，天涯共此时。

　　——张若虚

（2）奴才做了主人，是决不肯废去"老爷"的称号的，他的摆架子，恐怕比他的主人还十足，还可笑。

　　——鲁迅《二心集·上海文艺之一瞥》

（3）可叹，如今她（指月牙泉——引者注）却变得这样衰弱可怜，这样奄奄一息，简直成了一只快要哭干的泪眼。

（三）破折号前后的标点用法。

1. 破折号之前通常不用点号，因为破折号本身就有语音停顿的作用。当我们读到破折号时，语音上自然停顿，所以省略它前面的点号不会影响意义的理解。但是破折号在标示话题转换或者在总结上文时，前面可以加上句内点号或句末点号，其中以句末点号更常见。因为在上述两种情况下，破折号前面多数是完整的句子，加上句末点号，更能显示出前面句子的独立性和完整性。如：

（1）"我难受啊！——你哪天放假啊？"妈妈回过头来问。（话题转换）

（2）金钱能买到的东西总会有不值钱的时候，诚实守信比金钱更重要。——这就是我的人生信念。（总结上文）

在下面的例子中，破折号的前面不是只有一个句子，而是有几个分句，此时破折号前面的句末点号，对于表明前面句子的完整性和独立性，其作用就更为明显。如：

（3）小师傅说："我干的工作挺好，老板对我不错，工资也挺高。——我能抽支烟吗？"（表示话题的转折）

（4）兴趣原则，你选的专业应该是你最感兴趣的；优势原则，你选的专业必须最能体现你的优势；创造原则，这个专业毕业以后从事的工作要具有创造性，而不是简单的重复劳动；利益原则，这个专业必须有良好的发展前途，最好能赚钱。——这是易中天给女儿提出的选择专业的"四项基本原则"。（表示对前几句话的总结）

例（3）破折号之前使用句号，是将前面所有的话打住，然后转换话题。例（4）破折号前面使用句号，说明破折号之后的总结是针对前面所有的话，而不是其中的哪一句。

2. 破折号之后通常也不会紧跟着使用其他点号，但当破折号表示语音的停顿或延长时，根据语气表达的需要，其后可紧跟问号或叹号。

（1）"怎么是你——？"王敏简直不敢相信自己的眼睛。

（2）"放假啦！终于放假啦——！"我们高兴得快要疯了。

例（1）是疑问句，破折号表示话语的中断，语音的停顿，破折号之后使用问号，因为有较强的疑问语气。例（2）是感叹句，破折号表示语音的延长，破折号之后使用叹号，是为了表达强烈的感叹语气。

（四）破折号具有注释内容的作用，有时候容易和冒号提示下文的作用相混淆，两者的用法可以从意义与形式两个方面加以区别。

首先，破折号表示的注释内容，不是句子的主干部分，删去后，句子往往仍然基本完整，对意思的影响也有限，而冒号表示的总说、分说，分说的部分不能省去，否则，句子就不完整。如：

（1）农民们被法律束缚在他们无权拥有的土地上，相比之下，城里人——商人、工匠、耍把戏的和小偷们——享受着更为自由快乐的生活。

（2）人与世界接触，因关系的层次不同，可有五种境界：功利境界；伦理境界；政治境界；学术境界；宗教境界。

例（1）若删去注释部分，句子就变成"……城里人享受着更为自由快乐的生活"，意思和结构基本完整，未受多大影响。例（2）删去冒号后面部分，句子就变成"人与世界……可有五种境界"，就语焉不详，不再是一个完整意思的充分表达。原因在于，冒号的特点是一直管到句末，若是将例（1）的破折号改为冒号，就使得它后面的内容都变成了对前文的分说，与文意不符，所以只有使用破折号才是正确的。

此外，破折号和冒号也都有总结上文的作用，两者的区别在于，破折号比冒号停顿的时间更长，在书面上也更为醒目。因此，被总结的上文内容较少时，宜于使用冒号；被总结的上文内容较多时，宜用破折号。

（1）你只看到两个人之间的异，却没有看到他们之间的同：他们同样具有反省和进取的精神。

（2）今晚若有采莲人，这儿的莲花也算"过人头"了；只不见一些流水的影子是不行的。这令我到底惦着江南了。——这样想着，猛一抬头，不觉已是自己的门前。

四、省略号

省略号，标号的一种，标示语段中某些内容的省略以及意义的断续等。

省略号也只有一种书写形式："……"。一个省略号（六点）占两个字的位置，和破折号一样，不能中间断开分处上一行末尾和下一行开头。可以调整字距置于上一行，或将其转入下一行。两个省略号连用（十二点）时，占四个字的位置，且须单独占一行。

（一）省略号的基本用法。

1. 标示列举内容的省略，表示列举未尽。如：

（1）昨天，我上街买了鸡、鱼、蔬菜……

（2）新开的商业城里商店林立，一家、两家、三家……我数了一下共有30多家。

（3）1秒，两秒，10秒，20秒……火箭飞行正常！

应该注意的是，省略号所表示的不必尽举的同类事物的省略，一般要在列出三项以后再用，以便读者据以联想和补充省略的内容。

2. 标示引文的省略。如：

（1）小孙子朗诵得有滋有味："……天苍苍，野茫茫，风吹草低见牛羊。"

（2）听筒里传来十分响亮而焦灼的声音："时间来不及了，请马上设法空投……空投！"

（3）他忍不住停下手，坐在一个沙丘上，唱起了歌："在那遥远的地方，有一位好姑娘……"歌声像一枚纸鸢，飘起来，飞了。

（4）日本作家芥川龙之介有句名言："祈愿不要让我穷得一粒米也没有，祈愿也不要让我富得连熊掌都吃腻了；祈愿不要让采桑妇都讨厌我，祈愿也不要让后宫美女都垂青于我……"

3. 标示重复词语的省略。如：

（1）呜——腾腾吐吐，腾腾吐吐……火车进站了。

（2）妈妈气得连声说："好，好……我说不过你，我说不过你……"

（3）再看过去，还有一只，还有一只……天哪，一共是四只野象！

4. 标示语意未尽。如：

（1）"女儿，快回来吧，妈妈想你……"

（2）"该死的不死，不该死的可死了！活着的我做啥呀……"

（3）但忽然得到一个可靠的消息，说柔石和其他二十三人，已于二月七日夜或八日晨，在龙华警备司令部被枪毙了，他的身上中了十弹。

原来如此！……

5. 标示说话时断断续续。如：

（1）喂！是小陈吗？你托我买的书买到了……你什么时候来取？……好，好，再见！

（2）她磕磕巴巴地说："可是……太太……我不知道……你一定是认错了。"

（3）"我……我……不认得字。"阿Q一把抓住了笔，惶恐而且惭愧的说。

省略号和破折号都可以表示话语的中断，区别在于：省略号表示余声未尽，破折号表示戛然而止。

6. 标示对话中的沉默不语。如：

（1）何为：不行！梅伯母的身体已经经不起路上的颠簸！

欧阳平：……

（2）"还没结婚吧？"

"……"她低下了头，越发不好意思起来。

7. 用于标题中。如：

（1）和平协议签订之后……

（2）成功了一半，还是……

————法报评美英对伊七十小时空袭效果

8. 标示特定的成分虚缺。如：

（1）无论……都……

（2）只有……才……

（3）除非……才……

9. 在标示诗行、段落的省略时，可连用两个省略号（即相当于十二连点），此时两个省略号要单独占一行，不顶格。省略号的连用，仅止于两个省略号，不能用多于两个省略号连在一起来表示省略。如：

（1）　　　瀑　布

…………

山路忽然一转，

啊！望见了瀑布的全身！

这般景象没法比喻，

千丈青山衬着一道白银。

…………

（2）本校根据教学质量、教学工作量、教研成果等方面的表现，评选出了本校十佳教师。还根据出勤率、工作质量、设备使用维护等情况，并结合师生的评价，评选出了十佳教学辅助员。

…………

这里需要说明的是，连用省略号应与多点连续的连珠号相区别，连珠号主要用于表示目录中标题和页码的对应和连接，不是省略号。

（二）省略号与"等""等等"类词语的使用。

首先，"等""等等""什么的"表示列举未尽，相当于省略号，所以省略号后面不能再用"等""等等""什么的"。

比如："站在东方明珠塔上朝下看，黄浦江、外滩、房屋、街道、树木、车辆、行人……等等，尽收眼底。"该句的省略号和"等等"均表示列举未尽，作用相同，显然重复累赘，只能保留一个。

但是，有两种情况，省略号不能取代"等"或"等等"。

1.当列举的内容作为定语出现时，因省略号有间隔和停顿作用，而定语和中心词须结合紧密不能隔断，这时只能使用"等""等等"，而不能用省略号。如：

（1）来自北京、上海、广州、成都、香港等城市的学者参加了这次会议。

（2）来自北京、上海、广州、成都、香港……城市的学者参加了这次会议。

例（1）正确，例（2）就是不正确的。

2.当"等""等等"不是表示列举未尽而是用作列举煞尾时，因省略号并无表示列举齐全的功能，所以只能使用"等""等等"，而不能用省略号。如：

（1）去年，我校推进了人事、分配、教学、科研、后勤等五项改革。

（2）去年，我校推进了人事、分配、教学、科研、后勤……五项改革。

例（1）正确，例（2）不正确。

其次，省略号是读不出来的。如果需要读出来，就不能用省略号，而要用"等""等等""什么的"等词语。

（三）省略号前后的标点用法。

1.省略号前后通常都不用点号，但如果表示强烈的语气或感情时，省略号前后均可以使用问号或叹号。如：

（1）想起这些，我就觉得一辈子都对不起你。你对梁家的好，我感激不尽！……

（2）看见别人用公款大吃大喝，我至少也得小吃小喝一番。你多占三间房，我多占一间也行。你开得后门，我有什么开不得？……于是，对于种种不正之风，尽管不满，却又往往不免沾点边。

（3）这，这是……？

（4）你这样干，未免太……！

2.省略号之前，如果不用点号就无法表明结构关系或会产生歧义，就可以使用点号。如：

（1）他进来了，……一身军装，一张朴实的脸，站在我们面前显得很高大，很年轻。

（2）对政治的敏感，对生活的敏感，对性格的敏感，……这都是作家必须要有的素质。

（3）我们党内的主观主义有两种：一种是教条主义，一种是经验主义。……但是在这两种主观主义中，现在在我们党内还是教条主义更为严重。

（4）《齐民要术》中说："白杨，……性甚劲直，堪为屋材，折则折矣，终不屈挠。"

3.省略号之后，如果还有别的话、省略的文字和后面的话不应连续而且有停顿时，就应在省略号后面使用点号。如：

（1）动物界的规矩比人类还多，野骆驼、野猪、黄羊……，直至塔里木兔、跳鼠，都各行其路，决不混淆。

（2）大火被渐渐扑灭，但一片片油污又旋即出现在遇难船旁……。清污船迅速赶来，并施放围栏以控制油污。

4.当表示特定格式的成分虚缺时，省略号之后也可用点号。如：

（1）如果……，那么……。

（2）既然……，就……。

5.当文章结束时，想要表达意犹未尽或启发读者思考，可以使用省略号，其后无须再加标点符号。如：

（1）没有吃过人的孩子，或者还有？

　　救救孩子……

（2）晚年，李昌钰对他当年实验室的同事说，世上十大死因中有心脏病、癌症等等，而努力工作不包括在内。懒惰会永远拖住你的后腿，如果不去努力，你永远无法达到目标。

李昌钰的这番话，让我沉思良久。

……

五、着重号

着重号，标号的一种，标示语段中某些重要的或需要指明的文字。着重号的唯一书写形式是"．"，标注在相应的文字下边，其他诸如下画线、波浪线、小三角等都不是着重号的规范形式。

（一）着重号的基本用法。

1. 标示语段中的重要文字。如：

（1）手段卑鄙，目的不可能高尚。

（2）那么，我也这样联想，东洋厂的每一个锭子上面，都附托着一个中国奴隶的冤魂！

（3）这里只是就一般语法书所说的许多动词能够重叠的现象作了一点简单的概括。

（4）胡适在一封讨论《红楼梦》的信中曾引了鲁迅的话："谓《红楼梦》乃作者自叙，与本书开篇契合，其说之出实最先，而确定反其后。"

2. 标示语段中需要指明让读者注意的文字。如：

（1）请简要分析下面句子中加着重号词语的表达效果：

小孙子在灯下专心致志地写着毛笔字，爷爷在一旁心满意足地看。

（2）以下比喻句中加点的词各侧重取喻体某一特点，请简要作答。

①月光如流水一般，静静地泻在这一片叶子和花上。

②裴多菲如果本身不是战士，能够用生命和鲜血谱出剑与火的诗篇吗？

③头顶上盘着大辫子，顶得学生制帽的顶上高高耸起，形成一座富士山。

3. 英文字母也可以添加着重号。只要是语段中重要的或需要引起读者注意的部分，就可以用着重号标示。如：

结合文章判断下列句子，正确的在括号内写 T，错误的写 F，未提及的写 N。

如果是竖排的文稿中，着重号则应标在相应项目的右侧。

（二）着重号和引号的区别。

着重号和引号都可以标示需要着重指出的内容，二者不同在于：引号只适用于标示需要着重论述的对象，要强调的只是个别词语；而着重号标示的文字本身就是论述的一部分，所以如果需要强调的内容比较多，适宜于使用着重号。使用着重号的一般都要重读，而使用引号的则未必需要重读。

（1）以"野蛮"征服"文明"、用"无知"战胜"知识"的时代也跟着他们永远地去了。

（2）我想：希望是本无所谓有，无所谓无的。这也正如地上的路；其实地上本没有路，走的人多了，也便成了路。

（三）整段文字和标题中不宜使用着重号。

着重号的作用是标示某些重要文字或需要指明的文字，以引起读者的特别注意，如果整段都是用着重号，往往会适得其反。所以，没有特别的需要，一般不宜对整段文字使用着重号。

文章标题中一般也不使用着重号。因为标题本身就有强调文章主旨，具有某种吸引读者注意的作用，再用着重号，既重复多余又会影响形式的美观。

六、连接号

连接号，标号的一种，标示某些相关联成分之间的连接。

新标准取消了连接号原有的二字线，将连接号的书写形式规范为三种：短横线"-"、一字线"—"和浪纹线"～"。短横线"-"

比"—"略短，占半个字位置；一字线"—"比汉字"一"略长，它和浪纹线"～"都各占一个字的位置。连接号上下居中，不能出现在一行之首。三种形式的连接号，各有自己的使用范围。

（一）标示下列各种情况，均用短横线。

1. 化合物的名称或表格、插图的编号。如：

（1）3-戊酮为无色液体，对眼及皮肤有强烈刺激性。

（2）铜-锰合金

（3）参见下页表3-8、表3-9

2. 连接号码，包括门牌号码、电话号码，以及用阿拉伯数字表示年月日等。如：

（1）和平里东路46号院3-2-11室

（2）联系电话：010 78794603

（3）2012-05-26

3. 在复合名词中起连接作用。如：

（1）吐鲁番-哈密盆地

（2）伏尔加河-顿河运河

4. 某些产品的名称和型号。如：

（1）WZ-10直升机具有复杂天气和夜间作战的能力。

（2）VGH-CS36H型笔记本

（3）萨摩德-3型导弹

5. 汉语拼音、外来语内部的分合。如：

（1）E-mail

（2）shuōshuō-xiàoxiào（说说笑笑）

（3）盎格鲁-撒克逊人

（4）让-雅克·卢梭（"让-雅克"为双名）

（二）标示相关项目（如时间、地域等）的起止，使用一字线。

如：

（1）白居易（772—846），唐朝人。

（2）2014年3月15日—25日

（3）北京—上海特别旅客快车

（三）标示数值范围（由阿拉伯数字或汉字数字构成）的起止，使用浪纹线。

如：

（1）10～30cm

（2）第七～九课

浪纹线连接号用于标示数值范围时，在不引起歧义的情况下，前一数值附加符号或计量单位可以省略。如：

（3）5公斤～100公斤

（4）5～100公斤

(四)连接号使用的规则。

1.连接号可以连接三者以及以上。但由于浪纹线多用于标示数值范围的起止，所以鲜有浪纹线用于三者之间的情况，故连接三者及以上时，多采用一字线或短横线。如：

（1）北京—武汉—广州是国家一级通讯干线，北京—天津—南京是光缆通讯干线。

（2）社会—教育—教学—考试—分数，这一由宏观到微观的制约之链，同时也是由表层到深层的因果之链。

（3）96-40-78915966

（4）2014-10-09

2.连接号可以出现在一行的末尾，但不能出现在一行之首。汉语拼音或外来语在行末可以以音节为界换行，在行末写完一个音节后加连接号，下行开头接着写剩下的音节，此处应用短横线连接号。

3. 连接号中的一字线和浪纹线读为"至"或"到",短横线不读或读为"杠"。

七、间隔号

间隔号,标号的一种,标示某些相关联成分之间的分界。间隔号的书写形式是一个小圆点"·",标在需要隔开的项目之间,占半个字位置,上下居中,不能出现在一行之首。

(一)间隔号的基本用法有以下五种。

1. 标示外国人名或少数民族人名内部的分界。如:

(1)欧也妮·葛朗台是巴尔扎克总称为《人间喜剧》中的一个女主人公。

(2)阿尔弗雷德·阿德勒,奥地利精神病学家,个体心理学创始人。

2. 标示书名与篇(章、卷)名之间的分界。如:

(1)《史记·项羽本纪》

(2)《诗·大雅·大明》

(3)《中国大百科全书·中国文学卷》

3. 标示词牌、曲牌、诗体名等和题名之间的分界。如:

(1)《江城子·咏史》

(2)《天净沙·秋思》

(3)《七律·长征》

4. 用在构成标题或栏目名称的并列词语之间。如:

(1)《狗·猫·鼠》

(2)《买书·藏书·献书》

(3)《长征杯·新游记》征文启事

5. 以月、日为标志的事件或节日,用汉字数字表示时,只在一、十一和十二月后用间隔号;当直接用阿拉伯数字表示时,月、日之间用间隔号（半角字符）。如：

（1）"九一八"事变　"五四"运动

（2）"一·二八"事变　"一二·九"运动

（3）"3·15"消费者权益日　美国"9·11"恐怖袭击事件

（二）间隔号的使用规则。

1. 间隔号不能与"和""与"之类的连词同时使用，如：

（1）《义理·考据和辞章》

（2）《义理·考据·辞章》

例（1）错误，例（2）正确。

2. 如后两项要用"和"等连接，前面的并列词语之间则应该使用顿号。如：

（1）《义理、考据和辞章》

（2）《篱笆、女人和狗》

3. 当外国人名或少数民族的人名里外文缩写字母与中文译名并用时，外文缩写字母后面不用中文间隔号，应用下脚点（齐线小圆点）。如：

（1）E. 策勒尔

（2）D.H. 劳伦斯

（3）罗伯特·A. 洛维特

（4）E. 弗莱舍尔·冯·马克索夫

（三）顿号和间隔号的区别。

1. 用顿号能表示并列词语之间的短暂停顿，而间隔号只能用在专有名词中间隔出各构成成分之间的界限，如《三国志·魏志·吕布传》中的间隔号隔开的就是书名、卷名、篇名的界限。标题中的并列词语之间既可以用间隔号也可以用顿号，但在普通句子中的并列词语之间只能用顿号。

2. 标题中使用间隔号，让人觉得它是一个由几个并列成分构成的有机整体，而不仅仅是几个成分的单纯并列，例如有一篇题为《坚强·勇敢·互助·感恩——灾区儿童"六一"节的特殊馈赠》的报道,"坚强""勇敢""互助""感恩"是四个各自独立的有机体。有时标题中的词语之间还有逐层深入的关系,如《古镇·文化·渐入佳境》。

3.标题中顿号使用的范围比间隔号的使用范围要大。例如《古镇·文化·渐入佳境》可以改成《古镇、文化、渐入佳境》,虽然表达效果不同,不过标点使用都对。但是《禁用、启用或误用》就不能改成《禁用·启用或误用》,《谈山、水、人》也不能改成《谈山·水·人》。间隔号也有表示停顿的意味,但更主要的作用是将一个整体中各个相对独立的部分隔开。可见,如果标题中几个并列成分没有形成一个整体,它们之间只是简单的停顿,就不应使用间隔号。

八、书名号

书名号,标号的一种,标示语段中出现的各种作品的名称。书名号的书写形式有双书名号"《 》"和单书名号"〈 〉"两种。书名号的两部分,标在相应项目的两端,各占一个字的位置,其中前一半不出现在一行之末,后一半不出现在一行之首。

(一)书名号的基本用法。

1.标示书名、卷名、篇名、文件名等。如:

(1)《平凡的世界》(书名)

(2)《汉书·董仲舒传》(卷名)

(3)《沉默的大多数》(篇名)

(4)《全国网络工作会议纪要》(文件名)

2.标示电影、电视、音乐、诗歌、雕塑等各类用文字、声音、图像等表现的作品的名称。如:

(1)《一江春水向东流》(电影名)

(2)《都挺好》(电视剧名)

(3)《青藏高原》(歌曲名)

（4）《沁园春·雪》（诗词名）

（5）《人与他的思想》（雕塑名）

（6）《庄子研究文献数据库》（光盘名）

（7）《植物生理学系列挂图》（图片名）

3.报刊等传媒的不同层次的结构单位,包括报刊名、专刊专版名、栏目名、文章消息报道标题,既非引语,也不是需要强调的对象或具有特殊含义而需要特别指出的词语,因此不应当使用引号标引,而应统一使用书名号。如：

（1）《人民日报》（报纸名）

（2）《读书》（刊物名）

（3）《语言文字》（《光明日报》专刊名）

（4）《新闻内幕》（《中华新闻报》栏目名）

（5）《经济半小时》（电视栏目名）

（6）《光与影》（电视节目名）

如果报刊名和专刊名、专版名一起使用时,中间用间隔号,外加书名号。如：

（7）翻阅《中华新闻报·新闻内幕》,我以为它具有专、新、重、正四大特色。

（8）他已经成了《光明日报·语言文字》专刊最有力的支持者。

4.标示全中文或中文在名称中占主导地位的软件名。如：

科研人员正在研制《电脑卫士》杀毒软件。

5.标示作品名的简称。如：

我读了《念青唐古拉山脉纪行》一文（以下简称《念》）,收获很大。

6.当书名号中还需要书名号时,里面一层用单书名号,外面一层用双书名号。如：

（1）《教育部关于提请审议〈高等教育自学考试试行办法〉的报告》

（2）今天报上发表了一篇《农民爱看〈喜盈门〉》的文章。

偶尔需要三层书名号的时候，最外一层用双书名号，中间一层用单书名号，最里一层用双书名号。需要注意的是，单书名号的形式是"〈 〉"，不可用数学上的小于号和大于号的"＜ ＞"组合形式来代替。如：

（3）《鲁迅〈《集外集拾遗》诗歌之敌〉浅析》这篇毕业论文，获得一致好评。

（二）书名号的使用规则。

1.只有诗文、图书、报告或其他作品，能够作为篇名、书名看待时，才应当使用书名号。因此，作为写作、科研、辩论、谈话、活动的主题或话题，因其并非特定作品的标题，只能使用引号，不能使用书名号。

2.标题加书名号，是对作品的指称，目的在于用它来指代作品。其前提，一是必须有作品存在，二是作品又并没有出现。也就是必须是在话语里提及该作品时才使用。因而，当标题作为作品的组成部分，作品就在题目下面时，标题就无须加书名号，包括诗文、图书、报告、歌曲、影视剧作等。如：

《宇宙的未来》(错误)

霍 金

这篇讲演的主题是宇宙的未来，或者不如说，科学家认为将来是什么样子的。

…………

宇宙的未来(正确)

霍 金

这篇讲演的主题是宇宙的未来，或者不如说，科学家认为将来是什么样子的。

…………

3.不能视为作品的课程、课题、奖品奖状、商标、证照、组织机构、会议、活动等名称，不应使用书名号。下面均为书名号误用的例子。

（1）下学期本中心将开设《现代企业财务管理》《市场营销》两门课程。

（2）明天将召开《关于"两保两挂"的多视觉理论思考》课题立项会。

（3）本市将向70岁以上（含70岁）老年人颁发《敬老证》。

（4）本校共获得《最佳印象》《自我审美》《卡拉OK》等六个奖杯。

（5）《闪光》牌电池经久耐用。

（6）《文史杂志社》编辑力量比较雄厚。

（7）本市将召开《全国食用天然色素应用研讨会》。

（8）本报将于今年暑假举行《墨宝杯》书法大赛。

例（1）只是将要开设的两门课程，并未成为实际作品，书名号应改为引号，或什么标号也不加，在两者之间加"和"。例（2）只是课题，亦未成为作品，去掉书名号，或书名号改为引号，原双引号改为单引号。例（3）中的敬老证和例（4）的奖杯均属于商品，为颁发单位购置所得，并非特定人的作品，故例（3）去掉书名号，例（4）书名号均换成引号。例（5）"闪光"只是商品品牌名称，并不是作品，可去掉书名号或换成引号。例（6）只应将"文史"加书名号，"杂志社"属于组织机构，应置于书名号之外。例（7）是会议名称，应去掉书名号。例（8）"墨宝杯"只是书法大赛名称，而非作品名，可换成引号，或去掉书名号。课程、课题、奖品奖状等，只有作为作品，才能加书名号，如"刘老师讲授的《现代企业财务管理》和《市场营销》两门课，很受学生欢迎"，"工艺厂张师傅制作的《最佳印象》《自我审美》《卡拉OK》等奖杯，颇受好评"。

4.有的名称应根据指称意义的不同确定是否用书名号。如文艺晚会指一项活动时，不用书名号；而特指一种节目时，可用书名号。

再如展览作为一种文化传播的组织形式时，不用书名号；特定情况下将某项展览作为一种创作的作品时，可用书名号。如：

（1）2018年全国诗词大会受到观众的称赞和好评。

（2）本台将重播《2018年全国诗词大会》。

（3）"大美新疆——中国天山文化展"今天隆重开幕。

（4）《"丝绸之路"艺术展》是一部大型现代艺术作品。

5. 书名后面表示该作品所属类别的普通名词不标在书名号内。如：

（1）《收获》杂志

（2）《读者》杂志

6. "丛书"作为系列著作的选题名，根据新标准的规定，宜用引号标引，而不是用书名号。如果原选题包含"丛书"二字，即"丛书"二字是原选题名的一部分时，就放在引号内；如果"丛书"二字不属于原选题名的一部分时，是临时指称的，就放在引号外。"指南""手册""白皮书"作为书名的一部分，应当放在书名号内。如：

（1）"汉语世界文学名著丛书"

（2）"20世纪心理学通览"丛书

（3）《申论白皮书》

（4）《中国整形美容指南》和《安全整形美容白皮书》的发布，旨在让更多消费者了解整形美容行业并从中受益，营造和谐、安全的医疗美容氛围。

7. 称说报刊、文件中的某个部分时，报刊、文件名使用书名号，其中的某个部分则用引号。如：

（1）今天《人民日报》发表的"编者按"，明确肯定了老先生这篇文章的基本观点，让我们有一种欢欣鼓舞的感觉。

（2）《上海市人民警察违反公安纪律的处理规定》分为"总则""分则""附则"三章，共13节100条。

8. 书名有时带有括注。如果括注是书名、篇名等的一部分，应放在书名号之内。如：

（1）《琵琶行（并序）》

（2）《中华人民共和国民事诉讼法（试行）》

（3）《新政治协商会议筹备会组织条例（草案）》

9. 如果书名的括注是对不同版本的说明，如书的"修订版""重排本"、刊物的"合订本"、报纸的"海外版"等，可以不看作是书报名本身，这种括注一般放在书名号的外面。如：

（1）《语言文字规范手册》（增订本）

（2）《辞海》（彩图本）

（3）《电子世界》（1994合订本）

（4）《民法学原理》（多卷本）

（5）《人民日报》（海外版）

（6）《中华人民共和国分省地图集》（英文版）

（7）《语文建设通讯》（香港）

这类版本说明在行文中有时也可以不用括号，而是跟在书名后补充说明，或在书名前事先交代。如：

（8）2000年8月《汉语大词典》普及本第一版问世，仅仅过了两个多月，一位朋友就送了我一本，真是喜出望外。

（9）您能帮我找找英文版《中华人民共和国分省地图集》吗？

特别是使用括号标注引文等的出处时，因为已经用了括号，书名等后面的版本说明，就不用再加括号，以避免括号重叠套用，既繁琐也不清晰。如：

（10）（《人民日报》海外版1998年7月28日4版）

（11）(《语言文字规范手册》增订本399页,语文出版社,1993年）

10. 书名、篇名末尾如有叹号或问号，应放在书名号之内。如：

（1）《日记何罪！》

（2）《如何做到同工又同酬？》

11. 在古典或某些文史著作中，为与专名号配合，书名号也可改为浪线式"＿＿"，标在书名下方。这可以看作是特殊的专名号或特殊的书名号。

九、专名号

专名号，标号的一种，标示古籍和某些文史类著作中出现的特定类专有名词。专名号的形式是一条直线，标注在相应文字的下边。

（一）专名号的基本用法。

1.标示古籍、古籍引文或某些文史著作出现的专有名词，主要包括人名、地名、国名、民族名、朝代名、年号、宗教名、官署名、组织名等。如：

（1）曹操攻打袁术时，军粮将尽，接济不及，命令仓官王垕以小斛发放，士兵怨声四起。（人名）

（2）于是聚集冀、青、幽、并四州兵马七十多万准备决一死战。（地名）

（3）当时乌孙及西域各国都向汉派遣了使节。（国名、朝代名）

（4）从咸宁二年到太康十年，匈奴、鲜卑、乌桓等族人徙居塞内。（年号、民族名）

2.现代汉语文本中的上述专有名词，以及古籍和现代文本中的单位名、官职名、事件名、会议名、书名等不应使用专名号。必须使用标号标示时，宜使用其他相应标号（如引号、书名号等）。

（二）专名号的使用规则。

1.几个相连的成分需要加专名号，专名号必须分开，不能连在一起。如：

（1）八达岭长城位于中国 北京。

（2）中国人完全依照韵书用韵，大约是唐代开元 天宝以后开始的。

2.几个被顿号隔开的成分需要用专名号时，专名号要精确地标注在每个成分下面，不能相连。如：

（1）加勒比海是位于南美大陆、安的列斯群岛、中美地峡之间的陆间海，是<u>大西洋</u>的附属海。

（2）<u>加勒比海</u>是位于<u>南美大陆</u>、<u>安的列斯群岛</u>、<u>中美地峡</u>之间的陆间海，是<u>大西洋</u>的附属海。

例（1）中把"南美大陆、安的列斯群岛、中美地峡"连起来一同加上专名号的做法是错误的；正确的做法是如例（2）分别标在每个词语的下面。

3. 朝代名称加专名号，而"朝""代"以及"晚唐""明末""清初"中的"晚""末""初"等不加专名号。如：

<u>唐</u>朝初年（所谓"初<u>唐</u>"），诗人用韵还是和<u>六朝</u>一样。

4. 姓或名与职位名连用时，职位名不用加专名号。如：

<u>董建华</u>特首、<u>曾荫权</u>政务司长及<u>梁锦松</u>财政司长是<u>香港</u>的"铁三角"。

该例中"特首""政务司长""财务司长"都不加专名号。

5. 地名与一般行政区域的普通名词连用，普通名词不用加专名号。如：

（1）<u>秦始皇陵兵马俑</u>位于<u>陕西省西安市临潼区</u>。

若普通名词如"山""河""海""洋"等地理名词，已经成为专名的一部分，则可一并加专名号。如：

（2）<u>泰山</u>、<u>嵩山</u>、<u>华山</u>、<u>衡山</u>、<u>恒山</u>合称"五岳"。

（3）<u>太平洋</u>是位于<u>亚洲</u>、<u>大洋洲</u>、<u>美洲</u>和<u>南极洲</u>之间的世界上最大、最深、边缘海和岛屿最多的大洋。

十、分隔号

分隔号，标号的一种，标示诗行、节拍及某些相关文字的分隔。分隔号的形式是正斜线号，其形式规范为"/"，占半个字位置，不能出现在一行之首或一行之末。

（一）分隔号的基本用法。

1. 诗歌接排时分隔诗行。如：

（1）春眠不觉晓／处处闻啼鸟／夜来风雨声／花落知多少。

（2）轻轻的我走了／正如我轻轻的来／我轻轻的招手／作别西天的云彩。

当然，上例中使用分隔号的地方，也可以使用逗号和分号。

2. 标示诗文中的音节节拍。如：

（1）横眉／冷对／千夫指，俯首／甘为／孺子牛。

（2）无边／落木／萧萧下，不尽／长江／滚滚来。

3. 分隔供选择或可转换的两项，表示"或"。如：

（1）动词短语中除了作为主体成分的述语动词之外，还包括述语动词所带的宾语和／或补语。

（1）以通过点击"放大／缩小"按钮来调节图片的大小。

（2）学计算机，做现代人

　·Adobe 国际认证平面设计师／网页设计师专班

4. 分隔组成一对的两项，表示"和"。如：

（1）西安—北京西 41 ／ 42 次特别快车

（2）申雪／赵宏博夺得花样滑冰大奖赛冠军

（3）羽毛球女双决赛中国组合杜婧／于洋两局完胜韩国名将李孝贞／李敬元

5. 分隔层级或类别。如：

（1）我国的行政区划分为：省(自治区、直辖市、特别行政区)／县(自治州、自治县、市)／乡（民族乡、镇）。

（2）广东地级市城区管理改革试点：减少层级，撤销街道，实行"市／区／社区"的新体制。

（二）分隔号的使用规则。

1. 使用分隔号时，紧贴着分隔号的前后通常不用点号。只有在特殊情况下，为不影响语意的准确表达，可以使用问号、叹号、冒号等点号。如：

（1）是你在欢唱？／是我在欢唱？／是"他"在欢唱？／是火在欢唱？／欢唱在歌唱！／欢唱在欢唱！

（2）假如我是一只鸟／我也应该用嘶哑的喉咙歌唱：／这被暴风雨所打击着的土地／这永远汹涌着我们的悲愤的河流／这无止息地吹刮着的激怒的风／和那来自林间的无比温柔的黎明……／——然后我死了／连羽毛也腐烂在土地里面。

2. 分隔号又称正斜线号，须与反斜线号"\"相区别。反斜线号是主要用于编写计算机程序的专门符号。

3. 除特殊情况外，分隔号现在一律规范为"／"，而不书写为直线"｜"。这是因为正斜线使用率远远高于直线，另一方面也避免了直线因书写不规范所带来的种种误会。所谓"特殊情况"，一是在辞书中有写为直线"｜"的，如："迋，闲游：迋荡｜闲迋｜游迋"；二是在讲语法的书中，为标明复句层次，有写为单竖线和双竖线的，如："竹叶烧了，‖还有竹枝；｜竹枝断了，‖还有竹鞭；｜竹鞭砍了，‖还有深埋地下的竹根。"这些形式都是分隔号在特殊情况下的用法。

附录1

标点符号用法（GB/T 15834—2011）

前 言

本标准按照 GB/T 1.1—2009 给出的规则起草。

本标准代替 GB/T 15834—1995，与 GB/T 15834—1995 相比，主要变化如下：

——根据我国国家标准编写规则(GB/T1.1—2009)，对本标准的编排和表述做了全面修改；

——更换了大部分示例，使之更简短、通俗、规范；

——增加了对术语"标点符号"和"语段"的定义(2.1/2.5)；

——对术语"复句"和"分句"的定义做了修改(2.3/2.4)；

——对句末点号(句号、问号、叹号)的定义做了修改，更强调句末点号与句子语气之间的关系(4.1.1/4.2.1/4.3.1)；

——对逗号的基本用法做了补充(4.4.3)；

——增加了不同形式括号用法的示例(4.9.3)；

——省略号的形式统一为六连点"……"，但在特定情况下允许连用(4.11)；

——取消了连接号中原有的二字线，将连接号形式规范为短横线"-"、一字线"—"和浪纹线"～"，并对三者的功能做了归并与划分(4.13)；

——明确了书名号的使用范围(4.15/A.13)；

——增加了分隔号的用法说明(4.17)；

——"标点符号的位置"一章的标题改为"标点符号的位置和书写形式",并增加了使用中文输入软件处理标点符号时的相关规范(第5章);

——增加了"附录":附录A为规范性附录,主要说明标点符号不能怎样使用和对标点符号用法加以补充说明,以解决目前使用混乱或争议较大的问题。附录B为资料性附录,对功能有交叉的标点符号的用法做了区分,并对标点符号误用高发环境下的规范用法做了说明。

本标准由教育部语言文字信息管理司提出并归口。

本标准主要起草单位:北京大学。

本标准主要起草人:沈阳、刘妍、于泳波、翁姗姗。

本标准所代替标准的历次版本发布情况为:

——GB/T 15834—1995。

标点符号用法

1 范围

本标准规定了现代汉语标点符号的用法。

本标准适用于汉语的书面语(包括汉语和外语混合排版时的汉语部分)。

2 术语和定义

下列术语和定义适用于本文件。

2.1 标点符号 punctuation

辅助文字记录语言的符号,是书面语的有机组成部分,用来表示语句的停顿、语气以及标示某些成分(主要是词语)的特定性质和作用。

注:数学符号、货币符号、校勘符号、辞书符号、注音符号等特殊领域的专门符号不属于标点符号。

2.2 句子 sentence

前后都有较大停顿、带有一定的语气和语调、表达相对完整意义的语言单位。

2.3 复句 complex sentence

由两个或多个在意义上有密切关系的分句组成的语言单位，包括简单复句（内部只有一层语义关系）和多重复句（内部包含多层语义关系）。

2.4 分句 clause

复句内两个或多个前后有停顿、表达相对完整意义、不带有句末语气和语调、有的前面可添加关联词语的语言单位。

2.5 语段 expression

指语言片段，是对各种语言单位（如词、短语、句子、复句等）不做特别区分时的统称。

3 标点符号的种类

3.1 点号

点号的作用是点断，主要表示停顿和语气。分为句末点号和句内点号。

3.1.1 句末点号

用于句末的点号，表示句末停顿和句子的语气。包括句号、问号、叹号。

3.1.2 句内点号

用于句内的点号，表示句内各种不同性质的停顿。包括逗号、顿号、分号、冒号。

3.2 标号

标号的作用是标明，主要标示某些成分（主要是词语）的特定性质和作用。包括引号、括号、破折号、省略号、着重号、连接号、间隔号、书名号、专名号、分隔号。

4 标点符号的定义、形式和用法

4.1 句号

4.1.1 定义

句末点号的一种,主要表示句子的陈述语气。

4.1.2 形式

句号的形式是"。"。

4.1.3 基本用法

4.1.3.1 用于句子末尾,表示陈述语气。使用句号主要根据句段前后有较大停顿、带有陈述语气和语调,并不取决于句子的长短。

示例1:北京是中华人民共和国的首都。

示例2:(甲:咱们走着去吧?)乙:好。

4.1.3.2 有时也可以表示较缓和的祈使语气和感叹语气。

示例1:请你稍等一下。

示例2:我不由地感到,这些普通劳动者也同样是很值得尊敬的。

4.2 问号

4.2.1 定义

句末点号的一种,主要表示句子的疑问语气。

4.2.2 形式

问号的形式是"?"。

4.2.3 基本用法

4.2.3.1 用于句子末尾,表示疑问语气(包括反问、设问等疑问类型)。使用问号主要根据语段前后有较大停顿、带有疑问语气和语调,并不取决于句子的长短。

示例1:你怎么还不回家去呢?

示例2:难道这些普通的战士不值得歌颂吗?

示例3:(一个外国人,不远万里来到中国,帮助中国的抗日战争。)这是什么精神?这是国际主义的精神。

4.2.3.2 选择问句中,通常只在最后一个选项的末尾用问号,各个选项之间一般用逗号隔开。当选项较短且选项之间几乎没有停顿时，选项之间可不用逗号。当选项较多或较长，或有意突出每个选项的独立性时，也可每个选项之后都用问号。

示例1：诗中记述的这场战争究竟是真实的历史描述，还是诗人的虚构？

示例2：这是巧合还是有意安排？

示例3：要一个什么样的结尾：现实主义的？传统的？大团圆的？荒诞的？民族形式的？有象征意义的？

示例4：（他看着我的作品称赞了我。）但到底是称赞我什么：是有几处画得好？还是什么都敢画？抑或只是一种对于失败者的无可奈何的安慰？我不得而知。

示例5：这一切都是由客观的条件造成的？还是由行为的惯性造成的？

4.2.3.3 在多个问句连用或表达疑问语气加重时，可叠用问号。通常应先单用，再叠用，最多叠用三个问号。在没有异常强烈的情感表达需要时不宜叠用问号。

示例：这就是你的做法吗？你这个总经理是怎么当的？？你怎么竟敢这样欺骗消费者？？？

4.2.3.4 问号也有标号的用法，即用于句内，表示存疑或不详。

示例1：马致远（1250？—1321），大都人，元代戏曲家、散曲家。

示例2：钟嵘（？—518），颍川长社人，南朝梁代文学批评家。

示例3：出现这样的文字错误，说明作者（编者？校者？）很不认真。

4.3 叹号

4.3.1 定义

句末点号的一种，主要表示句子的感叹语气。

4.3.2 形式

叹号的形式是"！"。

4.3.3 基本用法

4.3.3.1 用于句子末尾，主要表示感叹语气，有时也可表示强烈的祈使语气、反问语气等。使用叹号主要根据语段前后有较大停顿、带有感叹语气和语调或带有强烈的祈使、反问语气和语调，并不取决于句子的长短。

示例1：才一年不见，这孩子都长这么高啦！

示例2：你给我住嘴！

示例3：谁知道他今天是怎么搞的！

4.3.3.2 用于拟声词后，表示声音短促或突然。

示例1：咔嚓！一道闪电划破了夜空。

示例2：咚！咚咚！突然传来一阵急促的敲门声。

4.3.3.3 表示声音巨大或声音不断加大时，可叠用叹号；表达强烈语气时，也可叠用叹号，最多叠用三个叹号。在没有异常强烈的情感表达需要时不宜叠用叹号。

示例1：轰！！在这天崩地塌的声音中，女娲猛然醒来。

示例2：我要揭露！我要控诉！！我要以死抗争！！！

4.3.3.4 当句子包含疑问、感叹两种语气且都比较强烈时（如带有强烈感情的反问句和带有惊愕语气的疑问句），可在问号后再加叹号（问号、叹号各一）。

示例1：这么点困难就能把我们吓倒吗？！

示例2：他连这些最起码的常识都不懂，还敢说自己是高科技人材？！

4.4 逗号

4.4.1 定义

句内点号的一种，表示句子或语段内部的一般性停顿。

4.4.2 形式

逗号的形式是"，"。

4.4.3 基本用法

4.4.3.1 复句内各分句之间的停顿，除了有时用分号（见 4.6.3.1），一般都用逗号。

示例1：不是人们的意识决定人们的存在，而是人们的社会存在决定人们的意识。

示例2：学历史使人更明智，学文学使人更聪慧，学数学使人更精细，学考古使人更深沉。

示例3：要是不相信我们的理论能反映现实，要是不相信我们的世界有内在和谐，那就不可能有科学。

4.4.3.2 用于下列各种语法位置：

a）较长的主语之后。

示例1：苏州园林建筑各种门窗的精美设计和雕镂功夫，都令人叹为观止。

b）句首的状语之后。

示例2：在苍茫的大海上，狂风卷集着乌云。

c）较长的宾语之前。

示例3：有的考古工作者认为，南方古猿生存于上新世至更新世的初期和中期。

d）带句内语气词的主语（或其他成分）之后，或带句内语气词的并列成分之间。

示例4：他呢，倒是很乐观地、全神贯注地干起来了。

示例5：（那是个没有月亮的夜晚。）可是整个村子——白房顶啦，白树木啦，雪堆啦，全看得见。

e）较长的主语中间、谓语中间和宾语中间。

示例6：母亲沉痛的诉说，以及亲眼看到的实事，都启发了我幼年时期追求真理的思想。

示例7：那姑娘头戴一顶草帽，身穿一条绿色的裙子，腰间还系着一根橙色的腰带。

示例8：必须懂得，对于文化传统，既不能不分青红皂白统统抛弃，也不能不管精华糟粕全盘继承。

f）前置的谓语之后或后置的状语、定语之前。

示例9：真美啊，这条蜿蜒的林间小路。

示例10：她吃力地站了起来，慢慢地。

示例11：我只是一个人，孤孤单单的。

4.4.3.3 用于下列各种停顿处：

a）复指成分或插说成分前后。

示例1：老张，就是原来的办公室主任，上星期已经调走了。

示例2：车，不用说，当然是头等。

b）语气缓和的感叹语、称谓语和呼唤语之后。

示例3：哎哟，这儿，快给我揉揉。

示例4：大娘，您到哪儿去啊？

示例5：喂，你是哪个单位的？

c）某些序次语（"第"字头、"其"字头及"首先"类序次语）之后。

示例6：为什么许多人都有长不大的感觉呢？原因有三：第一，父母总认为自己比孩子成熟；第二，父母总要以自己的标准来衡量孩子；第三，父母出于爱心而总不想让孩子在成长的过程中走弯路。

示例7：《玄秘塔碑》所以成为书法的范本，不外乎以下几方面的因素：其一，具有楷书点画、构体的典范性；其二，承上启下，成为唐楷的极致；其三，字如其人，爱人及字，柳公权高尚的书品、人品为后人所崇仰。

示例8：下面从三个方面讲讲语言的污染问题：首先，是特殊语言环境中的语言污染问题；其次，是滥用缩略语引起的语言污染问题；再次，是空话和废话引起的语言污染问题。

4.5 顿号

4.5.1 定义

句内点号的一种，表示语段中并列词语之间或某些序次语之后的停顿。

4.5.2 形式

顿号的形式是"、"。

4.5.3 基本用法

4.5.3.1 用于并列词语之间。

示例1：这里有自由、民主、平等、开放的风气和氛围。

示例2：造型科学、技艺精湛、气韵生动，是盛唐石雕的特色。

4.5.3.2 用于需要停顿的重复词语之间。

示例：他几次三番、几次三番地辩解着。

4.5.3.3 用于某些序次语（不带括号的汉字数字或"天干地支"类序次语）之后。

示例1：我准备讲两个问题，一、逻辑学是什么？二、怎样学好逻辑学？

示例2：风格的具体内容主要有以下四点，甲、题材；乙、用字；丙、表达；丁、色彩。

4.5.3.4 相邻或相近两数字连用表示概数通常不用顿号。若相邻两数字连用为缩略形式，宜用顿号。

示例1：飞机在6 000米高空水平飞行时，只能看到两侧八九公里和前方一二十公里范围内的地面。

示例2：这种凶猛的动物常常三五成群地外出觅食和活动。

示例3：农业是国民经济的基础，也是二、三产业的基础。

4.5.3.5 标有引号的并列成分之间、标有书名号的并列成分之间通常不用顿号。若有其他成分插在并列的引号之间或并列的书名号之间（如引语或书名号之后还有括注），宜用顿号。

示例1："日""月"构成"明"字。

示例2：店里挂着"顾客就是上帝""质量就是生命"等横幅。

示例3：《红楼梦》《三国演义》《西游记》《水浒传》，是我国长篇小说的四大名著。

示例4：李白的"白发三千丈"（《秋浦歌》）、"朝如青丝暮成雪"（《将进酒》）都是脍炙人口的诗句。

示例5：办公室里订有《人民日报》（海外版）、《光明日报》和《时代周刊》等报刊。

4.6 分号

4.6.1 定义

句内点号的一种，表示复句内部并列关系分句之间的停顿，以及非并列关系的多重复句中第一层分句之间的停顿。

4.6.2 形式

分号的形式是"；"。

4.6.3 基本用法

4.6.3.1 表示复句内部并列关系的分句（尤其当分句内部还有逗号时）之间的停顿。

示例1：语言文字的学习，就理解方面说，是得到一种知识；就运用方面说，是养成一种习惯。

示例2：内容有分量，尽管文章短小，也是有分量的；内容没有分量，即使写得再长也没有用。

4.6.3.2 表示非并列关系的多重复句中第一层分句（主要是选择、转折等关系）之间的停顿。

示例1：人还没看见，已经先听见歌声了；或者人已经转过山头望不见了，歌声还余音袅袅。

示例2：尽管人民革命的力量在开始时总是弱小的，所以总是受压的；但是由于革命的力量代表历史发展的方向，因此本质上又是不可战胜的。

示例3：不管一个人如何伟大，也总是生活在一定的环境和条件下；因此，个人的见解总难免带有某种局限性。

示例4：昨天夜里下了一场雨，以为可以凉快些；谁知没有凉快下来，反而更热了。

4.6.3.3 用于分项列举的各项之间。

示例：特聘教授的岗位职责为：一、讲授本学科的主干基础课程；二、主持本学科的重大科研项目；三、领导本学科的学术队伍建设；四、带领本学科赶超或保持世界先进水平。

4.7 冒号

4.7.1 定义

句内点号的一种，表示语段中提示下文或总结上文的停顿。

4.7.2 形式

冒号的形式是"："。

4.7.3 基本用法

4.7.3.1 用于总说性或提示性词语（如"说""例如""证明"等）之后，表示提示下文。

示例1：北京紫禁城有四座城门：午门、神武门、东华门和西华门。

示例2：她高兴地说："咱们去好好庆祝一下吧！"

示例3：小王笑着点了点头："我就是这么想的。"

示例4：这一事实证明：人能创造环境，环境同样也能创造人。

4.7.3.2 表示总结上文。

示例：张华上了大学，李萍进了技校，我当了工人：我们都有美好的前途。

4.7.3.3 用在需要说明的词语之后，表示注释和说明。

示例1：（本市将举办首届大型书市。）主办单位：市文化局；承办单位：市图书进出口公司；时间：8月15日—20日；地点：市体育馆观众休息厅。

示例2：（做阅读理解题有两个办法。）办法之一：先读题干，再读原文，带着问题有针对性地读课文。办法之二：直接读原文，读完再做题，减少先入为主的干扰。

4.7.3.4 用于书信、讲话稿中称谓语或称呼语之后。

示例1：广平先生：……

示例2：同志们、朋友们：……

4.7.3.5 一个句子内部一般不应套用冒号。在列举式或条文式表述中，如不得不套用冒号时，宜另起段落来显示各个层次。

示例：第十条 遗产按照下列顺序继承：

第一顺序：配偶、子女、父母。

第二顺序：兄弟姐妹、祖父母、外祖父母。

4.8 引号

4.8.1 定义

标号的一种，标示语段中直接引用的内容或需要特别指出的成分。

4.8.2 形式

引号的形式有双引号""和单引号''两种。左侧的为前引号，右侧的为后引号。

4.8.3 基本用法

4.8.3.1 标示语段中直接引用的内容。

示例：李白诗中就有"白发三千丈"这样极尽夸张的语句。

4.8.3.2 标示需要着重论述或强调的内容。

示例：这里所谓的"文"，并不是指文字，而是指文采。

4.8.3.3 标示语段中具有特殊含义而需要特别指出的成分，如别称、简称、反语等。

示例1：电视被称作"第九艺术"。

示例2：人类学上常把古人化石统称为尼安德特人，简称"尼人"。

示例3：有几个"慈祥"的老板把捡来的菜叶用盐浸浸就算作工友的菜肴。

4.8.3.4 当引号中还需要使用引号时，外面一层用双引号，里面一层用单引号。

示例：他问："老师，'七月流火'是什么意思？"

4.8.3.5 独立成段的引文如果只有一段，段首和段尾都用引号；不止一段时，每段开头仅用前引号，只在最后一段末尾用后引号。

示例：我曾在报纸上看到有人这样谈幸福：

"幸福是知道自己喜欢什么和不喜欢什么。……

"幸福是知道自己擅长什么和不擅长什么。……

"幸福是在正确的时间做了正确的选择。……"

4.8.3.6 在书写带月、日的事件、节日或其他特定意义的短语（含简称）时，通常只标引其中的月和日；需要突出和强调该事件或节日本身时，也可连同事件或节日一起标引。

示例1："5·12"汶川大地震

示例2："五四"以来的话剧，是我国戏剧中的新形式。

示例3：纪念"五四运动"90周年

4.9 括号

4.9.1 定义

标号的一种，标示语段中的注释内容、补充说明或其他特定意义的语句。

4.9.2 形式

括号的主要形式是圆括号"( )"，其他形式还有方括号"[ ]"、六角括号"〔 〕"和方头括号"【 】"等。

4.9.3 基本用法

4.9.3.1 标示下列各种情况，均用圆括号：

a）标示注释内容或补充说明。

示例1：我校拥有特级教师（含已退休的）17人。

示例2：我们不但善于破坏一个旧世界，我们还将善于建设一个新世界！（热烈鼓掌）

b）标示订正或补加的文字。

示例3：信纸上用稚嫩的字体写着："阿夷（姨），你好！"。

示例4：该建筑公司负责的建设工程全部达到优良工程（的标准）。

c）标示序次语。

示例5：语言有三个要素：（1）声音；（2）结构；（3）意义。

示例6：思想有三个条件：（一）事理；（二）心理；（三）伦理。

d）标示引语的出处。

示例7：他说得好："未画之前，不立一格；既画之后，不留一格。"（《板桥集·题画》）

e）标示汉语拼音注音。

示例8："的（de）"这个字在现代汉语中最常用。

4.9.3.2 标示作者国籍或所属朝代时，可用方括号或六角括号。

示例1：［英］赫胥黎《进化论与伦理学》

示例2：〔唐〕杜甫著

4.9.3.3 报刊标示电讯、报道的开头，可用方头括号。

示例：【新华社南京消息】

4.9.3.4 标示公文发文字号中的发文年份时，可用六角括号。

示例：国发〔2011〕3号文件

4.9.3.5 标示被注释的词语时，可用六角括号或方头括号。

示例1：〔奇观〕奇伟的景象。

示例2：【爱因斯坦】物理学家。生于德国，1933年因受纳粹政权迫害，移居美国。

4.9.3.6 除科技书刊中的数学、逻辑公式外，所有括号（特别是同一形式的括号）应尽量避免套用。必须套用括号时，宜采用不同的括号形式配合使用。

示例：〔茸（róng）毛〕很细很细的毛。

4.10 破折号

4.10.1 定义

标号的一种，标示语段中某些成分的注释、补充说明或语音、意义的变化。

4.10.2 形式

破折号的形式是"——"。

4.10.3 基本用法

4.10.3.1 标示注释内容或补充说明（也可用括号，见4.9.3.1；二者的区别另见B.1.7）。

示例1：一个矮小而结实的日本中年人——内山老板走了过来。

示例2：我一直坚持读书，想借此唤起弟妹对生活的希望——无论环境多么困难。

4.10.3.2 标示插入语（也可用逗号，见4.4.3.3）。

示例：这简直就是——说得不客气点——无耻的勾当！

4.10.3.3 标示总结上文或提示下文（也可用冒号，见4.7.3.1、4.7.3.2）。

示例1：坚强，纯洁，严于律己，客观公正——这一切都难得地集中在一个人身上。

示例2：画家开始娓娓道来——

数年前的一个寒冬，……

4.10.3.4 标示话题的转换。

示例："好香的干菜，——听到风声了吗？"赵七爷低声说道。

4.10.3.5 标示声音的延长。

示例："嘎——"传过来一声水禽被惊动的鸣叫。

4.10.3.6 标示话语的中断或间隔。

示例1："班长他牺——"小马话没说完就大哭起来。

示例2："亲爱的妈妈，你不知道我多爱您。——还有你，我的孩子！"

4.10.3.7 标示引出对话。

示例：——你长大后想成为科学家吗？

——当然想了！

4.10.3.8 标示事项列举分承。

示例：根据研究对象的不同，环境物理学分为以下五个分支学科：

——环境声学；

——环境光学；

——环境热学；

——环境电磁学；

——环境空气动力学。

4.10.3.9 用于副标题之前。

示例：飞向太平洋

——我国新型号运载火箭发射目击记

4.10.3.10 用于引文、注文后，标示作者、出处或注释者。

示例1：先天下之忧而忧，后天下之乐而乐。

——范仲淹

示例2：乐浪海中有倭人，分为百余国。

——《汉书》

示例3：很多人写好信后把信笺折成方胜形，我看大可不必。（方胜，指古代妇女戴的方形首饰，用彩绸等制作，由两个斜方部分叠合而成。——编者注）

4.11 省略号

4.11.1 定义

标号的一种，标示语段中某些内容的省略及意义的断续等。

4.11.2 形式

省略号的形式是"……"。

4.11.3 基本用法

4.11.3.1 标示引文的省略。

示例：我们齐声朗诵起来："……俱往矣，数风流人物，还看今朝。"

4.11.3.2 标示列举或重复词语的省略。

示例1：对政治的敏感，对生活的敏感，对性格的敏感，……这都是作家必须要有的素质。

示例2：他气得连声说："好，好……算我没说。"

4.11.3.3 标示语意未尽。

示例1：在人迹罕至的深山密林里，假如突然看见一缕炊烟，……

示例2：你这样干，未免太……！

4.11.3.4 标示说话时断断续续。

示例：她磕磕巴巴地说："可是……太太……我不知道……你一定是认错了。"

4.11.3.5 标示对话中的沉默不语。

示例："还没结婚吧？"

"……"他飞红了脸，更加忸怩起来。

4.11.3.6 标示特定的成分虚缺。

示例：只要……就……

4.11.3.7 在标示诗行、段落的省略时，可连用两个省略号（即相当于十二连点）。

示例1：从隔壁房间传来缓缓而抑扬顿挫的吟咏声——
床前明月光，疑是地上霜。
…………

示例2：该刊根据工作质量、上稿数量、参与程度等方面的表现，评选出了高校十佳记者站。还根据发稿数量、提供新闻线索情况以及对刊物的关注度等，评选出了十佳通讯员。
…………

4.12 着重号

4.12.1 定义

标号的一种，标示语段中某些重要的或需要指明的文字。

4.12.2 形式

着重号的形式是"．"标注在相应文字的下方。

4.12.3 基本用法

4.12.3.1 标示语段中重要的文字。

示例1：诗人需要表现，而不是证明。

示例2：下面对本文的理解，不正确的一项是：……

4.12.3.2 标示语段中需要指明的文字。

示例：下边加点的字，除了在词中的读法外，还有哪些读法？

着急　子弹　强调

4.13 连接号

4.13.1 定义

标号的一种，标示某些相关联成分之间的连接。

4.13.2 形式

连接号的形式有短横线"-"、一字线"—"和浪纹线"～"三种。

4.13.3 基本用法

4.13.3.1 标示下列各种情况，均用短横线：

a）化合物的名称或表格、插图的编号。

示例1：3-戊酮为无色液体，对眼及皮肤有强烈刺激性。

示例2：参见下页表2-8、表2-9。

b）连接号码，包括门牌号码、电话号码，以及用阿拉伯数字表示年月日等。

示例3：安宁里东路26号院3-2-11室

示例4：联系电话：010-88842603

示例5：2011-02-15

c）在复合名词中起连接作用。

示例6：吐鲁番-哈密盆地

d）某些产品的名称和型号。

示例7：WZ-10直升机具有复杂天气和夜间作战的能力。

e）汉语拼音、外来语内部的分合。

示例8：shuōshuō-xiàoxiào（说说笑笑）

示例9：盎格鲁-撒克逊人

示例10：让-雅克·卢梭（"让-雅克"为双名）

示例11：皮埃尔·孟戴斯-弗朗斯（"孟戴斯-弗朗斯"为复姓）

4.13.3.2 标示下列各种情况，一般用一字线，有时也可用浪纹线：

a）标示相关项目（如时间、地域等）的起止。

示例1：沈括（1031—1095），宋朝人。

示例2：2011年2月3日—10日

示例3：北京—上海特别旅客快车

b）标示数值范围（由阿拉伯数字或汉字数字构成）的起止。

示例4：25～30 g

示例5：第五～八课

4.14 间隔号

4.14.1 定义

标号的一种，标示某些相关联成分之间的分界。

4.14.2 形式

间隔号的形式是"·"。

4.14.3 基本用法

4.14.3.1 标示外国人名或少数民族人名内部的分界。

示例1：克里丝蒂娜·罗塞蒂

示例2：阿依古丽·买买提

4.14.3.2 标示书名与篇（章、卷）名之间的分界。

示例：《淮南子·本经训》

4.14.3.3 标示词牌、曲牌、诗体名等和题名之间的分界。

示例1：《沁园春·雪》

示例2：《天净沙·秋思》

示例3：《七律·冬云》

4.14.3.4 用在构成标题或栏目名称的并列词语之间。

示例：《天·地·人》

4.14.3.5 以月、日为标志的事件或节日，用汉字数字表示时，只在一、十一和十二月后用间隔号；当直接用阿拉伯数字表示时，月、日之间均用间隔号（半角字符）。

示例1:"九一八"事变　"五四"运动

示例2:"一·二八"事变　"一二·九"运动

示例3:"3·15"消费者权益日　"9·11"恐怖袭击事件

4.15 书名号

4.15.1 定义

标号的一种,标示语段中出现的各种作品的名称。

4.15.2 形式

书名号的形式有双书名号"《》"和单书名号"〈〉"两种。

4.15.3 基本用法

4.15.3.1 标示书名、卷名、篇名、刊物名、报纸名、文件名等。

示例1:《红楼梦》(书名)

示例2:《史记·项羽本纪》(卷名)

示例3:《论雷峰塔的倒掉》(篇名)

示例4:《每周关注》(刊物名)

示例5:《人民日报》(报纸名)

示例6:《全国农村工作会议纪要》(文件名)

4.15.3.2 标示电影、电视、音乐、诗歌、雕塑等各类用文字、声音、图像等表现的作品的名称。

示例1:《渔光曲》(电影名)

示例2:《追梦录》(电视剧名)

示例3:《勿忘我》(歌曲名)

示例4:《沁园春·雪》(诗词名)

示例5:《东方欲晓》(雕塑名)

示例6:《光与影》(电视节目名)

示例7:《社会广角镜》(栏目名)

示例8:《庄子研究文献数据库》(光盘名)

示例9:《植物生理学系列挂图》(图片名)

4.15.3.3 标示全中文或中文在名称中占主导地位的软件名。

示例：科研人员正在研制《电脑卫士》杀毒软件。

4.15.3.4 标示作品名的简称。

示例：我读了《念青唐古拉山脉纪行》一文（以下简称《念》），收获很大。

4.15.3.5 当书名号中还需要书名号时，里面一层用单书名号，外面一层用双书名号。

示例：《教育部关于提请审议〈高等教育自学考试试行办法〉的报告》

4.16 专名号

4.16.1 定义

标号的一种，标示古籍和某些文史类著作中出现的特定类专有名词。

4.16.2 形式

专名号的形式是一条直线，标注在相应文字的下方。

4.16.3 基本用法

4.16.3.1 标示古籍、古籍引文或某些文史类著作中出现的专有名词，主要包括人名、地名、国名、民族名、朝代名、年号、宗教名、官署名、组织名等。

示例1：孙坚人马被刘表率军围得水泄不通。（人名）

示例2：于是聚集冀、青、幽、并四州兵马七十多万准备决一死战。（地名）

示例3：当时乌孙及西域各国都向汉派遣了使节。（国名、朝代名）

示例4：从咸宁二年到太康十年，匈奴、鲜卑、乌桓等族人徙居塞内。（年号、民族名）

4.16.3.2 现代汉语文本中的上述专有名词，以及古籍和现代文本中的单位名、官职名、事件名、会议名、书名等不应使用专名号。必须使用标号标示时，宜使用其他相应标号（如引号、书名号等）。

4.17 分隔号

4.17.1 定义

标号的一种，标示诗行、节拍及某些相关文字的分隔。

4.17.2 形式

分隔号的形式是"/"。

4.17.3 基本用法

4.17.3.1 诗歌接排时分隔诗行（也可使用逗号和分号，见4.4.3.1／4.6.3.1）。

示例：春眠不觉晓／处处闻啼鸟／夜来风雨声／花落知多少。

4.17.3.2 标示诗文中的音节节拍。

示例：横眉／冷对／千夫指，俯首／甘为／孺子牛。

4.17.3.3 分隔供选择或可转换的两项，表示"或"。

示例：动词短语中除了作为主体成分的述语动词之外，还包括述语动词所带的宾语和／或补语。

4.17.3.4 分隔组成一对的两项，表示"和"。

示例1：13／14次特别快车

示例2：羽毛球女双决赛中国组合杜婧／于洋两局完胜韩国名将李孝贞／李敬元。

4.17.3.5 分隔层级或类别。

示例：我国的行政区划分为：省（直辖市、自治区）／省辖市（地级市）／县（县级市、区、自治州）／乡（镇）／村（居委会）。

5 标点符号的位置和书写形式

5.1 横排文稿标点符号的位置和书写形式

5.1.1 句号、逗号、顿号、分号、冒号均置于相应文字之后，占一个字位置，居左下，不出现在一行之首。

5.1.2 问号、叹号均置于相应文字之后，占一个字位置，居左，不出现在一行之首。两个问号（或叹号）叠用时，占一个字位置；三个问号（或叹号）叠用时，占两个字位置；问号和叹号连用时，占一个字位置。

5.1.3 引号、括号、书名号中的两部分标在相应项目的两端，各占一个字位置。其中前一半不出现在一行之末，后一半不出现在一行之首。

5.1.4 破折号标在相应项目之间，占两个字位置，上下居中，不能中间断开分处上行之末和下行之首。

5.1.5 省略号占两个字位置，两个省略号连用时占四个字位置并须单独占一行。省略号不能中间断开分处上行之末和下行之首。

5.1.6 连接号中的短横线比汉字"一"略短，占半个字位置；一字线比汉字"一"略长，占一个字位置；浪纹线占一个字位置。连接号上下居中，不出现在一行之首。

5.1.7 间隔号标在需要隔开的项目之间，占半个字位置，上下居中，不出现在一行之首。

5.1.8 着重号和专名号标在相应文字的下边。

5.1.9 分隔号占半个字位置，不出现在一行之首或一行之末。

5.1.10 标点符号排在一行末尾时，若为全角字符则应占半角字符的宽度（即半个字位置），以使视觉效果更美观。

5.1.11 在实际编辑出版工作中，为排版美观、方便阅读等需要，或为避免某一小节最后一个汉字转行或出现在另外一页开头等情况（浪费版面及视觉效果差），可适当压缩标点符号所占用的空间。

5.2 竖排文稿标点符号的位置和书写形式

5.2.1 句号、问号、叹号、逗号、顿号、分号和冒号均置于相应文字之下偏右。

5.2.2 破折号、省略号、连接号、间隔号和分隔号置于相应文字之下居中，上下方向排列。

5.2.3 引号改用双引号"﹁""﹂"和单引号"﹃""﹄"，括号改用"︵""︶"，标在相应项目的上下。

5.2.4 竖排文稿中使用浪线式书名号"︳"，标在相应文字的左侧。

5.2.5 着重号标在相应文字的右侧,专名号标在相应文字的左侧。

5.2.6 横排文稿中关于某些标点不能居行首或行末的要求,同样适用于竖排文稿。

附录 A(规范性附录)
标点符号用法的补充规则

A.1 句号用法补充规则

图或表的短语式说明文字,中间可用逗号,但末尾不用句号。即使有时说明文字较长,前面的语段已出现句号,最后结尾处仍不用句号。

示例1:进行中的学生方队

示例2:经过治理,本市市容市貌焕然一新。这是某区街道一景

A.2 问号用法补充规则

使用问号应以句子表示疑问语气为依据,而并不根据句子中包含有疑问词。当含有疑问词的语段充当某种句子成分,而句子并不表示疑问语气时,句末不用问号。

示例1:他们的行为举止、审美趣味,甚至读什么书,坐什么车,都在媒体掌握之中。

示例2:谁也不见,什么也不吃,哪儿也不去。

示例3:我也不知道他究竟躲到什么地方去了。

A.3 逗号用法补充规则

用顿号表示较长、较多或较复杂的并列成分之间的停顿时,最后一个成分前可用"以及(及)"进行连接,"以及(及)"之前应用逗号。

示例:压力过大、工作时间过长、作息不规律,以及忽视营养均衡等,均会导致健康状况的下降。

A.4 顿号用法补充规则

A.4.1 表示含有顺序关系的并列各项间的停顿,用顿号,不用逗

号。下例解释"对于"一词用法,"人""事物""行为"之间有顺序关系(即人和人、人和事物、人和行为、事物和事物、事物和行为、行为和行为等六种对待关系),各项之间应用顿号。

示例:〔对于〕表示人,事物,行为之间的相互对待关系。(误)

示例:〔对于〕表示人、事物、行为之间的相互对待关系。(正)

A.4.2. 用阿拉伯数字表示年月日的简写形式时,用短横线连接号,不用顿号。

示例:2010、03、02(误)

2010-03-02(正)

A.5 分号用法补充规则

分项列举的各项有一项或多项已包含句号时,各项的末尾不能再用分号。

示例:本市先后建立三大农业生产体系:一是建立甘蔗生产服务体系。成立糖业服务公司,主要给农民提供机耕等服务;二是建立蚕桑生产服务体系。……;三是建立热作服务体系。……。(误)

本市先后建立起三大农业生产体系:一是建立甘蔗生产服务体系。成立糖业服务公司,主要给农民提供机耕等服务。二是建立蚕桑生产服务体系。……。三是建立热作服务体系。(正)

A.6 冒号用法补充规则

A.6.1 冒号用在提示性话语之后引起下文。表面上类似但实际不是提示性话语的,其后用逗号。

示例1:郦道元《水经注》记载:"沼西际山枕水,有唐叔虞祠。"(提示性话语)

示例2:据《苏州府志》载,苏州城内大小园林约有150多座,可算名副其实的园林之城。(非提示性话语)

A.6.2 冒号提示范围无论大小(一句话、几句话甚至几段话),都应与提示性话语保持一致(即在该范围的末尾要用句号点断)。应避免冒号涵盖范围过窄或过宽。

示例：艾滋病有三个传播途径：血液传播，性传播和母婴传播，日常接触是不会传播艾滋病的。（误）

艾滋病有三个传播途径：血液传播，性传播和母婴传播。日常接触是不会传播艾滋病的。（正）

A.6.3 冒号应用在有停顿处，无停顿处不应用冒号。

示例1：他头也不抬，冷冷地问："你叫什么名字？"（有停顿）

示例2：这事你得拿主意，光说"不知道"怎么行？（无停顿）

A.7 引号用法补充规则

"丛刊""文库""系列""书系"等作为系列著作的选题名，宜用引号标引。当"丛刊"等为选题名的一部分时，放在引号之内，反之则放在引号之外。

示例1："汉译世界学术名著丛书"

示例2："中国哲学典籍文库"

示例3："20世纪心理学通览"丛书

A.8 括号用法补充规则

括号可分为句内括号和句外括号。句内括号用于注释句子里的某些词语，即本身就是句子的一部分，应紧跟在被注释的词语之后。句外括号则用于注释句子、句群或段落，即本身结构独立，不属于前面的句子、句群或段落，应位于所注释语段的句末点号之后。

示例：标点符号是辅助文字记录语言的符号，是书面语的有机组成部分，用来表示语句的停顿、语气以及标示某些成分（主要是是词语）的特定性质和作用。（数学符号、货币符号、校勘符号等特殊领域的专门符号不属于标点符号。）

A.9 省略号用法补充规则

A.9.1 不能用多于两个省略号（多于12点）连在一起表示省略。省略号须与多点连续的连珠号相区别（后者主要是用于表示目录中标题和页码对应和连接的专门符号）。

A.9.2 省略号和"等""等等""什么的"等词语不能同时使用。

在需要读出来的地方用"等""等等""什么的"等词语,不用省略号。

示例:含有铁质的食物有猪肝、大豆、油菜、菠菜……等。(误)

含有铁质的食物有猪肝、大豆、油菜、菠菜等。(正)

A.10 着重号用法补充规则

不应使用文字下加直线或波浪线等形式表示着重。文字下加直线为专名号形式(4.16);文字下加浪纹线是特殊书名号(A.13.6)。着重号的形式统一为相应项目下加小圆点。

示例:下面对本文的理解,不正确的一项是(误)

下面对本文的理解,不正确的一项是(正)

A.11 连接号用法补充规则

浪纹线连接号用于标示数值范围时,在不引起歧义的情况下,前一数值附加符号或计量单位可省略。

示例:5公斤～100公斤(正)

5～100公斤(正)

A.12 间隔号用法补充规则

当并列短语构成的标题中已用间隔号开时,不应再用"和"类连词。

示例:《水星·火星和金星》(误)

《水星·火星·金星》(正)

A.13 书名号用法补充规则

A.13.1 不能视为作品的课程、课题、奖励奖状、商标、证照、组织机构、会议、活动等名称,不应用书名号。下面均为书名号误用的示例:

示例1:下学期本中心将开设《现代企业财务管理》《市场营销》两门课程。

示例2:明天将召开《关于"两保两挂"的多视觉理论思考》课题立项会。

示例3:本市将向70岁以上(含70岁)老年人颁发《敬老证》。

示例 4：本校共获得《最佳印象》《自我审美》《卡拉 OK》等六个奖杯。

示例 5：《闪光》牌电池经久耐用。

示例 6：《文史杂志社》编辑力量比较雄厚。

示例 7：本市将召开《全国食用天然色素应用研讨会》。

示例 8：本报将于今年暑假举行《墨宝杯》书法大赛。

A.13.2 有的名称应根据指称意义的不同确定是否用书名号。如文艺晚会指一项活动时，不用书名号；而特指一种节目名称时，可用书名号。再如展览作为一种文化传播的组织形式时，不用书名号；特定情况下将某项展览作为一种创作的作品时，可用书名号。

示例 1：2008 年重阳联欢晚会受到观众的称赞和好评。

示例 2：本台将重播《2008 年重阳联欢晚会》。

示例 3："雪域明珠——中国西藏文化展"隆重开幕。

示例 4：《大地飞歌艺术展》是一部大型现代艺术作品。

A.13.3 书名后面表示该作品所属类别的普通名词不标在书名号内。

示例：《我们》杂志

A.13.4 书名有时带有括注。如果括注是书名、篇名等的一部分，应放在书名号之内，反之则应放在书名号之外。

示例 1：《琵琶行（并序）》

示例 2：《中华人民共和国民事诉讼法（试行）》

示例 3：《新政治协商会议筹备会组织条例（草案）》

示例 4：《百科知识》（彩图本）

示例 5：《人民日报》（海外版）

A.13.5 书名、篇名末尾如有叹号或问号，应放在书名号之内。

示例 1：《日记何罪！》

示例 2：《如何做到同工又同酬？》

A.13.6 在古籍或某些文史类著作中，为与专名号配合，书名号也可改用浪线式"﹏"，标注在书名下方。这可以看作是特殊的专名号或特殊的书名号。

A.14 分隔号用法补充规则

分隔号又称正斜线号，须与反斜线号"＼"相区别（后者主要是用于编写计算机程序的专门符号）。使用分隔号时，紧贴着分隔号的前后通常不用点号。

附录B（资料性附录）
标点符号若干用法的说明

B.1 易混标点符号用法比较

B.1.1 逗号、顿号表示并列词语之间停顿的区别

逗号和顿号都表示停顿，但逗号表示的停顿长，顿号表示的停顿短。并列词语之间的停顿一般用顿号，但当并列词语较长或其后有语气词时，为了表示稍长一点的停顿，也可用逗号。

示例1：我喜欢吃的水果有苹果、桃子、香蕉和菠萝。

示例2：我们需要了解全局和局部的统一，必然和偶然的统一，本质和现象的统一。

示例3：看游记最难弄清位置和方向，前啊，后啊，左啊，右啊，看了半天，还是不明白。

B.1.2 逗号、顿号在表示列举省略的"等""等等"之类词语前的使用

并列成分之间用顿号，末尾的并列成分之后用"等""等等"之类词语时，"等"类词前不用顿号或其他点号；并列成分之间用逗号，末尾的并列成分之后用"等"类词时，"等"类词前应用逗号。

示例1：现代生物学、物理学、化学、数学等基础学科的发展，带动了医学科学的进步。

示例2：写文章前要想好：文章主题是什么，用哪些材料，哪些详写，哪些略写，等等。

B.1.3 逗号、分号表示分句间停顿的区别

当复句的表述不复杂、层次不多，相连的分句语气比较紧凑、分句内部也没有使用逗号表示停顿时，分句间的停顿多用逗号。当用逗号不易分清多重复句内部的层次（如分句内部已有逗号），而用句号又可能割裂前后关系的地方，应用分号表示停顿。

示例 1：她拿起钥匙，开了箱上的锁，又开了首饰盒上的锁，往老地方放钱。

示例 2：纵比，即以一事物的各个发展阶段作比；横比，则以此事物与彼事物相比。

B.1.4 顿号、逗号、分号在标示层次关系时的区别

句内点号中，顿号表示的停顿最短、层次最低，通常只能表示并列词语之间的停顿；分号表示的停顿最长、层次最高，可以用来表示复句的第一层分句之间的停顿；逗号介于两者之间，既可表示并列词语之间的停顿，也可表示复句中分句之间的停顿。若分句内部已用逗号，分句之间就应用分号（见 B.1.3 示例 2）。用分号隔开的几个并列分句不能由逗号统领或总结。

示例 1：有的学会烤烟，自己做挺讲究的纸烟和雪茄；有的学会蔬菜加工，做的番茄酱能吃到冬天；有的学会蔬菜腌渍、窖藏，使秋菜接上春菜。

示例 2：动物吃植物的方式多种多样，有的是把整个植物吃掉，如原生动物；有的是把植物的大部分吃掉，如鼠类；有的是吃掉植物的要害部位，如鸟类吃掉植物的嫩芽。（误）

动物吃植物的方式多种多样：有的是把整个植物吃掉，如原生动物；有的是把植物的大部分吃掉，如鼠类；有的是吃掉植物的要害部位，如鸟类吃掉植物的嫩芽。（正）

B.1.5 冒号、逗号用于"说""道"之类词语后的区别

位于引文之前的"说""道"后用冒号。位于引文之后的"说""道"分两种情况：处于句末时，其后用句号；"说""道"后还有其他

成分时，其后用逗号。插在话语中间的"说""道"类词语后只能用逗号表示停顿。

示例1：他说："晚上就来家里吃饭吧。"

示例2："我真的很期待。"他说。

示例3："我有件事忘了说……"他说，表情有点为难。

示例4："现在请皇上脱下衣服，"两个骗子说，"好让我们为您换上新衣。"

B.1.6　不同点号表示停顿长短的排序

各种点号都表示说话时的停顿。句号、问号、叹号都表示句子完结，停顿最长。分号用于复句的分句之间，停顿长度介于句末点号和逗号之间，而短于冒号。逗号表示一句话中间的停顿，又短于分号。顿号用于并列词语之间，停顿最短。通常情况下，各种点号表示的停顿由长到短为：句号＝问号＝叹号＞冒号（指涵盖范围为一句话的冒号）＞分号＞逗号＞顿号。

B.1.7　破折号与括号表示注释或补充说明时的区别

破折号用于表示比较重要的解释说明，这种补充是正文的一部分，可与前后文连续；而括号表示比较一般的解释说明，只是注释而非正文，可不与前后文连续。

示例1：在今年——农历虎年，必须取得比去年更大的成绩。

示例2：哈雷在牛顿思想的启发下，终于认出了他所关注的彗星（该星后人称为哈雷彗星）。

B.1.8　书名号、引号在"题为……""以……为题"格式中的使用

"题为……""以……为题"中的"题"，如果是诗文、图书、报告或其他作品可作为篇名、书名看待时，可用书名号；如果是写作、科研、辩论、谈话的主题，非特定作品的标题，应用引号。即"题为……""以……为题"中的"题"应根据其类别分别按书名号和引号的用法处理。

示例1：有篇题为《柳宗元的诗》的文章，全文才2 000字，引

文不实却达 11 处之多。

示例 2：今天一个以"地球·人口·资源·环境"为题的大型宣传活动在此间举行。

示例 3：《我的老师》写于 1956 年 9 月，是作者应《教师报》之约而写的。

示例 4："我的老师"这类题目，同学们也许都写过。

B.2 两个标点符号连用的说明

B.2.1 行文中表示引用的引号内外的标点用法

当引文完整且独立使用，或虽不独立使用但带有问号或叹号时，引号内句末点号应保留。除此之外，引号内不用句末点号。当引文处于句子停顿处（包括句末尾）且引号内未使用点号时，引号外应使用点号，当引文位于非停顿处或者引号内已使用句末点号时，引号外不用点号。

示例 1："沉舟侧畔千帆过,病树前头万木春。"他最喜欢这两句诗。

示例 2：书价上涨令许多读者难以接受，有些人甚至发出"还买得起书吗？"的疑问。

示例 3：他以"条件还不成熟，准备还不充分"为由，否决了我们的提议。

示例 4：你这样"明日复明日"地要拖到什么时候？

示例 5：司马迁为了完成《史记》的写作，使之"藏之名山"，忍受了人间最大的侮辱。

示例 6：在施工中要始终坚持"把质量当生命"。

示例 7："言之无文，行而不远"这句话，说明了文采的重要。

示例 8：俗话说："墙头一根草，风吹两边倒。"用这句话来形容此辈再恰当不过。

B.2.2 行文中括号内外的标点用法

括号内行文末尾需要时可用问号、叹号和省略号。除此之外，句内括号行文末尾通常不用标点符号。句外括号行文末尾是否用句号由括号内的语段结构决定：若语段较长、内容复杂，应用句号。句内括号外是否用点号取决于括号所处位置：若句内括号处于句子停顿处，应用点号。句外括号外通常不用点号。

示例1：如果不采取（但应如何采取呢？）十分具体的控制措施，事态将进一步扩大。

示例2：3分钟过去了（仅仅才3分钟！），从眼前穿梭而过的出租车竟达32辆！

示例3：她介绍时用了一连串比喻（有的状如树枝，有的貌似星海……），非常形象。

示例4：科技协作合同（包括科研、试制、成果推广等）根据上级主管部门或有关部门的计划签订。

示例5：应把夏朝看作原始公社向奴隶制国家过渡时期。（龙山文化遗址里，也有俯身葬。俯身者很可能就是奴隶。）

示例6：问：你对你不喜欢的上司是什么态度？

　　答：感情上疏远，组织上服从。（掌声，笑声）

示例7：古汉语（特别是上古汉语），对于我说，有着常人无法想象的吸引力。

示例8：由于这种推断尚未经过实践的考验，我们只能把它作为假设（或假说）提出来。

示例9：人际交往过程就是使用语词传达意义的过程。（严格说，这里的"语词"应为语词指号。）

B.2.3 破折号前后的标点用法

破折号之前通常不用点号；但根据句子结构和行文需要，有时也可分别使用句内点号或句末点号。破折号之后通常不会紧跟着使用其他点号；但当破折号表示语音的停顿或延长时，根据语气表达的需要，其后可紧接问号或叹号。

示例1：小妹说："我们现在工作得挺好，老板对我不错，工资也挺高。——我能抽支烟吗？"（表示话题的转折）

示例2：我不是自然主义者，我主张文学高于现实，能够稍稍居高临下地去看现实，因为文学的任务不仅在于反映现实。光描写现存的事物还不够，还必须记住我们所希望的和可能产生的事物。必须使现象典型化。应该把微小而有代表性的事物写成重大的和典型的事物。——这就是文学的任务。（表示对前几句话的总结）

示例3："是他——？"石一川简直不敢相信自己的耳朵。

示例4："我终于考上大学啦！我终于考上啦——！"金石开兴奋得快要晕过去了。

B.2.4 省略号前后的标点用法

省略号之前通常不用点号。以下两种情况例外：省略号前的句子表示强烈语气、句末使用问号或叹号时；省略号前不用点号就无法标示停顿或表明结构关系时。省略号之后通常也不用点号，但当句末表达强烈的语气或感情时，可在省略号后用问号或叹号；当省略号后还有别的话、省略的文字和后面的话不连续且有停顿时，应在省略号后用点号；当表示特定格式的成分虚缺时，省略号后可用点号。

示例1：想起这些，我就觉得一辈子都对不起你。你对梁家的好，我感激不尽！……

示例2：他进来了，……一身军装，一张朴实的脸，站在我们面前显得很高大，很年轻。

示例3：这，这是……？

示例4：动物界的规矩比人类还多，野骆驼、野猪、黄羊……，直至塔里木兔、跳鼠，都是各行其路，决不混淆。

示例5：大火被渐渐扑灭，但一片片油污又旋即出现在遇难船旁……。清污船迅速赶来，并施放围栏以控制油污。

示例6：如果……，那么……。

B.3 序次语之后的标点用法

B.3.1 "第""其"字头序次语，或"首先""其次""最后"

等做序次语时，后用逗号（见 4.4.3.3）。

B.3.2 不带括号的汉字数字或"天干地支"做序次语时，后用顿号（见 4.5.3.3）。

B.3.3 不带括号的阿拉伯数字、拉丁字母或罗马数字做序次语时，后面用下脚点（该符号属于外文的标点符号）。

示例1：总之，语言的社会功能有三点：1.传递信息，交流思想；2.确定关系，调节关系；3.组织生活，组织生产。

示例2：本课一共讲解三个要点：A.生理停顿；B.逻辑停顿；C.语法停顿。

B.3.4 加括号的序次语后面不用任何点号。

示例1：受教育者应履行以下义务：（一）遵守法律、法规；（二）努力学习，完成规定的学习任务；（三）遵守所在学校或其他教育机构的制度。

示例2：科学家很重视下面几种才能：（1）想象力；（2）直觉的理解力；（3）数学能力。

B.3.5 阿拉伯数字与下脚点结合表示章节关系的序次语末尾不用任何点号。

示例：3 停顿

    3.1 生理停顿

    3.2 逻辑停顿

B.3.6 用于章节、条款的序次语后宜用空格表示停顿。

示例：第一课 春天来了

B.3.7 序次简单、叙述性较强的序次语后不用标点符号。

示例：语言的社会功能共有三点；一是传递信息；二是确定关系；三是组织生活。

B.3.8 同类数字形式的序次语，带括号的通常位于不带括号的下一层。通常第一层是带有顿号的汉字数字；第二层是带括号的汉字数字；第三层是带下脚点的阿拉伯数字；第四层是带括号的阿拉伯数字；再往下可以是带圈的阿拉伯数字或小写拉丁字母。一般可根据文章特点选择从某一层序次语开始行文，选定之后应顺着序次语的层次向下行文，但使用层次较低的序次语之后不宜反过来再使用层次更高的序次语。

示例：一、……
　　　（一）……
　　　　1.……
　　　　　（1）……
　　　　　　①/a.……

B.4 文章标题的标点用法

文章标题的末尾通常不用标点符号，但有时根据需要可用问号、叹号或省略号。

示例1：看看电脑会有多聪明，让它下盘围棋吧

示例2：猛龙过江：本店特色名菜

示例3：严防"电脑黄毒"危害少年

示例4：回家的感觉真好
　　　　——访大赛归来的本市运动员

示例5：里海是湖，还是海？

示例6：人体也是污染源！

示例7：和平协议签署之后……

附录 2

出版物上数字用法的规定

中华人民共和国国家标准

GB/T 15835 — 2011 代替 GB/T 15835 — 1995

2011-07-29 发布   2011-11-01 实施

前　言

本标准按照 GB/T 1.1 — 2009 给出的规则起草。

本标准代替 GB/T 15835 — 2009《出版物上数字用法的规定》，与 GB/T 15835 — 2009《出版物上数字用法的规定》相比，主要变化如下：

——原标准在汉字数字与阿拉伯数字中，明显倾向于使用阿拉伯数字。本标准不再强调这种倾向性。

——在继承原标准中关于数字用法应遵循"得体原则"和"局部题例一致原则"的基础上，通过措辞上的适当调整，以及更为具体的规定和示例，进一步明确了具体操作规范。

——将原标准的平级罗列式行文结构改为层级分类式行文结构。

——删除了原标准的基本术语"物理量"与"非物理量"，增补了"计量""编号""概数"作为基本术语。

本标准由教育部语言文字信息管理司提出并归口。

本标准主要起草单位：北京大学。

本标准主要起草人：詹卫东、覃士娟、曾石铭。

本标准所代替标准的历次版本发布情况为：

——GB/T 15835—1995。

出版物上数字用法的规定

1 范围

本标准规定了出版物上汉字数字和阿拉伯数字的用法。

本标准适用于各类出版物（文艺类出版物和重排古籍除外）。政府和企事业单位公文，以及教育、媒体和公共服务领域的数字用法，也可参照本标准执行。

2 规范性引用文件

下列文件对于本文件的应用是必不可少的。凡是注日期的引用文件，仅注日期的版本适用于本文件。凡是不注日期的引用文件，其最新版本（包括所有的修改单）适用于本文件。

GB/T 7408—2005 数据元和交换格式 信息交换 日期和时间表示法

3 术语和定义

下列术语和定义适用于本文件。

3.1

计量 measuring

将数字用于加、减、乘、除等数学运算。

3.2

编号 numbering

将数字用于为事物命名或排序，但不用于数学运算。

3.3

概数 approximate number

用于模糊计量的数字。

4 数字形式的选用

4.1 选用阿拉伯数字

4.1.1 用于计量的数字

在使用数字进行计量的场合，为达到醒目、易于辨识的效果，应采用阿拉伯数字。

示例1：－125.03　　34.05%　　63%～68%　　1∶500　　97/108

当数值伴随有计量单位时，如：长度、容积、面积、体积、质量、温度、经纬度、音量、频率等等，特别是当计量单位以字母表达时，应采用阿拉伯数字。

示例2：523.56km（523.56千米）　　346.87L（346.87升）

　　　　5.34m^2（5.34平方米）　　　567mm^3（567立方毫米）

　　　　605g（605克）　　100～150kg（100～150千克）

　　　　34～39℃（34～39摄氏度）　　北纬40°（40度）

　　　　120 dB（120分贝）

4.1.2 用于编号的数字

在使用数字进行编号的场合，为达到醒目、易于辨识的效果，应采用阿拉伯数字。

示例：电话号码：98888

邮政编码：100871

通信地址：北京市海淀区复兴路11号

电子邮件地址：x186@186.net

网页地址：http://127.0.0.1

汽车号牌：京A00001

公交车号：302路公交车

道路编号：101国道

公文编号：国办发[1987]9号

图书编号：ISBN 978-7-80184-224-4

刊物编号：CN11-1399

章节编号：4.1.2

产品型号：PH-3000型计算机

产品序列号：C84XB-JYVFD-P7HC4-6XKRJ-7M6XH

单位注册号：02050214

行政许可登记编号：0684D10004-828

4.1.3 已定型的含阿拉伯数字的词语

现代社会生活中出现的事物、现象、事件，其名称的书写形式中包含阿拉伯数字，已经广泛使用而稳定下来，应采用阿拉伯数字。

示例：3G 手机　MP3 播放器　G8 峰会　维生素 B12　97 号汽油 "5·27"事件　"12·5"枪击案

4.2 选用汉字数字

4.2.1 非公历纪年

干支纪年、农历月日、历史朝代纪年及其他传统上采用汉字形式的非公历纪年等等，应采用汉字数字。

示例：丙寅年十月十五日　　庚辰年八月五日

　　　腊月二十三　　　　　正月初五

　　　八月十五中秋　　　　秦文公四十四年

　　　太平天国庚申十年九月二十四日　清咸丰十年九月二十日

　　　藏历阳木龙年八月二十六日　　　日本庆应三年

4.2.2 概数

数字连用表示的概数、含"几"的概数，应采用汉字数字。

示例：三四个月　　　　　　一二十个

　　　四十五六岁　　　　　五六万套

　　　五六十年前　　　　　几千

　　　二十几　　一百几十　　几万分之一

4.2.3 已定型的含汉字数字的词语

汉语中长期使用已经稳定下来的包含汉字数字形式的词语，应采用汉字数字。

示例：万一　　一律　　一旦　　三叶虫

　　　四书五经　　星期五　　四氧化三铁　　八国联军

七上八下　　一心一意　　不管三七二十一　　一方面
二百五　　半斤八两　　五省一市　　五讲四美
相差十万八千里　　八九不离十　　白发三千丈　　不二法门
二八年华　五四运动　　"一·二八"事变　　"一二·九"运动

4.3 选用阿拉伯数字与汉字数字均可

如果表达计量或编号所需要用到的数字个数不多，选择汉字数字还是阿拉伯数字在书写的简洁性和辨识的清晰性两方面没有明显差异时，两种形式均可使用。

示例1：17号楼（十七号楼）　　　　3倍（三倍）
第5个工作日（第五个工作日）　　100多件（一百多件）
20余次（二十余次）　　　　约300人（约三百人）
40天左右（四十天左右）　　50上下（五十上下）
50多人（五十多人）　　　　第25页（第二十五页）
第8天（第八天）　　　　　第4季度（第四季度）
第45页（第四十五页）　　共235位同学（共二百三十五位同学）
0.5（零点五）　　　　　　76岁（七十六岁）
120周年（一百二十周年）　　　1/3（三分之一）
公元前8世纪（公元前八世纪）
20世纪80年代（二十世纪八十年代）
公元253年（公元二五三年）
1997年7月1日（一九九七年七月一日）
下午4点40分（下午四点四十分）
4个月（四个月）　　　12天（十二天）

如果要突出简洁醒目的表达效果，应使用阿拉伯数字；如果要突出庄重典雅的表达效果，应使用汉字数字。

示例2：北京时间2008年5月12日14时28分
十一届全国人大一次会议（不写为"11届全国人大1次会议"）
六方会谈（不写为"6方会谈"）

在同一场合出现的数字，应遵循"同类别同形式"原则来选择数字的书写形式。如果两数字的表达功能类别相同（比如都是表达年月日时间的数字），或者两数字在上下文中所处的层级相同（比如文章目录中同级标题的编号），应选用相同的形式。反之，如果两数字的表达功能不同，或所处层级不同，可以选用不同的形式。

示例3：2008年8月8日

二〇〇八年八月八日（不写为"二〇〇八年8月8日"）

第一章　第二章……第十二章（不写为"第一章　第二章……第12章"）

第二章的下一级标题可以用阿拉伯数字编号：2.1，2.2，……

应避免相邻的两个阿拉伯数字造成歧义的情况。

示例4：高三3个班　高三三个班（不写为"高33个班"）

高三2班　高三（2）班（不写为"高32班"）

有法律效力的文件、公告文件或财务文件中可同时采用汉字数字和阿拉伯数字。

示例5：2008年4月保险账户结算日利率为万分之一点五七五零（0.015750%）

35.5元（35元5角　三十五元五角　叁拾伍圆伍角）

5　数字形式的使用

5.1　阿拉伯数字的使用

5.1.1　多位数

为便于阅读，四位以上的整数或小数，可采用以下两种方式分节：

——第一种方式：千分撇

整数部分每三位一组，以"，"分节。小数部分不分节。四位以内的整数可以不分节。

示例1：624,000　92,300,000　19,351,235.235767　1256

——第二种方式：千分空

从小数点起，向左和向右每三位数字一组，组间空四分之一个汉字,即二分之一个阿拉伯数字的位置。四位以内的整数可以不加千分空。

示例2:55 235 367.346 23   98 235 358.238 368

注:各科学技术领域的多位数分节方式参照 GB 3101—1993 的规定执行。

5.1.2 纯小数

纯小数必须写出小数点前定位的"0",小数点是齐阿拉伯数字底线的实心点"."。

示例:0.46 不写为 .46 或 0。46

5.1.3 数值范围

在表示数值的范围时,可采用波浪式连接号"~"或一字线连接号"—"。前后两个数值的附加符号或计量单位相同时,在不造成歧义的情况下,前一个数值的附加符号或计量单位可省略。如果省略数值的附加符号或计量单位会造成歧义,则不应省略。

示例:—36 ~ —8℃   400—429 页

100—150kg   12 500 ~ 20 000 元

9 亿 ~ 16 亿(不写为 9—16 亿)

13 万元 ~ 17 万元(不写为 13 ~ 17 万元)

15% ~ 30%(不写为 15 ~ 30%)

4.3×10^6 ~ 5.7×10^6(不写为 4.3 ~ 5.7×10^6)

5.1.4 年月日

年月日的表达顺序应按照口语中年月日的自然顺序书写。

示例1:2008 年 8 月 8 日   1997 年 7 月 1 日

"年""月"可按照 GB/T 7408—2005 的 5.2.1.1 中的扩展格式,用"-"替代,但年月日不完整时不能替代。

示例2:2008-8-8   1997-7-1   8 月 8 日(不写为 8-8)2008 年 8 月(不写为 2008-8)

四位数字表示的年份不用简写为两位数字。

示例 3："1990 年"不写为"90 年"

月和日是一位数时，可在数字前补"0"。

示例 4：2008-08-08　　1997-07-01

5.1.5　时分秒

计时方式即可采用 12 小时制，也可采用 24 小时制。

示例 1：11 时 40 分（上午 11 时 40 分）

21 时 12 分 36 秒（晚上 9 时 12 分 36 秒）

时分秒的顺序应按照口语中时、分、秒的自然顺序书写。

示例 2：15 时 40 分　　　14 时 12 分 36 秒

"时""分"也可按照 GB/T 7408—2005 的 5.3.1.1 和 5.3.1.2 中的扩展格式，用"："替代。

示例 3：15:40　　　14:12:36

5.1.6　含有月日的专名

含有月日的专名采用阿拉伯数字表示时，应采用间隔号"·"将月、日分开，并在数字前后加引号。

示例："3·15"消费者权益日

5.1.7　书写格式

5.1.7.1　字体

出版物中的阿拉伯数字，一般应使用正体二分字身，即占半个汉字位置。

示例：234　　57.236

5.1.7.2　换行

一个用阿拉伯数字书写的数值应在同一行中，避免被断开。

5.1.7.3　竖排文本中的数字方向

竖排文字中的阿拉伯数字按顺时针方向转 90 度。旋转后要保证同一个词语单位的文字方向相同。

示例：

> 示例一
> 雪花牌 BCD188 型家用电冰箱容量是一百八十八升，功率为一百二十五瓦，市场售价两千零五十元，返修率仅为百分之零点一五。
>
> 示例二
> 海军左 J12 号打捞救生船在太平洋上航行了十三天，于一九九〇年八月六日零时三十分返回基地。

5.2 汉字数字的使用

5.2.1 概数

两个数字连用表示概数时，两数之间不用顿号"、"隔开。

示例：二三米　一两个小时　三五天　一二十个　四十五六岁

5.2.2 年份

年份简写后的数字可以理解为概数时，一般不简写。

示例："一九七八年"不写为"七八年"

5.2.3 含有月日的专名

含有月日的专名采用汉字数字表示时，如果涉及一月、十一月、十二月，应用间隔号"·"将表示月日的数字隔开，涉及其他月份时，不用间隔号。

示例："一二·八"事变　"一二·九"运动　五一国际劳动节

5.2.4 大写汉字数字

——大写汉字数字的书写形式

零、壹、贰、叁、肆、伍、陆、柒、捌、玖、拾、佰、仟、万、亿

——大写汉字数字的适用场合

法律文书和财务票据上，应采用大写汉字数字形式记数。

示例：3,504（叁仟伍佰零肆圆）　39,148（叁万玖仟壹佰肆拾捌圆）

5.2.5 "零"和"〇"

阿拉伯数字"0"有"零"和"〇"两种汉字书写形式。一个数字用作计量时，其中"0"的汉字书写形式为"零"，用作编号时，"0"的汉字书写形式为"〇"。

示例："3052（个）"的汉字数字形式为"三千零五十二"（不写为"三千〇五十二"）

"95.06"的汉字数字形式为"九十五点零六"（不写为"九十五点〇六"）

"公元2012（年）"的汉字数字形式为"二〇一二"（不写为"二零一二"）

5.3 阿拉伯数字与汉字数字同时使用

如果一个数值很大，数值中的"万""亿"单位可以采用汉字数字，其余部分采用阿拉伯数字。

示例1：我国1982年人口普查人数为10亿零817万5 288人。

除上面情况之外的一般数值，不能同时采用阿拉伯数字与汉字数字。

示例2：108可以写作"一百零八"，但不应写作"1百零8""一百08"

4 000可以写作"四千"，但不能写作"4千"。

参考书目

1. 石安石著《语义研究》，语文出版社 1994 年 12 月第 1 版第 1 次印刷

2. 吕冀平著《汉语语法基础》，商务印书馆 2000 年 1 月第 1 版，2003 年 3 月北京第 2 次印刷

3. 章熊、汪寿明、柳士镇《汉语表达》，江苏教育出版社 1994 年 10 月第 1 版 1994 年 12 月第 2 次印刷

4. 李裕德著《现代汉语实用语法》，教育科学出版社 1995 年 8 月第 1 版第 1 次印刷

5. 李德裕《怎样改病句》，北京出版社 1980 年 6 月第 1 版第 1 次印刷

4. 郭怀仁编《历届高考语文改病句试题题解》，中国农业机械出版社 1981 年 6 月第 1 版第 1 次印刷

5. 中华人民共和国国家标准《标点符号用法》（GB/T 15834—2011），中国标准出版社 2012 年 3 月第 1 版

6. 教育部语言文字信息管理司组编《〈标点符号用法〉解读》，语文出版社 2012 年 9 月第 1 版，2013 年 10 月第 2 次印刷

7. 《标点符号运用艺术》，兰宾汉著，中华书局 2006 年 6 月北京第 1 版，2014 年 1 月北京第 3 次印刷

8. 《标点符号规范使用手册》钱 进编著，凤凰出版社 2005 年 5 月第 1 版第 1 次印刷

9. 《高中综合练习丛书·语文》人民教育出版社语文二室编，人民教育出版社 1993 年 7 月第 2 版，1993 年 7 月第 1 次印刷

10. 语文出版社编《语言文字规范手册（增订本）》，语文出版社 1993 年 1 月第 2 版第 1 次印刷

11. 吴水祥、邢志建、严麟书编写《词通》，浙江文艺出版社 2000 年 1 月第 1 版第 1 次印刷

12. 王自强编著《现代汉语虚词词典》，上海辞书出版社，1998 年 1 月第 1 版第 1 次印刷

后　记

《现代汉语病句与标点详解》，延宕多年之后，终于面世。

真应了"好事多磨"这句老话。

我的初衷是以此书为我的语文生涯画上一个句号。如今，我可以长长地嘘一口气了。

老实说，我并非是为了编写这本书才开始关注病句和标点符号的，如果真是如此，也就不会有这本书的出现；正是因为关注病句和标点符号时间长了，有了许多的想法，才来尝试编写这本书的。

多年来，我多次应邀讲解病句和标点符号用法，平时电话里被问到的也多是这些问题。编出这样一本书，也算是一次总结性的作答罢。

人到暮年，能为语文的规范化做一点事情，颇感欣慰。

期望汉语的运用风清气正，期望汉语的生态环境健康而美丽。

我想，这不会只是我一个人的期盼。

一本书，好不好，要由读者检验，让时间来证明。

书稿一经付梓，就交给读者了。难免百密一疏，敬请读者批评指正。

二〇一九年十二月